기술을
의심한다

Questioning Technology

by Andrew Feenberg

Authorized translation from English Language edition published by Routledge,
a member of the Taylor&Francis Group
Copyright © 1999 Andrew Feenberg
Korean Translation edition © 2018 DangDae Publishing Co.
This Korean edition was published by arrangement with Routledge.
All right reserved

기술을 의심한다
기술에 대한 철학적 물음

초판 1쇄 인쇄 2018년 6월 5일
초판 1쇄 발행 2018년 6월 12일

지은이 앤드류 핀버그
옮긴이 김병윤
펴낸이 박미옥
디자인 이원재

펴낸곳 도서출판 당대
등록 1995년 4월 21일 제10-1149호
주소 04047 서울시 마포구 독막로3길 28-13(서교동) 204호
전화 02-323-1315~6
팩스 02-323-1317
전자우편 dangbi@chol.com

ISBN 978-89-8163-172-7 93100

기술을
의심한다

: 기술에 대한 철학적 물음

앤드류 핀버그 지음
김병윤 옮김

당대

한국어판 서문

들어가며

『기술을 의심한다』는 전문가만이 기술의 설계와 적용에 유익한 기여를 할 수 있다는 기술관료주의적 주장에 대해서 문제를 제기한다. 기술의 발전을 구성주의적으로 이해하는 과학기술학은 이러한 기술관료주의적 주장의 설득력을 침식시켜 왔다. 구성주의에 따르면 어떤 장치를 만드는 '유일한 최선의 방식'을 결정할 수 있는 순수하게 합리적인 방법은 존재하지 않는다. 기술관련 분과학문이 복수의 대안들을 만들어내면, 사회적 기준들이 적용되어서 이러한 대안들 중에서 실제로 구현되는 하나를 선택하게 된다. 그리고 이 같은 중요한 선택은 설계과정에 대해 공식적인 권위를 갖고 있는 사람들, 예를 들어 규제당국, 관리자, 기업의 소유자들에 의해서 이루어진다.

그러나 대중도 이 선택과정에 영향력을 행사한다. 이 과정에서 서로 다른 영역들 사이에 소통이 이뤄진다. 우리는 당연히 시장의 영향력에 대해 익숙하지만, 설계에서의 변화와 새로운 기능에 대한 대중들의 집합적 요구 또한 존재한다. 기술적인 환경은 저항, 불매운동, 시위, 공청회, 해킹해서 얻은 정보가 대중들에게 확산되는 일 등에 의해서 변형된다. 대중들의 이러한 영향력은 기업의 이해관계뿐만 아니라 폭넓은 대중들의 가치를 반영하기 때문에 민주주의적인 성격을 지닌다.

이 책에서 나는 이러한 민주주의적 영향력의 본질이 무엇이며 이런 영향력들이 개별 기술관련 분과학문들과 연관되는 방식을 논의하고 있다. 이를 위해 기술에 대한 물음들을 증기기관, 일본의 근대화, 미니텔, 정보기술의 역사 등 구체적인 여러 사례를 통해서 정식화했다. 나는 구성주의적인 기술연구, 비용-편익분석, 쿤, 하버마스, 하이데거, 마르쿠제 등의 서로 다른 이론들을 활용하고 평가했다. 민주화라는 질문에 대해서 다양한 각도로 접근했는데, 이 글에서는 세 가지 측면에서 논의해 보려고 한다. 첫째는 대중들의 행위성과 기술관료주의의 관계, 둘째는 기술을 연구하는 비판적인 방법, 셋째는 기술과 생활세계의 관계에 대한 철학적 접근이다.

기술관료주의와 민주주의

기술의 민주화에 대한 토론의 배경에는 이와 반대편에 있는 근대사회의 기술관료주의적 경향이 있다. 기술관료주의라는 아이디어의 연원은 19세기 초반의 생시몽까지 거슬러 올라가지만 2차 대전 이후에야 영향력을 발휘하기 시작했다. 그때부터 선진사회에서는 전문가의 지배가 정치를 대체할 수 있다는 믿음이 광범위하게 퍼졌다. 기술관료들은 공공영역에서 논의되는 모든 것이 궁극적으로는 기술적인 물음이라는, 그리 타당하지 않은 가정을 갖고 있다. 그들은 모든 기술적 질문은 맥락으로부터 자유롭고 중립적인 도구적 합리성에 의해서 해결될 수 있다고 가정하고 있다. 다시 말해 이는 이데올로기의 종말이고 가치를 사실로 환원하는 것에 다름 아니다.

기술관료주의가 합리성의 유일한 형식이 아니라는 점은 분명하지만 기술관료들에 의해서 특별히 이상화된 이념이기는 하다. 근대사회에서 기술관료주의는, 넓게 정의하자면 기술관련 분과학문의 형식을 띠고 있다. 이러한 분과학문들이 과학적인 결과와 방법을 활용하고 있지만 실제 과학과 혼동되어서는 안 된다. 기술관련 분과학문은 과학에서 빌려온 결과들을 사회적, 법적, 기타 전통적 원천으로부터 갖고 온 다른 여러 요소들과 결합시킨다. 예를 들어 영양학은 생리학의 결과를 활용할 뿐만 아니라 전통적인 식품에 대한 선호에 대해서도 마지못해 인정하고 있다. 건축은 공학적인 방법과 개념을 활용해서 미학과 결합시킨다. 이러한 예는 많이 있다.

나는 이러한 준(準)과학적인 분과학문이나 제도를 '사회적으로 합리적'이라고 말한다. 사회적 합리성은 과학과 수학을 닮았지만 본질적으로는 과학적이거나 수학적이지 않은 형식적인 절차나 제도를 말한다. 사회적 합리성에는 세 가지 유형이 존재한다. 등가물의 교환이라는 면에서는 수학방정식과 유사하다. 이는 재화가 화폐로 교환되는 시장의 특성을 가지고 있다. 정량화와 계산이라는 형식은 모든 기술적 분과학문에서 활용되고 있다. 규칙들의 분류와 적용은 현상을 과학적으로 규정하고 과학법칙을 응용하는 일과 유사하다. 관료체계는 과학적 합리성의 시뮬라크럼(simulacrum)으로 특징지어진다. 다시 말해 기술관련 분과학문은 이런 방법을 자신들의 대상에 응용한다. 결과적으로 최적화는 자원 및 장치의 계산과 통제에 대한 절차다. 기업은 끊임없이 자신의 활동을 최적화하려고 한다.

사회적 합리성에 대한 이러한 사례들 모두에서 실재, 이데올로기, 가치 들은 기술관련 분과학문과 설계를 관통하고 있다. 기술영역은 맥락으로부터 자유롭거나 중립적이지도 않거니와 기술적인 고려들로 과소 결정된다. 기술이 이미 가치 내재적인 영역이기 때문에 가치에 대한 논쟁은 기술적인 문제로 환원될 수 없다. 예를 들어 자동차 설계에서 미학의 역할이나 낙태와 환자의 권리에 관한 의료윤리 논쟁을 생각해 보라. 기술의 모든 영역에서는 장치와 체계의 설계에 가치와 사실의 유사한 혼합이 나타난다.

기술관료주의적인 아이디어가 나타나면서 기술의 새로운 정치학이 뒤따랐다는 것은 놀랍지 않다. 양자 모두 사회의 모든 제도를 관통하는 기술적 매개(technical mediation)의 일반화에 대응하고 있다. 기술적 매개는 기술관료들이 편안하게 느끼는 영역을 창출하지만 이와 동시에 이러한 영역을 형성하는 기술에 대항하는 새로운 사회집단도 만들어낸다.

기술을 기반으로 한 이러한 집단들 가운데 즉시 눈에 띄는 집단도 있지만 어떤 집단들은 잘 드러나지 않는다. 예를 들어 특정 생산기술에 의해서 함께 일하는 공장노동자들은 자신들이 집단이라는 사실을 완벽하게 인지하고 있다. 이런 집단은 노동운동이나 다른 조직들을 통해 수백 년 동안 활동해 왔다. 반면 특정 질병에 걸린 환자들은 그들을 치료하는 의료제도라는 기술체제에 의해서 존재하게 된 잠재적 집단의 사례이다. 예외적으로 의식적인 집단형성의 기초가 되었던 의료시스템은 환자들을 연결하는 무의식적인 기술적 연결고리를 형성했다. 오늘날 오염이나 의료사고 같은 기술관료주의의 실패는 일상화되고 있는 이러한 예외를 만들어내고 있다.

이런 예외가 발생할 수 있는 것은 서로 멀리 떨어져 있는 점이나 그 밖의 여러 사회적 장벽을 뛰어넘어 사람들을 쉽게 소통할 수 있게 하는 정보기술의 능력에도 부분적으로 영향을 받았다. 기술의 사용자나 피해자의 경험이 점차 설계과정에 영향을 주고 있다. 그들은 현재 기술의 위해에 맞서서 보다 효과적으로 저항하고 있다. 해커들은 원래 설계과정에 참여한 전문가들이 파악하지 못했던 기술의 무시되었던 잠재력을 현실화시킬 수 있다. 컴퓨터 네트워크를 통한 커뮤니케이션은 후자 효과의 가장 중요한 사례이다.

사회적 합리성의 한계에 대한 이러한 고려는 경험이라는 개념이 기술에 대한 비판이론에서 중심적으로 묘사되는 이유를 설명해 준다. 이런 의미에서 경험은 일상세계에 주목하게 한다. 오늘날 그 세계는 기술적이다. 기술은 단순히 도구가 아니다. 기술은 우리를 둘러싸고 있으며 삶의 형태를 규정짓는 우리의 환경을 만들어낸다. 그 결과, 우리는 기술을 매개로 해서 광범위한 경험을 한다. 이 경험은 보통사람들도 활용할 수 있는 특정 형태 기술지식의 토대이다. 이것은 전문가들이 가지고 있는 그런 공식적인 지식이라기보다는 오히려 기술적 환경과 직접적인 접촉을 통해서 획득한 경험적 지식이다. 이것은 가령 환경오염에 대한 항의를 비롯해서 컴퓨터 접속을 개선하는 방안에 관한 유용한 아이디어 같은 수많은 맥락에서 드러난다.

이 지식은 기술세계에 의견과 개입의 토대를 제공한다. 최근 몇 년 사이에 의견형성과 개입은 드물지 않은 흔한 일이 되었다. 환경적·의학적 이슈에 대한 저항이 크게 증가하고 해킹이 컴퓨터를 의사소통의 수단으로 변형시킴에 따라, 기술은 공공영역으로 들어갔다. 이와 같은 개입의 일반화는 보다 민주적인 기술사회 조직화의 가능성을 높일 것이다. 이런 민주적인 기술사회에서는 오늘날 여전히 그런 것처럼 기술관련 분과학문들과 생활세계 경험 사이의 상호작용이 예외적이기보다는 오히려 일상적인 것이 될 것이다.

기술의 정치에 대한 이러한 고려는 사회와 그 사회의 기술적 토대 간의 복합적 관계를 드러낸다. 조정을 하고 그에 따라 사회적 집단들을 창출하는 기술은 그 집단의 구성원들이 자신들의 공통성을 인식하고 자신들을 하나로 묶어주는 기술적 고리들을 변경시킴에 따라 이들 사회적 집단의 활동의 대상이 되고 있다. 따라서 전문가들은 이들의 저항과 선호를 지금까지 무시했던 기술적 잠재력을 개발하는 설계와 시스템으로 해석해야 할 것이다. 오늘날 전문가와 대중들은 그들이 좋아하건 싫어하건 소통하고 있다.

방법의 문제

여기서는 방법에 대한 질문들을 다뤄보겠다. 기술에 대한 비판이론의 기초는 구성주의적 기술연구, 현상학, 프랑크푸르트학파의 비판이론에서 가져온 아이디어들을 결합하는 데 있다. 이렇게 결합하는 이유는 무엇인가? 나는 처음에는 하이데거를 공부했는데, 기술에 대한 그의 저술들은 너무 추상적이고 비정치적이어서 이론으로서는 적절하지 않았다. 마르쿠제 스타일의 프랑크푸르트학파의 비판이론에서 조금 더 현실에 근접할 수 있다. 마르쿠제는 기술적 대안의 가능성을, 기술세계에 대한 상이한 설계라고 예상했지만 기술들 자체에 대해서는 분석하지 않았다. 구성주의는 기술을 연구하는 분석적 도구를 제공하지만 기술이 작동하는 사회체계에 대한 보다 넓은 관점을 결여하고 있는 비정치적인, 특화된 학문분과로 성장했다. 이런 유산을 극복하려는 여러 노력들이 있었지만 아직까지 결과는 제한적이다.

내가 활용하는 여러 요소들을 일관성 있게 결합하기 위해서 기술관련 분과학문들이 생활세계와 맺는 관계에 관심을 갖고 있다. 이러한 관계는 상이한 이론적 자원에 반영된 기술이 지닌 내재적인 복잡성을 드러낸다. 내가 활용하는 다양한 이론적 전통들이 주로 의미의 문제를 다루고 있는 반면, 기술관련 분과학문들은 인과성을 다루고 있다. 사실 기술장치와 기술체계들은 이것들이 사회에서 차지하는 위치에 따라 결정되는 인과적 속성과 의미를 갖는다. 실천을 통해 인과적 속성과 의미라는 두 가지를 결합하고 조정함으로써 구체적인 설계를 할 수 있다. 따라서 이론적으로 기술을 분석할 때 이러한 두 가지 요소를 결합하고 조정하는 것이 가능해야 한다.

인과성과 의미가 서로 만나고 있음을 표현하기 위해서 내가 도입한 개념은 '기술코드'이다. 기술코드는 사회적 의미에 대응하는 기술적인 내용이다. 예를 들면 다음과 같다. 냉장고의 크기를 규정하는 기술적인 내용은 가족규모와 냉장고가 판매되는 시장의 도시구조에 맞춰 생산자가 구체적으로 결정한다. 슈퍼마켓과 집을 연결하는 고속도로가 있는 대가족에게는 커다란 냉장고가 필요하다. 가족의 규모가 작고 사람들이 걸어서 가게에 가는 파리 같은 도시에서는 냉장고가 훨씬 작다. 따라서 크기에 대한 기술적 세부사항은 가족과 도시의 사회학을 포괄하고 있다.

기술설계에서 문화적 전통의 역할을 보여주는 좀더 복잡한 사례가 있다. 팩시밀리는 원래 미국에서 사무용 장치로 설계되었다. 초기의 팩시밀리는 매우 크고 비쌌다. 일본에서 팩시밀리의 아이디어를 받아들일 때는 소형화라는 전통적인 관심의 영향을 받아서 팩시밀리를 적절한 가격의 작은 소비자제품으로 변형시켰다. 팩시밀리의 새로운 기술적 세부사항은 상이한 문화적 자극의 영향을 받았고 새로운 시장을 찾을 수 있었다.

이러한 단순한 사례들은 중요한 방법론적 원칙을 알려준다. 기술은 동물이나 식물 같은 유기적 전체가 아니다. 기술은 설계에 영향을 끼치는 다양한 사회적 요인들에 조응하는 기능적 요소들의 연쇄이다. 이런 기술들이 제공하는 기능들은 사회적 영향력, 의미에 좌우된다. 이런 기능들은 기술적인 아상블라주(assemblage)를 구성하는 데 하나의 층위가 된다.

기술철학자 질베르 시몽동은 기술을 연구하는 이런 방식이 갖고 있는 함의에 대해서 깊이 있게 탐구했다. 시몽동은 기술은 제한된 숫자의 구조를 가진 기능들을 결합하려는 내재적인 속성을 지녔다고 주장했다. 어떤 기술의 초기 설계는 각각의 기능이 구분된 구조에 할당된다는 점에서 '추상적'이다. 그러나 기술이 진화하면서 더 적은 숫자의 구조로 기능을 현명하게 결합함으로써 장치를 단순화하고 효율성을 높이게 된다. 이 과정을 시몽동은 '구체화'(concretization)라고 일컬었다. 각각의 층위는 일단 단일한 구조에 효과적으로 구체화되고 나면 여전히 구분 가능하겠지만, 그것은 분석적인 수준에서만 가능하다. 시몽동은 엔진박스에 있는 실린더의 보관과 냉각을 결합시키는 공랭식 엔진을 예로 들었다. 공랭식 엔진은 엔진을 보호하고 열을 발산시키려는 두 가지 목적을 위해서 설계되었다.

시몽동의 사례는 순전히 기술적인 것처럼 보이지만 보다 폭넓은 사회적 의미를 갖고 있는 사례들로 쉽게 대체할 수 있다. 환경비용-편익 분석이 환경을 개선하려는 제안에 적용되는 경우에는 흔히 새로운 환경기준을 준수하려면 새로운 구조의 도입, 비용 증가, 효율성 감소 등이 따르게 된다는 가정이 이어진다. 층위들의 결합은 효율성을 감소시키는 방식으로 기술을 복잡하게 할 수 있지만, 혁신을 통해서 보다 매끈하고 효율적인 장치를 창조할 수 있는 층위를 결합할 수도 있다.

자동차 배기가스로 인한 오염을 통제하는 일은 이러한 두 가지 가능성을 반영하는 두 단계로 진행되었다. 처음에는 촉매 변화장치가 기존의 기술에 장착되면서 설계가 복잡해짐에 따라 연료의 효율성을 떨어뜨렸다. 그러다가 이후에는 단일한 구조의 연료 주입장치가 오염방지와 연료효율 모두를 개선시켰다. 새로운 환경기준은 자동차 설계를 복잡하게 하기보다는 구체화하는 혁신을 촉진시켰다. 이런 경우, 서로 다른 사회적 영향력들은 갈등하기보다는 힘을 모으게 된다. 이는 민주적 가치의 영향 아래 있는 산업체제의 개혁을 위한 일반적인 패턴을 보여준다.

나는 이러한 방법론적 접근방식의 기초를 '도구화 이론'(instrumentalization theory)이라고 정식화했다. '1차 도구화'는 인과법칙 수준에서 작동한다. 1차 도구화는 현상을 탈맥락화해서 특정 장치에 통합한다. 하이데거의 용어로 말하면, 1차 도구화는 자연을 기능적으로 재구성하기 위해서 원래의 주위환경들로부터 자연을 분리해 냄으로써 자연이 갖고 있는 다양한 측면들을 '탈세계화'(de-world)한다. 이와 동시에 1차 도구화는 대상을 자연과의 기술적인 관계로 위치 짓는다.

'2차 도구화'는 의미 수준에서 작동한다. 1차 도구화를 통해 추출된 자연의 구성요소들을 사회세계로 통합함으로써 재세계화(re-world)한다. 이와 동시에 2차 도구화는 기술적 대상을 기술에 의해서 실현된 사회적 의미로 방향을 설정한다. 이것들은 의미이기 때문에, 해석·인지·비평의 차이를 허용하는 해석학적 관계로 이해되어야 한다. 이러한 2차 도구화는 의도했던 기술의 사용방식을 초월하는 기획들을 가능하게 한다.

두 가지 도구화는 기술장치 및 기술시스템의 설계에서 분석적으로 구분할 수 있다. 목재나 집을 짓기 위해서 나무를 베는 경우를 고려해 보자. 이 과정의 각 단계에서 새로운 1차 도구화는 훨씬 협소하게 정의된 산물을 만들어내는 새로운 2차 도구화에 조응한다.

첫째, 나무를 베는 조작은 인과적이지만 사회적 의미도 갖고 있다. 특정 나무들만 벌목이 가능하고 이러한 선택은 법률적 고려와 시장에서의 고려에 의존한다. 이것이 초기의 2차 도구화이다.

둘째, 나무가 목재를 위해서 베어졌을 때 다른 2차 도구화가 작동한다. 목재의 크기와 형태는 국가적·지역적 건축 스타일에 따라 달라지는 사회적 선택을 반영하는 기술적 전통에 의해 결정된다.

셋째, 사회적으로 형성된 건축법규와 특정 장소·시대·사회계층에 부합하는 미학적 속성에 따라 집을 짓기 위해서 결합된다.

마지막으로, 소유주는 그 집에 거주한 경험에 기초해서 변화를 시도한다. 거주자에 의해 담론으로 정교해지는 새로운 2차 도구화는 일관성 있는 기술적 실현을 달성해야 한다.

각 단계에서 1차 도구화는 건축의 인과적 절차와 관련되고 2차 도구화는 구체적인 방향으로 인과적 권력이 작동하도록 통제하고 관할한다.

기술과 생활세계

생활세계라는 개념은 후설과 하이데거가 발전시킨 현상학에서 기원했다. 생활세계는 주체들이 자신들의 일상생활에서 행동하는 의미의 체계를 말한다. 후설은 생활세계는 과학적 개념의 토대이자 원천이라고 주장했다. 하이데거는 '세계'라는 단순한 용어를 활용해서 유사한 내용을 말하려고 했다. 하이데거의 세계는 의미의 작동(enacted meaning), 특히 현실과 마주치는 일상생활에 체현되어 있고 일상생활을 이끌어가는 의미의 실천과 관련이 있다.

　기술관련 분과학문과 기술과의 경험은 후설과 하이데거의 세계에 대한 개념을 통해서 이해될 수 있다. 기술관련 분과학문의 개념들은 후설이 주장하는 것처럼 생활세계에서 연원한 것이고 기술과의 경험은 하이데거가 주장하는 것처럼 의미를 작동시키는(enact) 실천을 반영한다. 따라서 생활세계라는 개념은 기술을 연구하는 데 유용하다.

　그러나 근대사회에서 생활세계는 세계 전체가 아니다. 근대사회들은 다양한 기능들이 생활세계로부터 탈각되었다는 의미에서 분화되어 있다. 개별 기능들은 시장 같은 체계나 특정 능력에 기초한 특화로 여겨진다. 기술관련 분과학문들은 분화에 대한 명백한 사례다. 이들은 사회적으로 합리적인 절차를 적용해서 생활세계다운 의견과 행위의 흐름이라는 독립성을 부분적으로 성취한다. 그러나 이러한 분과학문들은 준(準)학술적이고 생활세계의 투입요소들을 형식적으로 일관성 있는 전체 속에서 종합하며, 그렇게 해서 이로써 생활세계에 더 깊이 파고들게 된다. 발명은 일상적으로 기술전문가에 의해서 만들어지는 이와 같은 합(合)의 산물이다.

　생활세계도 근대사회에서는 매일매일 사용하는 장치가 요구하는 기술적 지식을 그리 담고 있지 못하다는 의미에서 분화되어 있는 셈이다. 앨버트 보그만의 '장치 패러다임'이라는 개념은 여러 기술적 사무의 생활세계의 이러한 부담의 경감(disburdening)을 설명하고 있다. 그럼에도 불구하고 생활세계의 분화는 일부에 불과하다. 기술과의 경험은 아래로부터의 독특한 기술지식의 원천이다. 모든 사용자들은 가령 자기 컴퓨터에 대해서, 즉 디자이너가 그것을 설계했을 때 알고 있었기를 바라는 사항들을 알고 있다.

기술은 두 가지 유형의 지식의 대상이지만, 어떤 유형도 완벽하지는 않다. 이러한 불완전성은 다음과 같은 방식으로 드러난다. 한편으로 기술관련 분과학문은 전문가들이 사회적 요인들을 기술코드에 있는 기술적 세부사항으로 재해석할 때, 사회적 요인들의 역사적 유산들은 대개 간과되어 버리고 만다. 이러한 유산들은 전문가들이 자신들의 행위나 피조물들이 과거에는 침묵했던 피해자에 미치는 효과에 대해서 보지 못하게 할 수 있다. 또 한편으로, 생활세계는 형식적인 기술지식을 결여하고 있지만 전문가들이 무시할 수 있는 부작용, 맥락, 잠재력에 대한 지식을 담고 있다. 이런 두 가지 유형의 지식은 현실에서는 대립하는 것처럼 보이지만 실제로는 서로를 보완하고 있다.

기술장치들은 설계에 체현된 목적을 위해 기술적으로 사용되도록 만들어졌다. 그러나 기술전문가들이 발명하는 과정에서 그리고 사용자와 희생자, 해커 들에 의한 재발명과정에서 목적 자체가 변형된다. 기술 자체가 본질적으로 기술적이지 않은 고차원적인 실천의 대상이다. 이는 사물이 아니라 의미의 문제를 제기하는 행위다. 일상의 생활세계에 정주할 때, 2차 도구화에 포함되는 창조적 실천의 구체적인 유형이다.

나는 하이데거의 후기 기술철학과 마르쿠제의 비판이론을 대비하면서 이 주제에 대한 논의를 발전시켜 왔다. 하이데거는 생활세계가 기술에 의해서 완전히 압도되고 있다고 주장했다. 창조적 실천은 더 이상 가능하지 않다. 모든 것은 기술의 대상이 되어버렸다. 근대적 맥락에서 인간의 목적을 달성하기 위한 권력을 행사하고자 자연에 '도전하는' 기술 시스템에서의 원재료나 부속품이 되어버렸다는 말이다. 인간이라는 존재 역시 시스템에 통합되어 버려서 더 이상 인간 자신이 의미를 인지하는 중심(locus)이라고 생각하지 않게 되었다. 하이데거는 이런 상황에서 탈출구를 발견하지 못했다. 대신 하이데거는 절망에 빠져 기술에 대한 '자유로운 관계'를 요청했지만 이를 개혁 프로그램이라고 볼 수는 없다. 하이데거의 제안은 기존의 기술과 약간 다르게, 아마도 보다 철학적인 생각을 갖고 생활하기 이상은 아닌 것 같다.

마르쿠제는 하이데거의 초기 제자의 한 명이었지만 이내 하이데거와는 갈라서서 프랑크푸르트학파의 비판이론 전통에 합류했다. 그러나 1960년대 마르쿠제의 급진적 기술철학은 하이데거의 영향을 보여준다. 마르쿠제도 모든 것을 생산과 소비를 위한 조작 가능하고 대체 가능한 재료로 간주하는 기술적인 '선험'(a priori)에 의해서 생활세계가 완전히 파괴되었다고 보았다. 사람과 사물의 내재적인 잠재력은 자본주의라는 장치 내에 통합되면서 망각되고 말았다는 것이다. 그럼에도 마르쿠제는 하이데거와 달리 기술의 변혁 가능성을 견지하고 있다. 적어도 이론적으로는 인간이 기술설계에 가치에 대한 새로운 고려를 통합해서 기술이 보다 온화한 목표를 갖도록 하고 생명을 존중하는 환경을 창조할 수 있다는 것이다.

마르쿠제는 환경운동의 태동을 목격했고 변혁이 가능하다는 믿음을 보여주는 자신의 비판의 확증을 환경운동에서 발견했다. 사실 기술에 대한 투쟁은 선진사회에서는 더욱 늘어났고 이제는 신문의 첫머리에서 매일 발견되고 있다. 이렇게 상황이 진전되면서 하이데거와 마르쿠제가 논의했던 기술화의 침범이라는 생각과 마르쿠제가 예상했던 저항의 희망을 대체로 확증하는 것처럼 보인다. 이런 투쟁의 경험과 기술연구에서의 진전으로 인해 이제 우리는 기술의 정치학에 대해서 두 철학자가 과거에 성취했던 것보다 더 상세하고 엄밀하게 분석할 수 있다.

핵심적인 진전은 기술장치의 의미 전체에 대한 현상학적 관점의 채택이다. 기술에 대한 투쟁은 기술이 갖는 의미에 대한 투쟁이다. 예를 들어 대기오염은 자동차가 지닌 의미의 일부인가? 이런 측면이 무시되는 한, 대기오염을 감축하기 위한 어떤 노력도 성취될 필요가 없다. 자동차의 설계는 오염과는 무관하고 침투할 수 없는 '암흑상자'로 남아 있게 된다. 그러나 일단 대중들이 저항하고 깨끗한 공기를 요구하면 암흑상자가 열리게 된다. 자동차 설계가 사회적·정치적 힘에 좌우된다는 사실은 명백하다. 준(準)자연적인 사물로 여겨지는 것의 관계적 차원이 가시화된다.

기술에 대한 비판이론은 기술과 기술관련 분과학문의 재구성을 위해 민주적 개입의 중요성이 증대하고 있다고 강조한다. 지금은 역사적인 전환점이다. 산업사회 체제는 기술혁신에 대한 사적 소유와 사적 통제라는 비정상적으로 비민주적인 체제 아래서 진화해 왔다. 설계에 영향력을 행사할 수 있는 몇 명 안 되는 행위자들이 기술을 전적으로 이윤추구를 위해 활용했다. 정신없이 진행되던 이런 추구의 부작용으로 인해 피해를 입은 사람들의 목소리는 들리지 않았다. 지금에야 침묵했던 행위자들이 목소리를 찾고 있다. 이로 인한 결과는 산업사회의 급진적 변혁일 수 있다.

맺음말: 아시아에서의 근대성

이런 약속이 한국에는 어떤 관련이 있는가? 한국의 발전에 대한 주류적인 이론과 실천은 서구에서는 이미 오래전에 가차없이 비판받고 신뢰를 상실했거나 폐기되었던 서구모형의 여러 특징과 여전히 함께하고 있다. 고유한 발전경로를 추구하려는 노력은 아직 시작되지 않았다. 반면 서구모형의 모방은 여전히 유행하고 있다.

『기술을 의심한다』는 발전경로를 인간화하려는 응용윤리학과도 다르고 현재 정책에 영향력을 행사하고 있는 결정론적인 가정과도 다른, 새로운 방식의 기술에 대한 철학적 연구이다. 윤리적 논변은 기존의 기술을 결정론적인 배경으로 간주하는 경향이 있어서 이러한 기술들 설계의 사회적 기원과 진화에 대해서는 의문을 제기하지 않는다. 내가 보기에 철학이 제기해야 하는 가치에 대한 물음들은 바로 기술설계의 이런 사회적 측면과 연관되어 있다. 『기술을 의심한다』의 핵심 주장은 기술변화의 정치학이다. 이러한 접근방식은 근대성의 본질에 대한 질문과 지배적인 서구모형에 대한 대안과도 직접적으로 연결되고 있다.

이런 맥락에서 기술과 사회에 대한 서구의 성찰은 한국에서 좀더 조심스럽고 비판적인 태도에 기여할 수도 있다고 생각한다. 지식인들과 정치엘리트들이 서구 정부와 기업들의 공식적인 선전뿐 아니라 서구의 미래를 형성하는 데 기여할 수 있는 비판적인 목소리까지 고려할 수 있다면 유익할 것이다.

『기술을 의심한다』는 사회적 미래가 현재의 정량적인 외삽에 그치지 않는다는 해방적 사고를 촉발시키려는 야심을 갖고 있다. 물론 우리는 일반적으로는 알고 있지만 일반적인 지식을 구체적인 사례에 적용하기란 그리 쉽지 않다. 기술적 사안에서 우리는 더 나은 또는 더 나쁜 쪽으로 생각하기 쉽다. 가령 보다 강력한 계산능력, 더 많은 발전량, 더 많은 자동차와 비행기 등으로 말이다. 양질전화가 발생하는 결정적 시점은 간과하기 쉬운데, 계산능력이 강화된 컴퓨터는 전문적인 업무의 도구에서 소비자의 기술로 변환되기도 하는 경우가 대표적인 사례이다. 발전이라는 수평선에서 한쪽 끝에서 다른 쪽으로 이동하는 경우를 사전에 예측하기란 쉽지 않다. 그러나 일상생활로의 기술의 틈입으로 근대성이 정의되는 한, 우리의 기술적 상상력의 이러한 이해 가능한 한계는 사회이론으로서는 수용할 수 없는 한계가 된다.

기술이 본질적으로 서구적이라고 할 수는 없지만 기술설계는 그것이 시작된 문화로부터 영향을 받는다. 근대기술은 서구적 기원을 반영하고 있고 지난 150년 동안 서구의 기술을 모방하고 수입한 아시아는 기술적 변화뿐만 아니라 문화적 변혁을 경험했다. 그럼에도 불구하고 아시아 사회는 서구와는 다른 문화적 기원을 갖고 있고 이러한 차이는 아시아적 근대성에 영향을 끼친다. 이런 차이들은 상이한 문화적 환경에서 촉발된 아이디어와 발명들로 세계의 기술을 풍부하게 할 수 있는 기술설계로 표현될 수 있다.

아시아 국가들이 독창적인 기여를 할 수 있을 것인가? 내 작업에서는 이러한 질문에 대해서 확실하게 답을 내릴 수 없다. 그러나 나는 『기술을 의심한다』의 한국어판이 기술연구에 대한 논의를 확장시켜서 철학자들이 근대성과 아시아의 미래라는 폭넓은 질문과 기술연구에서의 쟁점들을 연관시킬 수 있을 것을 희망한다.

앤드류 핀버그

서문

지난 200여 년 동안 계급, 인종, 젠더, 민중의 평등을 추구하는 위대한 민주주의 운동이 지구를 휩쓸었다. 이런 운동들은 인간성이 무엇인가에 대한 정의를 확대했고 정치적인 것의 경계를 확장시킴으로써 점점 더 다양한 사회생활을 정치적인 것에 포함시켰다. 처음에는 인간이 신과 군주로부터 법률을 빼앗아 통제했다. 이후, 마르크스와 노동운동은 경제를 정치적 의제로 삼았다. 19세기에 들어서는 경제를 정치적으로 관리하는 일이 일상적이 되었고 교육과 의료가 논의대상에 오르게 되었다. 새로운 세기(20세기)가 시작되면서 민주주의는 보다 진전한 것처럼 보였다. 그러나 기술은 21세기로 접어드는 지금에야 비로소 환경운동의 도움에 힘입어 확대되고 있는 민주주의의 논의에 포함되고 있다.

    이런 사실은 우리가 이론과 비판의 개념적 지도에서 기술이 차지하는 위치를 이해하는 데 운명적인 변화가 있음을 의미한다. 과거의 민주주의 운동은 기술진보의 자연적 과정에 무한한 신뢰를 보냈고 이런 진보의 대가에 대해 안타까워하는 이들은 문화적 보수주의자들에 불과했다. 민주주의자와 사회주의자들이 엔지니어를 자연을 지배한 영웅으로 찬양할 때, 러스킨주의자나 하이데거주의자들은 기계의 비인간적 진보를 개탄했다. 그러나 그들도 기술을 사회로부터 떨어져 있는 자율적인 힘이라거나 과학의 뿌리이기도 한 소외된 이성의 영역에서 사회생활로 침투한 일종의 제2의 자연으로 생각한 점에서는 차이가 없었다. 선과 악을 떠나 기술의 본질인 합리적 통제와 효율성이 근대의 삶을 지배했다.

그러나 기술에 대한 이런 식의 개념화는 민주주의를 기술까지 확대하는 기획과는 양립할 수 없다. 근대사회에서 기술은 일상생활의 매개물이다. 중요한 기술변화는 그것이 무엇이건 간에 경제, 정치, 종교, 문화 등 여러 수준에서 반향을 일으키게 마련이다. 우리가 기술적인 것과 사회적인 것을 서로 분리된 것으로 간주한다면, 우리의 실존을 구성하는 이러한 차원들의 중요한 측면들을 민주주의 사회에서 우리도 통제할 수 없는 것이 되고 만다. 따라서 민주주의의 운명은 기술에 대한 우리의 이해방식에 달려 있다. 이 책의 목적은 바로 이러한 중요한 연관에 대해 생각해 보고자 하는 것이다.

수백 년 동안 인류를 금본위제에 묶어둘 수 있었던 무지 때문에 지금도 우리는 기술을 냉정한 이성의 저편에서 우리의 사회생활에 침입하는 소외된 힘이라는 환상을 유지해 왔다. 시장의 힘이 민중과 국가의 의지를 초월한다고 믿었고, 경제는 행성들의 운동만큼이나 견고한 준(準)자연시스템이라고 생각했다. 극심한 이데올로기적 저항을 겪은 후에야 교환의 사회적 속성을 발견할 수 있었다. 오늘날 근대사회가 경제생활을 통제하기를 포기하고 우리가 창조한 제2의 천성에 통제권을 넘겨버린다면 불합리하지 않은가? 그러나 기술이 관련되는 영역에서는 경제만큼이나 인간행위의 부산물인 제2의 천성에 기꺼이 복종하고 있는 게 우리의 현실이다. 기술물신주의로부터의 해방은 경제물신주의로부터의 해방의 경로를 뒤따를 것이다. 지금 우리가 하고 있는 시장에 관한 논의들이 언젠가는 기계들에 대해서 동일하게 반복될 것이다.

민주주의가 기술의 자율성에 도전하면 일반적으로 기술의 자율성에 동의해 온 '본질주의적'(essentialist) 기술철학 역시 도전받을 것이다. 바야흐로 반(反)본질주의적 기술철학의 시대가 도래했다. 우리는 기술의 명령(technological imperative), 도구적 합리성, 효율성, 닦달(enframing) 그리고 유사한 추상적 범주를 활용한 기술의 일반화에 대해서 많이 알고 있다. 나는 이 책에서 엘륄, 보그만, 하이데거 그리고 1장에서 설명하겠지만 하버마스 등 본질주의의 유력한 대표자들의 접근방식에 대해서 구체적인 대안을 제시할 것이다.

본질주의는 기술이 모든 것을 기능이나 원재료로 환원시킨다고 생각한다. 인간의 의미를 체화하고 있는 실천은 목표 지향적인 기술적 실천으로 대체된다. 효율성이 다른 모든 규범들을 없애버리고 자율적인 기술 발전과정을 결정한다. 이런 입장에서는 기술적인 것에 의미를 불어넣으려는 어떠한 시도도 자기 논리와 법칙을 가진 합리적 세계에 대한 외부의 간섭으로 간주된다. 아무리 기술이 합리적이라도 결국에는 기술의 창조자들인 인간의 영적 생존과 물질적 생존 모두를 위협하고 도리어 그들을 잡아먹게 된다.

본질주의자들의 기술과 의미에 대한 방법론적 이원론은 정치적 함의를 갖고 있다. 한편으로는 기술이 전통적인 의미와 의사소통 행위를 저해하지만, 또 한편으로는 우리에게 의미 있는 세계를 온전하게 보호하라고 한다. 개별 기술들이 변화한다고 해도 기술의 본질에는 변화를 주지 않기 때문에 아무리 기술을 개혁해서 바람직한 수준에 이르렀다고 하더라도 실천의 기반이 되는 이러한 철학적인 쟁점에는 변화가 없게 된다. 보편적 기술화에 대해서는 기술영역의 경계를 획정함으로써 저항할 수 있다. 그러나 20세기의 마지막인 지금, 이런 저항이 어떤 의미가 있는가?

　　나는 이런 접근법이 기술과 관련된 사회병리가 존재한다는 사실을 인정하기 때문이 아니라 원칙적으로 사회병리를 해결하기 위한 진지한 행동을 봉쇄하기 때문에 회의적이다. 그러나 정치적 저항이나 설계과정에서의 대중참여 등으로 의료나 컴퓨터 분야에서는 상당한 변화가 일어나고 있다. 지난 20여 년 동안 환경운동은 상당히 심오하고 구체적으로 기술과 관련된 질문과 연결되어 있었다. 우리가 앞으로 살아갈 기술세계는 상당 정도 대중행동의 결과물일 것이다. 어떻게 이런 논쟁과 격론이 긍정적이든 부정적이든 현재의 기술비판자들이 제기하는 근본 문제에 아무런 영향을 끼치지 못할 것이라고 선뜻 짐작할 수 있을 것인가?

　　나는 그들의 접근법이 우리 같은 인문학자들이 갖고 있는 직업적 문화에서 그리고 기술관련 학문의 문화와 우리가 맺고 있는 관계에서 비롯된 것이지, 우리 시대의 현실과는 무관하다고 단언한다. 이런 문화적 관계는 매우 모호하다. 기술관련 학문은 본질적으로 기능적이라고 간주되는 장치들로 구성되어 있고, 따라서 본질적으로 효율성을 추구한다고 여긴다. 효율성을 추구하는 과정에서 기술관련 학문의 활동이 갖는 사회적 측면들은 체계적으로 추상화된다. 이런 측면들이 인문학의 관심이라고 여기고 본질주의는 이런 분업을 수용한다. 기술관련 학문과 마찬가지로 본질주의도 기술을 효율성을 위해 고안된 장치로 간주하고 있으며, 유일한 차이가 있다면 본질주의는 기술관련 학문이 무시하고 있는 기술의 사회적 결과에 대해 개탄한다는 점이다.

내가 생각하기에 이것이 본질주의의 기본적인 약점이다. 본질주의는 우리 사회에 널리 퍼져 있고 여러 장치와 시스템의 설계에 반영되어 있는 효율성에의 강박에 대해서 강력한 비판을 만들어낼 수는 있지만, 현실에 존재하는 기술의 본질이 과거부터 지금까지 줄곧 존재하는 것처럼 그리고 미래에도 존재할 것이라는 태도를 취하고 있다는 사실은 은폐하고 있다. 본질주의가 스스로의 이러한 한계를 인지하지 못하고 있다면 그것은 목표와 태도, 다시 말해 기술에 의한 효율성과 효율성에 대한 근대적 집착을 혼동하기 때문이다.

근대기술에 실질적인 위험이 내재되어 있다는 사실은 분명하다. 나는 근대기술을 구분할 수 있는 몇 가지 일반적 특징이 있고 이러한 속성을 기반으로 해서 근대기술의 적절한 응용과 그렇지 않은 응용을 구분할 수 있다는 데 동의한다. 물론 이런 경우 나는 경계를 획정하는 논리를 엄밀하게 판단하지만 그렇다고 경계구분의 논리가 이야기의 전부라는 데는 동의할 수 없다. 우리가 복잡한 조건 속에서 마주치는 근대기술의 실제 '본질'은 단지 효율성만을 위한 것이 아니다. 우리의 삶에서 기술이 수행하는 여러 역할들을 이렇게 간단히 이해하는 것은 불가능하다. 바로 이점이 기술의 사회·역사적 특수성을 긍정하고 기술 설계와 사용 과정에서 다양한 기술적 행위자들의 문화와 전략에 따른 상대성을 수용하는 구성주의적 기술사회학의 과제이다. 요약하면 구성주의는 기술이라는 쉽지 않은 문제에 차이를 도입했다.

구성주의가 기술이라는 질문을 분해해 버려서 본질주의의 정당한 관심에 대해 적절한 대답을 제공할 수 있는 경우는 많지 않다. 내가 보기에, 사회적인 쟁점과 철학적인 쟁점을 결합시킬 수 있는 기술적 행위자들 사이에는 근본적인 차이가 한 가지 있다. 그것은 기술시스템에서 지배적 주체위치와 종속적 주체위치의 구분이다. 본질주의자는 합리적인 계획을 통해 세계를 원재료로 환원시키는 기술의 거장들이 있다고 주장한다. 그러나 보통사람들은 기술에 대해 줄기차게 제기되는 비판에 맞서 신랄한 공격을 퍼붓는 효율 지상주의 계획가들이 아니다. 오히려 그들은 기술을 생활세계의 한 차원으로 대면한다. 대체로 일반인들은 다른 사람들의 계획을 단순히 수행하거나, 기술적으로 구성된 공간과 환경에서 거주할 따름이다. 그들은 종속적 행위자로서 자신들과 관련된 기술을 전유하거나 기술을 이용해서 자신의 삶을 해석할 수 있는 의미를 얻어보려고 노력한다. 따라서 종속적인 행위자인 일반인들이 기술과 맺는 관계는 지배적 행위자들의 경우보다 훨씬 복잡한 양상을 띤다(때로는 지배적 행위자들도 복잡할 수 있다).

경험적인 방법론을 활용하는 기술연구자들은 기술철학이 기껏해야 단순한 사례에서 비롯된 극도로 추상적인 일반론으로 자신의 입장을 방어하기에 급급하다고 불평하기도 한다. 유명한 하이데거의 망치가 대표적이다. 많은 철학자들이 두 가지 유형의 행위자를 구분하는 것이 왜 중요한지를 간과한 이유도 바로 이 때문일 것이다. 나의 명제를 제시하기 위해 다소 복잡하지만 전형적인 기술적 사물인 집을 생각해 보겠다.

당신이라면 집에 대해 무엇을 요구할 것인가? 집은 단순한 장치가 아니라 매우 풍부하고 의미 있는 삶의 환경이다. 그러나 집은 점차 장치들의 정교한 연결체가 되어가고 있다. 오래된 목사관은 잊어버리자. 오늘날의 집은 기계화된 건설기술을 비롯해서 전기기술, 통신기술, 난방기술, 상하수도기술의 중심에 있다. 건축가들에게 집이란 본질적으로 이런 사물들이다. 집을 소유하고 있는 우리가 집에 대해서 낭만적인 의미를 부여하고 여러 가지 장치들을 벽 속에 감추거나 전통적인 집처럼 겉을 꾸미면서 장치들을 덮어버린 후에 집을 도구처럼 다루기보다는 그 안에 들어가서 거주한다는 사실로 인해 집이 지니고 있는 기본적인 기술적 성격을 애매하게 만들어버린다. 사실상 집은 르코르뷔지에가 1920년대에 이미 예견한 바와 같이 "살기 위한 기계"가 되어가고 있다.

그러나 집이 단순히 목적을 달성하기 위한 효율적 도구에 그치는 게 아니라 우리의 생활세계에 포함된다는 것을 부인할 수 없다. 집은 기상조건으로부터 우리를 보호하는 등과 같은 목적달성의 측면도 있지만, 이런 사실 이상의 역할을 하고 있으며 우리가 생각할 수 있는 그 어떤 것만큼이나 의미의 영역을 갖고 있다. 우리는 기술화된 집을 '길들여왔고' 효율성과 무관하거나 거의 관계가 없는 방식으로 우리의 것으로 만들어왔다. 기술의 본질이라면, 그것이 무엇이든지 간에 원칙적으로 이런 복잡성을 모두 포함해야 하며 목적-수단관계로만 환원될 수 없는 집의 여러 측면들을 파악할 수 있는 범주들을 포괄해야 한다.

본질주의자들은 기술과 의미의 이원론을 활용해서 이런 사례를 분석적으로 기술의 측면과 의미의 측면으로 구분한다. 집을 장치의 연결체로 간주하는 것과 집을 인간적 환경으로 간주하는 것은 개념적으로 다르다. 전자가 기술의 영역에 속한다면 후자는 의미의 생활세계에 속한다. 그러므로 기술의 하나인 전자회로가 작동하는 것과 우리가 거주하는 공간을 밝히고 따뜻하게 하는 경험은 분석적으로 분명히 구별된다. 이는 전기 때문에 가능해진 현상이지만 난로 같은 전통적 원형으로부터 의미를 가져와야 한다.

이런 구분은 타당하다. 왜냐하면 이런 구분마저 없다면 기술관련 학문은 존재할 수 없을 것이다. 그러나 처음에는 분석적인 구분으로 시작한 것이 결국에는 존재론적 차이로 끝나고 만다. 기술이 마치 사회로부터 분리되어 서로의 경계면에서 상호 작용하는 두 가지 유형의 사물—보다 정교하게 말하면 두 가지 유형의 '실천'—인 것처럼 간주된다. 본질주의자의 이원론은 기술의 생활세계를 갈라놓는다. 다시 말해 각각의 차원이 엄연히 존재하는 기술의 생활세계에서 기술적인 것을 기술적 경험으로부터 분리시켜 버린다. 그러나 경험을 토대로 생각해 보면 장치와 의미, 기술적인 것과 생활세계의 실천이라는 이런 두 가지 차원은 떼어놓을 수 없을 정도로 서로 긴밀하게 연관되어 있다. 예를 들어 전기를 사용하는 그/그녀는 자신이 저녁에 집으로 돌아왔을 때 자기를 기쁘게 맞아주고 안전함을 느끼게 해주는 따뜻함이 전기에서 비롯되었다는 사실을 분명히 알고 있다. 경험의 이러한 두 가지 차원은 서로가 서로를 가능하게 한다.

물론 사용자가 기술과 맺는 '주관적 결합'이 이윤을 추구하는 건축가나 그들이 활용하는—인과관계로만 구성되어 있는—기술관련 학문과는 무관해 보일 수도 있다. 그러므로 우리가 지배적 행위자의 자기 이해 방식을 기술철학의 기초로 삼는다면 의미는 기술적인 것 외부에 존재한다고 결론내릴 우려가 있다. 그러나 이는 틀렸다. 역사의 어떤 시점에서는 의미가 기술관련 학문에 전혀 영향을 끼치지 못할지라도 기술의 역사와는 관련을 맺고 있다. 종속적 행위자들이 체험하는 생활세계의 의미는 언젠가는 기술설계에 체화된다. 모든 개발단계에서 장치는 '기술적 합리성'이 아니라 사용자들이 과거의 실천으로부터 획득한 의미들을 나타낼 것이다. 장치에 대한 경험이 설계의 진화에 영향을 끼치기 때문에 총체적인 현상으로 기술을 보기 위해서는 경험적 차원을 반드시 포함해야 한다는 것이 구성주의 사회학과 기술의 사회사에서 일반적으로 언급되는 결론이다.

이러한 비본질주의적 접근은 정치적 함의를 갖고 있다. 일반인들은 기술자나 경영자들보다 기술에 체현된 의미를 훨씬 더 직접적으로 느끼게 된다. 경영자들은 새로운 기계가 더 효율적이라고 보겠지만 기계를 비난하는 노동자들은 그로 인해 작업장에서 숙련과 작업장 권력이 박탈되는 것을 목격할 수도 있다. 환경윤리가 기술에 적합할 것인지의 여부는 오염을 발생시키는 사람보다는 오염의 피해자가 더 잘 알 수 있을 것이다. 그러므로 본질주의자들이 기술과 의미가 존재론적으로 분할되어 있다고 이해하는 것을 나는 기술과 의미에 다른 방식으로 참여하는 서로 다른 유형의 행위자들 사이의 투쟁영역으로 간주한다.[1]

물론 노동자의 숙련과 환경에 대한 고려를 기술 그 자체에 포함하지 않고 순전히 맥락적인 것으로 간주해서 논의에서 배제할 수도 있다.

그러나 이러한 복잡성을 완전히 이해하기 위해서는 "기술이란 단지 어떤 사용맥락(use-context)에 놓여 있는 것이다"라는 돈 아이디의 언급을 진지하게 고민해야 한다(Ihde 1990, p. 128). 기술의 맥락에는 다른 직업(vocation)과의 관계, 책임, 주도권, 권위와의 관계, 윤리학 및 미학과 맺는 관계 등, 요약하면 의미와의 관계를 포함하고 있다. 나는 이 책의 결론에서는 맥락의 역할을 해명하는 기술의 사회역사적 이론을 발전시킬 것이다. 구체적인 기술적 행위자, 장치, 시스템을 실현하는 과정에서 기술적 주체와 대상을 구성하는, 변화하지 않는 요소들이 사회적으로 특수한 맥락적 변수들에 의해 변형되고 수정된다는 것이 나의 주장이다. 그러므로 기술은 효율적인 장치나 효율성을 높이기 위해 고안된 실천에 그치는 것이 아니다. 기술이 설계되고 사회에 적용되는 동안 체화되는 다른 맥락들을 포함한 것이 바로 기술이다.

나는 이런 접근을 통해 본질주의의 비판적 기여를 훼손하지 않으면서 기술을 개혁하려는 성찰이 가능하다고 믿는다. 본질주의자의 시각에서는 이와 유사한 긍정적 프로그램을 제안하기 어렵고 기껏해야 기술적 권력에 주어진 영역에 밀착된 경계선을 제기하는 게 최선이라고 본다.[2] 그러나 그렇다고 해도 경계선 내의 삶을 향상시킬 수 있는 기준을 제시하지는 못한다.

따라서 이 입장은 그동안 기술영역의 활동가들이 발견했던 것처럼 그리 실용적이지 않다. 이것이 본질주의의 패러독스이다. 비판적임에도 불구하고 본질주의는 결국 기술에 영향을 끼치려는 대중들의 현실투쟁이 근본적으로는 어떤 의미도 가질 수 없다고 생각하는 기술관료들과 암암리에 공모하는 셈이다. 기술이 점점 더 많은 사회적 삶을 포괄하기 때문에 이런 투쟁들은 더욱 빈번해지고 더욱 중요해진다. 이런 투쟁을 이해하지 못하는 기술철학에 만족할 수는 없지 않은가? 진정한 변화는 우리가 기술에서 의미로 방향을 전환할 때가 아니라, 우리가 등록되어 있는 기술시스템에서 우리의 종속적 지위의 본질을 인식하고 의미 있는 삶과 살 만한 환경을 수호하기 위한 설계과정에 개입할 때 비로소 시작된다. 이 책의 목적도 바로 여기에 있다.

이 책에서 제기된 쟁점은 정치적 신념과 무관하게 모든 사람들에게 관련되어 있는 것이지만 좌파들에게는 특별한 의미를 가지고 있다. 마르크스주의는 기술이 노동을 매개하게 되면서[3] 과거에는 존재하지 않던 자기결정의 잠재력을 지닌 새로운 유형의 하층계급을 만들어낸다는 주장을 가장 근본적인 수준에서 제기했다. 이런 계급구성의 변혁은 혁명으로 이어질 것이라고 여겨졌다. 마르크스주의는 이런 예측이 어긋나자 정체성의 사회운동에 의해 뒤편으로 물러나게 되었다. 일반적으로 신사회운동은 여성운동, 동성애자 권리운동, 환경운동, 전문가운동, 노동자운동 등 참여하는 행위자들에 따라 구분된다. 그러나 이런 다양한 운동들이 정치적으로 설득력 있는 대안을 위해 협력하기도 했지만 불행하게도 아직 이들을 하나로 묶어줄 수 있는 접합은 나타나지 않고 있다. 급진민주주의가 이런 접합을 가능하게 할 것이라는 희망도 있었지만 그리 큰 영향력은 없었다. 급진민주주의는 너무 추상적이어서 실질적인 정책수준에서는 의미가 없었고 결과적으로 급진민주주의가 극복하려 했던 분할에 대한 좌파들의 신임을 확증하는 것 이상의 역할은 하지 못했다(Laclau and Mouffe 1985). 하지만 기술이라는 문제를 통해 내용을 채워나가기 시작할 수는 있을 것이다.

투쟁에서 결정적인 역할을 하는 기술을 매개로 해서 단결을 할 수도 있지만 신사회운동에서의 정체성에 따른 분류학에서는 모호해지기 쉽다. 예를 들어 여성들이 출산방식의 변화를 요구하거나 AIDS환자들이 자신들이 임상시험 대상이 될 수 있게 해달라고 요구할 때, 그들은 기술적인 의학의 구조 내에 폭넓은 인간적 요구가 반영되어야 한다는 도전을 하는 셈이다. 자연을 보호하고 인간의 건강을 지키기 위해 생산기술의 변화를 주장하는 환경운동가들이라면 이런 투쟁에 참여해야 한다. 이와 유사한 사례로는 컴퓨터가 도입되면서 노동의 강도가 높아진 노동자들이 기존과는 다른 방식으로 컴퓨터를 사용하겠다는 요구를 주장할 때는 기술과 더불어 기술을 설계할 때 활용되었던 기존의 관념까지 바꾸고 있는 것이다. 처음에는 정보를 유통하기 위해서 설계되었던 네트워크를 통해서 사람들 사이의 의사소통을 시도했던 프랑스와 미국의 컴퓨터 사용자들은 해방적인 기술혁신을 실현했다.

이런 민주적 개입으로 전문가들은 기술을 변혁하는 과정에서 일반대중들과 협력하게 된다. 지금은 이런 과정이 간헐적이고 삐걱거리기도 하지만 기술의 사회적 통제가 결국에는 보다 지속적이고 효과적인 형태로 확산되고 제도화될 것이라고 예측할 수 있다. 이런 전망이 민주주의에는 어떤 함의를 가지는가? 이는 기술에 대한 정치적 질문이다. 마르크스의 대답은 생산자연합에 의해 생산이 운영되는 사회주의였다. 사실 이런 질문은 기술에 의한 매개 때문에 아래로부터의 개입이 새로이 가능해진다는 마르크스의 생각으로 우리를 다시 끌고 간다. 그러나 마르크스가 살았던 시대가 갖고 있던 생산의 기술적 한계는 이미 초월해 버렸다. 사회 전체를 포괄하고 있는 기술에 대한 정치적 질문을 일반화해야겠지만 우리가 살고 있는 지금도 적합한 질문이 될 것이다. 이러한 일반화는 언젠가는 좌파들이 보완된 근대성(redeemed modernity)에 대한 유토피아적 전망을 만들어낼 수 있는 주제가 될 수 있을 것이다.

『기술을 의심한다』는 내가 이 주제에 관해 쓴 세번째 책이다. 1991년의 『기술에 대한 비판이론』(*Critical Theory of Technology*)은 마르크스주의적 접근이 갖고 있는 모순에 초점을 맞춰서 자연에 대한 지배라는 프랑크푸르트학파의 비판과 노동과정론의 연결을 시도했다. 『기술에 대한 비판이론』에서는 합리화의 자본주의적 형태와 '전복적'(subversive) 형태를 대비시켰는데, 예술생산 분야에서는 '전복적'이라는 용어가 적절할 수도 있지만 기술정치학적 분석을 전개하는 이 책에서는 의미는 동일하지만 '민주적 합리화'라는 용어로 말하고 있다. 1995년의 『대안적 근대성』(*Alternative Modernity*)은 기술관료주의와 포스트모더니즘을 비판할 때 사용되는 기본명제들을 구성주의적으로 정식화한 것이다. 『대안적 근대성』에서는 의학과 컴퓨터의 역사적 사례를 분석했고 특히 일본의 민족문화를 고려했다. 『기술을 의심한다』는 비본질주의가 갖고 있는 급진정치적 기원에 관해서 논의하고 기술철학계의 주요 논자들에 대한 직접적인 문제제기로 마무리지을 것이다.

지금은 어떤 프로젝트를 시도하기에 좋은 시점이다. 프란시스 세예르스테드는 우리가 "기술결정론에서 사회구성주의로 그리고 기술의 정치이론에 이르기까지"의 오랜 발전을 통해 새로운 국면의 기술에 대한 규범적 성찰에 접어들었다고 주장한다(Sejersted 1995, p. 16). 결정론에 대한 반대는 기술발전의 우연적 속성에 주목하게 했고 정치적인 것을 다시 제기할 수 있는 통로를 열어주었다. 이 책의 논의가 바로 이런 상황에 있다. 나는 결정론이 갖고 있는 문제와 결정론에 대한 신좌파와 환경운동가들의 정치적 저항으로부터 시작해서 사회이론에 대한 함의를 끌어낸 후, 기술철학의 갱신이라는 기본문제로 돌아갈 것이다.

이 책을 쓰는 동안 여러 사람의 도움을 받았다. 프란시스 세예르스테드는 여러 번이나 오슬로대학의 '기술과 문화 연구를 위한 TMV센터'에 초대했다. 나는 거기서 여러 장을 집필하고 발표하기도 했다. 오귀스탱 베르크(Augustin Berque)는 파리고등사범학교에 한 달 동안 초대해서 여러 장을 수정하는 기회를 마련해 주기도 했다. 이 책의 여러 장은 미국국립과학재단의 EVIST(Ethics and Values in Science and Technology) 프로그램의 지원에 힘입었다. 내가 지원하도록 격려해 준 레이첼 홀랜더에게 감사드린다. 샌디에이고주립대학의 폴 스트랜드 학장과 철학과 학과장인 톰 왓슨은 특별한 설비를 갖춰달라는 나의 요구에 호의적이었다.

7장의 대부분은 토마스 크로와 데이비드 잉그램과의 온라인대화에서 구상되었으며 로렌조 심슨과도 유익한 의견을 주고받았다. 이 책에서 전개된 생각을 발표할 포럼을 만들어준 필 애그리, 앤드류 라이트, 스콧 노엄 쿡, 폴 더빈, 제리 도펠트, 리처드 스미스, 마틴 제이, 한스 슬루가, 류스케 오하시, 비르기트 재거, 알랭 그라스, 댄 윌리엄슨 등 여러 사람에게도 감사를 전한다. 표지를 만들어준 월터 머크, 책 디자인을 맡아준 줄리에트 로빈스, 내가 책을 쓰는 데 여러 도움을 준 앤-마리 핀버그에게도 역시 고마움을 전하고 싶다.

이 책의 몇 장은 다음과 같이 이미 발표된 논문에 기초한 것이다. 「하이데거, 하버마스 그리고 기술의 본질」("Heidegger, Habermas, and the Essence of Technology," Special Studies Series of the Center for Science and Technology Policy and Ethics, Texas A&M University, 1997), 「마르쿠제인가 하버마스인가: 기술에 대한 두 가지 비판」("Marcuse or Habermas: Two Critiques of Technology," *Inquiry* 39, 1996), 「커머너-에얼릭 논쟁: 환경주의와 생존의 정치학」("The Commoner-Ehrlich Debate: Environmentalism and the Politics of Survival," D. Macauley ed., *Minding Nature: The Philosophers of Ecology*, Guilford Publications 1996), 「5월혁명을 생각하며」("Remembering the May Events," *Theory and Society* 1978. 7), 「전복적 합리화: 기술, 권력, 민주주의」("Subversive Rationalization: Technology, Power and Democracy," *Inquiry* 35, 1992).

1998년 8월, 라호이아에서
앤드류 핀버그

1) 이런 주장의 배후에는 서로 다른 계급적 위치에 따른 의식의 물화(物化)와
   탈(脫)물화에 대한 루카치의 이론이 있다. 루카치는 "자본가에게는 계산의 대상에
   영향을 끼치는 양적 요인으로 보이는 착취에서의 양적 차이가 노동자에게는
   육체적·정신적·도덕적 실존에 대한 결정적이고 질적인 것으로 다가온다"고
   말한다(Lukács 1971, p. 166). 나는 이런 접근을 생산만이 아니라 보편적인 기술까지
   확장해서 일반화하고 있다.
2) 기술과 의미의 영역을 분할하고 기술의 논리가 기술의 영역을 넘어서지 못하도록
   경계를 획정한다는 의미이다. ─옮긴이
3) 공장제 기계공업의 도입을 뜻함 ─옮긴이

차례

1. 기술, 철학, 정치학

결정론과 실체론

도입에 해당하는 이 장에서는 인문학분야에서 기술에 대한 관심이 높아지는 이유를 간략하게 언급하면서 책 전체에서 다루는 주요 주제들을 개괄할 것이다. 이 과정이 그리 수월하게 진행된 것만은 아니었고 전체적인 함의가 무엇인지도 아직 명확하지 않다.[1]

서구 고급문화가 갖고 있는 관념론적 속성 때문에 인간에게 기술이 어떤 의미가 있는가라는 질문은 그리 진지하게 탐구되지 않았다. 최근에 들어서야 기술관련 분야에 종사하지 않는 (인문사회)학자들이 기술이 이룩한 성취와 문제점들에 관심을 갖기 시작했다. 과거의 인문학자들은 기술에 대한 담론의 가치를 부인하고 거부해 왔다. 이런 전통은 사회적·정치적·이론적 활동을 인간의 가장 고상한 활동으로 여기던 고대그리스 귀족사회까지 거슬러 올라간다.

근대에 들어서면서 인문학자들이 처음으로 기술에 대해 진지하게 고민하기 시작했고, 디드로의 『백과전서』는 이 분야의 선구적인 작업이다. 그러나 랭던 위너의 설명에서도 알 수 있듯이, 근대정치 이론은 기술활동을 경제에 복속시켰고 지금은 당연하게 생각되는 기술과 관련된 권리와 책임의 문제 등에 관해서는 전혀 논의하지 않았다. 상식적인 도구주의에 따르면, 기술은 특별하게 설명하거나 정당화해야 할 필요가 없는 중립적 도구에 지나지 않기 때문이다. 이런 이유로 한동안 기술에 대한 논의는 한쪽으로 밀려나 있었다. 사생활에서도 기술은 홉스, 루소, 로크 등 정치이론의 거장들이 제기한 기본적인 규범적 질문과는 무관하다고 여겨졌다(Winner 1995).

기술이 근대성 논의로 확장될 수밖에 없는 또 하나의 경로는 18세기 후반, 19세기에 출현한 생물학과 사회과학에서 나타난 역사화 경향이다. 이런 경향은 진보관념에 확고하게 자리잡고 있으며 기술에 제시된 약속에서 확고한 보증을 찾고 있다. 마르크스와 다윈의 영향을 받은 19세기의 진보주의는 기술결정론이었다. 유물론의 거장인 마르크스와 다윈의 견해에 대한 당시의 일반적인 해석에 따르면, 기술진보는 인류의 자유와 행복을 위한 기초가 될 것이라고 생각되었다.

여기서 나타나는 휴머니즘과 결정론의 결합에 주목해 보자. 진보적 사상가들은 사회적인 분열로 인해 인간이 역사의 주체로 행동하는 것이 저해된다는 사실을 이해하고 있었다. 그러나 그들은 경쟁하는 사회집단과 국가가 인류를 대리하고 있다고 생각했고 대립의 실제 내용은 중요하게 생각하지 않았다. 문화적 차이를 보편주의적으로 취급하는 것도 빨라졌다. 그들은 기술이 지향하는 목표는 우리의 생물학적 구조가 지닌 영구적 속성이라고 가정했다. 기술은 태생적인 목표를 변화시키는 게 아니라 단지 목표에 도달하는 경로를 단축시키는 것이기 때문에 중립적이라고 생각했던 것이다. 기술을 중립적이라고 간주하면서 기술은 정치적 논쟁에서도 제외되었다. 기술은 자연이 지정한 임무를 집행하는 역할만 한다면, 기술이 실현하는 가치는 모든 사람들에게 보편적이어야 한다는 것이다. 사실 "기술진보는 인류의 진보입니다" 유의 이야기는 어렵지 않게 찾을 수 있으며 가령 편집자들이 사용하는 '우리'라는 표현—인간으로서 '우리'는 달에 갔습니다—이 이런 이야기에 개입하곤 한다.

　　20세기 초에 근대기술이 보여주었던 위대한 성취를 생각하면 이런 관점은 확증되는 듯하다. 그러나 이러한 성취는 동시에 기술에 대한 의사결정이 사회에 끼치는 영향이 커지면서 이제는 기술의 정치적 효과가 분명해졌음을 의미한다. 그렇다면 정치가 기술의 또 다른 하위분야가 되고 있다거나 기술을 정치적으로 인식해야 한다는 정반대의 결론도 가능하다. 첫번째 대안은 기술전문가들이 대중적 논쟁을 대신하는 기술관료주의로 직결된다. 대중적인 논쟁은 기술적 전문성으로 대체되어야 하고 정보를 갖고 있지 않은 유권자들의 의견을 따르기보다는 연구결과를 따르는 게 가장 효율적인 행동이라는 것이다. 정치학에서 전통이었던 규범적 패러다임을 기술 패러다임으로 대체하려는 시도는 생시몽에서부터 시작되었지만 지금과 다른 이유로 '이데올로기의 종언'이 논의되던 1950, 60년대에 이르러서야 대중적인 호응을 얻을 수 있었다.

　　이러한 기술관료주의적 경향을 반대하면서 기계화에 저항하는 낭만주의적 전통이 100여 년 전부터 상당한 흐름을 형성하고 있다. 이 입장은 기술에 대한 일종의 '실체론'(substantivism)인데, 이 입장은 기술적 매개에 도구 이상의 실체적 내용을 부여한다. 이들은 기술은 중립적이지 않으며 특정한 가치를 체현하고 있다고 보기 때문에 사회에 만연한 기술의 현상을 순진하게 바라보지 않는다. 우리가 사용하는 도구들은 빈틈없이 기술이 들어차 있는 근대사회의 생활양식을 형성하고 있다. 이런 상황에서 수단과 목적의 분리는 불가능하다. 우리가 사물을 어떻게 다루느냐가, 우리가 누구이고 우리가 무엇인지를 결정한다. 기술발전은 인간이 된다는 것의 의미를 변형시킨다.

이런 입장의 권위자인 하이데거는 존재론적 용어로 입장을 전개했다. 하이데거에 따르면, 우리가 직면하는 현재진행형의 세계는 우리 시대를 특징짓는 방식으로 드러나고 질서가 이루어질 수밖에 없는 구체적 통일체이다. 기술은 존재가 드러나는 방식, 즉 세계가 '드러나는'(revealing) 하나의 양식이다. 기술이 우리 시대를 드러내는 양식이라면, 기술을 단순한 도구로 간주해서는 안 된다. 기술은 전일적인 통제문화를 구성하며 어느 것도 기술로부터 벗어날 수 없다. 기술을 만들어낸 인간도 여기서 예외가 될 수 없다. 인간이 기술적으로 전유한 사물들처럼 인간들도 기술적인 드러냄을 거치고 나면 원재료로 환원된다. 세상의 모든 것은 일관성이 있는 세계의 부품이 되면서 총체성을 상실하고 순수의지의 대상으로 격하되고 만다(Heidegger 1977a).

실체론에 따르면, 근대성은 은폐되어 온 기술의 본질을 폭로한 인식론적인 사건이다. 그렇다면 무엇이 은폐되었던가? 효율성을 추구하는 순수한 충동이자, 통제 및 계산 가능성을 증대시키기 위한 합리성이 은폐되었다. 그러나 일단 기술을 둘러싸고 있던 전(前)근대사회의 속박으로부터 기술이 벗어나면서 이런 과정은 자동적으로 폭로되고 말았다.

이런 관점은 막스 베버의 디스토피아적 개념인 '쇠우리'(iron cage)에도 함축되어 있다. 베버에 따르면, 근대성은 기술이 사회 깊숙이 침투하면서 비기술적 가치를 위협하는 기술적 사고방식과 행동이 취할 수 있는 유일한 형식이다. 그러나 베버는 이런 과정을 기술에만 국한하지 않았다. 이런 연관을 보다 명시적으로 지적하는 또 다른 실체론자인 자크 엘륄

(Jaque Ellul)은 '기술적인 현상'(technological phenomenon)이 정치 이데올로기와는 무관하게 근대사회 전체를 특징짓는다고 생각한다(Ellul 1964, p. 6). 이런 맥락에서 마셜 맥루한은 신파조로 기술 때문에 우리가 "기계세계의 성기(性器)"가 되었다고 말했다(McLuhan 1964, p. 46). 하이데거만큼이나 비관적인 엘륄은 기술의 지배에 맞서 가능할 법하지 않은 영적인 변형을 요구하고 있다.

　　실체론적 비판은 결정론과도 친화성이 있다. 두 가지 입장 모두 기술진보는 자동적이고 단선적이라는 생각을 공유하지만, 결정론이 진보라는 유쾌한 교의에서 출발하는 데 비해 기술이 본질적으로 지배에 기여하는 편향을 지녔다는 추가적인 가정을 갖고 있는 실체론은 우울한 정조를 띤다. 더 많은 진보가 있더라도 이런 결점들을 교정하기는커녕 상황을 악화시킬 따름이다. 이 책에서 나는 이런 관점을 본질주의(essentialism)라고 할 것이다. 본질주의는 기술이 오직 하나의 '본질'을 갖고 있고 근대문명의 여러 주요 문제들의 책임을 기술에서 찾는다. 이 책에서 나는 기술철학의 대종을 이루고 있는 본질주의에 대한 비판과 대안을 제시하려고 한다.

좌파 디스토피아주의

놀랍게도 1960, 70년대에는 정치담론을 비롯하여 영화 및 다른 미디어에서도 실체론적 입장이 관찰되는 등, 실체론은 기술에 대한 새로운 대중문화가 되었다. 미국에서는 디스토피아적 관점이 전통적인 자유주의와 보수주의를 대체하면서 지금까지도 정치가 속류화된 형태의 실체론적 범주

와 감수성에 크게 영향을 받고 있다(Feenberg 1995, chap. 3).[2]

1960년대에 들어 기술에 대한 태도가 극적으로 변화한 원인을 설명하기는 쉽지 않다. 처음에는 사람들이 핵에너지와 우주계획에 대해 많은 기대를 보냈지만 60년대 말, 테크노포비아적인 반작용이 대두하면서 이런 기대는 사라지고 말았다. 하지만 대중들이 적대감을 보였던 것은 기술 자체보다는 그 당시에 출현하기 시작한 기술관료들이었다.

이 책에서 '기술관료주의'는 전통이나 법 또는 대중의 의지보다는 과학적 전문성을 정당성의 기반으로 삼는 다양한 관리체계를 말한다. 기술관료주의적 관리가 실제로 얼마나 과학적인가는 또 다른 문제다. 새로운 지식과 기술이 진정으로 높은 수준의 정당화에 도움이 되기도 하지만 유사과학적인 용어나 의심적은 정량화의 주술을 동원해서 기술관료주의적 스타일을 합리화와 연결시키는 경우도 있었다. 사회적 영향이라는 관점에서 보면, 내용과 스타일의 구분은 그리 중요하지 않다. 기술관료주의적 논법으로 말하자면, 컴퓨터가 정말 '다운되었는지' 혹은 소매점에서 일하는 피고용인들이 게을러서 컴퓨터를 이용하지 못하는지와 관계없이 관리대상들은 동일한 반응을 나타낸다. 작동중단 상황에 대한 최신의 변명도 자명하다. 크건 작건 사회를 '기술관료주의적'으로 이끌고 가는 동인은 실천이라기보다는 수사법이다. '기술관료주의'라는 단어가 이데올로기적이라고 해서 아무런 결과 없이 끝나는 것은 아니며, 상황은 오히려 그 반대이다.

케네디와 존슨 행정부의 지적인 오만 때문에, 이러한 결과는 정치적인 파장을 일으키게 되었다. 미국정부가 유발한 베트남전이 미국의 천재성이라면 쉽게 해결할 수 있는 기술적 문제인 것처럼 대중들에게 선전했다. 지금 독자들이 60년대에 있었던 전략에 대한 행태주의적 논쟁을 보면 놀랄 것이다. 미국은 주민들이 공산주의자들을 거부하는 분위기를 '조성하기 위해' 마을을 폭격했다. 어떤 이는 아예 통신을 두절시키는 게 더효과적이지 않느냐는 조언을 하기도 했다. 베트남전을 거치면서 점점 성장한 기술관료주의에 대한 반(反)문화적인 비판은 리버럴 진영의 의제 전체를 포괄하는 수준으로까지 확산되었다. 선의(善意)에서 시작된 '빈곤과의 전쟁'도 행정적 통제의 진보를 통해 사회체계를 순조롭게 조정할 수 있다고 생각한다는 점에서는 별반 차이가 없다. '멀티버시티'(multiversity)[3]구상도 비슷한데, 지금까지 주변적이거나 전통에 묶여 있던 대학을 기업시스템에 통합시키겠다는 것이었다. 많은 젊은이들은 이런 합리화의 야망을 디스토피아적 위협으로 받아들였고 일부는 신좌파 영감의 원천이 되었다(오늘날 디스토피아적 공포는 우파에 의해 훨씬 혼란스러운 양상으로 이용된다).

　　당시의 대중운동은 근대성 비판론자들이 공유하고 있던 디스토피아적 주제를 변형시켰다. 좌절한 인문학자들의 문화적 엘리트주의는 실체론과 부합할 수 없는 인민주의적 요구로 바뀌었고 이런 과정을 통해 기술에 대한 질문은 정치적 질문으로 재정의되어 좌파에게 수용되었다. 이 시대의 좌파들은 진보의 방향과 정의를 묻기보다는 사회에 대한 민주적 통제를 요구했고, 이를 통해 사회주의 이데올로기를 재정식화했다. 정도의차이는 있었지만 전통적 마르크스주의를 고수했던 그들의 사회주의는 지금의 관점에서 보면 다소 낡아 보인다. 그러나 우리가 앞으로 살펴보겠지만 이러한 입장들은 컴퓨터, 의료, 환경 등의 영역에서 벌어지는 새로운형태의 구체적 투쟁에서 진보에 관한 다양한 쟁점과 접합되어 있는 기술의 새로운 미시정치학을 예견했다.

　　이 책 제1부의 두 장에서는 60년대 후반부터 70년대 초반의 논쟁과 사건들을 다루고 있다. 내가 보기에 이 주제들은 당대에 사회적으로도 중요했고 이 책에서 다루는 기술철학을 형성하는 데 기여한 논쟁이기도 하다. 나는 이 사례들이 전형적이라고 주장하지는 않지만, 꼼꼼하게 살펴 보면 지금까지도 기술에 대한 사고의 혁명을 이해할 수 있는 계기가 될 것이라 믿는다.

　　프랑스 5월혁명은 신좌파운동의 최전성기였다. 1968년 봄, 파리에서부터 시작된 전국적 학생운동에 잇따른 총파업은 프랑스의 거의 모든 제도를 붕괴시켰다. 모든 산업분야의 수천만 명의 파업노동자들은 자본주의 체제를 위협하면서 프랑스를 한 달 넘게 중단상태에 빠트릴 정도로 위력적이었다. 5월혁명 당시 참여자들은 기존의 노동계급 이데올로기를 표출했을 뿐만 아니라 명시적인 반(反)기술관료주의적 언어로 자신들의 요구를 표현했다. 동유럽 사회주의는 선진자본주의와 동일한 이유로—기술관료주의라는 콩깍지에 싸인 두 쪽의 콩처럼—비판의 대상이었고 노학동맹은 대안으로 자주관리를 내걸었다. 이런 요구는 대중들이 드골의 기술관료주의적 국가가 성장하는 현상에 대해서 디스토피아적 우려를 표출한 것이다. 2장에서는 당시의 문헌을 토대로 이 운동을 탐구한다.

　　3장에서는 기술이 정치적 쟁점이 된 초기 사례의 하나인 환경문제를 다룬다. 여기서는 70년대의 환경운동가들을 둘로 나누었던 폴 에얼릭과 배리 커머너의 논쟁을 상세하게 분석할 것이다. 이 논쟁은 환경운동에서 기술문제를 논의한 최초의 진지한 시도이다.[4] 커머너는 산업의 민주적 통제를 지지하면서 환경주의자들의 반성장(anti-growth) 논의를 거부했다. 이 논쟁은 환경운동에서 결정론적 입장이 정치적으로 보수적인 함의가 있다는 점을 예리하게 지적했고 사회적 형성 및 우연성(contingency)을 강조하는 새로운 기술철학의 필요성을 역설했다.

2차대전 이후의 상황에 대해 회의적이었던 몇몇 사람들 그리고 멈퍼드의 작업에서 이론적으로 시작된 기술관료주의의 균열은 60년대의 대중운동들을 통해 청중과 맥락을 확보할 수 있게 되었다. 이렇게 정치환경이 변화하자 비판적인 평론가들이 결합했다. 민주주의적 이론틀에 실체론의 요소를 끌어들이는 미국적 기술철학은 이런 맥락에서 시작되었다. 랭던 위너, 앨버트 보그만, 돈 아이디 등의 대표적 인물들은 동일한 전통에 있는 (기술철학을 다루는) 이 책에서 자주 인용될 것이다(Achterhuis et al. 1997).

마르쿠제와 푸코는 과학적 이데올로기와 기술결정론이 근대적 헤게모니를 형성하는 데 했던 역할을 비판한 가장 유력한 인물들이다 (Marcuse 1964; Foucault 1977). 그들은 기술적 합리성에 근거한 진보의 단일한 경로가 있다는 견해를 부정했고 기술발전의 사회적 통제를 철학적으로 성찰할 수 있는 공간을 개척했다. 나는 이런 입장을 '좌파 디스토피아주의적' 기술비판이라고 할 것이다.

이들 사상가들도 실체론으로부터 많은 영향을 받았다. 마르쿠제는 하이데거의 제자였고 그로부터 많은 것을 배웠다. 『일차원적 인간』에서의 마르쿠제는 분명히 현상학적이다(Marcuse 1964, pp. 153, 154). 푸코는 마르쿠제만큼 명확한 연관이 있는 것은 아니지만, 하이데거의 기술비판과 『감시와 처벌』에서 제시한 권력에 대한 입장이 연관될 수 있다는 이유로 푸코를 하이데거주의자로 분류하기도 한다(Dreyfus 1992).

어쨌든 마르쿠제와 푸코는 기술이 독립적으로 선택된 목적을 위해 단순히 기여하는 게 아니라 생활양식을 형성하고 환경을 조성한다는 데 동의한다. 일괄조립 라인이든 파놉티콘식 감옥이건 기술은 권력의 형식이다. 그러나 마르쿠제와 푸코는 각각의 사회에 따라 특수한 지배개념을 사용한다는 점에서 실체론과 거리를 두고 있다. 실체론은 기술이 자율적이라고 간주하지만 마르쿠제와 푸코는 기술적 지배를 사회조직과 관련짓고 있으며, 기술이 단일한 본질을 갖고 있는 게 아니라 사회에 따라 우연적이며 다른 사회체제에서는 상이한 역할을 하도록 재구성될 수 있다고 주장한다.

좌파 디스토피아주의는 본질주의를 거부하고 근대성의 본질을 근본적으로 변화시킬 수 있다고 주장한다. 이 견해는 어떤 면에서는 기술을 어떤 목적으로도 사용 가능한 중립적 수단으로 간주하는 상식적인 견해와도 유사하지만, 구체적인 수단이 아니라 총체적인 목적-수단체계 수준에서 선택이 이루어진다는 점에서 차이가 있다. 나는 사회적으로 상이한 결과를 낳는 대안적인 발전경로가 가능한 기술의 속성을 '양가성'(ambivalence)이라고 말한다. 기술의 양가성에서 중요한 것은 특정한 기술설계로 허용되는 제한된 범위의 활용뿐만이 아니라 기술시스템 전체가 지닌 전반적인 효과들도 고려해야 한다는 사실이다. 어떤 기술의 전체적인 발전과정에서 이런 효과들이 모두 드러나는 것은 아니며, 모든 효과가 일상적인 의미의 '활용'인 것도 아니다. 서로 다른 사회적 효과는 기술을 채택하는 맥락에 따르는 요구조건 때문이기도 하며, 때로는 부수효과 때문이기도 하다. 이런 모든 것이 기술선택과 관계가 있는데, 기술로 인한 효과의 범위와 결과를 고려하면 기술선택이 정치적이라는 사실은 놀랄 일도 아니다.

프랑크푸르트학파는 이와 유사하게 기술을 물질화된 이데올로기라고 본다. 기술의 이데올로기적 편향에 대한 다른 이해방식은 앞으로 논의될 것이다. 하버마스는 기술을 통제에 대한 인간의 포괄적인 관심에 대응하는 일반적 행위형식으로 간주한다. 따라서 기술은 특정한 정치적 관심을 초월하고 본질적으로 정치적인 중립성을 갖게 된다. 하버마스의 이론에서 가치논쟁이나 정치는 생활세계가 의존하는 의사소통적 영역에 속한다. 기술이 정치적 편향을 갖는 경우는, 단지 의사소통적 영역을 침해하는 '생활세계의 기술화'일 경우에 그친다. 이런 상황은 의사소통의 역할을 다시 옹호함으로써 회복할 수 있다.

마르쿠제는 기술이 이데올로기인 이유는 지배체계를 부여하고 인간과 자연에 내재하는 성장 잠재력에 반하는 외생적인 목적을 강요하기 때문이라고 본다. 인간과 자연이 무엇이며 무엇일 수 있는가는 체계의 이해관계에 종속된다. 마르쿠제는 언젠가는 근본적으로 기술을 변형하여 대상을 존중하고 자연을 진정으로 또 하나의 주체로 간주하게 만들 수 있다는 믿음을 포기하지 않았다(Marcuse 1972, p. 65). 그러나 이런 믿음은 실체론적 비판과 유사하다. 하버마스와 마르쿠제의 논쟁은 7장에서 다루고 있다.

합리성의 사회적 구성에 대한 푸코의 비판은 기술을 이데올로기로 간주하는 프랑크푸르트학파의 역할을 대신하는 셈이다. 그는 지배적 합리성에 대한 반작용으로 발생한 '예속된 지식들'(subjugated knowledges)을 탐구한다. 푸코의 아래로부터의 관점은 과학기술의 헤게모니적 관점에 의해 감춰진 진실을 폭로한다(Foucault 1980, pp. 81, 82). 푸코도 마르쿠제처럼 기술관료주의적 합리화는 인간대상의 저항으로 한계에 부딪힐 수밖에 없다는 사실을 인정한다. 그러나 마르쿠제와 푸코 사이에는 중요한 차이가 있다. 마르쿠제는 전체로서의 1차원적 사회에 대한 '절대적 거부'(absolute refusal)를 요청하지만, 푸코는 총체적인 전략이 부재한 새로운 형태의 국지적 투쟁을 바라고 있다. 이런 관점은 브루노 라투르의 행위자-연결망 이론과 더불어 미셸 드 세르토의 행위이론을 다루는 5장에서 논의된다.

조금씩 차이는 있지만 기술을 이데올로기로 보는 비판이론들의 공통적인 견해는 명확한 정치적 함의를 갖고 있다. 기술에 대한 대중들의 상

기술은	자율적이다	인간에 의해 통제된다
중립적이다 (수단과 목적의 완전한 분리)	결정론 (예 : 전통적 마르크스주의)	도구주의 (진보에 대한 자유주의적 신념)
가치를 담고 있다 (수단은 목적이 포함된 생활방식을 형성한다)	실체론 (수단과 목적은 체계 수준에서 연관되어 있다)	비판이론 (대안적 수단-목적체계의 선택)

〈표 1〉 이론의 구분

지나치게 단순화했을지도 모르지만 그동안 발표된 기술에 대한 여러 이론들은 표의 두 축으로 표현할 수 있다. 각 이론은 기술영역에서 인간활동의 역할이 어떠한지, 그리고 기술적 수단의 중립성 등에서 차이를 보이고 있다. 우리의 상식에 따르면 기술은 중립적이며 인간이 통제할 수 있다고 생각한다. 전통적 마르크스주의 같은 결정론은 기술발전을 통제하는 인간의 능력을 과소평가하지만 기술적 수단이 자연적 목적을 완수하는 한에서는 중립적일 수 있다고 본다. 실체론은 행위주체(agency)의 문제에서는 결정론의 회의주의를 공유하지만 기술의 중립성 명제를 거부한다. 예를 들어 엘륄은 목적을 구현하기 위해 사용된 기술적 수단이 목적과 너무 뒤엉켜버려서 수단과 목적을 구분해 낼 수 없다고 주장한다. 마르쿠제 같은 비판이론이나 푸코의 좌파 디스토피아주의는 기술의 중립성을 거부하는 대신 행위주체의 역할을 긍정적으로 평가한다. 여기서 수단과 목적은 인간의 궁극적 통제에 종속되는 체계에 결합되어 있다. 나는 마르쿠제나 푸코와는 다소 다른 방식으로 접근했지만 비판이론을 지지하는 진영에 있다.

상력(vision)을 공론화해서 우연성이 개입할 수만 있다면 기술엘리트들은 교육을 받은 민주적 대중들의 의지에 보다 민감해질 것이다.[5] 따라서 이런 이론들은 반기술적으로 보이기도 하지만, 분명히 탈주술화의 측면을 갖고 있다. 그러나 하이데거와 엘륄에게서는 기술에 대한 인문학자들의 전통적인 경멸도 동시에 발견할 수 있다. 마침내 좌파 디스토피아주의에서 정치와 기술은 기술적 사안에 대한 민주적 개입의 요구에서 조우한다. 바로 여기서 과거에는 '순수하게' 기술적인 것으로 생각되던 쟁점들이 포함되면서, 민주적 공공영역의 범위가 확장되는 전환점을 이루게 된다. 2부에서는 사회구성주의의 교훈에 비추어서 기술에 대한 새로운 민주주의적 개념을 발전시키고 적용해 본다.

사회구성주의

60, 70년대의 신좌파나 좌파 디스토피아 이론은 과학기술에 대한 인식의 경계를 변화시켰다. 지배적 견해였던 실증주의와 결정론에 대한 도전이 과거에는 낭만적인 비합리주의로 간주되었지만 이제는 어느 정도의 신뢰를 확보하고 있다.

디스토피아적 비판이 쇠퇴하면서 좌파들의 관심도 약화되었지만 기술연구의 주류에서는 과학기술의 헤게모니를 주장하는 데는 회의론이 지속되었다. 쿤과 파이어아벤트의 영향이 사회과학계에까지 미쳤던 1980년대에는 과학기술사나 과학기술사회학 연구도 다른 문화영역처럼 지적으로 존중받았다. 처음에는 거창한 주장을 내세웠던 비판적 기술정치학은 시대에 뒤처져버렸고 기술은 정치적인 꿍꿍이가 없는 정상적인 사회현상으로 연구되었다. 이렇게 되면서 기술을 인식론적·형이상학적 피안에서 만들어져서 사회에 영향을 끼치는 외부적 힘이 아니라 사회의 한 영역으로 간주하는 현재의 조류가 형성되었다. 기술에 대한 이러한 태도의 변화는 구성주의로 이어지게 되었다.[6] 새로운 접근법은 디스토피아적 비판의 두 중심 개념인 목적-수단관계와 그리고 이들의 우연적 발전을 다시 확인하고 있다.

구성주의에 관해서는 4장에서 좀더 자세하게 다루겠지만, 여기서는 복잡한 이 분야의 개요를 대략적으로 소개한다. 구성주의는 사회가 기술진보의 속도에만 영향을 끼친다는 표준적인 견해와 단절해서 기술 자체의 본질을 좌우한다고 주장한다. 구성주의자들은 신기술이 처음 출현했을 때는 다양한 (발전)경로가 존재하지만 많은 노력이 투입된 몇몇 경로들은 탄탄하게 다져지는 반면, 그외 경로들은 쉬이 잊혀서 버려지고 만다고 본다. 구성주의자들의 '대칭성 원칙'은 성공한 기술적 대안 외에도 다른 대안들이 항상 가능하다는 것을 의미한다. 성공과 실패가 나뉘는 이유는 효율성 때문이라기보다는 다른 경쟁적 설계의 발전을 억제하는 다양한 국지적 조건 때문이다. 인공물들도 여타의 제도들과 마찬가지로 사회환경으로부터 지지를 획득해야만 성공할 수 있다(Pinch and Bijker 1987).

구성주의는 기술적 선택의 배후에 있는 사회적 동맹에 초점을 맞춘다. 구성요소들의 배치는 기술적 논리뿐 아니라 선택이라는 사회적 논리에 조응한다. 기업가, 기술자, 고객, 정치가, 관료 등 여러 사회집단들이 정도의 차이는 있지만 기술발전의 행위자들이다. 이들은 자원을 제공하거나 보유하고, 새로운 도구에 목적을 부여하거나 자기에게 도움이 되도록 새로운 도구를 지배적인 기술들의 배열에 부합하게 조정하며, 기존의 기술적 수단을 다른 방식으로 새롭게 이용하기도 하면서 설계과정에서 서로 마주치게 된다. 설계과정에 참여한 행위자들이 갖고 있는 이해관계와 세계관은 기술에서 드러난다.

'종결'(closure)과정에서 생산물은 마침내 사회적으로 인지된 수요에 맞게 변형되고 생산물에 대한 정의(定義)는 고정된다. 종결이 달성되면 당연하게 수용되어 더 이상 문제가 되지 않는 '암흑상자'인 인공물이 만들어진다. 종결되기 전에는 사회적 이해관계가 설계과정에서 공공연하게 문제를 불러일으키기도 하지만, 일단 암흑상자가 닫히면 암흑상자의 사회적 기원은 이내 잊혀버리고 나중에 돌이켜볼 때 인공물은 순전히 기술적이고 되돌릴 수 없는 것으로 보이기도 한다. 결정론적 환상은 여기서부터 유래한다.

구성주의자들은 기술도 다른 (사회)제도들처럼 사회적이라는 믿음을 갖고 있다. 여러 과학기술자들이나 인문학적인 기술평론가들의 생각처럼, 기술은 중립적이거나 자율적이지 않다. 그렇다면 기술은 정치적 함의를 가져야 한다. 특히 진보(같은 거대서사)보다는 특정한 기술적 선택이 노동의 탈숙련화, 대중문화의 타락, 사회의 관료화 등과 관련이 있을 것 같다. 구성주의는 신화, 의식(儀式), 강제를 바탕으로 한 전통적 권력형태 등이 통제기술과 의사소통 기술로 대체되는 연구에 기여할 수 있다. 그리고 기술에 대한 마르쿠제와 푸코의 정치적 비판에 호응하기도 한다.

그러나 지금까지의 구성주의 연구는 대체로 특정 도구나 시스템이 수용되고 건설되는 전략적 문제에 관한 연구로만 관심을 제한해 왔다. 구체적인 사례연구의 경우에는 관련된 특정 지역의 집단에 대해서만 협소하게 관심을 가지고 정치적 맥락에 대한 감각을 상실하는 경향이 두드러졌다. 이런 연구에서는 문헌에 쉽게 기록될 수 있는 소수의 공식적 행위자들만 다뤄지는 편향이 드러나고 사회적 저항들은 거의 논의되지 않았다. 이렇게 구성주의에서는 계급이나 문화 등의 거시사회학적 개념을 거부하고 행위자들의 배후에서 기술을 형성하는 폭넓은 사회적 요인들을 도입하지 못하게 하면서 결과적으로 반(反)정치학적 연구를 강화하고 있다.

비록 구성주의 사회학이 몇 가지 기술들을 새로운 방식으로 의제에 포함시켰지만, 이전 세대의 이론가들이 제기했던 근대성에 대한 기본 물음들은 아직 기술에 대한 일반적 문제틀에서는 제기되지 않고 있다.[7] 과거의 결정론이 사회세계에 대한 인공물의 독립적 영향을 과대평가했다면 새로운 접근방법(구성주의)은 기술에 대한 질문을 너무 세분화해 버려서 철학적 의미를 탈각해 버렸다. 여기에 대해서는 특별한 연구가 필요하다. 게다가 바로 이런 이유 때문에 인문학과 철학 분야의 학자들은 대체로 자신들이 자동차의 시동을 걸 때만 제외하고는 기술을 무시해 버려도 불편하게 여기지 않는다.

기술연구의 역사를 순수하게 학술적으로 개념화하는 데는 구성주의의 협소한 경험주의가 크게 기여했다. 구성주의는 쿤이 실증주의와 단절하면서 시작되었다고 흔히 인용되지만, 도나 해러웨이는 환경운동과 여성운동의 기여를 더 높게 평가하고(Darnovsky 1991, pp. 75, 76) 나는 이런 견해에 마르쿠제와 푸코를 덧붙인다. 기술에 대한 현재의 지배적 사회이론이 스스로의 신뢰성을 보장하는 정치적 조건을 파악하지 못하고 있다는 것은 아이러니다.

전통적 정치학의 개념을 거부하는 것은 분명히 정당하다. 최근의 기술연구는 엔지니어들이 의회나 주권자인 소비자들이 깔끔하게 설정한 목표에 대해 선택지를 제공할 때나 사용하는 모델들을 다시 우려먹으면서 제자리에 머무르고 있다. 기술발전을 논하려면 또 다른 종류의 정치 또는 행위자들이 기존 역할의 경계를 가로지르는 다양한 정치가 필요하다. 구성주의의 태동과 우리 사회의 지배적인 기술제도들에 대한 저항의 증대가 의식적이지는 않지만 매우 긴밀하게 연관되어 있기 때문에, 구성주의는 반드시 필요한 기술의 정치학을 재개념화하는 데도 기여할 수 있을 것이다. 5장에서는 미시정치적 저항을 이론 내부에 포함하고 있는 행위자-네트워크 이론의 기술이해 방식이 어떻게 정치적 구성주의를 수정하는 기초로 번역될 수 있는지를 논증하고 6장에서는 이런 접근법을 기술시대 민주주의의 본질에 대한 정치이론적 논쟁에 적용할 것이다.

포스트모던 딜레마

60년대의 기억이 사그라지면서 사회철학은 사회과학과는 완전히 다른 경로를 밟아나갔고, 기술이 끼치는 다양한 사회·문화적 영향은 단순하게 추상화되었다. 기술의 규범적 함의가 기술이 정치·사회 제도들의 단순한 도구라고 가정되면서 이런 제도들이 기술의 규범적 함의와 동일시됨에 따라 기술은 소거되었다. 예를 들어 70, 80년대에 심대한 영향을 끼친 롤스(Rawls)와 노직(Nozick)의 작업에서 기술에 대한 언급은 전혀 찾을 수가 없다. 하버마스와 그 제자들도 초기에는 기술에 관심을 가졌지만 이내 접어버리고 다른 문제로 관심을 옮겨갔다. 게다가 하이데거의 형이상학 비판에서 기술이 매우 중요한 역할을 하고 있지만 하이데거에 대한 연구들은 대부분 주석달기에만 치중하고 있다. 결과적으로 최근의 기술철학 논의에서 독창적인 작업을 찾기란 거의 불가능하다.

철학에서 기술에 대한 철학적 논쟁을 하지 않게 되자 '포스트모던' 문학이론이나 문화연구[8] 등이 기술에 관심을 가졌다. 이런 연구들은 실체론적 전통에서 진보로 인해 위협받을 것이라고 생각했던 차이를 옹호하는 다문화주의와 관련되어 있다. 실체론적 전통은 기술이 사회생활에 보다 많은 영향을 끼치면서 오히려 문화적 차이를 구성하는 데 주는 영향은 점차 사라질 것이라고 전망했다. 그러나 기술에 대한 현재의 철학적 논의에서 최근 유행하는 견해는 이와 전혀 다르다. 차이는 바람직할 뿐만 아니라 소멸하지 않는다.

단일한 근대성으로의 수렴을 예견했던 이론들이 설득력 있게 반박되어야 다문화주의가 자명한 입장으로 수용될 수 있을 것이다. 상식과는 달리 근대의 과학기술적 합리성이 문화를 초월하는 보편성을 갖고 있지 않다는 증거들이 역사적으로 끝없이 반복되고 있는데, 이런 현상을 논의가 발전된다고 볼 수도 있겠지만 문제를 해결하지는 못한다. 왜냐하면 여러 영역에서 문화적 특이성이 유의미한 정도로 지속되고 있지 않기 때문이다. 앞으로 다가올 세대의 일본인과 미국인들이 스시와 햄버거의 상대적 장점에 대해 의견이 불일치할 수 있는 게 문화적 차이의 전부라면 전혀 문제가 아니다. 문제는 어떻게 차이들이 미래에는 별로 중요하지 않거나 없어질 것이 확실한 부차적인 문제들이 아니라 근본적일 수도 있는지를 입증하는 데 있다.

포스트모던적인 사고에서는 이를 입증하기 위해 인식론적 상대주의를 주로 이용한다. 최근 과학기술학은 우리가 일컫는 합리성이 통념과는 달리 여타의 문화적인 현상들과 유사하고 사회적 조건에 따라 상대적이라는 믿을 만한 설명을 제시하고 있다. 이런 입장들은 기술관료주의에는 단호하게 반대하지만, 그렇다고 대단한 실천적 가치를 갖고 있는 것은 아니다. 기술에 대한 실천적 질문은 인식론적 기초에서 결정되지 않는다. 과학기술 지식의 궁극적 지위와 무관하게 우리는 과학기술 지식을 정책결정과정에서의 진리를 위해 활용한다. 기술관료주의에 대항하기 위해서는 정책결정과정 수준에서 그것이 어떻게 작동하는지에 대한 보다 구체적 논의가 필요하다.

게다가 합리성을 서구의 신화로 치부해 버리고 전근대와 근대를 명확하게 구획하는 데만 의지하는 것도 설득력이 없다. 근대화, 합리화, 물화 등의 개념으로 포착되는 특별한 것들이 존재한다. 마르크스나 베버가 만들어낸 이런 개념들 없이 지난 수백 년의 역사적 과정을 이해하기란 거의 불가능하다.[9] 그러나 이런 개념들이 지닌 '총체화'하는 경향은—새로운 문화주의적 시각을 통해 극복한 듯한—결정론으로 우리를 다시 후퇴시킬 우려가 있다. 이런 딜레마를 극복하는 방법은 없을까? 우리는 보편적 합리성과 문화적·정치적으로 특수한 가치 사이에서 양자택일을 해야만 하는가? 기술에 대한 철학적인 주요 질문들은 기술적 실천에 대한 하버마스, 하이데거, 현대의 기술철학자인 앨버트 보그만에 대한 비판을 다루는 이 책의 마지막 장에서 언급될 것이다.

본질과 역사: 하이데거와 하버마스

하이데거의 후기사상과 하버마스의 초기철학이 갖고 있는 기술현상에 대한 인지는 사회이론에서 반가운 혁명의 시작처럼 보였다. 마침내 철학이 현실세계의 문제와 대면하려 한다! 그러나 새로운 영역을 개척하겠다는 처음의 약속은 이루어지지 않았고, 양자 모두의 사상에서 기술은 고정되어 버렸으며 개혁의 전망은 기술적 영역의 경계를 수정하는 문제로 협소해졌다. 그들은 기술시스템의 동일화 경향으로부터 '다소 다른' 무엇이 보존되기를 기대했지만, 이런 입장을 따를 필요는 없다. 이 책의 3부에서는 근대성의 급진적 재구성이라는 전망을 위한 개념적 공간을 놓치지 않으면서 기술에 관한 주제들을 철학과 비판적으로 통합하기 위해 이들의 업적을 활용할 것이다.

하버마스와 하이데거를 함께 논의하는 것이, 그것도 지난 25년 동안 기술에 대해서는 실제로 어떤 작업도 하지 않은 하버마스의 견해를 끌고 와서 하이데거와 비교하는 게 이상하게 느껴질 수도 있다. 그러나 하버마스는 기술관료주의에 대해 지속적으로 관심을 가져왔기 때문에 현재 그가 주로 다루는 주제들과 기술에 대한 과거의 시각을 서로 연결지어 논의할 수 있다. 특히 체계합리성에 대한 하버마스의 비판과 하이데거의 닦달(Gestell, enframing) 이론은 서로 비교할 수 있을 정도의 유사성을 갖고 있다.

이런 비교를 통해 몇 가지 흥미로운 보완점도 찾을 수 있지만, 양자 모두의 공통적인 문제점이 드러나기도 한다. 하버마스와 하이데거는 기술과 예술처럼 과거에는 통합되어 있던 영역들이 분화되는 정도에 따라 전근대사회와 근대사회를 구분할 수 있다는 베버주의의 가정을 갖고 있다. 양자 모두 이유는 다르지만, 이런 분화를 통해 기술적 행위의 대상이 물화되고 이런 행위를 수행하는 주체보다 낮게 취급되지만 또 한편으로 이런 분화 때문에 과학기술의 진보가 가능했다고 본다. 양자의 차이는 하버마스는 주체를, 하이데거는 대상을 강조한다는 점인데, 9장에서는 이러한 강조점의 차이가 상호 보완적일 수 있고 기술이론의 강력한 기초가 될 수 있음을 살펴볼 것이다. 그러나 그들의 문제는 본질적으로—신뢰하기 어려운—비역사적인 방식으로 논의를 전개했다는 데 있다.

하이데거와 하버마스의 이론에서는 기술적 행위라는 추상적 개념이 근대성 논의를 지배하고 있다. 나는 이런 관점이 초역사적인 개념을 이용해서 역사적으로 특수한 현상을 해석하기 때문에 '본질주의' (essentialism)라고 부른다. 본질주의의 약점은 시대구분의 문제에서 극명하게 드러난다. 기술적 행위의 본질화된 특성에 따라 전근대와 근대를 구분하려는 시도는 설득력이 낮다. 과거의 사회구성체들과 비교해 볼 때 우리가 유난히 통제 지향적으로 되어 있다거나 실제로 더 '합리적'일까? 만약 이런 사실이 우리를 정말로 근대적이라고 구분해 줄 수 있다면 보다 원시적인 상태로 퇴행하지 않는 사회로 개혁하기 위해 우리가 할 수 있는 것은 무엇인가? 따라서 모든 측면을 포괄하는 시대 및 사회형태의 구분은 이론적·실천적으로 의심스럽다.

본질주의적 입장이 지닌 이런 난점은 태생적이다. 끝없이 유동하는 역사적 흐름을 어떻게 단일한 본질로 고정시킬 수 있는가? 두 가지 전략이 가능하다. 하나는 (과거로부터의) 모든 연속성을 거부하고 근대기술을 특이한 것으로 생각하는 하이데거의 방법과, 또 하나는 여러 유형의 행위로 구성된 복합체에서 기술적 행위가 순수한 형태로 드러나는 정도에 따라 기술적 행위를 전기와 후기로 나누는 하버마스의 방법이 있다.

하이데거는 근대기술이 전근대적인 장인노동 유의 기술적 행위 모델과는 근본적으로 다르다고 간주했다. 그는 대상을 역사로부터 떼어내어 탈맥락화시키고 대체 가능한 것으로 환원시키는 근대기술의 속성을 강조했다. 이러한 환원은 가치 내재적이다. 하이데거의 보다 정확한 표현을 빌리면, 이 과정은 장인노동에서 강조되었던 대상의 내재적 잠재력을 제거해 버리고 낯선 목표에 이런 잠재력을 이양해서 '가치'를 존재하게 한다. 하이데거에게 근대의 분화과정은 연속적인 사회변화가 아니라 새로운 시대이며, 분명한 존재론적 단절을 구성하는 과정이다. 근대기술은 우연적인 역사현상일 뿐만 아니라, 존재의 역사에서 하나의 단계이다. 존재론적 접근 때문인지 하이데거는 기술의 미래가 지금과는 다를 수 있다는 여지를 남겨두지 않고 있다. 근대기술은 어떤 일이 일어나더라도 영속적인 본질을 그대로 간직하게 될 것이다. 다음 시대의 존재의 역사에서도 '기술적 사고'—기술 그 자체가 아니라—는 초월적으로 이어지기 때문에 우리는 수동적으로 기다리는 수밖에 없다. 이런 본질주의적 경향은 하이데거 이론이 갖고 있는 역사적 차원을 은폐시킨다.

한편 하버마스에게 근대성은 존재를 드러내는 게 아니라, 새로운 관점에서 순수하게 인간행동을 조명하는 것으로 간주된다. 전근대사회에서는 여러 유형의 행위가 서로 뒤섞여서 기술적인 것, 미학적인 것, 윤리적인 것이 분리되어 있지 않았으나, 근대사회에 들어서면서 이들이 이론적·실천적으로 분리되었다. 초기 하버마스는 기술적 행위를 기술과 동일하게 생각했지만 후기에는 기술에 대한 초기의 관심을 발전시켜 성취 지향적 행동의 정치적·경제적 형식으로 관심을 옮겨갔다. 그는 과거부터 현재까지 기술적 행위를 도구성이라는 포괄적인 개념으로 해석했기 때문에, 기술적 행위가 중립적으로 활용될 수 있는 경우는 매우 제한적이라고 생각한다. 이런 사고의 정치적 함의는 기술이 가정 및 교육 등 본질적인 생활세계 영역을 손상시킬 때 드러난다. 하버마스는 근대사회의 '조정매개'인 화폐나 권력이 확장되어서 생활세계까지 훼손시키고 있다고 비판하면서, 건전한 사회적 의사소통 과정을 통해 시장과 행정 체계의 영향을 제한해야 한다는 대안을 제시한다.

하이데거에 비해서는 하버마스가 역사를 더 많이 고려하지만, 기술적 행위 시스템이 문화에 따라 변화할 수 있다는 주장에 대해서는 그리 탐탁하게 생각지 않는다. 오히려 하버마스는 문화에 따른 차이를 그리 중요하지 않은 사회학적 문제로 간주해서 관습적으로 추상화하곤 한다. 따라서 하버마스의 대안은 자신이 '인지-도구적' 영역이라고 부르는, 문화적으로 독특한 성취들의 근본적인 차이를 소거하는 비역사적인 기술적 합리성 개념을 전면에 제시하는 것이다. 중요한 차이들은 어느 것이라도 절대적인 척도에 의거해서 발전단계의 차이로 측정하거나 각각의 영역 사이의 경계를 설정하는 것으로 끝나고 만다.[10]

근본적인 문제는 본질주의 때문이다. 하이데거와 하버마스는 도구적 활동이 근대사회에서 합리성의 특정 형태가 드러나는 순수한 표현이라고 주장했지만 이런 논의는 추상적인 논의에 불과하다. 언제나 현실의 행위는 사회적이고 특정 역사의 맥락과 내용을 갖게 마련이다. 과연 존재의 닦달, 존재의 대상화, 자연에 대한 성공 지향적 관계라는 말이 무엇을 의미하는가? 이런 추상적인 정의들이 하버마스와 하이데거의 이론이 추구하는 근본적인 목표에 어떻게 부합하는가?

나는 이런 질문에 대한 하버마스의 대답을 다루는 7장에서 의사소통에 대한 일반이론이 유용함에도 불구하고 기술이 화폐나 권력과도 유사한 사회적 결과를 낳는다는 사실을 입증하지 못했다는 것을 증명할 것이다. 나는 하버마스가 초기에 생각했던 것처럼 기술의 설계 및 배열은 합목적적 행위 이상으로 사회를 조직하고 기술관료주의적인 질서에 구성원들을 종속시키는 속성이 있다고 생각한다. 하버마스가 말하는 '생활세계'의 '기술화'를 제대로 설명하려면 하버마스의 의사소통 이론에 기술을 포함시켜야 한다.

8장과 9장에서는 하이데거와 달리 기술의 본질을 사회현상에서 찾는 이론을 이용해서 7장의 논의를 이어갈 것이다. 나는 이 책에서 기술을 프랑크푸르트학파의 '도구적 합리성'이나 하이데거주의자들의 '닦달' 같은 비사회적 범주로 간주하는 기술철학의 오래된 전통과 단절하고 기술의 본질이 갖고 있는 기술시스템의 사회적 차원을 강조할 것이다. 기술의 본질에는 기술시스템이 노동자의 숙련이나 환경에 끼치는 영향, 권력의 분배에 끼치는 영향, 기술시스템의 미학적·윤리적 측면 등이 포함된다. 이런 '도구화 이론'은 기술이 대상·주체·환경과 맺고 있는 다양한 관계들을 포괄하려고 한다. 기술의 본질에 대한 사회적 해석은 민주주의적 관심을 삶의 기술적 차원까지 확장할 수 있게 한다. 이런 이론적 입장을 통해 기술관료주의의 승리에 대한 현재세대의 찬양과 기술문화에 대한 하이데거의 우울한 예언 모두를 극복할 수 있을 것이다.

1) 이에 관한 상세한 설명은 Mitcham(1994) 참조.

2) '디스토피아'는 헉슬리의 『멋진 신세계』나 오웰의 『1984년』에 묘사된 부정적
    유토피아를 말한다. Aldridge 1984; 1978 참조.

3) 60년대 미국 학생운동의 거점의 하나였던 버클리 소재 캘리포니아대학교의 총장
    클라크 커(Clark Kerr)의 대학개혁 구상. 클라크 커가 1963년 하버드대학교의
    고트킨 강의에서 제시한 대학의 비전으로, 상대적으로 단일했던 기존의 대학에서
    학부생, 대학원생, 사회과학자, 자연과학자 등 다양한 공동체의 연합으로
    대학의 미래를 전망하는 비전을 말함. 강의내용은 『대학의 효용』(*The Use of
    University*)으로 출판되었음 ─옮긴이

4) 커머너 외에도 슈마허의 '적정기술'(appropriate technology)이라는 개념이 새로운
    사고에 영향을 주었다.

5) 이런 가정에 대한 비판은 피핀의 연구(Pippin 1995) 참조.

6) 여기서 나는 '구성주의'라는 용어를 느슨하게 사용한다. 내가 말하는 구성주의는
    MIT출판부에서 발간된 두 권의 중요한 논문집인 Bijker, Hughes, and
    Pinch(1987)와 Bijker and Law(1992)에 수록된 필자들의 이론들을 포괄하는
    것이다.
    이 책들의 주요 논문들은 송성수 편역, 『우리에게 기술이란 무엇인가』(녹두,
    1995); 송성수 편역, 『과학기술은 사회적으로 어떻게 구성되는가』(새물결, 1999)에
    번역되어 있다.─옮긴이

7) 최근에 위비 베이커(Bijker 1998)는 구성주의에서 민주주의적 함의를 끌어내려는
    시도를 했다.

8) 펜리와 로스의 연구(Penley and Ross 1997)가 좋은 사례이다.

9) 이런 현상을 설명하는 어휘를 새롭게 하기란 어렵지 않지만 전통과 실질적으로
    단절하는 것은 전혀 다른 일이다.

10) 하버마스의 영향을 받아서 기술철학을 발전시키려는 시도는 크로우의 책(Krogh
    1998) 참조.

제1부
기술의 정치화

제1부에서는 기술이 정치화되었던 60년대 후반, 70년대 초반의 사례를
보여준다. 대중들이 기술을 이해하는 방식이 변화한 데는 전통적 시각에
도전했던 학생운동과 환경운동이라는 두 가지 중요한 사회운동이 있었다.
2장은 1968년에 가장 격렬했던 파리의 학생운동을 다룬다. 자신들의
언어로 진보를 정의할 수 있는 권리를 요구했던 프랑스 학생들에게
반(反)기술관료주의라는 의제는 중요한 역할을 했다. 이러한 요구는
이후에 환경운동이 요구한 것과 동일한 것이었으며 과거에 제기되었던
기술비판보다 훨씬 구체적이다. 3장은 폴 에얼릭(Paul Ehrlich)과 배리
커머너(Barry Commoner)의 초기 논쟁을 통해 환경운동에서 제기된
기술적 대안에 대해 논의한다. 커머너는 근대기술이 환경적으로 건전하게
진화할 수 있다고 생각하는 반면, 에얼릭은 지구를 구하기 위해서는 보다
원시적인 삶으로 회귀해야 한다는 차이를 보였다. 이런 운동들을 통해
기술결정론에 대한 이론적 질문은 근대사회의 정치적 행동의 한계라는
실천적 물음이 되었다.

2. 기술관료주의와 반란: 68년 5월혁명

들어가며: 역사적 교차로

1968년은 서구의 신좌파가 절정을 이뤘던 해다. 특히 프랑스에서는 학생들의 거리투쟁에 1천만 명의 노동자가 연대하여 혁명적 운동으로 전환되기도 했다. 프랑스는 국가가 전복되는 듯하다가 한 달이 지난 후, 다시 안정을 되찾았지만 충격적인 울림은 짧게 끝나지 않았다. 과거의 실패한 여러 혁명들처럼 5월혁명은 자기를 패배시켰던 바로 그 사회의 문화에 지대한 충격을 주었다. 프랑스에서 5월혁명이 발생한 원인은 미국을 비롯한 선진자본주의 국가에서 일어난 학생운동의 발생원인과 동일했다.

5월혁명에는 서로 다른 세 가지 역사가 교차하고 있다. 60년대의 신좌파는 1968년 프랑스에서 정점에 도달하고 끝나버린 게 아니라 70년대 남유럽 여러 국가들의 정치적 동요를 예견한 최초의 신호였다. 68년에는 아무도 이 운동이 유로코뮤니즘 같은 선거주의 운동으로 이어질 것이라고 믿지 않았다. 68년 5월혁명은 공식적인 반대세력인 공산당의 '노쇠'와 '경화'(硬化)를 비판했고 새로운 방식으로 자본주의에 대항함으로써 결과적으로 (운동의 타도대상이었던) 드골주의 국가가 아니라 구좌파의 협소한 이데올로기적 지평을 전복시켰다. 프랑스에서 5월혁명은 사회주의에 대한 대중적 이미지를 변혁시켰고 소멸해 가는 스탈린주의 전통과 사회민주주의 전통의 붕괴에 기여하여 80년대 들어 미테랑이 집권하는 길을 열어준 셈이다.

그러나 이런 승리에도 불구하고 5월혁명의 성과는 급진적 사회변화로 이어지지 못했다. 68년 이후, 사회당과 공산당은 원외 좌파들 사이에 유행하던 아이디어들을 슬쩍 도입하기도 했지만 과거의 진부한 국유화 강령을 언급했다가 마지막에는 보수적인 재정정책으로 급속히 후퇴했다. 실망한 환경운동과 여성운동 같은 신사회운동은 기존의 좌파정당을 떠났다.[1] 또한 프랑스 지식인들은 2차대전 이후 자신들을 짓눌렀던 공산주의에 대한 도덕적 부채의식에서 벗어났고 푸코, 들뢰즈, 보드리야르 등의 새로운 이론적 흐름들은 68년에 시작된 구좌파와의 단절을 종결지었다.

이 장에서 나는 5월혁명 당시의 문헌을 가지고 68년 5월혁명을 학생반란, 노동자와 학생의 관계, 중간계층의 이데올로기적 위기, 자유 중심적인(libertarian) 새로운 사회주의의 이미지라는 네 개의 주제로 재해석할 것이다.

네 가지 주제 모두에서 기술관료주의에 대한 투쟁은 중요한 역할을 했다. 대기업과 국가기관이 사회를 잠식하고 지금까지는 보호되어 왔던 교육, 의료 등의 영역에 기술이 침범하면서 맹목적인 기술발전이 종국적으로는 진보로 이어질 것이라는 사고가 도전받게 되었다. 학생들이 발행한 「가려진 눈의 해방」(L'Amnistie des Yeux Crevés)이라는 제목의 리플릿은 "이윤과 진보라는 이데올로기 또는 같은 종류의 사이비 논리와는 단호하게 거부해야 한다. 진보는 우리가 미래에 바라는 것, 바로 그것이다"라고 주장했다.[2] 5월혁명은 이런 의제에 대해 프랑스 정부와 공식적인 야당들 모두에 도전하면서 새로운 정치학을 창출했다.

기술관료주의와 학생반란

"그들은 왜 싸우는가?
부르주아의 집을 지키는 개가 되기를 거부했기 때문이다."
(Roche Démission)

근대사회에서 부와 권력의 위계는 개인들의 능력차이를 반영한 것이라고 간주된다. 근대사회에서는 더 이상 부나 출신성분이 특권을 정당화하는 게 아니라 교육수준이나 개인의 능력이 중요하다. 탈산업사회적 기술관료주의의 본질적인 주장이 바로 여기에 있다. 물론 기술관료주의는 실재라기보다는 이데올로기이다. 기술발전이 근대 관료주의를 계속 변화시켜 왔지만 사회주의 국가와 선진자본주의 국가 모두에서 기술관료주의적 행정기구는 정치·경제 엘리트들에 의한 권력행사를 합리화해 왔고 엘리트를 대체하지는 못했다.

기술관료주의 이데올로기가 진실이 아니라면 기술적 능력을 생산하는 토대인 대학의 이미지를 바꿔야 한다는 주장은 충분히 수용할 만하다. 1960년대 후반의 학생운동은 대학과 사회를 기술관료주의적으로 통합하려는 사회적 압력을 거부하면서 시작되었다.[3] 프랑스의 전통적인 명문대학들은 기술관료주의의 성장에 당혹스러워했고 학생들은 전세계에 기술관료주의를 적용하겠다는 발상에 저항했다. 한편 미국에서는 과거의 대학과는 달리, 정부와 기업에 봉사하는 근대적인 '멀티버시티'(multiversity)를 만들겠다는 사고에 반대하면서 운동이 시작되었다.

대중교육이 시작되면서 대학은 지난 시절에 누렸던 특권과 유쾌함을 많이 잃어버리게 되었다. 그러나 60년대의 운동은 단지 학생들 삶의 질 하락에 대한 반작용은 아니었다. 전반적으로 학생들과 사회가 맺는 관계가 어떠했고, 학생들이 사회제도로서 대학을 어떻게 인식했는지가 더 중요한 문제였다. 「가려진 눈의 해방」은 5월혁명 기간 동안 운동의 주요한 선언문이었다. "학생문제란 없다. 학생이란 시대에 뒤떨어진 생각이다"로 시작하는 이 리플릿은 다른 리플릿과 마찬가지로 학생반란이 대학의 조건에서만 비롯된 것은 아니라고 주장했다. 미국, 중국, 이탈리아, 멕시코와 그 밖의 60년대 다른 주요 학생운동들도 학생들의 쟁점에만 관심을 갖기를 거부했다는 것을 확인할 수 있다(*Daedalus* 1968/winter). 대학의 변화가 이런 운동의 배경이 되기도 했지만, 학생들은 대학개혁에 대한 요구를 뛰어넘어서 자유와 평화 등 보편적인 목표를 위한 투쟁으로 옮겨갔다.

60년대의 학생운동은 억압받는 사람들의 이름으로 보편적 요구를 내걸었고, 억압받는 사람들과 연대를 추구했다는 점이 특징이다. 미국 학생운동은 흑인과 베트남인을 위해 투쟁했는데, 연대—실재하는 것이건 상상적인 것이든—라는 단어를 통해서만 이런 상황을 이해할 수 있다. 프랑스의 학생운동도 노동자들과의 연대에 기초했다는 점에서 유사하다. 학생들의 반란이 '이데올로기의 종말'이라는 가정을 서구에서 실천적으로 폐기시켰기에 이런 운동들이 담고 있는 보편주의는 큰 충격이었다.

새로운 대학은 지식과 지식이 될 수 있는 것을 생산하는 '지식공장'이라 불리었다(Kerr 1963). 새로운 대학은 기술관료주의적 위계를 구성원들에게 공급하고 이런 위계가 활용하는 새로운 과학적 지식이 발견되는 장소였다. 당시의 리플릿을 보자.

대학이 사회에서 점점 더 중요한 영역이 되고 있다는 현실로부터 투쟁은 촉발되었다. 대학의 억압적 성격이 강화되고, 사회의 재생산과정에서 대학의 역할이 증대하고 있으며, 대학이 기존 질서의 유지를 위해 활동하고(특히 사회과학분야), 학문연구의 결과는 경제발전을 위해 이용되고 있다. 이 모든 현실은 대학, 대학의 목표, 대학의 이데올로기, 대학의 '생산물'의 내용에 대해 영구적으로 이의를 제기할 수 있는 권리를 확립해야 한다는 것을 요구하고 있다. (「동지들 Camarades」, 『행동 Action』 1호, 1968. 5. 7, 4쪽)

대학과 기술관료주의는 교육받은 사람과 교육받지 않은 사람을 지식을 가진 사람과 무지한 사람으로 구분하고 있다는 점에서 유사하다. 따라서 지식을 기초로 하고 있다고 공언하는 사회와 실제로 지식에 기초하고 있는 대학 사이에는 은유적 동일성이 존재한다. 68년 5월 동안 프랑스에서 발간된 선전물과 문헌들로 판단해 볼 때, 프랑스 대학생들은 지적 차이로 다른 역할과 특권을 정당화하는 사회세계의 이상화된 모형을 대학에서 발견했다. 어떤 리플릿에서는 "교수협의회와 학생단체들은 사회계급을 대학에 투사한 기괴한 축소물에 불과하다. 우리가 지금과 같은 교수들의 권리를 반대하는 이유가 바로 여기에 있다"고 주장했다(「대학에 대한 이의제기 Université de Contestation」).

　　1968년 당시의 프랑스 대학생들은 대체로 가난했지만 졸업만 하면 정부나 기업에서 높은 자리를 차지할 수 있었다. 그들은 자신들을 가난이나 착취의 언어로 정의할 수 없었고 노동자들은 그들을 최초의 억압자로 간주하기도 했다. 노동자와 학생들은 현재 그들에게 자격이 부여되지 않았다는 점에서만 공통점이 있었다. 다른 사회였다면 노동자와 학생 사이의 이러한 동등성이 그리 부각되지 않지만, 모든 종속관계가 전문성의 수준으로 설명되는 기술관료주의 이데올로기가 지배하는 사회의 학생들은 가장 순수하고 추상적인 형태에서 노동자와 동일한 지배를 받게 된다. 게다가 학생들이 대학을 졸업해도 일자리를 구하지 못하게 되자, 이런 유비는 더욱 설득력을 갖게 되었다. 학생들은 교사나 간부로서의 임무를 수행해야 하는 자신들의 운명에 대해 도전했고, 거부했다. 그들은 자신들이 이러한 체계를 운영하기 전에 바로 이런 체계를 바꾸려고 했다.

> 오늘날 학생들은 자신들이 무엇이 되어가고 있는지에 대해 점점 의식하고 있다. 그들은 현재의 경제체제를 더 잘 운영되도록 하는 대가로서 받는, 현재 경제체제의 집행자가 되고 있다. 학생들의 투쟁은 모든 사람의 투쟁이기 때문에 모든 노동자와 관계가 있다. 그들[학생들]은 부르주아의 아들들을 선택하고 다른 아이들은 탈락시키는 교육체제에 기여하는 교수, 정부의 선거운동을 위해 슬로건이나 만들어내는 사회학자, 사장의 입맛에 맞게 '작업단위'를 조직하는 심리학자, 노동자들을 적응시켜서 체계에 종속시키는 관리자가 되기를 거부하고 있다. (「우리가 우리를 공격하는 이유 Pourquoi Nous Nous Battons」, 『행동』1호, 4쪽)

지배가 기술관료주의적 이데올로기의 노선에 따라 보편화되면서 자유와 주도권에 대한 요구도 보편화되었다. 대학과 사회의 유비관계는 더욱 진전되어서 학생들은 사회의 기성 권력구조가 총체적인 독단을 행사하고 있다는 사실을 발견하게 되었다. 따라서 학생들은 대학 내 학습의 위계를 파괴하는 것과 이후에 자신들이 참여하게 될 사회의 위계를 파괴하는 이유를 일관성 있게 설명할 수 있게 되었다. 대학에 대한 불만은 정부와 기존의 경제체제로 진입하기 위해 기술관료주의적 이데올로기가 만들어놓은 학습과정과 학습과정의 조직으로부터 떨어져 나왔다. 3월 22일에 발행된 리플릿을 보자.

> 지난 토요일, 대학생·고등학생·청년실업자·교수·노동자 들이 부르주아들만을 위해 봉사하는 대학을 구원하기 위해 바리케이드에서 어깨를 걸고 [적들과 맞서] 싸운 게 아니다. 그들은 부르주아의 필요에 봉사하는 계획가나 노동자의 억압과 착취의 대리자가 되기를 거부한 미래의 간부들이었다. (「거리의 투쟁은 계속된다 Continuons la Lutte dans la Rue」)

이 리플릿의 언어는 잘 차려진 공산당 사무실에서 노동계급을 위한다고 생각했던 프랑스 지식인들의 과거사를 떠올리게 만들어서 다소 구닥다리 같기도 하다. 그러나 68년의 학생들은 사회적 약자의 복지를 위한 인류애로부터 자극받았던 고전적 지식인과는 공통점이 없었다. 파리의 담벼락을 뒤덮은 낙서에는 "민중을 위해 싸우지 마라. 민중들은 스스로를 위해 싸운다"고 씌어져 있었다. 운동과정에서 오래된 언어가 사용되어서 새로운 원인이 은폐되었다. 프랑스공산당은 학생들을 미심쩍은 눈으로 바라봤고, 과거의 전통에서 심각한 이탈을 했다고 비난하기도 했다. 실제로 학생운동은 마르크스주의의 영향을 받기도 했지만, 과거의 전통과는 달랐다.

암묵적인 반지성주의 때문에 학생들이 자신들의 역할을 거부한 게 아니냐는 설명도 있었다. 그러나 대학 내의 반란은 지배체제의 정당화를 위해 기술적 소양과 지적 권위를 동원한 논의를 거부한 투쟁이었다는 게 보다 정확하다. 따라서 학생들이 "우리들은 더 이상 '과학적 법칙', 경제법칙, 기술적 '명령'에 수동적으로 지배되기를 원하지 않는다"라고 했을 때, 그들은 지성이 아니라 기술관료주의를 거부했던 것이다.

「가려진 눈의 해방」(L'Amnistie des Yeux Crevés)을 보자.

> 이윤과 진보 또는 다른 동일한 종류의 유사세력들의 이데올로기는 절대적으로 거부해야 한다. 진보는 우리가 진보가 무엇이기를 바라는, 바로 그것이다. 사치와 필수품이라는 함정을 거부해야 한다. 모두에게 부여되는 전형적인 필요는 경제의 '자연법칙'이라는 명목으로 노동자들을 노동하게 만든다….
> … 모든 노동자들이여, 속지 말자. 노동의 기술적 분업과 권위와 권력의 위계를 혼동하지 말자. 전자는 필수적이지만 후자는 불필요하다. 해방된 사회에서 권위와 권력의 위계는 우리의 노동과 서비스의 등가교환으로 대체될 것이다.

학생들은 모든 근대사회를 가로지르는 모순의 정점에 있는 자신들을 발견했다. 근대사회가 갖고 있는 지식과 부는 엄청나고 사회구성원들에게 창의력을 요구하고 있지만 이런 지식, 부, 창의력이 실제로 사용되고 있는 것을 보면 보잘것없다. 학생들은 사회구조에서 지식의 지위를 변혁하고, 자신들의 미래 역할을 변혁함으로써 문제를 해결할 수 있다고 믿었다. "우리는 사회현실로부터 탈각된 학자가 되기를 거부한다. 우리는 지배계급의 이윤을 위해 이용되기를 거부한다. 우리는 계급 없는 사회를 건설하기를 원한다"(「당신들의 투쟁은 우리들의 투쟁이다 Votre Lutte est la Nôtre」)[4]

노학연대

"자유는 모든 범죄를 포함하고 있는 범죄다.
그것이야말로 우리가 갖고 있는 궁극적인 무기이다."
(파리 담벼락의 낙서, 1968)

지식을 기반으로 한 사회에서는 대학에서의 반란이 모든 종류의 사회적 위계에 대한 주장을 논박하는 것으로 간주될 수도 있다. 대학에서의 반란은 지식의 최후 보루가 뿌리에서부터 잘못되었다는 것을 보여준다. 대학을 사회의 이데올로기적인 모델로 간주할 수 있다면, 대학을 공격했던 학생운동을 사회혁명의 모델로 보는 것도 가능하다.

그러나 혁명이 실제로 일어나기 위해서는 대학에서 경험한 모델과 실재의 관계가 역전되어야 했다. 학생들은 대학을 사회의 메타포라고 생각했기 때문에, 자신들의 운동을 보편화할 수 있었다. 그러나 대학 밖에 있는 사람들로서는 자신들의 운동과 학생운동의 유사성을 인식해야 학생운동의 의미를 이해할 수 있었다. 학생들은 자신들의 투쟁을 전체 사회의 전형으로 만들기 위해서, 여러 선전물을 통해 자신들의 투쟁을 고전적인 혁명투쟁의 모델로 묘사했다. 이데올로기와 현실의 회로가 완성되고 나서야, 대학에 대한 학생들의 투쟁은 보편적 사회투쟁의 상징이 될 수 있었다.[5]

프랑스의 학생들은 노동운동에서 끌어온 지배적 메타포로 자신들의 투쟁을 묘사했다. 이는 고립된 학생운동의 한계를 파악했던 현실주의적 감각과 전통적인 좌파 이데올로기가 갖고 있던 권위 때문이었다. 따라서 운동이 일어난 지 얼마 지나지 않아 작성된 다음과 같은 리플릿에서는 자신들의 폭력을 노동자들에게 정당화하고 노동자들 역시 폭력을 사용할 것을 촉구했다.

> 노동자들이여,
>
> 당신들을 갉아먹으려는 정부의 공세에 대항해서 투쟁해야 한다.
>
> 당신들도 당신들의 저항을 파괴하려는 공화국기동대(CRS)나 기동타격대(mobile guard)와 마주치게 될 것이다.
>
> 당신들도 지배계급의 신문과 정부 라디오의 중상모략을 받게 될 것이다.
>
> 당신들은 현존 사회질서의 본질에 폭력이 존재한다는 사실을 알고 있다.
>
> 당신들은 이런 폭력이 현존 사회질서에 도전하는 이들을 가차없이 처단한다는 것을 알고 있다. 공화국기동대의 곤봉이 우리의 요구에 대한 대답이며 기동타격대의 개머리판이 캉(Caen), 르동(Redon), 망(Mans)의 노동자들에 대한 답이었다.
>
> (「폭력은 어디에서 시작되었는가 D'Où Vient la Violence」)

얼마 지나지 않아 학생들의 리플릿에서는 노동자와 학생들의 요구가 유사하다고 역설했다. "당신의 문제와 우리의 문제들은 유사합니다. 일자리와 고용기회, 기준과 작업속도, 조합의 권리, 자주관리 등을 보십시오."(「노동자 동지들이여 Camarades Ouvriers」).

곧 이어진 공장점거는 모델-실재의 상호관계를 보여준다. 이런 공장점거는 5월 13일에 시작된 학생들의 소르본대학의 점거와 학생들이 모델로 삼았다고 말했던 1936년의 공장점거와 동일하게 해석되었다. 노동자들에게 「당신들의 투쟁은 우리의 투쟁이다」라는 제목의 리플릿이 뿌려지기도 했다.

　　…당신들의 투쟁과 우리의 투쟁은 하나가 되고 있습니다. 우리를 떼어놓으려는 관습, 신문 등등은 우리의 힘으로 분쇄해야 합니다. 우리는 점거된 공장과 점거된 대학을 연결해야 합니다.

이 전략이 얼마나 성공적이었을까? 프랑스 학생반란은 수백만 노동자들의 총파업에 견인차 역할을 했다. 파업노동자들은 프랑스 전역의 수백여 개 공장을 점거했고, 한 달가량이나 상업과 수송이 마비되었다. 정부는 속수무책이었고 경찰과 직업군인들만이 비틀거리는 국가를 가까스로 지탱했다.

그러나 학생운동의 실질적인 목표에 노동운동이 얼마나 도움을 주었는지를 측정하기는 쉽지 않다. 학생들은 프랑스공산당(PCF)이나 공산당 계열의 노동총연맹(Confédération Générale des Travaileurs, CGT) 등과 같은 주요 노동계급 조직에는 거의 영향을 주지 못했다. 공산당은 노동조합의 투쟁을 임금인상이나 노동조건의 개선 또는 선거투쟁 등으로 국한시켜 왔기 때문에, 새로운 운동이 제기한 노동자 자주관리나 일상생활과 문화의 변혁에 대한 요구를 완전히 오해했다. 결과적으로 공산주의자들은 새로운 학생들의 저항을 노동계급에 대한 자신들의 지도력에 대한 반발로 받아들였다.

오히려 공산주의자들은 학생들을 '극좌주의'(gauchisme, ultra-leftism)라며 역으로 공격했고 이에 학생들은 공산당을 또 하나의 심각한 편향인 '기회주의'라고 응수했다. 지난 몇 년 동안 프랑스공산당은 무정부주의자, 트로츠키주의자, 마오주의자들끼리 진부한 비난들을 주고받았지만 이번에는 학생들이 전통적인 좌파운동의 사회적 고립을 돌파해냈다. 매우 강력했던 공산당의 의지와 어긋나는 사회적 위기가 조직되었던 것은 처음이었다.

트로츠키 그룹이 발행한 리플릿 「대중적 좌파주의를 위하여」(Vers une Gauchisme de Masse)에서는 "'좌파'들은, 한계에도 불구하고—단순히 날짜를 정하는 문제가 아니라—운동의 경로를 예견하고 조직하고 지도하는, 진정으로 혁명적인 리더십을 발휘했다"고 평가했다. 여기서 우리는 공산주의자들이 자신들이 지도하고자 하는 노동자들의 정치의식을 지나치게 과소평가하는 오류를 범했다는 것을 알 수 있다.

두번째로 큰 노동조합 연합체인 프랑스민주노동연맹(Confédération Française Démocratique du Travail, CFDT)은 5월운동에 참여하면서 적어도 말로는 학생들이 제안한 상징과 목표를 수용했고, 공산주의자들이 좌파적이라고 간주한 구조개혁 전략을 강하게 밀어붙였다. 5월 18일, 프랑스민주노동연맹이 거리에서 주로 뿌린 리플릿은 노동자들에게 당시의 운동을 학생운동의 해석과 유사하게 설명하고 있다.

…학생들이 반발한 견딜 수 없는 제약과 구조들은 더 감내할 수 없는 방식으로 여전히 공장, 건설현장, 사무실에 동일하게 존재한다.

…정부는 학생들에게 굴복했다. 공장에서의 자유는 대학에서의 자유와 마찬가지여야 한다. 전제적인 기업과 행정은 자주관리에 기초한 민주적 구조로 대체되어어야 한다. 행동해야 할 시간이 도래했다.

(「CFDT가 노동자에게 보내는 호소 La CFDT's Addresse aux Travaileurs」)

노동계의 이런 지지에도 불구하고 학생활동가들은 조합 상층부 뒤에 있는 노동자대중들에게 직접 호소하기로 결정했다. 몇 주 동안의 노력으로 서로를 잘 몰랐던 과거를 극복할 수는 없었지만 다소 성과는 있었다. 당시 분위기는 학생들이 정당과 노동조합의 지도를 따르지 않는 독립적인 대중파업을 시도할 정도로 상당히 고양되어 있었다. 노동조합이 정부나 기업과 체결했던 협약을 거부했고, 5월 하순에는 공산당이 드골의 사임을 요구하는 기층의 압력에 못 이겨서 약간 급진적으로 바뀌는 양상을 보였다. 또한 소르본, 바리케이드, 공장, 노동조합에서 투쟁하는 혁명적 노동자들의 모습은 학생들을 감동시켰다.

사실 두 집단의 노동자들이 학생들의 전략에 깊은 영향을 받았고, 5월 동안의 진정한 노학연대라고 말할 수 있었던 것도 이들이 파업중단을 반대하고 거리투쟁에 참여했기 때문이다.

첫번째 집단은 전문기술자들로, 지난 몇 년 동안 자신들의 주된 대변자 역할을 하던 프랑스민주노동연맹(CFDT)에 의해 조직되었다. 자주관리라는 아이디어는 다른 누구보다 이들에게 강한 호소력을 가질 수 있었다. 이들은 교육수준이 높았고 자기가 일하는 공장을 운영할 수 있는 능력을 갖고 있다고 생각했다. 프랑스민주노동연맹은 5월혁명 이전부터 경영참여를 요구해서 이들의 감정에 부응해 왔다.[6]

젊은 노동자들은 다른 이유 때문에 학생들에게 매력을 느꼈다. 젊은 노동자들은 놀랄 정도로 전투적이었고 혁명을 갈구하고 있었다. 이들 대다수는 바리케이드에서 학생들과 함께 싸웠고 경찰에 맞섰다. 이들은 학생들로부터 영향을 받으면서 동시에, 노동자-학생조정위원회를 통해 학생들의 사고에 영향을 끼쳤다. 어떤 경우에는 5월의 영향으로 당시에 널리 퍼져 있었던 마오주의자나 트로츠키주의자들의 '소모임'(groupuscule)에 참여하기도 했다.

즉각적이고 폭력적인 혁명을 요구한 이들 젊은 노동자들은 혁명에 실패한 이전세대와 공산당을 경멸했고, 겸손한 척했지만 은근히 생색을 내기도 했다. 이들이 보기에 나이 먹은 노동자들은 대체로 꿈을 잃었지만, 자신들은 아버지의 발자취를 따르려고 하지는 않았다. 젊은 노동자들은 나이가 지긋하고 현명한 노동조합 지도부가 어떤 조언을 하더라도, 자유를 위해 노력도 하지 않은 채 패배와 굴욕을 '감수하려고' 하지 않았다.

프랑스 5월혁명 이후 2년 동안에는 이탈리아의—특히 남부에서 태어난—젊은 노동자들 사이에서도 유사한 현상이 나타났다. 프랑스와 비교할 때, 이탈리아 노동계급은 격렬한 전투성의 주요 요인인 노동조합이나 정당과의 통합 수준은 매우 뒤처져 있었다. 주로 프롤레타리아의 뿌리가 전혀 없는 도시로 이주한 1세대 노동자들인 이들은, 나이 들고 도시화되어 버린 노동자들에게는 '자연스러운' 구조와 관행들—이탈리아 육체노동자들 사이에서 쉽게 찾아볼 수 있는 도급제, 일괄조립라인, 위계적인 임금체계, 위험수당 등—을 가차없이 공격했다.

몇 년 후, 유사한 투쟁이 미국에서도 일어났다. 가장 유명한 1971~72년에 일어난 로즈타운(Lordstown) 파업은 강도 높은 노동에 비해 상대적으로 낮은 보상을 받는 데 불만을 품은 젊은 노동자들이 일으킨, 선진자본주의 사회의 노동자들의 기대에 심대한 변화를 가져온 새로운 유형의 파업이었다(Aronowitz 1973, chap. 2).

　　이런 사례들에서 알 수 있듯이 신좌파는 학생들의 전유물이 아니었다. 주기적 임금인상에 만족하고 있다고 생각했던 공장노동자들도 노동과정에 대한 권력과 통제를 요구하는 투쟁을 벌였다. 프랑스에서는 이 투쟁이 전문가와 관료기구의 피고용인들이 지지하는 위로부터의 노동조직에 대한 학생들의 공격과 결합되었던 것이다.

민중을 위해

"복종은 양심과 함께 시작하고, 양심은 불복종과 함께 시작한다."
(파리 담벼락의 낙서, 1968)

5월투쟁의 성과를 간략하게 말하면, 자본주의적 민주주의의 구조적 토대의 하나인 기성 정당과 제도에 충실했던 중간계층을 탈구시켰다는 점이다. 저항은 교사, 언론인, '문화산업'의 피고용인, 공무원, 공공부문 노동자, 심지어 중소기업 경영진 들 사이에서도 폭발했다. 중간계급은 정치적·사회적으로 체제 순응적이라는 입장이 밀즈(C. W. Mills)와 윌리엄 화이트(William Whyte)의 '화이트칼라' 노동자에 대한 전통적인 분석의 결론이었다. 학생들은 자신들의 반항이 대학이 입학을 허용한 다양한 직업

집단의 운동들과 깊숙한 관련을 맺고 있다는 사실을 알게 되었다.

　5월혁명은 이런 현상을 설명하는 이론들이 융성하는 계기가 되었다.[8] 이에 대한 심도 있는 논의는 이 책의 목표를 벗어나기 때문에 여기서는 더 이상 논하지 않는다. 5월혁명에서 중간계층 노동자들의 역할에 관한 연구들은 아직 해결되지 않은 이론적인 과제들을 안고 있지만, 중간계층이 운동과정에서 스스로를 어떻게 파악했고 어떻게 부상하는 혁명적 운동을 옹호했는지를 이해하는 데 유용하다. 이런 시각은 중간계층을 프로크루스테스의 침대 같은 전통적인 계급론에 끼워 맞춰보려는 시도가 얼마나 작위적인가를 보여준다.

　5월혁명 당시에는 중간계층 역시 일반적인 노동자라는 사실을 확인하게 하는 용감한 투쟁들이 있었다. 로제 가로디는 "행정업무와 관리기능의 기계화로 컴퓨터를 조작하는 피고용인과 자동화 환경에서 일하는 노동자들 사이의 간극이 계속 소멸"하고 있는 것처럼 엔지니어, 기술자, 사무직노동자, 중간관리자 들이 '프롤레타리아화'되고 있다고 주장했다(Garaudy 1968, p. 9). 그러나 이 입장은 '프롤레타리아화된' 노동자들이 기술관료주의적 사회를 이끌어나가는 핵심적인 분파라는 사실을 너무 쉽게 무시하고 있다. 보다 전통적인 마르크스주의자들도 이 현상을 잘못 해석하고 있다. 그들은 길거리에서 구멍가게를 하는 것과 국가나 기업 등의 관료기구 내에서 한 부서를 관리하는 게 상당히 유사하다고 생각하는지, 간단하게 중간계층을 프티부르주아지라고 규정해 버렸다.

　실제로 반란에 참여한 중간계층들은 자신을 지배계급이나 노동계급의 일원으로 생각하지 않았을 뿐 아니라, 노동계급의 투쟁이 경제적인 목표를 갖고 있었던 데 비해 이들은 사회·정치적인 요구를 내세웠다. 그들은 '소비사회'의 부조리에 저항했고 자신들의 노동을 관료적으로 조직하는 데 반대했으며 자신들이 무엇을 위해 노동해야 하는지를 결정하는 과정에 참여할 권리를 요구했다. 가장 선진적인 중간계층의 투쟁은 노동자들의 투쟁과는 달랐다. 노동자들의 운동이 '민중'의 이름으로 이루어진 것처럼, 과거에는 국가와 자본에 헌신했던 중간계층이 이제부터는 '민중'을 위해 헌신하겠다는 바람을 표출했다. 이 말은 그들이 정말로 사회적 위계에서 지배하지도 지배받지도 않는, 중간에 있다는 함의를 갖고 있다. 기술관료주의 사회에서 전통적인 엘리트와 대중 사이 어딘가에 자리잡고 있는 '지식노동자'의 모호한 역할을 반영하는 이런 중간적 위치는 몇 가지 사례를 통해 더욱 명료하게 확인할 수 있다.

1. 교육 5월혁명 기간 동안, 운동과 연대했던 고등학교와 대학들은 '자치'를 선언했다. 어떤 리플릿에서는 "공교육의 자치는 교육영역에서 공동체의 실질적인 이해를 옹호하지 못한 정부로부터 분리를 선언하는 정치적 행위"라고 설명하고 있다(「운동 Le Mouvement」 3호, 1968. 6. 3).

　　　'자치'는 무엇을 의미했던가? 반란이 일어난 대학을 사회로부터 고립시키기를 원했던 것일까? 좌파교수들은 리플릿을 통해 그렇게 되어서는 안 되는 이유를 보다 상세하게 설명하고 있다.

> 현재 작동하고 있는… 교육체제의 주요 희생자들은 바로 이 교육체계에서 배제되어 체제 외부에 존재한다. 체제의 수혜자들이 벌이는 대학 내 토론에 참여하지 못한 집단들이 바로 체제의 실질적 전복에 가장 직접적인 이해를 가질 수 있다.

… 근본적으로는 하층계급을 [대학에서] 없애는 데 기여했고, 사회적으로 보수적인 학교체계를 만드는 데 기여한 고등교육 제도를 문제삼겠다는 시도들은 공상적일 수밖에 없다.

… 아무리 상징적이고 실체 없는 제스처에 불과하더라도 '노동자에게 열려 있는' 대학을 선언하는 것은 학생들이 적어도 고등교육에 대한 특정 계급의 접근을 금지한 메커니즘의 작동을 막지 않고서는 해결할 수 없는 문제를 수용하고 있음을 보여준다. (Schnapp and Vidal-Naquet 1968, p. 695).[9]

이런 문제를 성찰했기 때문에 학생들이 '만인의 평생교육'을 제기하면서 '자치'를 요구했던 것이다. 자치는 그 자체로 목적이 될 수 없다. 대학이 자기 계급에 대한 헌신 대신 포괄적인 의미에서 사회와의 간극을 좁혀나가는 것은 자치를 통해서만 가능하다. 국가로부터 보다 많은 자치를 요구하는 것은 대학개혁에 참여하는 대중들에게는 보다 적은 자치를 의미하는 것이다.

2. 커뮤니케이션   5월의 거리에서는 커뮤니케이션 산업도 비난받았다. 파업에 돌입한 국영방송 노동자들은 "소수가 아닌 모두를 위한 라디오, 모두를 위한 텔레비전"을 요구했다(*Télécine* no. 143, 1968. July). 이것은 학생들이 요구했던 교육민주화의 짝(countepart)이라 할 수 있다. 드골주의 국가의 숨막히는 감시로부터 해방을 선언한 라디오 및 텔레비전 방송사의 직원들도 '자치'를 슬로건으로 내걸었다. 이는 본질적으로는 진실을 말할 권리를 요구한 것이지만, 5월혁명의 맥락에서는 매우 명백한 정치적 의

미를 가지게 되었다. 이들은 자신들의 활동에 5월운동을 투영시킴으로써 결과적으로 운동을 지지했던 것이다. 그러므로 여기서도 국가로부터의 자치는 민중과의 보다 긴밀한 관계를 함축하고 있었다.

3. 공공부문   5월 동안 여러 정부기관들은 운동을 지지하는 노동자들의 파업으로 폐쇄되었다. 이들의 저항은 대체로 유사했는데, 보다 민주적인 근로조건을 요구하거나 공무원들이 민중들의 이해에 반하는 행동을 판단할 수 있어야 한다는 정책적 목표를 적절하게 조합한 것이었다.

평소에는 점잖았던 재무부까지도 운동에 참여했다. 학생운동에서 시작된 점거, 총회, 개혁위원회 같은 투쟁방식은 여기서도 적용되었다. 이 사건을 묘사한 리플릿이 있다.

학생들의 저항이 프랑스의 모든 대학에서 일어나고 1천만 파업노동자들이 단결해서 불평등한 경제체제에 반대한 68년 5월의 놀라운 대중운동은 행정부 주요 기관의 공무원들에게까지 영향을 끼쳐서 국가를 운영하는 전통적인 구조들은 심각한 위기에 놓이게 되었다. 5월 21일에 개최된 중앙정부의 재정 및 경제를 담당하는 부처의 공무원총회에서는 파업을 계속 이어가기로 결정했다. 국립통계청 및 여러 관련 부처와 기관들과 마찬가지로 재무부 공무원들도 업무를 멈추고 사무실을 점거했다.
5월 21일, 리볼리 거리(Rue de Rivoli)의 시위에는 500여 명의 재무부 공무원들이 참여하여 민중을 위한 행정과 '경제·사회 정책의 근본적 전환'을 요구했다. (「재무부 파업: 우리는 파업에 나섰다 Grève au

Ministère des Finances: On Debré-Ye」)

유사한 일이 있었던 도시주택부의 의미심장한 발언을 보자.

> 공동체에 봉사하는 것이 의무인 우리 공무원들은 모순적이게도, 그
> 리고 우리의 의지와도 어긋나게 관료적 통제의 상징이 되었다. 정책
> 을 결정하고 집행하는 과정에서 자문을 구하지도 않는 도시주택부
> 의 역할에 대한 오류 가득한 개념을 갖고 있었기 때문에 도시 및 주
> 택 관련 업무를 위한 동력이 되기는커녕 관계자들은 하나같이 없
> 는 게 나은 브레이크가 되고 말았다. (「도시주택부 파업 Grève sur Place
> au Ministère de l'Equipement 5. 20～6. 8」, 『5월연구 Cahiers de Mai』 2호,
> 1968. 7)

'공적 업무'라는 전문가 이데올로기는 부지불식간에 '민중을 위해'라는
마오주의 유의 수사법으로 바뀌어갔다. 학생이나 방송노동자들처럼, 공무
원들도 자신들이 중간계층을 대표하는 표현을 쓰면서 국가가 아닌—과
거에는 배제되었던 사람들을 포괄한—대중들에 대한 헌신을 약속했다.

4. 기업임원　대부분의 기업임원들은 운동에 대해 적대적이었지만 소수
의 의미 있는 지지자들도 있었다. 어떤 사람은 다음과 같이 논평했다.

> 루아르 아틀란티크(Loire-Atlantique)의 경영진은 인상적이게도 노
> 동자들과 연대했다. 기업임원들과 노동자의 연대는 과거에는 좀처럼

볼 수 없었던 장면이다. 이런 연대를 가능하게 하고 공고하게 한 핵심은 임금인상에 대한 지지가 아니라, 경영방식에 대한 주장이었다. 공기업들의 과도한 중앙집중 때문에 임원들도 좌절을 겪었다. 그들은 비록 사무실에서 문서에 서명을 하는 책임을 맡고 있지만 실제로는 아무런 결정권도 갖고 있지 않았다. (「모든 현장에서 민중권력을 발견했다 Tout une Ville Découvre le Pouvoir Populaire」, 『5월연구』 1호, 1968. 5. 15, p. 6)

5월 20일에는 기업임원 1500명이 소르본에서 회합을 가지고 운동에 대한 지지를 선언했다. 이들 가운데 수백 명은 주요한 관리자와 엔지니어 연합의 파리본부를 장악하고 총파업을 요구했다. 5월 24일에 발표된 리플릿에서는 "경영과 경제적 의사결정의 모든 과정에서 민주화를 위한 구체적이고 정교한 해결책"을 요구하면서 "이윤과 확장이라는 통상적인 목표 대신, 여가뿐 아니라 노동에서 개인성의 완성이 목표가 되어야 한다"고 주장했다(「선언 Manifesto」).

5. 전문기술자   5월혁명은 정부지원을 받는 두뇌집단에까지 영향을 끼쳤다. 연구자들은 정부부처들로부터 공공업무에 관련된 연구나 조사를 의뢰받아 수행해서 제법 괜찮은 소득을 올릴 수 있었다. 그러나 5월혁명 전부터 이들은 무력감으로 매우 고통을 받고 있었다. 이들은 자신들의 작업이 연구를 의뢰한 부처의 '재산'이 되자마자 기존 정책을 정당화하는 데 이용되거나 혹은 기존의 정책들과 어긋나면 무시되어 버린다는 것을 알고 있었다. 자신들의 연구에서 고려했던 바로 그 집단들의 이해관계가 정

책에서는 반영되지 않고 있다고 느꼈다. 연구자들은 소외를 느꼈고 "연구자들이 자신의 노동의 결과를 스스로 통제하지 못한다는 사실에 5월 어느 날 갑자기 참지 못하게 되었다"(「연구자협회 Les Bureaux de Recherches」, 『행동』 1968. 6. 24).

연구자들이 개인적인 만족을 위해 통제권을 요구했다면 의미 있는 일이었다고 할 수 없겠지만, 이들은 파업에 돌입하자마자 대중들의 이해에 밀착하려고 했다. 연구자노동조합은 "전국사회과학노동조합 노동자들은 우리의 노동이 경영자나 자본주의 국가기구가 아니라 노동자들을 위해 사용되기를 바란다는 의지를 천명한다"고 선언했다(같은 곳). 실제로 이들은 경제적인 어려움을 겪고 있는 파업노동자들에게 재정지원을 했고 지역 노동조합의 요구를 받아 파리 교외지역의 고용실태에 관한 연구를 무료로 수행하기도 했다.

이러한 사례에는 한 가지 공통점이 있다. 1968년 5월 프랑스의 중간계급들은 자신들이 필요 없다는 무력감이나 자신들의 특권에 대한 죄책감을 가지기보다는 사회 지배계층이 자신들을 오용하고 있다고 생각했다. 중간계급의 급진적 입장에 대해서는, 자신의 노동을 보다 인간적이고 생산적으로 재정립하기 위한 대중들을 향한 호소라고 보는 게 가장 적절한 이해방식이다. 1971년 프랑스공산당이 중간계층에 대한 태도를 수정했을 때,[10] 당내 이론가들은 중간계층의 새로운 정치적 잠재력을 다음과 같이 묘사했다.

이런 변형이 출현하기 전에 이미 노동계급의 투쟁에 대한 중간계층, 특히 지식인들의 지지는 프롤레타리아적 가치를 중심으로 단결한 것으로 보였다. 그러나 지금의 문제는 더 이상 이런 목표를 위해 개인들이 단결할 수 있는가가 아니라 공통의 이해관계를 갖고 민주적 미래를 함께 건설할 수 있는 사회계층들 간의 협약이 맺어질 수 있는가에 있다. (『국가독점자본주의 *Le Capitalisme Monopoliste d'Etat*』, 1971, I, p. 240)

5월혁명의 경험이 반영된 이런 입장은 뒤이어 이루어진 프랑스공산당의 선거연합을 설명하는 데 도움을 준다. 과거에 노동자를 대표했던 프랑스 공산당은 5월혁명 이후 중간계층의 지지를 대폭 획득한 사회당과 선거연합을 구성했다. 하지만 이런 선거연합은 5월혁명의 가장 정치적인 지지세력의 급진적 요구를 과소평가한 것이다. 민중들이 갈망한 '협상'은 자주관리 사회에서 노동분업의 변혁에 기초한 것으로서, 정치적인 동시에 사회·경제적인 협상이었다.

자주관리: 전략과 목표

"최후의 자본가가 최후의 관료와 함께 교수형을 당할 때,
인간은 자유를 찾을 수 있다."
(파리 담벼락의 낙서, 1968)

혁명의 역사는 과거에는 없던, 우리가 소망한 미래에 관한 기록이다. 혁명은 역사의 주류에서 가지를 치고 나와서 역사에 자유의 이미지를 남기곤 한다. 반란자들의 집합적 상상력은 다양한 시·공간에 따라 이런 이미

지를 소환해서 다시 작동시켰다. 혁명은, 사회는 숙명이고 생존하기 위해서 개인들은 사회에 적응해야만 한다는 용인된 자유를 거부하고 사회가 개개인에게 맞춰야 한다고 요구했다. 이런 요구는 일상생활이라는 견고한 기반에서 살아가던 사람들의 발밑에 현기증 나는 심연이 있음을 보여주었다.

　　비록 실패했을지라도 혁명의 기억은 인간이 역사를 만들 수 있다—인간은 견디기만 하는 존재가 아니다—는 결코 지울 수 없는 흔적으로 남아 있다. 이러한 혁명의 기억은 하나의 혁명과 다음 혁명 사이의 장구한 시간 동안 민중들의 일상적 실천이 정치와 분리되지 않도록 하기 때문에, 수십 년 또는 여러 세대를 거쳐 혁명이 이어질 때라 하더라도 단절된 이야기들이 완전히 망각되지 않고 다음 고양기 때 다시 환기될 수 있도록 만든다. 이는 프랑스혁명 이후 200년 동안 진실이었고, 5월혁명과 그 이후 그리고 오늘에 이르기까지 잊어서는 안 되는 사실이다.

　　발터 벤야민은 혁명을 "과거를 향해 내딛는 호랑이의 도약"이라고 했다. 그는 혁명의 역사가들이 "역사의 연속성을 찢어버리고" 수세기 동안의 혁명적 경험을 추적해서 단절의 역사들을 다시 연결시켜야 한다고 주장했다(Benjamin 1968, pp. 261, 262). 5월혁명에도 반복과 연속의 요소가 분명히 존재한다. 피상적으로 말하면, 과거 파리시민들의 봉기를 떠올리게 하는 자갈로 쌓아올린 바리케이드 어디나 이런 연결고리는 존재한다. 노동자들의 행동패턴은 더욱 의미심장하다. 1905년 이래 노동자들의 혁명은 당연히 총파업을 거쳐 국가로부터 권력을 탈취하기 위한 조직인 노동자평의회, 즉 '소비에트'의 건설로 이어지는 과정이었다. 5월혁명 때도 총파업이 있었고 소비에트에서는 20세기 세계 여러 국가들에서 시작되었지만 좌절했던 과거의 시나리오를 반복하기도 했다.

5월, 6월의 총파업은 정말로 혁명적이었는가? 5월혁명은 임금인상을 위한 경제투쟁이었나, 아니면 사회주의를 위한 정치투쟁이었나? 실천전략을 갖고 있었는가? 다양한 요소들이 응집했는가? 이런 질문들에 대한 해답은 아직 없다. 노동계급의 일상적인 저항패턴인 대중파업은 언제나 경제적인 동시에 정치적이었고, 5월혁명도 마찬가지였다(Luxemburg 1970, p. 186). 논리 정연한 계획에 따라 혁명운동이 시작되는 것은 아니다. 혁명운동은 사회가 운영되는 기존의 원리들을 깨뜨려나갈 때 비로소 스스로 창조해 내는 질문에 대한 대답을 향해 전진한다. 이런 면에서 5월혁명은 전형적인 도시혁명의 초기단계로 볼 수 있다.

5월혁명이 온전한 의미에서 혁명이건 아니건 간에, 노동자와 학생들이 국가를 운영하는 것은 고사하고 국가의 관료기구조차 통제하지 못하는 정부의 퇴진을 요구했던 바로 그 순간, 다시 말해 운동이 절정에 이르기 직전에 매우 이상한 사태가 벌어졌다. 운동이 주춤했던 5월 말 동안, 노동자와 정부가 각자 자신들의 승산을 점치는 동안 국가는 긴장에 사로잡혀 있었다. 이때 운동은 즉자적인 이해관계를 위한 개별투쟁의 단순 합을 넘어서게 되었다. (68년 5월 파리라는) 혁명적 도가니 속에서의 연쇄반응을 통해 어떤 정치의지가 형성되어 가기 시작했던 것이다. 어떤 이유에서인지는 그리 중요하지 않다. 그렇다면 이렇게 형성된 정치의지는 무엇을 요구했는가? 이 질문에 답하기 위해서는 잠시 역사의 우회가 필요하다.

'공식적인' 프랑스 좌파, 특히 프랑스공산당에 의한 사회주의 정치운동의 세례를 받은 세대가 없었다면 5월혁명이 노동자들로부터 그렇게 광범위한 지지를 받을 수는 없었을 것이다. 그러나 공산주의자들이 1968

년의 운동에 기여할 수는 없었다. (과거의) 공산주의 운동들과 68혁명의 가장 중요한 차이는 국가에 대한 태도에 있다. 1968년 5월까지 프랑스공산당은 선거전략에 완전히 매몰되어 있었다. 공산당의 목표는 '반(反)독점연합'을 구축해서 의회 내에서 다수를 차지한 다음 "사회주의로 진일보한 선진민주주의"를 이루는 것이었다. 당시 프랑스 공산주의자들은 소련의 가장 충실한 지지자들이었고, 그들이 생각했던 연합대상인 피고용인, 중소 자영업자, 농민 들로 구성된 온건한 사회주의 정당들은 러시아 사회주의 모델에 대한 거부를 분명히 했다. 프랑스공산당은 독재를 거부하고 민주주의에 충실할 것을 약속했다. 그러나 소련이 이런 이상적인 모델을 결여하고 있다는 사실을 전혀 비판하지 않았기에, 얼마나 성실하게 약속을 지킬지는 의심의 여지가 있었다.

게다가 학생들은 사회주의를 국유화의 확대로 이해하는 공산주의자들의 전략은, 국가와 기업집단의 관료기구를 건드리지 않은 채 과거보다 더 많은 권력을 정점에 집중시키게 될 것이라며 비판했다. 반면 온건 사회주의자들은 리버럴한 자유 개념의 기초가 되어왔던 경제와 국가의 분리를 유지시켜야 한다고 생각했기 때문에 결과적으로 동맹은 자기해체적이었다.

사실 이런 문제는 이런 정당들이 제기하는 한 해결될 수 없었다. 거대기업과 국가의 결탁이 갈수록 강해지고 독과점체들이 경제계획을 조직하고 주요 사회기구들이 관료화되고 있고 대중매체를 이용해서 소비자와 유권자에 대한 효과적인 여론조작이 이루어지는 환경에서, 과거의 자유 개념들은 점차 의미를 잃어가고 있었다. 공산주의의 전략은 정점에 있는 사람들만 교체하려는 것이었지, 억압적인 구조를 바꾸려는 것이 아니었다. 게다가 경제의 국유화는 그저 독점자본주의의 기술관료주의적 프로젝트를 완성하는 것에 불과했을 뿐, 독점자본주의의 사회적 내용을 변화시키는 것은 아니었다.

학생운동의 주류는 좌파정당의 이러한 정치전략 전체를 거부했다. 학생운동이 생각했던 좌파정당의 오류는 국가를 투쟁해야 하는 적이 아니라 탈취해야 하는 목표로 생각한 데 있었다. 따라서 좌파정당들은 관료주의적 행정기구를 유지하는 가운데 사회주의와 민주주의를 국가의 경제개입 정도에 따라 배타적인 것으로 이해하는 선거전략을 갖고 있었다. 학생들은 좌파정당의 국유화 전략이 아닌 근본적으로 새로운 모델의 사회주의 사회를 위해 기술관료주의적 분업의 종식을 촉구했다.

더욱이 당시의 혁명가들은 근대자본주의가 일상생활 전역에 걸쳐서 대중문화를 지배하고 제도화된 권력을 장악하고 있는 상황에서 좌파가 선거에서 승리할 수는 있지만, 선거로 사회가 재생산되는 근원을 공격하는 혁명을 대신하기에는 턱없이 허약하다고 생각했다. 한 리플릿은 다음과 같이 주장했다.

> 현상황에서 …대중소비라는 체제의 통합모델과 사회진보를 위한 탐색은 …국가적으로 더 이상 배타적으로 나타나지 않고 만연해 있는 근대적 형태의 억압을 표상한다. 자본가권력의 도구는 후자[국가]에만 있는 게 아니라 노동자들을 소비사회에 복속시키고 소비사회가 작동하기 위한 다양한 권위형식을 따르게 하는 데 있다. (「우리에게 부여된 선거를 거부하는 이유는 무엇인가 Quel est le Sens des Elections Qui Nous Sont Imposé」)

이런 분석은 이후에도 프랑스 좌파에게도 거부되지 않고 수용되고 있다. 5월혁명 당시의 활동가들이 상층부의 교체에 그치지 않고 위계질서를 철폐하고 새로운 원리에 맞춰 사회를 조정하는, 혁명적 대중운동으로부터 생겨나는 사회주의를 요구한 이유가 여기에 있다. (그들이 생각하는) 사회주의는 선거에서의 승리만을 의미하는 게 아니라, 총파업이 노동자들 스스로 자신의 방식으로 공장을 재가동하는 '적극적 파업'(active strike)으로 승화할 때 비로소 나타나는 것이었다(이와 유사한 사건은 실제로 여러 지역에서 발생했다, Guin 1969). 과거의 주인들이 아니라 노동자들에 의해 경제가 다시 작동하면 국가는 곧 굴복하고 말 것이었다. 노동자들이 노동자동료 그리고 농민 들과 협력함으로써 마을과 촌락에는 수평적 권력이 생겨날 수 있었다. 사회주의는 아래로부터 시작되는 것이지, 국유화를 통해 위로부터 인수받는 것이 아니었다.

68혁명의 목표의 하나였던 자주관리는 자본주의에 대항하는 하나의 투쟁전략이지만, 우리는 여기서 또 다른 세 측면을 생각해 볼 수 있다. 우선, 자주관리는 총파업이 원자화되거나 무력해지지 않도록 하고 노동자들의 독자적인 조직을 강력한 정치세력으로 성장시킬 수 있으며 전체 산업과 지역을 통합하려는 정부의 시도를 어렵게 한다. 둘째로, 적극적 파업은 자본주의적 소유제도가 얼마나 낙후했는지를 보여줌으로써 자본과 노동 사이의 이데올로기적 세력균형을 변화시킬 수 있다. 노동자들이 자본가 없이 경제를 운영할 수 있다면 사람들은 노동자들의 편에 설 것이다. 셋째로, 민중들의 실질적인 행동으로 자본주의에서 사회주의로의 이행이 이루어질 뿐만 아니라 스탈린주의와 기술관료주의적 억압으로부터 새로운 사회를 방어하기 때문에 혁명 이후 국가권력이 무한히 팽창하는 것

우리는 투쟁을 계속한다[1]

이 운동은 '인민전선'이나 과도정부 같은 형태를 수립하는 것에 그쳐서는 안 된다. 사실 우리가 획득할지도 모르는 물질적인 양보는 현사회의 파렴치한 성격을 조금도 수정하지 못할 것이다. 또한 약간의 양보도 경영자들이 좌지우지하는 생활비 상승에 급속히 흡수되고 말 것이다.

혁명을 추구하며 투쟁하는 노동자들의 절대적인 무기는 생산과 조정 수단을 직접 관리하는 것인 이유가 바로 여기에 있다.

여기서 한걸음 더 도약하지 않으면 안 된다!

동지여, 공장점거는 우리가 부르주아적 착취의 틀을 벗어나, 우리 스스로 공장을 운영할 능력이 있다는 것을 비로소 증명하는 것이다. 이제는 우리가 관리해서 생산을 조직하여 혁명운동의 생존과 발전을 이룩해야 한다. 그럼으로써 우리는 자본주의로부터 탄압기구를 탈취하게 된다. 전체 노동계급은 노동자들이 생산수단을 소유하는 권력을 가져야만 진정한 사회주의 경제를 달성할 수 있다는 것을 보여주기 위해 생산과 분배를 확보해야 한다.

경제·사회 시스템으로서의 자주관리라는 목표는 모든 사람이 개인적·집단적 책임 아래 생산과 소비에 완전히 자유롭게 참여할 수 있도록 한다. 따라서 이것은 무엇보다 인간을 위한 시스템으로, 인간에게 기여하기 위한 것이지 인간을 억압하기 위한 것이 아니다.

실제로 자주관리는 노동자동지들이 자신들을 위해, 자신들의 힘으로 공장을 운영하는 데서부터 성립하며 그 결과 임금생활자와 고용주라는 임금의 위계를 소멸시킨다. 노동자들은 전반적인 결정을 내리기 위해 선거를 통해 노동자평의회를 구성할 책임을 가진다. 노동자평의회는 지역적·전국적·국제적인 면에서 다른 기업의 평의회들과 긴밀한 관계를 형성해야 한다.

노동자평의회의 대의원 임기는 제한되어 있으며, 모든 노동자가 번갈아가면서 대의원을 맡는다. 자기 자리를 고수하고 억압적 권력을 행사하려고 하는 관료주의의 재현은 반드시 피해야 한다.

노동자들이 경제를 관리하는 것이야말로 자본가들이 소수를 위해 자행했던 괘씸한 일들을 모두를 위해 더 바람직하게 할 수 있는 권력이라는 사실을 보여줘야 한다.

을 억제하는 형식이다. 이 전략은 앞의 리플릿(「우리는 투쟁을 계속한다 Nous Continuons la Lutte」)에 소개된다.

프랑스의 산업민주주의는 무정부주의적 경향을 갖고 있다. 5월 동안 흑기(무정부주의)의 부활은, 곰팡내 나는 구닥다리 분파 외에는 이미 오래전에 소멸해 버렸다고 생각되었던 프랑스 무정부주의 전통을 다시 환기시킨 놀라운 사건이었다. 사람들은 자주관리에서 과거 무정부주의 역사를 떠올렸지만, 당시 프랑스의 맥락에서 자주관리라는 개념은 그때까지 살아남아 있던 무정부주의 분파들의 영향이라기보다는 현실투쟁의 논리적 산물이었다.

이런 측면에서 정도의 차이는 있겠지만, 5월혁명은 1차대전 직후 혁명적 분위기의 유럽에서 수백만 노동자들이 자발적으로 노동자평의회를 구성하고 전체 산업을 생산자들이 직접 통제하려 했던 시도와 비교하는 게 적합하다. 우리는 이런 시도들 중에서 유일하게 성공한 러시아에서마저 노동자평의회가 비극적인 종말로 끝난 것을 알고 있다. 당시 혁명을 시도하기도 했고 러시아보다 평의회 공산주의 프로그램에 훨씬 더 적합했던 독일 같은 부유한 국가들에서 노동자평의회가 왜 더 처참하게 실패했는지에 대해서 우리가 명확하게 말할 수 없다.[12] 스탈린주의가 이러한 문제를 바로 덮어버렸던 것이다.

그때부터 지금까지 산업주의는 자본주의 기원에 의해 설정된 궤도를 따라 전개되어 왔다. 산업주의가 안고 있는 결정적 문제점은 기업과 일체감을 가질 수 없고 기업을 소유하지도 않고 기업의 성공을 지지해야 할 명시적인 이유를 갖고 있지 않은 노동력을 어떻게 통제할 것인가에 있다. 통제, 경영, 기술설계 등의 도구는 의식과 실천 면에서 이 도구들을 진보의 산물로 간주하게 하는 체제를 기반으로 하고 있다. 이런 환경 속에서 산업주의 체제의 형성에는 기술적인 요소뿐 아니라 계급투쟁이라는 긴장도 필요하다는 사실은 잊혀가고 있다.

평의회 공산주의는 자본의 필요가 아니라 기업별 선거에서 표출되는 노동자들의 필요에 기초해서 경영과 기술을 이용할 것을 제안한다. 비교적 교육수준이 높은 선진자본주의 국가의 노동자들에게, 기업정책을 주주들이 아니라 자신들이 결정할 수 있다—세부적인 실천과제들까지 준비되어 있지는 않지만—는 주장은 실제로 이들이 분명히 대부분의 주주들보다는 기업정책에 대해 더 많이 그리고 더 잘 알고 있기 때문에 제법 설득력이 있다. 이는 구조적으로 유사한 체제를 유지하면서 자본가를 국가관료로 대체하겠다는 것보다는 훨씬 의미 있는, 산업주의의 장기적인 변혁을 함축하는 변화다.[13]

5월혁명은 잊혀가던 평의회 공산주의 전통을 '자주관리'라는 이름으로 부활시켰다. 이러한 새로운 상황에서 투쟁의 목표는 자본주의적인 경제통제뿐 아니라 보다 일반적인, 기술적 매개를 기반으로 한 행정권력이 확산되어 있는 기술관료주의적 사회통제를 향하고 있었다. 물론 이러한 운동이 좀더 오래 지속되었다면, 과연 학생과 중간계층의 반(反)기술관료주의적 운동과 반자본주의적 노동자운동을 효과적으로 조율할 수 있었을지는 분명하지 않다. 노동자 중심의 권력 관념을 가진 평의회 공산주의가 행정기구들이 상호 지원하는 다양한 형태의 기술적 매개에 기초한 사회질서를 장악하는 어려움을 극복하고 제대로 작동할 수 있었을지도 미지수이다. 이런 문제들은 6장에서 보다 자세하게 언급될 것이다.

그럼에도 불구하고 이 운동은 국가를 무대의 중심에서 밀어내고 고정된 중심에서 뻗어나가는 정치적 지배를 아래로부터의 운동으로 대체하는 사회혁명이라는 아이디어를 환기시킨 급진적인 시도였다. 5월혁명 기간 동안 프랑스에서는 적기와 흑기가 함께 휘날렸지만 양자의 합(合)은 마르크스주의 자체 내에 잠재해 있던 기존의 사회주의 모델에 반하는 자유 중심적인(libertarian) 전통의 부활로 이해되고 있다.[14]

지금 시점에서 정부를 전복시키지 못했다고 해서 5월혁명을 진정한 '혁명'이라 말하지 못할 이유는 없다. 혁명은 그 운동이 국가보다 강력했는가가 아니라 수백만 대중들의 가슴에 현재사회에 대해 돌연히 문제제기를 했는지 그리고 그들을 행동하게 만들었는지로 정의할 수 있다. 혁명은 폭력적 또는 불법적인 수단으로 깊이 뿌리박혀 있는 사회적 위기의 해결에 영향을 끼치려는 동시에 공동체를 새로운 기반 위에 다시 형성하려는 수백만 대중들의 시도이다. 5월에 일어난 일이 바로 이것이었다. 사회적 형식이라는 틀을 세우고 그 내부에서 개인들을 조정함으로써 과거의 사회를 가능하게 했던 형식들이 개인들에게 녹아 들어간 것 같았다. 바로 이때가 일찍이 프랑스혁명가 생쥐스트가 '대중적 계기'(the public moment)라고 명명했던 사회계약이 검토되고 행동으로 다시 건설되는 바로 그 순간이었다.

그후

5월혁명은 국가를 전복하지는 못했지만 현재까지 이어지고 있는 진보에 대한 일반적 사고를 반기술관료주의적으로 재정의했다는 점에서 의미가 있다. 5월혁명과 이와 유사한 다른 나라의 운동들은 저항의 이미지를 변형시켰고 착취에서 소외로 반대의 초점을 이동시켰으며 신사회운동의 스탈린주의적 권위주의에 대한 거부를 배태한 문화적 변화를 촉발시켰다. 5월혁명이 "가능성의 장을 확장시켰다"는 사르트르의 발언은 바로 이 심대한 문화적 변화를 의미했던 것이다.

신좌파는 사회적 상상력을 새롭게 만든 문화적 변화의 시대를 열었다. 2차대전 이후, 기술관료주의가 일구어낸 거대한 진보의 힘 앞에서 대중들이 가졌던 무력감은 다양한 영역의 행동주의 앞에서 자취를 감추었다. 60년대에 절대적 혁명의 용어로 정식화된 야심찬 목표들은 점차 온건하지만 실현 가능한 개혁적 실천으로 번역되어 실현되었다. 만약 지난 여러 해 동안의 이런 투쟁들이 없었더라면 출산이나 인체를 대상으로 한 실험에 대한 의료계의 변화, 경영참여나 참여설계, 친환경적 기술발전, 컴퓨터를 이용한 커뮤니케이션 등 고객 중심의 전문가주의가 성장하리라는 상상은 어려웠을 것이다.

지금은 신좌파를 정상에서 벗어난 이상(異狀)현상으로 간주해 버리는 태도가 유행하고 있다. 이런 태도는 원인과 결과에 대한 협소한 시각에서 비롯된 것이다. 신좌파가 단지 청년기의 자아도취가 낳은 우연의 산물이라면 더 이상 관심을 가질 필요가 없을 것이다. 그러나 그동안 신좌파에 대한 단순한 평가에 반대되는 증거들은 대개 간과하거나 무시되었지만, 주변에서 쉽게 발견할 수 있다. 우리는 이러한 운동들이 기술관료주의 권력의 한계를 입증한 선구적인 시도라는 데 주목해야 한다. 2부와 3부에서 나는 기술에 대한 이론적 접근을 정교화해서 1968년, 온갖 의혹을 무릅쓰고 "진보는 우리가 진보가 무엇이기를 바라는, 바로 그것이다"라고 외쳤던 학생들의 희망이 공상에 그치지 않도록 할 것이다.

1) 68혁명의 장기적 영향에 대한 설명으로는 웨버(Weber 1988)를, 68혁명 자체에 대한 역사는 싱어(Singer 1970)와 해먼과 로트맨(Hamon and Rotman 1987) 참조.

2) 이 책에서 인용한 68년 5월혁명에 관한 자료는 샌디에이고주립대학 도서관에 마이크로필름 상태로 보관되어 있고 번역은 필자가 직접했다. 슈나프와 비달-나케의 저서(Schnapp and Vidal-Naquet 1971)에는 68년 5월혁명의 배경에 관한 참고문헌이 잘 정리되어 있다.

3) 68년 5월혁명을 기술관료주의와 관련지어 해석하는 방법은 5월혁명을 해석하는 주요 방법의 하나이다. 이런 입장으로는 투렌(Touraine 1968)이 가장 유명하지만 이 책은 투렌의 분석과는 무관하다.

4) 『프랑스 5월혁명』, 84, 85쪽—옮긴이.

5) 노동자와 학생의 관계에 관한 정교한 논의를 원하면 뒤부아 등이 편집한 책 (P. Dubois et al. 1971)에 나오는 비달(Vidal)의 글 참조.

6) 전문기술자들의 태도에 관한 프랑스의 고전적 문헌은 세르주 말레의 저서(Malle 1963)가 있다. 이후에 말레는 다른 책(Mallet 1971)에서 5월혁명이 자신의 입장을 정당화하고 있다고 주장한다.

7) 시먼의 논문(Seeman 1972, p. 399)은 5월혁명에서 권력에 대한 열망의 중요성을 통계적으로 분석하고 있다.

8) 새로운 노동계급에 관한 해석은 투렌의 저서(Touraine 1968)와 글뤽스만의 저서(Glucksman 1968) 참조. 글뤽스만에 대한 마오주의자들의 대응에서, 중간계층을 프티부르주아의 일부로 바라보는 전통적인 입장이 잘 드러난다(Centre Universitaire d'Etude et de Formation Marxiste-Leniniste 1968). 5월혁명 기간 동안 기존의 전통적 입장을 고수했던 프랑스공산당은 이 논쟁을 통해 분열되었다. 당시의 대안으로는 클로드 프레보스(Claude Prévost 1968)와 로제 가로디(Roger Garaudy 1968)의 입장이 있었다.

9) 여기에 서명한 사람들은 피에르 부르디외, 카스텔(R. Castell), 키즈니에(J. Cuisenier), 퀼리올리(A. Culioli), 자크 데리다, 뤼시앙 골드만, 자크 르 고프, 르로이 라뒤리에(E. Leroy-Ladurie), 마랭(L. Marin), 퐁탈리스(J. B. Pontalis), 폴 리쾨르 등이다.

10) 국가독점자본주의론을 이론적 기반으로 유로코뮤니즘 노선으로 방향을 전향했을 때를 지칭함. —옮긴이

11) 『프랑스 5월혁명』, 152~55쪽에서 재인용. 부분적으로 내용을 수정했음.

12) 사회화에 대한 칼 코르슈의 현대적 평의회 공산주의 이론은 켈너의 책(Kellner 1977) 참조.

13) 슈바이카르트(Schweickart 1993)와 스티글리츠(Stiglitz 1994)의 저서는 사회주의가 작동 가능한가라는, 아직 결론 내려지지 않은 논의에 대한, 최근에 발표된 주요 업적이다.

14) 마르크스주의 내의 이러한 긴장에 관해서는 토머스(Thomas 1994) 참조.

3. 환경주의와 기술의 정치학

들어가며: 손익계산 또는 변혁

초기의 환경주의자들은 대중들의 관심을 끌기 위해 특정 사안에 집중하기보다는 살충제에서 인구통제에 이르기까지 다양한 문제를 제기했다. 혹자는 각 사안의 우선순위를 부여해야 한다며 비판하기도 했지만, 환경주의자들이 다수에 둘러싸여 괴짜인 양 취급받는 지경이었기에 우선순위를 둘러싼 내부논쟁을 할 여력이나 의향도 없었다. 이런 현상은 다수의 비난을 감수해야 하는 소외집단에서는 드문 일이 아니다. 그러나 일단 이 집단에 참여할 용기가 있었다면 대외적인 배제를 감수하는 만큼 내부의 동료들끼리는 화목한 생활을 누릴 수 있었다.

이런 행복은 환경운동 역사상 최초의 승리를 거뒀던 1970년대 초반까지였다. 바로 그때, 지금까지도 이어지고 있는 환경운동 내부의 중요한 차이가 드러났다. 1971년 폴 에얼릭과 배리 커머너의 인구와 오염규제의 상대적 중요성을 둘러싼 논쟁은 뿌리 깊은 갈등을 예견하는 초기의 신호들 가운데 하나였다.

폴 에얼릭은 인구폭발이라는 현상을 최초로 발견하지는 않았지만─이 문제와 관련해서는 맬서스를 빼놓을 수 없다─미국의 어느 누구보다도 이를 널리 확산시킨 인물이다. 스탠포드대학교 인구학 교수인 에얼릭은 지칠 줄 모르는 인구학적 재앙의 카산드라[1]였다. 에얼릭은 『인구폭탄』(*The Population Bomb*)과 『생존의 방법』(*How to Be a Survivor*) 등의 저서, 수십여 대학에서의 강연, '인구성장률 제로'(zero population growth) 운동 등을 통해 대중들을 만났고 생태문제가 대중들의 정당한 관심사가 되도록 노력했다. 그가 최근 출판한 책의 표지에는 앨버트 고어의 긍정적인 평가도 인용되어 있다. 에얼릭은 인구통제를 환경문제에서 가장 중요한 문제로 인식했기 때문에 그의 정치적인 입장은 항상 의심스럽고 모호했다. 그는 성장률 제로의 경제학, 중국의 인구정책, 반문화적인 소비주의 반대, 멕시코 이민자들 및 소수민족의 높은 출생률 반대 등 다양하고 서로 모순되는 것 같은 주장들을 함께 제시하곤 했다.

퀸스대학 자연시스템생물학연구소(Center for the Biology of Natural Systems) 소장인 배리 커머너는 60년대 후반, 70년대 초반에 열정적으로 환경운동을 시작했다. 이런 경력에 힘입어 80년대에는 시민의 당(Citizen's Party) 대통령후보로 나서기도 했다. 1971년에 발표한 베스트셀러 『원은 닫혀야 한다』(*The Closing Circle*, 고동욱 옮김, 이음, 2014)에서 커머너는 환경의 계급정치학을 주장함으로써 인구통제를 옹호하는 진영과 기나긴 논쟁을 시작했고 곧 이어 사회주의적 환경주의의 주요한 대중적 논객으로 부상했다. 최근에는 전국유해화학물질운동(National Toxic Campaign)에서 주도적 역할을 하고 있다. 커머너의 입장 하나인 기술변화에 대한 강조는 환경운동의 표준이 되었다.

이 두 환경운동가의 논쟁이 담고 있는 과학적 내용은 환경위기의 원인과 해결방식에 대한 입장차이에 관한 것이다. 우선, 원인에서 전문가들은 과잉인구를 환경위기의 주요한 원인으로 보는 편과 오염을 유발하는 기술을 문제삼는 편으로 나뉜다. "환경오염의 원인은 역으로 근원을 추적하면 쉽게 알 수 있다. 수많은 자동차, 수많은 공장, 수많은 살충제… 부족한 물, 넘치는 이산화탄소, 이 모든 것이 너무 많은 인구에서 비롯되었다는 것은 쉽게 알 수 있다."(Ehrlich 1968, pp. 66, 67) "환경의 질이 계속 저하되고 있는 이유를 인구증가, 재화의 수요 증대 등 외연적 팽창과정의 결과로만 돌릴 수는 없다. 오히려 문제는 재화의 생산방식이 강력한 정치·경제적 고려에 따라 통제되면서 발생한 특정 변화들 때문이다." (Commoner 1973a, p. 53)

다음으로, 해결방식에서는 서로 다른 원인진단에서 이미 드러난 것처럼 계급적·국가적 이해관계에 따라 근본적으로 서로 다른 해결책을 제시하고 있다. 많은 자원을 소비하는 풍족한 국가나 사회계층은 고갈문제에 민감하게 반응하고, 이런 입장을 반영하는 환경주의자들은 인구나 경제성장을 통제하려고 한다. 한편 경제성장의 부산물인 건강의 위협이나 환경오염의 위험으로부터 쉽게 벗어나지는 못하지만 경제성장의 이득을 누리고 싶어하는 가난한 사람들로서는 성장 그 자체가 아니라 의도하지 않은 결과를 비판하는 이론에 끌릴 수밖에 없다. 이들을 대변하는 환경운동가들은 오염유발 기술과 아울러 우리에게도 책임이 있는 '쓰레기매립장'의 고갈을 가장 심각한 문제로 여긴다.

커머너와 에얼릭의 논쟁은 곧 과학적인 의견 불일치를 넘어서서 근본적으로 상이한 두 가지 레토릭과 전략을 채택하게 되었다. 환경에 대한 시민들의 관심이 점차 커지던 시기에 불붙은 이 논쟁은 인간주의와 반인간주의, 민주주의와 독재, 남북문제 등 이후에 벌어진 논쟁들의 주요 테마를 어렴풋하게나마 예견하고 있었다. 이런 주제들은 오늘날에도 '가장 소중한 지구'(Earth First!) 같은 '심층생태주의' 집단과 '석유화학원자력노동조합'(Oil, Chemical and Atomic Workers)처럼 환경의식이 있는 노동조합들의 관심이 서로 다르다는 데서도 드러난다. 한편 독일녹색당 내에서도 근본주의 경향의 '푼디스'(Fundis)와 현실주의 경향의 '레알로스'(Realos)가 분리된 사건에서 흡사한 대립을 발견할 수 있다. 푼디스는 산업성장과 인구성장의 중단을 요구하는 반면, 레알로스는 산업주의를 개량하기 위해 노동과 함께 적록연합을 결성할 것을 추구한다. 에얼릭과 커머너는 환경의 예언자라기보다는 환경보호 논쟁의 예언자 역할을 한 셈이다.

두 입장이 대립한 데는 기술의 본질에 대한 시각의 불일치가 핵심적인 역할을 했다. 근본주의적 환경주의는 기술이 생태사회와 양립할 수 있는 산업질서의 변화를 담아낼 수 없기 때문에 성장을 통제해야 한다고 주장한다(Ulrich 1979). 기술결정론은 환경과 경제의 가치가 상쇄되기 때문에 경제를 억제하지 않고서는 환경을 개선할 수 없다는 맬서스의 입장으로 귀결된다. 이것이 에얼릭의 입장이다. 커머너는 기술결정론을 따르지 않기 때문에 기술의 근본적인 변형 가능성을 인정한다. 이 입장에서는 성장과 환경이 서로 화해할 수 있다. 이 장에서 나는 역사적인 배경을 고려하면서 에얼릭과 커머너의 초기논쟁에서부터 최근의 입장까지를 요약, 소개할 것이다.[2]

역사의 종말

에얼릭과 커머너의 의견이 불일치하는 데는 놀랄 만한 사실이 있다. 과학자사회는 일반인들보다 합의에 도달하기 용이하다는 믿음이 있다. 그러나 2차대전 이후 핵무기 감축을 위한 과학자운동처럼 갈등을 일으켰던 전례가 있다. 환경운동 지도자들 중 일부는 젊은 시절에 과학자운동에 직접 참여하기도 했고 환경운동의 활동이나 글에서도 과거 반전반핵운동의 흔적을 발견할 수 있는 등, 이들의 과거 경험은 환경운동과 특별한 관련이 있다.

과학자운동은, 연구는 인간을 위해 수행되어야 한다는 믿음과 원자폭탄을 제조해야 하는 현실 사이에서 모순을 느낀 과학자들의 고뇌에서 생겨났다. 하지만 과학이 원폭제조 같은 업적을 이룩할 수 있음을 입증했다는 바로 그 사실에 힘입어, 과학자들은 자신들이 세상에 내어놓은 힘들을 처리하는 데 과거 인류의 후원자 지위를 누렸을 때보다 훨씬 더 큰 목소리를 낼 수 있게 되었다. 맨해튼 프로젝트에서 돌아온 용사들은 즉각 새로운 권위를 가지고 발언할 수 있는 기회를 장악했다.[3]

대공황 당시, 사회주의에 우호적이었던 상당수 물리학자들은 계급적 쟁점에 대한 공공연한 관심을 즉각 거둬들이고 과학의 대변인 역할을 자임하면서, 그때까지는 의심받지 않았던 약속과 권력에 힘입어 과학을 새로운 힘이라고 선전했다. 새로운 과학정치학은 과학이 해방시킨 힘의 묵시론적 속성을 강조하고 보다 바람직한 목표를 위한 연구를 하는 권위 있는 새로운 기구를 만들기 위해 과학자들의 연합전선을 조직해서 발언권을 얻으려고 했다. 또한 생존이라는 문제를 인류에게 제시해서 모든 개인적·사회적·국가적 관심은 보다 큰 생존이라는 쟁점에 종속되어야 한다고 주장했다.

과학자운동은 인간이라는 종(種)이 몰락할 수도 있다는 공포와 동시에 (인류를 절멸시킬 수도 있는) 핵무기의 위험 때문에 국제적으로 무력사용이 중단되거나 세계정부가 수립될 수도 있다는 희망도 불러일으켰다. 어떤 과학자들은 소련의 핵무기 감축을 요구하되 그 대가로 핵 관련 모든 비밀을 즉각 소련과 공유해야 한다고 주장했는가 하면, 또 어떤 과학자들은 미국이 핵무기 저장고를 국제연합에 넘겨주고 핵무기 생산을 중단해야 한다고 주장했다.

물론 이런 주장들은 어느 것도 실현되지 못했다. 냉전시기의 미국과 소련의 경쟁은 이미 히로시마 원폭투하 당시부터 비밀리에 시작되었고, 그후 우리는 핵이라는 다모클레스의 칼⁴ 아래에 사는 것이 익숙해졌다. 인류를 절멸시킬 수 있는 핵무기의 공포는 세계의 수많은 시급한 현안들을 해결하기는커녕 군비경쟁의 판돈만 부풀렸다. 한 세대 전의 노벨도 무시무시한 무기인 다이너마이트의 발명으로 전쟁이 종식될 거라는 상상을 하기도 했다.

최근에는 생태학을 비롯한 생물학의 성과를 바탕으로, 인간의 역사를 움직이던 국가와 계급의 분할에서 벗어날 수 있는 탈출구를 찾을 수 있다는 믿음이 있다. 전지구적인 시야에서 보면 자연재해 같은 환경위기는 인류를 보다 근본적으로 자연 자체와 직면하게 만들기 때문에 서로 경쟁하던 인류를 하나로 만드는 계기가 될 수도 있다. 이로 인해 환경운동은 "뿌리지 않으면 거두지 못하는" 지구에 함께 발 딛고 서 있는 사람들을 두렵게 하는 (인류라는) 종의 생존을 위한 정치학이 되었다.

에얼릭은 환경운동에 과학자운동의 흔적을 덧씌우려고 했다. 1968년에 발행한 베스트셀러의 제목이 『인구폭탄』—그의 최근 저서 제목은 『인구폭발』(The Population Explosion)이다—인 걸 보면 이런 의도는 분명하다. 실제로 그는 『원자과학자회보』(*The Bulletin of the Atomic Scientists*) ─ 1945년 창간되어 핵이 가져올 위협에 대한 대중들의 이해도를 높이기 위한 활동을 하고 있다 ─ 로부터 우호적인 평가를 받기도 했다. 에얼릭의 전략은 전후(戰後)의 과학자운동처럼 과학자사회의 권위를 증대시켜서 과학자들이 정의한 위기의 조치를 따르게 하려는 것이었다. 따라서 그는 과학자들의 연합전선을 유지하는 데 관심을 가지고 있었고, 커머너에게 일단 전선을 유지한 후에 둘 사이의 과학적 불일치는 나중에 기회가 있을 때 논의하자는 협상을 공개적으로 제안했다.

커머너는 2차대전이 끝난 후, 상원에서 보좌관으로 일하면서 초기 과학자운동에 참여했다. 이후 그는 핵실험금지조약(Nuclear Test Ban Treaty, NTBT)을 위해 노력했고 『핵정보』(*Nuclear Information*)라는 잡지를 발행했다. 묵시론적 수사학에 기초해서 과거의 과학자운동과 유사한 운동을 부활시키려고 했던 에얼릭에 비해 커머너는 매우 다른 입장으로 옮겨갔다. 그는 환경운동을 둘러싸고 대두하고 있는 사회적 긴장에 관심을 가졌고 이러한 긴장을 계급적 언어로 표현하려고 했다. 적어도 커머너에게는 환경에 대한 진정한 합의란 불가능하다고 생각되었다. 삶이 있는 곳이면 어디서나 존재했던 것처럼 가난한 사람과 부유한 사람 사이에서 지속되고 있던 수천 년 동안의 갈등은 새로운 공동의 기반까지 잠식해 들어갔다.

인종과 국가

『인구폭탄』에서 제시된 에얼릭 견해의 미덕은 단순하고 명료하며 극적으로 표현하기 용이하다는 점이다. 유한한 환경에 놓여 있는 여느 지수곡선과 마찬가지로 인구폭발을 묘사한 곡선은 결국에는 수평을 유지하게 되어 있다. "인구문제의 해결책은 두 가지밖에 없다. 하나는 출생률을 줄이는 방법을 모색하는 '출생률 해법'이며, 또 하나는 전쟁, 기근, 전염병 등 사망률을 높이는 방법이 우리를 발견해서 사망률을 높이는 '사망률 해법'이다."(Ehrlich 1968, p. 34)

에얼릭은 『인구폭탄』을 집필하던 1968년에 이미 사망률 해법이 시작되었다고 주장했다. 그는 향후 수십 년 인류의 미래에는 세 가지 가능성이 있다고 예측했는데, 가장 낙관적인 전망에 따르면 인구와 자원이 새로운 균형에 이르기까지 10년의 '죽음의 시기' 동안, '단지' 5억 명만 사망하면 된다는 것이다. 이 결론은 1958년에 이미 개발도상국에서는 "[아이를 물고 오는] 황새가 쟁기를 추월했다"[5]는 에얼릭의 믿음의 연장선에 있다. 농업생산의 생물학적 한계에 도달하면, 믿기는 싫지만 미래는 정말로 암울해질 것이다.

당시 인류가 절망적인 상황으로 치닫고 있다고 믿었던 에얼릭은 '기근의 시대'가 끝나야 비로소 인류가 자신이 직면하고 있는 문제를 해결하기 위해 '출생률 해법'을 선택할 거냐고 의문을 제기했다. 그는 인간사회가 구원받으려면 미국이나 세계정부가 중심이 된, 국제적 수준에서 적용되는 도덕적이면서 재정적인 그리고 무엇보다 강제적인 법적 유인체계가 필요하다고 주장했다.

환경정치학의 전지구적 함의가 점차 분명해지면서 맬서스주의가 소수인종 및 제3세계에서는 현실적인 재앙이라는 사실이 부각되기 시작했다. 에얼릭은 환경을 살리는 과업에 '모두' 참여하길 원한다고 거듭 말했지만, 흑인들은 인구증가율 제로 주장을 자신들의 생존에 대한 인종주의적 공격이라고 받아들였다. 이 점에서 에얼릭이 원했던 동맹의 출발은 그리 좋지 못했다. 에얼릭은 자신의 운동에 씌워진, 부유하고 교육수준이 높은 백인들이 생태적 부담을 가난한 흑인에게 전가하려고 한다는 혐의를 부인했다. 예를 들어 그는 출산율을 낮추기 위한 '출산세'(baby tax)는 소수집단에 대한 특별 예외조항을 두고 시행되어야 한다면서 "인간들 사이에 학살이 일어날 수 있는 일말의 가능성이라도 방지하기 위해서는 지배집단의 인구를 조절하는 게 가장 좋은 방법이다"라고 했다(Ehrlich and Harriman 1971, p. 23). 그럼에도 불구하고 '인구증가율 제로' 운동이 흑인들의 두려움을 잠재울 수 없었던 이유는 무엇일까? 다음의 산아제한을 위한 신문광고가 어느 정도 대답이 될 것이다.

> 우리 도시의 빈민가는 젊은이들로 가득합니다—수천 명에 이르는 그들은 게으르고 불만이 가득하며 마약을 하기도 합니다. 지금처럼 높은 출생률이 앞으로 몇 년 동안 이어진다면 이런 젊은이들이 수백만 명 이상 거리로 쏟아져 나올 것입니다. 해가 저문 후에 집을 나가려면 목숨을 걸어야 할지도 모릅니다. 작년 미국인 400명 중 1명이 강도를 만나고, 강간을 당하고, 살해당했습니다. 산아제한만이 해결책입니다.[6]

이러한 '거리의 범죄' '법질서' 접근법의 청중은 선택적이었고, 도시범죄를 일으킨다고 비난받던 흑인들은 당연히 청중에 포함되지 않았다. 실제로 이 캠페인에서는 흑인들을 적으로, 출생을 (처음부터) 막아야 하는 무리로 취급하는 것 같았다. 과연 누가 이렇게 했는가? 이 광고의 맥락에서 생각할 때, "해가 저문 후에 집을 나가려는" 사람들은 존경하는 백인들로 보인다.

자신들을 강제로 불임으로 만들어서 종족의 씨가 마르게 하려는—이런 사례는 미국에서 역사적으로 흔하지는 않았지만 그렇다고 전혀 없었던 것은 아니다—함의를 가진 이 같은 선전에 대해 흑인들이 두려움을 느끼는 것은 그리 놀랄 일이 아니다. 인구증가율 제로 같은 것을 주장하는 사람들이 제3세계를 대하는 태도를 보면, 흑인들의 이런 공포가 상당히 정당한 것임을 미루어 짐작할 수 있다. 실제로 이들은 인구가 밀집되어 있는 슬럼이 외국에 있을 때는 서슴지 않고 인구통제라는 명목으로 강제력을 행사해야 한다고 요구했기 때문이다.

『인구폭탄』에서 에얼릭은 1967년 폴 패독과 윌리엄 패독(Paul and William Paddock)의 『기근—1975!』(*Famine—1975!*)의 입장에 동의했다. 『기근—1975!』는 식량지원 정책도 군대에서 부상병들을 치료할 때 사용하는 전통적인 '선별'(triage)방식을 도입할 것을 주장했다. 충분한 자원을 갖고 있는 국가들은 스스로 해결할 능력이 있기 때문에 도와줄 필요가 없고, 도움이 없으면 살아남기 어려운 경계에 놓여 있는 국가들은 최대한 지원해야 한다는 것이다. 에얼릭은 『기근—1975!』의 핵심을 요약하면서 "결국 최후까지 남는 비극적 범주가 있다. 인구-식량게임에서 너무 뒤처져 있는 국가들까지 지원할 정도로, 지원할 수 있는 식량이 충분할지에 대해서는 장담할 수 없다. 폴 패독과 윌리엄 패독은 인도가 이 범주에 속할 것으로 본다. 만약 인도가 정말 그렇다면 선별방식 아래서는 인도에 대한 식량지원은 중단되어야 한다"고 주장하고 이어서 "나의 견해에 따르면 식량분배 문제에서 『기근―1975!』에 제시된 유형의 전략을 채택하는 것 외에는 다른 합리적인 선택은 존재하지 않는 것 같다"고 덧붙인다 (Ehrlich 1968, pp. 160, 161).

인도 같은 나라들을 포기하는 대신에 다른 나라들은 식량지원의 대가로 엄격하고 비자발적인 인구통제를 수용해야 한다는 것이다. 에얼릭은 이렇게 말한다.

> 강제라고? 그렇지만 좋은 의미의 강제다. 나는 종종 식량지원의 대가로 인구통제를 요구하는 미국정부의 구상에 대해 두려움을 느끼는 국민들의 태도에 놀라곤 한다. 이런 사람들은 우리의 정부형태나 대외정책에 동의하지 않는 사람들에 대한 군사력 행사를 전적으로 지지하는 사람들과 다른 사람이 아니다. 우리는 전세계적인 인구통제를 추진하는 문제에서는 냉혹해져야 한다. (같은 책, p. 166)

이 주장이 "야만적이고 비정하다면"(이 표현은 에얼릭이 직접 사용한 것이다) 동일한 입장을 갖고 있는 개릿 하딘의 좀더 세련된 의견을 들어보자.

> 어떤 나라가 인구과잉 상태를 벗어나기 위해 우리가 도울 수 있는 방법은 무엇일까? 우리가 할 수 있는 최악의 선택은 식량을 보내는 것이다. 이는 명백한 사실이다. 동정심 때문에 식량을 보냈지만 인구과잉 상태에 있는 국가의 고통을 증가시키는 데 이것보다 더 좋은 방법이 있을까? 차라리 원자폭탄이 이것보다는 온건한 정책이다.

(Hardin 1971, p. 1792)[7]

그러면서 하딘은 "운이 좋은 소수집단은 충분한 정보가 없는 선의(善意)로 인해 위협받는 문명을 보호해야 한다"고 결론을 내린다(같은 곳).

『생존의 방법』(How to Be a Survivor)에서 에얼릭은 더 호들갑스러운 모습을 보인다. 이 책은 제3세계에 대한 대규모 구호 프로그램을 제안하면서 출생률을 낮추는 전세계적 투쟁에서 미국이 "모범을 보이는" 리더십을 발휘해야 한다고 강조하고 있다(Ehrlich and Harriman 1971, p. 17). "인구문제는 의료서비스와 식량지원을 중단하거나 사람들을 기아나 질병으로 죽어가게 만들어서 '해결될' 성질의 것이 아니"라는 주장은 여기서도 이어진다(같은 책, p. 52). 에얼릭은 아직도 합리적인 인구정책의 가장 확실한 도구는 강제력이라고 생각하지만, 미국만이 강제력을 행사해야 한다고 더 이상 주장하지 않으면서 그 대신 "상호강제, 상호동의"를 요구한다.[8] 그러면서 인구를 통제하는 권력을 휘두르기 위해서는 세계정부가 필요하다고 말한다.

여기서 우리는 다시 처음으로 돌아간다. 1946년 로버트 오펜하이머는 이렇게 말했다.

> 많은 사람들이 세계정부가 없으면 영원한 평화가 이루어질 수 없고, 평화가 없으면 원자폭탄을 이용하는 전쟁이 도래할 것이라고 말했다. 나는 우리가 이런 사실에 동의해야 한다고 생각한다.
> (Oppenheimer 1955, p. 12)

세계정부를 통한 구호활동이라는 구상은 2차대전 이후 과학자운동에서 인도주의적 차원에서 전쟁반대—칸트에게서 연원을 찾을 수 있다—를 떠올리게 한다. 이데올로기적 토대가 비슷한 (에얼릭의) 환경운동에서 이런 개념이 다시 출현한 것은 놀랄 일이 아니다. 모든 개별적인 이해관계를 뛰어넘는 종(種) 전체의 생존이라는 공통의 이해관계를 확인해 나가는 전체적인 접근법에 이런 귀결은 내재해 있다.

그러나 1940년대 후반 들어 세계정부라는 보편주의적 구상은 비루한 현실에 직면하자 새로운 환경주의 공식의 모호함을 부각시킬 수도 있는 독특한 퇴행을 경험했다. 당시 세계 대부분의 국가들에서 백인이 다수가 아니라는 사실을 우려했던 과학자들은 오늘날이라면 인종주의라고 비난했을 법한, 백인이 다수인 부유한 국가에 가중치를 부여하는 투표를 제안했다.[9]

이런 일그러진 제안은 과거의 부적절한 유물에 불과한가? 아니면 강력한 특수주의의 함정을 뛰어넘으려고 했던 보편주의의 무능함이 도달하는 전형적 결말인가? 인구통제를 위한 세계정부라는 구상은 과학자운동에서 경험했던 실망스러운 기억을 떠올리게 할 위험이 있다. 상호강제는 세력이 거의 비슷한 국가들에게나 가능한 특권이고 자신의 의지를 관철시킬 수 있는 것은 오직 선진국뿐이다. 게다가 가난한 국가들에 대한 인구통제 프로그램을 강제하려는 정책을 지지하는 대중들이 유의미할 정도로 존재하는 것도 이런 선진국뿐이다. 인구통제 정책을 시행할 수 있는 힘을 갖고 있는 정부는 세계적으로 선진국의 영향 아래 있는 개발도상국 정부일 것이다.

맬서스주의적 이데올로기

맬서스주의자인 에얼릭은 인류가 자원의 절대적 부족이라는 생태계의 객관적이고 자연적인 한계에 직면해 있다고 강조했다. 그는 이런 생각을 여러 책을 통해 대중화했고 한계를 내재하고 있는 새로운 시대를 논하는 여러 에세이와 선언을 통해서 계속 되풀이했다.

1972년 로마클럽은 암울한 미래연구를 발표했다. 『성장의 한계』 (*The Limits to Growth*)에서는 "세계체제의 기본 양식은 인구와 자본이 기하급수적으로 증가하여 결국 몰락하고 마는 모델이다"는 결론을 내린다(Meadows et al. 1972, p. 142). 『성장의 한계』는 인구와 공업생산 능력이 증가함에 따라 최소한 천연자원에 대한 수요는 함께 증가할 것이라고 예언했다. 그러면 100년 내에 자원가격의 상승에 따라 전세계 공업은 자본의 감가상각을 상쇄할 수 없게 되고 이어서 서비스산업 및 농업과 함께 산업기반이 붕괴하면서 인류는 야만상태로 회귀하고 결국 인구의 격감으로 이어질 것이라는 게 에얼릭의 시나리오다. 그렇다면 근대 산업체계는 인류의 의기양양한 신격화라기보다는 비극적인 결함을 지닌 짧은 실험으로 끝나고 말 것인가?

비슷한 시기, 영국에서는 『에콜로지스트』(*The Ecologist*) 편집위원들이 "33명의 지도적 과학자들이 서명한" 『생존을 위한 청사진』 (*Blueprint for Survival*)을 발표했다. 『생존을 위한 청사진』은 경제성장의 속도를 늦추고 인구를 절반으로 줄여 "사회의 붕괴와 지구의 생명유지체계(life-support system)의 비가역적인 파멸"을 막아야 한다며 영국인들에게 호소했다(*Blueprint for Survival* 1974).[10]

로버트 하일브로너의 『인류의 장래에 대한 질문』(*An Inquiry into*

3. 환경주의와 기술의 정치학

Human Prospect)은 더욱 급진적이다. 하일브로너는 환경위기로 인한 혼란기에는 자유민주주의가 종말을 맞이할 것이라고 예견했다. 나중에 그는 "당시 인구압력이라는 현실에서 존립 가능한 경제·사회 시스템을 구축할 수 있는 유일한 정체(政體, regime)인 '군사 사회주의적' 정부가 들어설 것이라고 생각했다"고 회고했다(Heilbroner 1974, p. 156). 그는 장기적으로는 부족사회로 돌아가는 것만이 치명적인 결함을 가진 산업주의의 대안일 수밖에 없다고 믿었다(같은 책, p. 141).

70년대의 극단적 광기에서 비롯된 거친 생각들을 극복하고 있지만, 당시의 사고들은 지금까지도 계속 이어지고 있다. 예를 들어 『가장 소중한 지구!』(*Earth First!*)라는 잡지에 에이즈(AIDS)가 환경에 끼치는 긍정적인 측면에 관한 글이 실렸다. 익명의 작가는 이렇게 쓰고 있다.

> 급진적인 환경운동가들이 인구를 생태적으로 건전한 상태로까지 돌려놓을 수 있는 질병을 고안해 낸다면 아마도 에이즈와 유사한 질병이 될 것이다. 급진적 환경운동가로서 우리는 에이즈를 문제가 아니라 필연적인 해결책 — 당신이 직접 시도하지는 않겠지만 — 이라고 생각한다. (Miss Ann Thropy 1987, p. 32)

에얼릭은 초기의 경고성 예언이 실패했음을 암묵적으로 인지했는지, 최근에 발표한 책에서는 매우 온건한 태도를 보인다(에얼릭은 『인구폭탄』에서 언급한 식량과 자원의 한계에 대한 예측이 수많은 오류를 범하고 있음에도 불구하고 과감하게 현실에서 확인된 것처럼 말했기 때문에 '암묵적'이라는 표현을 사용했다). 이제 그는 더 이상 과잉인구만 강조하거나 강제적인 인구통제를 권고하지도 않는다. 그러나 인구정치학은 여전히 그의 주요 관심사이다. 에얼릭은 다양한 환경적 재앙의 원인들에 대해 지적하고 나서 "인구가 더 이상 증가하지 않고 서서히 감소추세에 접어든다고 해서 모든 문제가 다 해결되는 것은 아니다. 하지만 이는 인류가 다른 문제들을 해결할 수 있는 기회를 갖기 위한 최우선 과제이다"라고 말한다(Ehrlich and Ehrlich 1990, p. 157).

이러한 맬서스주의적 입장에서 사회는 결정론적 법칙이 지배하는 자연적 대상으로 취급된다. 예를 들어 에얼릭은 '인구폭탄'은 걷잡을 수 없게 된 인류의 재생산이라는 생물학적 과정에 지나지 않는다고 주장한다. 경제성장에 따라 우리가 현재 사용하고 있는 기술의 종류도 증가할 것이라는 가정에서 기술은 자연화된다. 보다 해롭지 않은 기술을 사용한다거나 석유 등과 같은 고갈성 자원을 풍부하고 재생 가능한 자원으로 대체하거나 생태학적 개념에 부합하는 번영의 개념을 고안해 내는 것은 대수롭지 않게 간주되어 버린다. 이런 논리에서 인구 및 부의 증가는 오염의 증가와 점증하는 자원고갈을 야기하게 된다.

이와 같은 결정론적 전제가 없으면 (에얼릭의) 생존의 정치학의 합리적 근거가 무너질 뿐 아니라 인구폭탄과 원자폭탄 사이의 유사성도 허약해진다. 기술적인 방법으로 해결할 수 없는 결과를 초래하는 기술진보라는 점에서 원자폭탄은 독특하기 때문이다. 그러나 원자폭탄과 달리 산업체계가 근본적으로 변화할 수 있다면 어떻게 될까? 앞으로 살펴보겠지만, 커머너는 기술적 수단과 경제적 목표 모두, 현재는 간과되고 있는 보건 및 환경을 고려하면서 진화해 나갈 수 있다고 주장한다. 근대 산업기술이 제기한 문제와 해결책 모두에서 성장과 환경을 화해시킬 수 있는 변화가 일어날 수도 있다. 그러나 핵무기의 경우에는 온건한 해결책이란 있을 수 없다.

생물학적인 것 또는 사회적인 것

커머너는 과잉인구를 비롯한 모든 환경문제를 자본주의와 제국주의에 내재된 사회적 요인에서 기인한다고 간주했다. 예를 들어 제3세계 인구증가의 원인은 인간이라는 종의 자연적 팽창이 아니라, 가난과 높은 유아사망률에서 찾을 수 있다는 것이다. 유럽의 인구증가율은 경제성장에 따라 '인구학적 이행'이라고 알려진 과정을 거치면서 감소했지만, 제3세계가 경험한 제국주의적 착취는 인구학적 이행을 가로막았고 결국 지금의 불균형을 만들었다. 사회적 요인이 재생산에 영향을 끼친다면, 우리는 가난한 나라들에서 인구증가를 늦출 수 있는 사회적 조건을 창출하기 위해 '선의의 강제'가 필요한 것이 아니라 엄청난 경제원조가 필요하다. 인구문제는 생물학적이라기보다는 1차적으로 사회적이기 때문에 사회적 해결책이 더 적절하다.

불행하게도 에얼릭과 커머너의 최근 책들에서도 논쟁의 진전을 찾아보기는 어렵다. 두 사람 모두 지난 20년 동안 인구변화를 관찰한 경험에 근거해서 자발적인 산아제한이 이루어질 것이고 또 세계인구는 100억 명 정도에 이르면 일정 수준을 유지할 것이라는 사실에는 동의하지만, 그동안의 상황변화가 자신들의 입장에 위협이 된다고는 여기는 것 같지는 않다. 예를 들어 에얼릭은 여전히 (사망률 해법이 시작되었다고 말한) 1968년 또는 (기근이 시작될 것이라던) 1975년 직후에 "[아이를 물고 오는] 황새가 쟁기를 추월했다"는 입장을 계속 유지하고 있다. 커머너 역시 자신의 입장을 뒷받침하는 인구학적 이행 논의에서 중국의 산아제한 정책이 갖는 중요한 함의와 이런 이행과정에서 여성들의 문제에 대해서는 이야기하지 않고 있다.

인구문제에 대한 의견의 차이는 인구규모, 1인당 재화의 양으로 표시되는 풍요의 정도, 오염을 유발하는 생산기술에 대한 의존성의 함수로 환경적 영향을 계산하는 에얼릭의 공식을 보면 명확하게 알 수 있다. 이 공식에서 에얼릭은 인구를 결정적 요소로 간주하면서 환경오염은 인구에서 유발된다고 결론짓는다. 그러나 커머너는 에얼릭이 고려한 세 요인에 대한 면밀한 연구를 통해 "오염이 급격하게 늘어나는 이유는 인구나 풍요 때문이 아니라 생산기술의 변화 때문이다"라고 주장한다(Commoner 1971, p. 175).

커머너는 1946년부터 66년까지 20년 동안 미국인구는 42%밖에 증가하지 않은 데 비해 오염은 200%에서 2천%로 늘어난 사실에 주목한다. 결론적으로 "미국의 인구증가는 환경오염의 악화에 부차적으로 영향을 끼쳤다"(같은 책, p. 231). 2차 세계대전 이후 산업기술과 농업기술의 급격한 변화가 환경오염의 진짜 범인이라는 것이다. 비누가 아닌 합성세제를, 면직이나 모직물이 아닌 합성섬유를, 나무가 아닌 플라스틱이나 알루미늄을 사용하고 비료와 살충제를 많이 살포하는 농경방식을 선택하는 등 "환경에 끼치는 영향이 작은 생산기술로부터 큰 생산기술로 끊임없이 대체되어 왔다"(같은 책, p. 175). 결과적으로 인류의 산업활동으로 근대사회의 환경은 엄청난 자극을 받았고 수백만 년 동안 계속 공기, 흙, 물 등을 순환시켜 온 생물학적 과정들을 붕괴시킬 지경에 이르게 되었다(같은 책, p.

13). 따라서 환경위기는 생물학적 결정론이나 기술결정론이 아니라 경제학에서부터 설명되어야 한다.

　　무엇을 해야 하는가? 커머너는 근대기술을 변형하여 "생태계의 피할 수 없는 요구에 부합하도록" 만들어야 한다는 제안을 하고 있다(같은 책, p. 282). 그는 이 프로그램에 드는 비용을 제시했는데, 상당히 큰 액수이다. 추정하건대 "어떤 나라가 자본투자에 투입하는 자원의 대부분을 적어도 한 세대 동안 생태적 재구조화를 위해 사용해야 할 수도 있다"(같은 책, p. 284). 커머너는 여러 해 동안 책과 글들을 통해 민주적인 사회주의 경제체제만이 환경문제를 효과적으로 다룰 수 있다고 주장했다. 그러나 커머너가 최근에 발표한 책은 에얼릭과 마찬가지로 신중한 태도를 보이고 있다. 그는 단기적인 이익추구가 기술적으로 해로운 결정의 이유가 된다는 신념을 여전히 갖고 있고, 지난 20여 년 동안의 경험을 통해 인구통제는 불충분한 미봉책이라는 입장도 훨씬 확고해졌다. 대안으로는 환경적으로 건전하지 못한 기술을 철저하게 없애고 더 나은 기술들로 대체해야 한다고 믿고 있다.

　　그러나 소련과 동유럽 공산주의가 붕괴하면서 과거에는 당연하게 수용되던 시장과 계획에 대한 가설들이 붕괴하자, 커머너도 다른 좌파들처럼 변화한 환경에 맞춰 지나치지 않은 선에서 표현을 다듬었다. 최근의 책에서 커머너는 시장은 "생산자로부터 소비자로의 상품유통을 수월하게 하는 유용한 수단이지만, 생산기술을 통제하게 되면 사회악이 된다"고 지적하고 있다(Commoner 1990, p. 223). 기술설계는 이윤으로부터 자유로워야 한다는 것이다.

수익체감의 문제

이제 에얼릭과 커머너 논쟁의 정치적 이해관계가 무엇인지 명확해졌다. 과학적 쟁점을 둘러싼 논쟁의 배후에, 자원고갈과 환경악화에 관한 논쟁의 배후에, 위기를 유발하는 요인들의 생물학적 또는 사회적 성격들에 대한 방법론적 불일치의 배후에는, 간략히 말해 자본주의와 사회주의라는 오래된 논쟁이 자리잡고 있었던 것이다! 낡고 노후한 사회주의 운동과 새롭고 젊은 환경운동을 연결시켰던 커머너의 시도는 정당한 일이었을까? 흔히 환경문제는 사회경제체제와는 무관해 보인다. 커머너를 비판하는 사람들은 생태학을 마르크스주의화하려고 한 커머너의 시도를 구시대적인 선동정치라고 생각했다. 특히 에얼릭은 커머너의 정치학이 계급과 이데올로기를 초월해서 인류의 생존을 추구하는 자신의 운동의 (초계급적) 통일을 파괴할 것을 두려워해서 전전긍긍했다. 에얼릭은 "황소떼 앞에서 붉은 기를 흔드는 건 중요하지 않다"고 말한다(Ehrlich and Harriman 1971, p. 136).

에얼릭은 커머너의 정치학이 나쁜 과학에 근거하고 있다고 주장한다.[11] 에얼릭은 커머너가 인구증가의 중요성을 과소평가하는 이유는 오염과 인구규모 사이의 비선형적 관계를 무시했기 때문이라고 비판한다. '수익체감의 법칙' 아래서 인구증가율은 오염과 정확하게 비례를 이루지 않는다고 그는 말한다. 에얼릭은 커머너가 인구증가율에 비해 오염의 진행이 빨랐던 사실을 있는 그대로 단순하게 생각했기 때문에 다른 요소들이 결정적인 영향을 끼쳤다는 결론에 도달하게 되었다고 설명한다. 만약 변수들의 상호작용을 고려했다면 42%의 인구성장이 200% 또는 커머너가 말한 것처럼 2천%의 오염증가를 유발할 수도 있다는 것이다.

식량생산을 생각해 보자. 토양이 좋으면 비료를 조금 사용해도 생산성을 향상시킬 수 있다. 그러나 그렇게 좋은 토양은 많지 않다. 일단 인구가 어떤 한계를 넘어서게 되면, 농민들은 인류 전체의 식량을 위해서 보통 수준의 토양에서도 농사를 지어야 한다. 만약 질이 낮은 토양에서 원하는 수준의 생산을 해야 하는 단계까지 이르게 되면, 비료사용량은 극적으로 증가하게 된다. 비료사용량 증가는 수질오염으로 직결되는데, 에얼릭은 미국에서 바로 이런 메커니즘이 작동했다고 주장한다.

이런 식의 비판은 『성장의 한계』에서도 찾을 수 있다. 우선 대체 불가능하다고 가정된 자원들의 자연적 한계(부존량)를 결정하고 다음에는 기술적 활동 한 단위가 환경에 끼치는 영향을 대략 현재 수준에서 추정한다. 그리고 가정된 1인당 수요량을 실제인구 또는 추정인구와 곱한다. 자원이 고갈되면서 효율성은 감소하고 비용과 오염이 증가하며, 결국 자원에 의지할 수밖에 없는 인구의 생존까지 위협받는다.

커머너는 2차대전 이후 주요 기술들의 발전과정을 설명할 때, 수익체감 문제는 적절하지 않다고 대답했다. 게다가 실제 수익은 자연자원의 한계를 반영하는 게 아니라 각각의 사회에 따라 상대적인 회계방식과 가격설정 기제를 반영하기 때문에, 환경적 요인보다는 경제적 요인으로 수익이 '감소'하게 된다고 논박했다. 에얼릭이 말한 농업사례에서 농민은 왜 어쩔 수 없이 비료를 사용해야만 하는가? 토지가 절대적으로 희소하기 때문은 아니다. 논쟁이 진행되던 당시, 미국에는 아직 경작되지 않고 있는 비옥한 토지가 충분히 남아 있었다. 그러나 정부가 토지가격 유지를 위해 휴경지에 대해 보조금을 지급했기 때문에, 농민들은 이윤을 위해 토지가 보유한 생산능력 이상으로 토지를 이용하게 되었다. 이런 조건에서 토양의 생산성을 지속적으로 높이기 위해서는 더 많은 비료를 사용해야 했고 수익체감의 문제가 발생했다. 수익체감의 문제는 경작면적을 제한한 정책에 책임이 있다는 점을 명확히 해야 한다.

모든 것을 감안할 때, 커머너는 이런 주장을 더욱 세련되게 발전시킨 것 같다. 물론 모든 변수는 상수로 놓고 인구와 자원이 피할 수 없는 파멸로 향하고 있는 '세계체제'의 이상적인 모델을 고안해 낼 수도 있다. 그러나 현실이 갖고 있는 한계는 여러 요인들—대체로 사회적인 요인들—의 복합적 상호관계에 따라 상대적이기 때문에 이런 모델은 현실에 부합하지 않는다.

최초의 논쟁 이후 20여 년 동안이나 커머너와 에얼릭은 이런 구도에서 양편으로 갈라져 있다. 에얼릭은 여전히 과잉인구가 여러 환경문제를 일으킨다고 생각하고 있으며, 커머너는 과거와 마찬가지로 과잉인구를 무시하고 있다.

최근 에얼릭은 '과잉인구'란 토지의 '수용한계' 이상으로 해당 지역에 거주하는 사람들이라고 정의했다. 인구가 환경에 끼치는 영향은 인구규모뿐 아니라 풍요의 정도와 기술에 따라 상대적이기 때문에, 주어진 구역 내에 거주할 수 있는 인구규모의 절대적 한계는 없다. 그러나 그는 커머너처럼 기술발전을 통해 더 많은 사람들을 부양할 수 있다는 사실을 강조하는 사람들을 비판한다. "동물들이 자연에서처럼 행동한다면 잔디를 점유하고 있는 동물들로 과잉인구를 정의할 수 있다. 그러나 이런 동물을 대체할 수 있는 가설적인 집단으로는 과잉인구의 정의가 불가능하다."(Ehrlich and Ehrlich 1990, p. 40)

공정하게 말하더라도, 에얼릭은 커머너가 주장해 온 기술의 근본적 변화가 불러일으키는 막대한 영향을 줄곧 무시해 왔고 인구통제야말로 과잉인구 문제의 분명한 해결책이라는 자신의 생각을 고집했다. 그는 인구와 오염이 비선형적인 관계를 맺고 있다고 가정하기 때문에, 인구가 약간만 변화해도 의미 있는 수준의 바람직한 결과를 얻을 수 있다고 믿는다. 그러나 에얼릭은 확실한 증거를 제시하지 못한 채 인구통제가 대부분의 환경문제 해결에 필수적이라면서 수익체감의 원리를 반복하고 있다(같은 책, p. 137).

과잉인구와 수익체감 가설에 대한 에얼릭의 정의는 환경문제의 탈정치화에 기여한다. 그는 계급과 국가적 이해에 대한 모든 역사적 고려를 초월한 생존의 정치학을 주장하려고 하지만 "동물들이 자연에서처럼 행동한다면 잔디를 점유하고 있는 동물들"이라는 에얼릭의 언급을 생각해 보면, 사실상 그는 특정한 이해관계의 동맹, 즉 근대자본주의와 신제국주의가 기술과 맺고 있는 동맹을 이미 가정하고 있는 셈이다. 그가 결론적으로 생물학적 해결책에 의지하게 되는 이유도 바로 여기에 있다. 다음에 논의할 커머너의 논의도 오류가 없는 것은 아니지만, 사회적인 감각을 갖고 문제를 현실주의적으로 평가한다는 점에서 주목할 만하다.

개인적인 것 또는 정치적인 것

기술을 고정되고 변화하지 않는 자연의 일부라고 가정하고 환경문제에 접근하면, 자연은 기술적 통제에 종속되는 사회적 대상으로 간주된다. 따라서 인구정치학에서 통제의 핵심은 인간의 재생산이며, 이를 위해서 개인과 정부는 자발적인 피임과 비자발적인 불임시술로 조작을 가해야 한다.

  반면 문제의 사회적 원천을 강조하는 접근은 제도적·대중적 행위를 조절하는 사회적 메커니즘을 통해 간접적으로 생물학적인 (재생산)과정을 중재하려고 한다. 목적에 도달하는 수단이 사뭇 상이하지만 인구와 자원이 조화를 이루고 오염이 적은 사회라는 동일한 결과를 바란다는 데서는 동일하다.

  기술적 측면에서만 본다면, 급속하고 단호하게 그리고 반드시 인구를 줄여야 한다는 것은 보다 많은 사람들이 사용하는 기술을 변화시키는 것과 환경적으로는 동일한 가치를 갖는다. 예를 들어 로스앤젤레스의 스모그는 인구를 절반으로 줄임으로써─따라서 자동차도 절반으로 줄어든다─경감될 수 있다. 그러나 현재의 인구수준을 유지하면서도 자동차 배기가스를 절반으로 줄이거나 자동차의 절반을 대중교통 수단으로 대체하면 동일한 결과에 도달할 수 있다. 스모그의 양을 통제하기 위한 두 정책의 결과는 유사하지만, 자동차를 통제하는 것과 자녀를 한 명만 가지도록 법적으로 규제하는 것의 도덕적 가치는 전혀 다르다.

  커머너는 이런 두 가지 방법에서 무엇을 선택하는지는, 개인의 행동 및 사회적 과정에 대한 사회적 통제의 상대적 중요성을 바라보는 개개인의 관점을 반영한 정치적 선택이라고 본다(Commoner 1971, p. 233). 여기서 의견이 갈라진다. 인구를 강조하면 "개인행동에 대한 사회적 통제"가 해결책이다. 이런 접근은, 커머너가 주장한 바에 따르면 결국 출생률과 기술적 선택 모두를 결정하는 '사회적 과정'의 개혁을 강조하는 것보다 더 개인적이고 억압적이다.

  사실 인구정치학의 딜레마는, 개인의 양심에 호소하거나 정부정책으로 가족의 규모를 제한하는 일을 제외하고는 의미 있는 행동의 여지가 없다는 데 있다. 아기들이나 부모들에 대해서 시위를 할 수 없는 것처럼, 정치적 수준에서 할 수 없는 일들이 있다. (중국처럼) 정부가 개입하지 않으면 가족규모는 개인적인 결단의 문제이다. 아이를 몇 명이나 낳을지는 개별 부부들이 결정한다. 에얼릭의 정치 프로그램이 도덕적인 주의주의와 강압적인 국가개입 사이에서 주춤하는 이유도 여기에 있다(Ehrlich 1968, p. 175).[12] 결과적으로 사회적 과정에 대한 사회적인 통제가 아니라, 사람들이 각자에게 부여된 부담과 비용을 감당하면서 생태적으로 건전하지 못한 기술의 영향을 완화하는 전략만이 남게 된다.

이제 논쟁의 의미가 분명해졌다. 커머너의 표현대로 대중들은 "개인이 통제할 수 있는 두 가지 오염심화 요인인 소비와 인구규모를 최소화하기 위해 설계된, 생태적 감각을 가진 새로운 개인적 생활방식"을 선택할 수도 있고(Commoner 1971, p. 209) "[대중들이] 이러한 개인적인 행동을 선택하지 않으면 국가의 자원배분을 결정하는 경제적·사회적·정치적 우선순위를 변화시켜서 구원에 도달할 수도 있다"(같은 책, p. 212). 그러나 커머너 자신은 개인적인 행동보다는 정치적인 행동을, 개인에 대한 통제보다는 제도에 대한 통제를 선택했다.

이 두 가지의 합(合)은 불가능할까? 적어도 우리가 제도에 대한 정치적 통제뿐 아니라 개인적 행동에 대한 자발적 선택을 하지 않을 수는 없을까? 에얼릭은 1971년에 발표한 『생존의 방법』에서 정치적인 것과 개인적인 것의 합을 시도한다. 에얼릭은 보다 다양한 수단을 동원해서 인구통제뿐만 아니라 일반적인 의미의 평등주의적 사회개혁, 반제국주의, 기술의 개선, '과잉 선진국'의 지나치게 높은 생활수준의 '탈발전'을 통한 오염물질의 감축 등을 포괄하려고 했다.

　　그러나 합은 쉽지 않다. 이미 계급갈등과 국가적 문제들이 가로놓여 있는 조건에서 두 가지 전략의 합은 적용할 수 없는 전략들의 절충주의적 조합으로 귀결되고 만다. 예를 들어 "당신의 소득수준 이하로 살도록 노력하라! 그래야만 당신의 가계가 나아지고 세계는 구원받을 수 있다"는 슬로건으로 노동자와 빈민들에게 접근하기는 어렵기 때문이다(Ehrlich and Harriman 1971, p. 149). 경제적 불평등에 기초한 사회에서 자발적인 자기박탈을 추구하는 강력한 정치운동이 조직되기는 쉽지 않다. 한편 생활수준을 낮추기 위해 국가권력을 동원하는 대안은 도덕적 수준을 높이기보다는 오히려 정치·경제 엘리트들의 이해에 봉사하기 마련이다.

　　그동안 기업계에서는 에얼릭의 구상을 반대했다. 초기에 기업들은 환경주의를 위협으로 간주했기 때문에 위기라는 경고를 불신하거나 환경주의자들을 조롱해서 대중들을 위기로부터 떼어놓으려는 전략을 폈다. 한 주류 평론가는 『성장의 한계』를 의심쩍은 시각으로 논평하면서 "당신이 자원이 고갈되기까지의 시간을 극히 짧다고 보는 예측을 믿는다면 상상에 현혹된 살인극이 수없이 발생할 수도 있다"고 말했다(Silk 1972, p. 35).

　　1971년, 아메리카 캔(American Can Company)은 환경위기를 인정하고 자발적으로 쓰레기 없애기 캠페인을 전개했다. '미국을 아름답게'(Keep America Beautiful Inc.)[13]는 "대중들로부터 시작된 오염은 대중들이 없앨 수 있다"고 선언하면서 환경에 대한 압력을 기업이 아니라 개인들이 감당하도록 하기 위해 무료 광고지면에 수억 달러를 퍼부었다.[14] 이 캠페인은 대단히 성공적이어서, 미국의 대중들은 연재만화의 주인공인 포고(Pogo)가 말하는 "우리는 우리라는 적과 마주하고 있다"는 대사에

공감하게 되었다.

비록 이 캠페인을 후원했던 기업인들과 이들의 시민의식을 높게 평가했지만, 닉슨 대통령은 (기업) 환경운동의 함의에 대해서 환상을 갖고 있지 않았다. 그들은 모두가 평등하게 나눠 갖는 보편적 선을 캠페인이 약속한다고 믿지 않았다. 그들이 바란 것은 자본주의 내의 환경문제에 대한 엄격한 비판이 동원해 낸 정치에너지의 초점이 개인들의 선택으로 돌려져 그 결과 기본적인 경제제도들을 건드리지 않고 유지시키는 것이었다. 실제로 그들의 바람대로 기본적인 경제제도들은 변화하지 않았을 뿐만 아니라, 당시 엄청난 "상상에 현혹된 살인극"에 대해 믿었던 극소수의 투자자들은 이에 편승해서 이득을 보기도 했다.[15]

이런 일화는 환경위기의 잠재력이 표출되는 방식이 다양하다는 것을 보여준다. 커머너는 "여기에는 논리와 생태학을 넘어서는 것이 작동하고 있다"고 말했다. 이렇게 논쟁이 고조될 수 있었던 이유는, 환경문제는 우리 모두가 연루되어 있지만 모두가 똑같은 방식이 아닌 정치적 쟁점이었기 때문이다.

환경개선이 보편적인 선이기 때문에 일자리 등의 쟁점을 두고 그동안 우리와 그렇게도 극심하게 다투었던 기득권자들의 이해관계를 뛰어넘는다는 말은 사실인가? 확신컨대 '아니오'다. 환경개선의 비용을 공평하게 분배할 수 있는 방법은 일반적으로는 없다. 희생되는 무언가가 있게 마련이다. (Commoner 1972b, p. 33)

계급투쟁의 귀환

돌이켜보면 커머너는 명백히 환경운동이 전통적인 의미에서 '진보적'이길 원했다. 그는 환경운동이 자연을 위해서만이 아니라 인류를 위한 투쟁, 생존을 위해서만이 아니라 보다 평등한 사회를 위한 투쟁의 하나가 되길 바랐다. 이런 생각은 단순한 감상이 아니다. 이를 위해 커머너는 자신의 급진주의가 아무런 노력 없이 얻어지는 게 아니라, 그가 선택한 동맹세력들이 진정으로 환경을 위해 노력하리라는 것을 입증해야만 했다. 그의 기본적인 주장은 다음과 같다.

오염을 유발하는 것이 단기적으로는 비용을 감축시키는 데 크게 도움이 된다. 환경이 오염을 수용할 능력이 있는 초기의 '무료기간' 동안

오염물질들이 생태계에 축적되거나 희생자의 체내에 축적되지만, 이로부터 발생하는 비용을 우리가 즉시 느낄 수 있는 것은 아니다. 비용을 지불하지 않고 환경을 오용해서 얻어지는 가치는 자본과 노동의 경제적 갈등을 완화시킬 수 있다. 노동과 자본 모두에 이득이 돌아가는 것처럼 보일 때, 갈등은 줄어든다. 환경오염은 인간이 자연에 되갚아야 하는 일종의 빚이지만, 나중에 갚을 때는 자본보다 노동이 환경비용을 더 많이 부담한다. 초기의 완충영역이 갑자기 사라지면 자본과 노동의 갈등은 극도로 고조된다. (Commoner 1971, p. 271)

환경정치학은 경제체제에서 각 계급의 위치에 따라 부담해야 하는 비용이 달라지는 제로섬 게임이다. 이런 전제 아래서 커머너는 계급에 따라 달라지는 환경에 대한 태도의 이념형을 제시했다.

환경에 대한 자본가들의 태도는 단기적으로 이윤추구를 하려는 시각과 자신이 부담해야 할 비용을 타인에게 전가시킬 수 있는 능력으로 형성된다. 물론 환경문제가 대두하면서 자본가들은 자동차의 출력을 높이는 식의 대중적 판매전략에 제약을 받거나 잠재적으로 수익성 있는 투자기회를 위협받기도 한다. 그러나 자본가들은 집이나 자동차에 에어컨을 설치하거나 교외에서 거주하거나 아니면 아직 오염되지 않은 지역에서 휴가를 보내는 등의 방법을 통해 개인적으로 오염을 회피할 능력이 있기 때문에, 이들에게 환경문제는 다른 사람들이 감수해야 할 외부효과에 불과하다.

결론적으로 자본가들은 피하지 못하는 상태에 도달해야만 환경에 대한 통제를 수용하고, 일단 통제를 허용하면 책임을 다른 사람들에게 떠넘기려고 한다. 이런 설명은 미국에서 기업들이 보이는 행태에 대한 매우 그럴싸한 묘사다.

반면 노동자들이 환경에 대해서 취하는 객관적인 태도는 상당히 다르다. 노동자들에게 오염은 외생변수가 아니라 내생변수이다. 공장에서 일하는 노동자는 사무실에 있는 임직원들보다 오염으로부터 더 많은 피해를 입는다. (오염에 대한 물질적인 보상을 하지 않는) '무료기간' 동안 노동자와 빈민들은 오염으로 인한 불편과 질병으로 "대가를 지불한다." 비용이 증가하게 되면서 이러한 문제는 노동자들의 일상생활에 침투하기 시작한다. 여기서 상류계급과 하류계급이 환경과 맺는 관계는 결정적으로 달라진다.

이런 입장을 기초로 커머너는 노동자, 적어도 노동조합은 언젠가는 환경오염에 대해 격렬한 반대를 할 수밖에 없다고 믿었다. "새로운 연합의 필요성은 명확하다. 국가의 생산체제를 재구성해서 그것을 유지하는 환경의 요청에 부응하고 생산체제를 작동하는 노동자의 필요를 만족시키고 생산체제를 건설해 온 민중들의 안전한 미래를 위해 노동자와 환경운동가는 하나로 뭉쳐야 한다."(Commoner 1973b, p. 20)

의도는 좋았다. 커머너는 노동자들이 환경운동에 적극적으로 참여할 만한 설득력 있는 논리를 제시하기는 했지만, 이후의 현실을 보면 노동자들의 모호한 처지를 너무 쉽게 생각했다는 사실이 분명해졌다. 커머너도 말했듯이, 노동자들은 노동조건 및 생활조건의 향상을 통해 환경복원의 부담을 공평하게 나눌 수 있다. 그러나 비록 근시안적일 수는 있겠지만, 노동자들은 자본가들의 환경주의가 노동자에게 부과하는 불평등한 환경복원 비용을 거부할 수도 있다. 노동자들이 어떤 경로를 선택할 것인가는 물, 맑은 공기, 보다 나은 노동조건 등과 같은 비시장적 재화를 희생시키는 대가로 복지를 누려왔던 소비사회의 힘에 달려 있다. 결정적인 순간에 조직노동자들이 여가보다는 특권적인 소비를 선택하면서 실패하고 말았던 1930년대의 노동시간 단축투쟁은 실망스럽지만 중요한 교훈을 우리에게 주고 있다(Hunnicutt 1988).

『원은 닫혀야 한다』를 썼을 당시에 커머너는 생태위기로 계급갈등이 격화되면 사회 전체가 거대한 환경정책 학교가 될 것이라고 전망했다. 그는 이런 위기가 닥치면 미국노동자들이 위기를 낳은 경제 메커니즘을 이해하게 되고 환경주의를 무시하거나 환경주의를 개인의 도덕성 문제로 치부하는 이들의 주장을 거부할 수 있을 것이라고 믿었다. 그러나 현실에서 (자본주의적 환경주의가 아닌) 노동자 환경주의는 커머너의 예견처럼 의미 있는 역할을 하지는 못했고, 초기의 구상이 실패로 돌아가면서 커머

3. 환경주의와 기술의 정치학

너의 전략 전체가 심각한 의문에 빠져들게 되었다.

문화와 의식

커머너가 갖고 있던 가장 명시적인 문제는 전통적 마르크스주의 계급의식 이론에 의지하고 있었다는 점이다. 계급의 객관적 이해관계로부터 그 계급이 미래에 갖게 될 신념을 예언할 수는 없다. 사회이론가들은 주어진 상황에서 이론적으로 구성된 합리적 계급의식을, 계급이 지닌 실제 의식과 어긋나게 만들 수 있는 구체적인 정치·문화적 요소들을 설명해야 한다. 그런데 커머너는 정치·문화적인 매개요소라는 수준의 2차적 분석을 생략했다.

커머너의 환경위기 이론이 그가 거부해 왔던 문화적 비판과 유사해지면서 문제는 더욱 심각해졌다. 커머너는 모든 문제를 생활양식의 정치학으로 끌고 들어가는 개인주의적 환경주의에 반대하는 데 너무 몰두한 나머지, 문화에 대한 모든 고려를 거부하는 방향으로 가버리고 말았던 것이다.

커머너가 요구한─문화의 근본적 변화 없이는 불가능하다고 생각한─생산에서의 변화는 "자동차 배기가스 규제가 포함된 미국적인 생활양식"까지 도달했다. 1970년대 초에는 국민총생산(GNP) 같은 '풍요'의 측정단위가 개인들이 실제로 향유하는 재화 및 서비스와 격차가 있다는 식으로 문제를 제기할 수도 있었고, 커머너는 소비자들에게 사용되는 용도는 동일하더라도 환경에 끼치는 영향에서는 차이가 있는 여러 재화가 있다고 생각했다(Commoner, Ehrlich, and Holdren 1972, pp. 45, 46).

이런 차이에서 중요한 점은 무엇인가? 커머너는 2차대전 이후, 비누와 나무, 병 같은 안전한 물질들이, 오염을 더 많이 유발하지만 이윤은 더 많이 창출할 수 있는 합성세제, 플라스틱, 캔 따위로 대체되었다는 사실에 주목했다. 소비자들은 안전한 과거의 재화를 사용한다고 해도 아무것도 잃지 않고 새로운 것과 동일한 만족을 얻을 수 있지만, 바로 이러한 친환경적 기술로 인해 자본의 수익률은 영향을 받을 수 있다.

그러나 문제는 한층 복잡하다. 우선, 과거에는 노동집약적 기술이었기 때문에 생산성과 임금이 비례하는 한 노동자는 신기술의 도입을 통해 이득을 얻을 수 있었다. 커머너는 생산성 향상으로 노동자들이 얻게 되는 복지수준의 향상을 평가 절하했지만 최종적으로는 복지수준의 향상에 대해 양적인 성장 이상의 의미를 부여했다. 예를 들어 커머너는 의회에서 증언하면서 로즈타운(Lordstown) 파업을 강조했다.

여러분들이 지난 몇 해 동안 몇몇 자동차공장의 상황을 조사해 보면 자동화가 인간적 한계에 이르고 있다는 사실을 알게 될 것입니다. 저는 노동을 인간적인 방식으로 활용하는 새로운 방법이 연구되어야 한다고 생각합니다. 요약하자면 우리는 전자공학의 성과를 이용해서 인간을 계속 [기계로] 대체하는 현실에 대해 문제를 제기해야 한다고 생각합니다. (Commoner 1972a, p. 593)

커머너의 이런 노력은 환경운동이 자본가와 노동자 모두가 공유하는 자본주의적 문화의 핵심 가치를 공격하는 시도에 동참하도록 하기 위한 것으로 보인다.

둘째로, 커머너가 주장하는 재대체(再代替)는 소비자가 재화를 얻는 익숙한 방식을 변화시킬 수 있다. 예를 들어 커머너는 지리적 이동을 반대하지 않았다. 그는 다른 상품들을 필요로 하게 마련인 자가용 자동차보다는 오염을 덜 일으키고 쓰레기도 적게 발생시키는 수단으로 이동하기를 원했다.

그러나 공리주의적 사고라 할지라도 현대 소비사회에서 상품들이 배송되는 양식을 선택하지는 못한다. 상업광고는 상품의 실제 기능과는 전혀 관계없는 겉모습만 강조함에도 불구하고, 소비자들에게는 강력한 영향을 끼치고 있다. 이런 상황에서 자동차가 지닌 성적·계층적 의미를 자동차의 본래 기능인 운송능력보다 그리 중요하지 않다며 사소한 것으로 치부해 버릴 수는 없다. 비교적 공리주의적이면서도 가능한 대안인 대중교통 체계로 전환되면 이런 문화적 의미들은 없어지겠지만, 커머너가 원했던 변화를 위해서는 맞닥뜨릴 수밖에 없는 중요한 문화적 장벽이다. 그러나 그는 추상적인 상품에 귀속된 이해관계 수준에서 작업했기 때문에 이런 구체적인 문화적 문제를 해결하는 방법을 찾지 못했다.[16]

커머너는 딜레마에 빠졌다. 마르크스주의자인 커머너는 도덕적인 절제에 호소하지 않으면서 환경주의를 인간의 현실적인 이해관계와 연결하려고 했다. 그의 자본주의 비판은 자본주의적 복지모델에 대한 의심으로 이어졌고, 결과적으로 그의 대안은 모든 계급의 일상적인 의식과는 거리가 있었다. 커머너의 프로그램은 현 체제를 환경적으로 건전하게 만드는 게 아니라, 경제문화를 근본적으로 변혁하는 것이었다.

노동자들이 직접 경험하는 이해관계와 부딪히는 커머너의 입장과, 이해관계와는 아무런 관계도 없는 척하는 도덕적 입장이 현실적으로 얼마나 차이가 나는가? 이는 매우 어려운 물음이다. (카머너가 노동계급에게 기대했던) 계몽을 통해 변화한 자기의 이해관계와 도덕적인 절제 사이의 구분을 지키기 위해서는 현재의 복지모델보다 훨씬 환경 친화적인 복지모델로 이행하는 문화적 변혁과정을 이론화해야 한다. 이런 기반에서 환경주의와 (미래의) 의식성의 관계를 이야기할 수 있을 것이다.

이런 이론화 과정은 단지 말로만 그치는 게 아니다. 깨끗하고 건전한 환경을 멀리 떨어진 쓰레기장이 아니라 개인의 행복을 구성하는 요소로 생각한다면, 행복을 추구하려는 개인들은 자연히 현재와 다른 환경주의적 실천을 하게 되고 '시장유인'이나 다른 도덕적·정치적인 강제 없이 자기 스스로 파악한 이해관계에 따라 움직이게 된다. 기술은 변화하는 사회·경제적 조건에 맞춰 주기적으로 적응하기 때문에, 새로운 문화의 필요조건에 부합하도록 기술이 재설계될 수 없는 이유는 전혀 없다.

개인들의 생활양식이나 생산의 사회적 통제에 관한 이론뿐만 아니라 문화변혁의 이론이 필요하다. 그러나 커머너는 과학적 설득에 의지하는 지나친 합리적 의사소통 모델에 빠져 있었다. 환경의식을 조작할 수 있는 모든 상징기계를 장악한 상대편(자본가)은 커머너가 비판하는 정책을 추진하는 데 이를 유용하게 활용했다.

환경운동의 역할을 생활양식의 정치학으로 환원하려는 시도에 반대한 커머너의 입장은 정당했다. 그러나 불매운동, 재활용, 수자원 보호 등의 행위를 통해 소비자 개인들이 환경운동에 참여하는 것은, 운동이 활용할 수 있는 가장 효과적인 문화변혁 수단의 하나다. 이런 수단들이 환경에 끼치는 효과가 제한적일지라도 이런 과정을 통해 사람들이 변화한다는 사실이 중요하다. 또한 궁극적인 해결책이 아니고 반동적인 정치세력이 흡수해서 변용할 수 있다는 이유로 거부해서도 안 된다. 커머너는 독성 화학물질 반대운동과 자원 재활용 운동에 참여하고 나서야, 자처한 가난 때문이 아니라 문화변혁의 원천으로서 환경운동에서 자발성의 중요성을 인식하게 되었다.

도덕성의 한계

에얼릭은 개인들이 현실에서 추구하는 경제적 재화와 그 재화가 기술적으로 생산되는 구체적인 방식을 구별하려는 커머너의 시도를 거부했다. "풍요를 재정의하려 한다"며 빈정거리면서 커머너를 비판했던 에얼릭은 결국 지배적인 복지모델을 무비판적으로 수용하게 되었다(Ehrlich and Holdren 1972, p. 44). 에얼릭은 풍요 자체와 풍요를 달성하기 위한 기술에 대한 일반적 정의를 보편적이라는 이유로 인정해 버렸다.

이런 가정은 환경의 미래에 대해 비판적인 연구자들이 공동집필한 『성장의 한계』나 하일브로너에게서도 엿보인다. 그들은 물질적 진보의 절대적 한계를, 부의 한계를 결정한다고 간주되는 환경적인 한계에서 찾는다. 다른 목표나 근본적으로 다른 기술로도 위기를 누그러뜨릴 수는 없다. 부에 대한 현재의 기준이나 우리가 갖고 있는 현재의 기술이 최선이라면, 환경이 부여하는 제약에 따라 (경제 및 기술을) 조정하려는 시도는 경제적 퇴보로 이어질 것이다. 그러나 이러한 입장은 '세계체제'의 자연적 한계를 정의하는 것이라기보다는 기존의 자본주의적 경제·기술문화가 안고 있는 한계를 설정함으로써 영적으로 보상을 받을 거라는 믿음만으로 환경의 노후화에 맞서서 자본주의 문화를 방어하는 것에 불과하다.

에얼릭은 환경을 위해서 부유한 사회는 '탈발전'해야— 생활수준을 낮추어야— 한다고 주장하면서 "지속적인 과잉소비보다 생존문제에 훨씬 더 관심이 많은" 이들의 연합을 추구했다(Ehrlich and Harriman 1971, p. 155). 그에 따르면, 물질주의는 영적인 가치로 대체되어야 하며 생태주의 정치학은 자신의 이득이 줄어드는 것도 감내할 정도로 계몽된 '과잉소비자들'에게 받아들여질 것이다.

근대 물질주의 사회에서 에얼릭의 탈발전이라는 제안이 설득력을 가질 것 같지는 않다. 따라서 이런 유의 환경주의는 비정하게도 도덕적인 자기통제에서 법적인 강제로 이어지게 마련이다. 성 바울이 이미 오래전에 말했던 것처럼, 인류는 저주받았고 오직 (도덕적) 법률에 의해서만 구원받을 수 있다. 자기통제의 필요성이 있다는 말은 유혹의 힘과 죄의식의 가능성에 대한 헌사이다. 도덕성에 호소해서는 제한된 시간 내에 인간의 물질주의적 충동을 거스르는 정치적 행동을 해낼 수 없다. 따라서 잘 드러나지 않더라도 법에 의지하려는 생각이 언제나 준비되고 있다. 예를 들어 하일브로너의 『인간의 전망』(The Human Prospect)에서, 국가는 인류를 구원할 책임을 갖고 있는 것으로 그려진다. 이 책에서는 초기의 이데올로기적 선택이 초래하는 극단적인 귀결을 잘 보여주고 있다. 환경적인 불합리성이 커져가고 있는 세계에서 자본주의적 경제·기술문화를 영구히 지속하려면 자유와 만족을 양극단으로 하는 연속선을 따라 강제적으로 퇴행하는 수밖에 없다.

이런 입장과 커머너의 차이를 명확하게 하는 것은 의미가 있다. 에얼릭은 물질주의적 영역 또는 경제적 영역으로부터 영적 또는 이데올로기적 영역으로 자기실현의 영역을 이동해야 하고, 이를 위해서는 영적 보상을 위해서 경제적인 대가를 희생해야 한다는 제안을 했다. 커머너는 환경 위기에 대한 해결책을 물질적인 상품의 공급을 제한하는 게 아니라 상품의 정의와 전달방식을 변화시키는 데서 찾는다. 전통적인 진보주의의 사고틀을 벗어나지 않았던 커머너는 다른 형식으로도 비슷한 수준의 보상이 가능하고, 맑은 공기나 깨끗한 물처럼 현재 과소평가되는 상품들에 더 많은 가치를 부여할 수도 있다고 생각했다. 개인들이 스스로 느끼는 이해관계와는 대립해서, 법에 의해 외부로부터 강제되거나 도덕에 의해 스스로 억제하는 영적인 목표와 달리 근대문화에서 개인은 자연스럽게 물질적인 목표를 추구하게 된다는 점을 고려하면 에얼릭과 커머너의 입장의 차이는 상당히 크다.[17]

최근에 발표한 책에서 에얼릭은 민주주의를 쉽게 포기하지 않지만 풍요에 대한 혼란스러운 입장을 여전히 극복하지 못하고 있다. 어떤 데서는 풍요와 소비를 연결시키다가, 또 어떤 데서는 풍요를 소비된 상품의 실질적 유용성의 함수로 간주하면서 삶의 질은 부분적으로는 소비의 총량과 독립된 것이라고 주장하기도 한다. 이러한 입장은 에얼릭이 과거 논쟁에서 "풍요를 재정의하려고 한다"며 거부했던 입장과 별반 다르지 않다. 에얼릭은 여기서 한걸음 더 나아가서 소비의 축소뿐만 아니라 소비재를 생산하는 기술의 환경적 영향의 감소를 언급하고 있으며, 게다가 경제성장율 제로는 물론이고 환경적으로 건전한 발전을 위한 생산기술에서의 변화까지 주장한다(Ehrlich and Ehrlich 1990, pp. 58, 139, 219, 228, 229). 하지만 여전히 에얼릭은 말하려는 초점이 불명확하며 자신의 주장의 현실적 대안을 제시하지 못하고 있다.

우리는 이제 커머너의 초기 전제로 돌아왔다. 환경운동은 개인들에 대한 통제의 증대를 위한 억압적 정책과 생산—내가 하나를 덧붙이면 문화—의 사회적 과정을 통제하기 위한 민주적 정책 사이에서 선택을 해야 한다. 억압적 상황에서는 환경위기가 지속되더라도 모든 부정의(不正義)와 더불어 기존의 생산체제를 보존할 수도 있지만, 민주적 상황이라면 기존의 생산체제는 새로운 형태의 사회적 통제를 통해 근본적으로 변화되어야 한다.

맺음말: 생존의 정치학을 넘어

커머너와 에얼릭의 논쟁은 환경정치학에 내재해 있는 피할 수 없는 심층의 갈등—핵무기 축소를 위한 초기의 과학자운동에서 암묵적으로 드러났던 갈등—을 엿볼 수 있는 창이다. 핵시대나 환경시대라는 말은 우리 문명의 본질에 내재한 생존에 대한 위협을 간파한 현대의 정치적 감수성의 산물이다. 프레온가스가 들어 있는 데오드란트 스프레이를 부주의하게 사용해서 지구의 생명을 파괴할 수 있는 사회는 생존 가능성에 대한 합리적인 계산으로 이해하기에는 너무 복잡하다. 인간들이 갖고 있던 과거의 갈등과 야망을 이제는 완전히 새로운 노력으로 대체하지 않으면 인간은 멸종할 것이라는 의미에서, 역사는 이미 원칙적으로는 끝났다. 그럼에도 불구하고 현실에서는 역사의 미완의 과업이 지속되고 있다. 실제로 이 과업은 생존을 위협하는 공포 그리고 귀중한 불빛을 그동안 기술진보의 혜택에서 배제되었던 사람들에게 넘겨주겠다는 상층부를 향한 투쟁을 격화시키고 있다. 이런 양면성을 무시하고 생존의 문제만 해결하려는 시도는 현재의 세력관계—더불어 그동안 이런 세력관계가 떠받치고 있

3. 환경주의와 기술의 정치학

던 부정의 — 를 고착화하는 절망의 정치학으로 귀착되고 말 것이다. 반핵운동과 환경운동의 경험을 생각할 때, 이런 방향으로는 구원에 이르지 못한다는 것은 매우 명백하다.

우리는 과거의 경험으로부터, 역사의 종결을 위한 행동 역시 여전히 역사적 목표를 향한 역사 내에서의 행동이라는 점을 배워야 한다. 인류 전체가 생존을 위한 투쟁의 주체가 될 수는 없으며, 인류 전체의 생존을 위한 투쟁 역시 낡은 계급투쟁과 민족투쟁의 한 측면이 되고 말 것이다. 이런 변증법으로부터 벗어날 수는 없다.

70년대 초반은 우리에게 곧 도래할 심대한 위기의 리허설이었다. 그때 환경위기가 사회적·국제적 갈등을 심화시킬 것이라고 의심했다면 지금은 더 이상 고민할 필요가 없었을 것이다. 요약하자면 환경위기는 우리에게 평화가 아니라 칼을 가져다주었다. 바로 이런 이유 때문에 환경위기는 역사의 작은 갈등을 뛰어넘어 인간을 숭고하게 만드는 투쟁[18]에 참여하게 하는, 우리를 통일시키는 메시아적 힘이 아니다. 오히려 환경위기로 인해 오래된 쟁점들에 대한 투쟁들이 비로소 결론에 도달할 수 있는 새로운 지형이 만들어졌다.

1) 트로이의 멸망을 예언했던 여자예언가—옮긴이
2) 최근에 발표된 에얼릭의 책(Ehrlich and Ehrlich 1990)과 커머너의 책(Commoner 1990)을 보면 본래의 입장보다는 다소 부드러워지기는 했지만 그리 많이 변화하지는 않았다. 필요하면 이 책들을 인용하겠지만 책 전체의 내용을 소개하지는 않을 것이다. 이 책들이 초기 저작들보다 우수하다는 평들도 있지만, 환경운동의 이데올로기적 극단을 보여주었던 최초의 발생상 중요성을 가지지는 않는다.
3) 과학자운동에 관한 상세한 설명은 스미스(Smith 1965) 참조.
4) 왕이 된다는 것을 칭송하던 다모클레스를 왕위에 앉히고 그의 머리 위에 머리카락 하나로 칼을 매달아 왕이 처해 있는 신변의 위협을 나타낸 이야기에서 비롯되었음—옮긴이
5) 경제가 인구증가율을 감당하지 못하고 있다는 의미—옮긴이
6) Commoner(1971, p. 232)에서 재인용.
7) 이런 입장에서 인구'폭탄'과 원자폭탄이 은유적으로 동등한 지위에 있다는 것을 다시 한번 주목하라.
8) 하딘의 표현이다(Hardin 1970, p. 45).
9) Vide R. Niebuhr, *The Bulletin of the Atomic Scientists* 1949. 10, p. 289; E. Teller, *The Bulletin of the Atomic Scientists* 1947. 12, p. 355; 1948. 9, p. 204; E. M. Friedwald, *The Bulletin of the Atomic Scientists* 1948. 12, p. 363.
10) 맨숄트(Mansholt 1972)를 참고할 수도 있다.
11) 『원은 닫혀야 한다』에 대한 에얼릭과 홀드런의 서평과 커머너의 응답이 1972년 『환경』(*Environment*)에 실렸다(Commoner et al. 1972, pp. 23ff). 에얼릭과 홀드런의 견해(Ehrlich and Holdren 1972)는 다소 수정되어서 1972년 5월 『원자과학회회보』(*Bulletin of Atomic Scientists*)에 재반박 형식으로 실렸다(Ehrlich, Paul R. and John P. Holdren, "A Bulletin Dialogue on 'The Closing Circle': Critique," *Bulletin of the Atomic Scientists* 28/5, pp. 16, 18~27, 1972—옮긴이). 『뉴욕타임스』(1972. 2. 6)에 실린 에얼릭의 편지도 참고할 수 있다. 이 장은 이들의 주요 주장들을 요약한 것이다.
12) 에얼릭(Ehrlich 1968, p. 175)과 힐(Hill 1970)이 유용하다.
13) 1953년 필립모리스, 펩시코, 코카콜라 등 대기업들이 중심이 되어 만든 비정부기구—옮긴이

14) 「대기업들은 환경오염에 대한 저항의 방향을 돌릴 방법을 모색한다」(Group Seeks to Shift Protests on Pollution, 1971).

15) 헨리 포드 2세는 "20세기의 마지막 1/3 동안 기업이 성공하려면 환경의 변화에 주목해서 경쟁에서 도약할 수 있는 기회를 포착해야 할 것이다"라고 했다(Ford 1970, p. 62).

16) 이 문제를 환경주의적 시각과 기호학적 시각에서 이론화하는 시도로는 라이스(Leiss 1976)와 보드리야르(Baudrillard 1970)가 있다.

17) 굴드너는 물질적 가치와 영적 가치의 관계에 대한 논의를 잘 보여준다(Gouldner 1970, pp. 326~31).

18) 인류의 생존을 대의로 내건 물계급적인 투쟁―옮긴이

제2부
민주적 합리화

제2부의 세 장에서는 구성주의적 접근법을 수정하여 민주적 기술변화 이론을 발전시킨다. 첫번째 장에서는 결정론적 대안을 소개하고 정치적인 감수성을 가진 구성주의를 대안으로 제시한다. 비결정론의 정치적 결론을 다루는 이 장에서는 기술에 대한 일반인들의 개입이 '합리적'이며 이를 위해 비용을 지불하면서까지 기술적 효율성과 '가치'를 맞바꿀 필요가 없음을 보일 것이다. 두번째 장에서는 기술진보가 결국은 기술관료주의로 귀결되고 만다는 주장에 반대하면서, 정치영역에서의 민주적 행위자 이론을 발전시킨다. 나의 이런 입장은 네트워크와 시스템의 구분을 기초로 하고 있다. 개인과 사물들이 느슨하게 연결된 네트워크는 모순적인 복수의 프로그램이 가로지른다. 일반적으로 지배적 프로그램은 기업이나 정부기구 같은 체계(시스템)*의 이익에 결정적인 역할을 한다고 인식한다. 민주적 합리화는 과거에 체계가 무시하고 부정해 왔던 기술적 잠재력을, 종속된 프로그램들이 실현할 때 얻어지는 효과이다. 세번째 장에서는 합리성과 주체에 관한 논의를 발전시켜 정치이론에 대한 결론을 끌어낸다. 기술이 강력한 제도의 하나라면 민주적으로 통제되어야 한다. 그러나 어떻게 통제해야 하는가? 기술에 시민이 개입하는 것은 어떤 정당성을 갖는가?

* 이 글에서 system은 문맥에 따라 시스템과 체계로 번역된다. 보다 기술적인
실체에 가까울 경우에는 시스템(예: 기술 시스템)으로, 사회적일 경우에는
체계(예: 체계와 생활세계)로 번역했다. 핀버그는 단어가 갖는 이러한
의미의 차이를 활용해서 논지를 전개하는 경우가 많다. 예를 들어 code는
컴퓨터 프로그램의 코드를 의미하기도 하지만 제품이나 토목공사가 지켜야
하는 규격의 의미도 있다. ―옮긴이

4. 기술적 합리성의 한계

기술과 민주주의

20세기의 여러 사회사상은 막스 베버의 합리화 이론에서 이미 고전적인 형태를 갖추었던 근대성에 대한 비판적 시각을 토대로 하고 있다. 베버에 따르면, 근대는 사회생활에서 계산과 통제의 역할이 점증한다는 특징을 갖고 있고 이로 인해 근대사회는 베버가 말하는 관료제의 '쇠우리'(iron cage)로 이어질 수밖에 없다(Weber 1958, pp. 181, 182). 합리적 질서에 의한 노예화 관념은, 인간이 사회라는 기계에서 단순히 톱니바퀴 같은 요소로 전락하고 있고 원료나 자연환경처럼 기술적 통제의 대상이 되고 있다는 비판적인 기술철학에 영감을 줬다. 이런 입장을 거부하더라도 대부분의 사회활동이 기술적 매개조직인 기업, 국가당국, 감옥, 의료기관에 의해 구조화되면서 기술적 위계는 사회·정치적 위계와 통합되고 있다.

이러한 새로운 조건으로부터 (일부 사람들 사이에서) 기술관료주의의 이념과 이상이 성장한다. 기술관료주의는 사회를 기술영역의 특징이라고 여겨지는 '중립적인' 도구적 합리성의 총체로 일반화하려고 한다. 기술관료주의는 기술적 명령이 체계로서의 사회를 관리하는 유일한 지침이라고 가정한다. 기술관료주의를 좋아하건 혐오하건, 이러한 결정론적 전제에 따르면 민주주의가 존재할 여지는 없어지고 만다.

2부의 제목은 베버의 결론을 도발적으로 뒤집고 있다. 베버의 어법에 따르면 '민주적' 합리화는 모순이다. 베버에 따르면, 근대성이 전통을 압도하게 되면서 관료주의적 질서 속에서 판에 박힌 일상과 빤한 미래에 대항해서 자유와 개인성을 옹호하는 급진적 투쟁은 (결과적으로) 비합리적인 삶의 자극들을 승인하는 퇴행으로 이어지고 만다. 이런 전환은 민주적인 프로그램이라기보다는 낭만주의적이고 반(反)디스토피아적—도스토예프스키의 『지하로부터의 수기』(*Notes from Underground*)를 비롯한 여러 곳에서 이미 제시된 것처럼 자연이라는 이데올로기로 회귀한다—이다. 이런 유의 입장에 대해 이 같은 근거에 기초한 비판은 신좌파를 비롯해서 이미 반복해서 제기되어 왔다.

신좌파를 낭만주의의 과잉이라고 비판하는 것은 정당하지만, 앞의 두 장에서는 이런 비판만으로는 충분하지 않다는 사실을 보여줬다. 근대 사회는 1960년대 후반 들어 대중이 전문가들에게 자신들의 문제를 맡겨버리는 관행의 분기점을 맞이하면서 진정한 위기를 경험하게 되었다. 이 시기에는 단지 퇴행적인 환상이 아니라 새롭고 보다 민주적인 개념의 진보가 모습을 드러냈다. 나는 이미 다른 책들에서 기술관료주의적이지도 않고 낭만주의적이지도 않은 제3의 입장을 명확하게 정립하려고 했다. 내 주장의 핵심은 기술은 양가적이며 기술진보와 사회적인 권력분배 사이에 (고정되어 있는) 독특한 상호관계는 존재하지 않는다는 데 있다. 기술의 양가성은 다음 두 가지 원칙으로 요약될 수 있다.

첫째는 위계의 온존이다. 일반적으로 신기술이 도입되더라도 사회적 위계는 지속되고 재생산될 수 있다. 지난 몇 세대 동안의 엄청난 기술 변화에도 불구하고 선진자본주의 국가에서 권력은 비정상적일 정도로

매우 연속적이었다. 이런 연속성은 기술관료주의적인 근대화 전략 때문에 가능했다.[1]

둘째는 민주적 합리화이다. 신기술은 이미 존재하던 사회적 위계를 침식하거나 과거에는 무시되어 왔던 필요를 충족시키는 데 활용될 수 있다. 노동조합운동, 환경운동, 기타 사회운동이 추구하는 구조개혁의 일부로 포함되어 있는 기술 프로그램은 이러한 원칙의 연장선에서 설명할 수 있다.

두번째 원칙은 집권화된 통제가 아니라 민주적 통제로 사회를 합리적으로 이끄는 방법이 존재할 수 있음을 의미한다. 즉 (베버의) 쇠우리로부터 탈출하기 위해 원시적인 상태로 회귀하거나 지하로 들어가야만 하는 것은 아니다. 4장과 5장에서는 컴퓨터, 의료, 환경 등의 다양한 영역에서 기술을 변화시킨 사회운동의 의미가 바로 두번째 원칙과 연관되어 있음을 보여줄 것이다.

그러나 이를 통해 사회운동들이 합리화를 옹호했다고 말할 수 있을까? 오히려 전문가들이 처리해야 할 사안에 시민들을 끌어들여서 비합리적인 결과를 초래하는 것은 아닌가? 기술의 민주화를 가장 강력하게 반대하는 집단은 그동안 어렵게 지켜온 자신들의 자유가 일반인들의 간섭때문에 상실될 것을 두려워하는 전문가들이다. 그렇다면 대중들의 참여와 전문적 기술노동의 자율성을 화해시킬 수는 없을까? 기술관료주의 옹호자들은 기술의 정치화가 아니라, 공공영역의 비합리성을 극복하기 위해서 정치의 기술화를 위해 분투해야 한다고 주장할 것 같다. 민주주의를 주장하는 반대편의 주장은 기술 변화과정에서 대중들의 비공식적인 참여가 갖는 합리성을 구축하기 위해 노력해야 한다.

결정론에서 구성주의로

결정론의 정의

여러 세대 동안 폭넓게 수용되어 온 두 가지 결정론적 신념이 진보에 대한 믿음을 지속시켜 왔다. 하나는 기술적 필요가 발전의 경로를 결정한다는 믿음이며, 또 하나는 기술이 효율성을 높이는 방향으로 발전한다는 것이다.[2] 이런 두 가지 신념은 하이데거와 엘륄처럼 진보에 대해 비판적인 사람들도 공유할 정도로 설득력이 있다. 나는 두 가지 신념 모두 오류일 뿐만 아니라, 반민주적인 함의가 있음을 입증할 것이다.

결정론은 기술이 자율적인 기능주의 논리를 갖추고 있어서 사회적 변수를 고려하지 않고도 설명 가능하다고 간주한다. 결정론적 입장에 따르면, 기술은 특정 목적에 기여할 때만 사회적인 속성을 띠며 목적은 관찰자의 마음에 달려 있다. 기술은 본질적으로 사회세계와는 독립적이라는 면에서 과학이나 수학과 유사하다는 것이다. 그러나 기술은 사회적으로 즉각적이고 강력한 영향을 끼칠 수 있다는 점에서 과학이나 수학과는 다르다. 사회의 운명은 사회에 영향을 끼치기만 하고 상호작용을 하지 않는 비사회적 요소에 적어도 부분적으로는 달려 있는 것처럼 보인다.

이 책에서 나는 결정론의 근저에 있는 두 가지 전제를 단선적 진보(unilinear progress)와 토대에 의한 결정(determination by base)이라고 부를 것이다.

첫째로, 기술진보는 단선적이고 고정된 경로를 따라 낮은 수준에서 (보다 높은) 발전된 수준으로 전개되는 것처럼 보인다. 각각의 기술발전 단계를 거쳐야 다음 단계가 가능하며 주된 경로에서 벗어나는 경우는 없다. 상대적인 속도의 차이는 있을지라도 사회의 진보가 무엇이며 어느 방향으로 나아가는지는 의심의 여지가 없다. 이런 결론은 우리에게 친숙한 기술적 대상을 하나 골라서 역사를 흘끗 되짚어보더라도 명백하게 드러나지만, 사실은 타당성 수준이 다른 두 가지 논거에 의존하고 있다. 하나는 기술진보는 낮은 단계에서 높은 단계로 전진한다는 것과, 또 하나는 기술진보는 필수적인 단계들을 통과하는 단일한 순서로 되어 있다는 것이다. 뒤에서 보겠지만, 첫째 논거는 둘째 논거에서 독립되어 있으며 반드시 결정론적이라고 할 수는 없다.

둘째로, 기술결정론은 사회제도들이 기술적 토대의 '명령'에 적응해야 한다고 주장한다. 마르크스를 독해하는 방식에서 유래했을 이런 시각은 사회과학에서는 오래된 상식이다. 어떤 기술을 채택하려면 이와 연관된 특정 실천의 집합까지 반드시 함께 받아들여야 한다. 철도는 시간에 맞춰 계획된 여행이라는 실천을 필요로 한다. 일단 철도가 도입되면 어림잡아서 시간을 생각하던—교회의 종소리나 태양의 위치로 시간을 짐작하던—사람들도 시계를 봐야 한다. 따라서 철도는 사회적 시간을 새롭게 조직하는 결과를 가져왔다. 공장은 위계적인 제도이며 근대사회의 사회적 위계의 분위기를 형성했다는 점에서, 이와 비슷한 사례로 생각할 수 있다. 이런 생각이 설득력을 갖는 이유는 장치와 실천이 서로 뒤엉켜 있지만 영향력의 방향이 항상 단일하지는 않기 때문이다.

기술결정론의 이러한 두 가지 명제에서 근대사회의 기초는 스스로를 만들어내는 탈맥락화된 기술들이다. 선진국은 기술발전의 정점에 있기 때문에 다른 나라들은 선진국의 경험을 따르면 된다. 따라서 기술결정론은 선진국의 기술과 이러한 기술에 조응하는 제도적 구조가 보편적일 뿐 아니라 전지구적인 시야를 확보하고 있다는 점을 함축하고 있다. 이런 논의에 따르면 다양한 형태의 부족사회, 다양한 형태의 봉건사회, 다양한 형태의 초기자본주의 사회들이 존재할 수도 있지만, 근대성은 단일하며 그것만이 우리 사회에서 선악을 결정하는 기준이 된다. 후발주자들은 마르크스가 낙후된 독일동포들에게 영국의 발전에 관심을 가져야 한다면서 "이 이야기는 당신에게도 적용된다"(De te fabula narratur)라고 했던 말에 주목해야 한다(Marx 1906, p. 13).

과소결정

결정론이 갖고 있는 함의는 너무 명백하지만 놀랍게도 결정론의 두 가지 전제 모두 면밀하게 검토하면 오류가 드러난다. 현대의 사회학은 단선적 진보라는 관념에 대해서도 부정적이고 과거의 사회학 논의들도 토대에 의한 결정이라는 논의에 대해 평가가 박했다.

최근의 구성주의 기술사회학은 새로운 경향의 과학의 사회적 연구(과학기술학 science and technology studies)의 영향 아래서 성장했다. 지식사회학의 '강한 프로그램'(strong program)은 사회학의 연구대상에서 과학이 제외된 것을 문제라고 지적하면서 비과학적인 신념까지 사회학적 연구대상에 포함시킨다. (강한 프로그램의) '대칭성 원칙'(principle of symmetry)은 경쟁하는 모든 신념에 대해서 옳고 그름과 무관하게 동일한 유형의 사회적 설명을 해야 한다는 주장이다. 이런 관점은 어떤 과학이론을 다른 경쟁이론보다 선호해야 하는 논리적인 이유가 완벽할 수 없다는 과학철학의 과소결정 명제, 이른바 뒤엠-콰인(Duhem-Quine) 명제로부터도 유도될 수 있다(Bloor 1991). 다시 말해 합리성은 독립적이고 자기충족적인 인간행위의 영역이라고 할 수 없다.

　　과소결정과 유사한 입장을 가진 구성주의적 기술사회학은 기술적 효과성 같은 순전히 합리적 기준만으로 기술혁신의 성공과 실패를 설명하기에는 불충분하다고 본다. 어떤 사물들은 정상적으로 작동하지만 그렇지 않은 경우도 당연히 있고 설계가 성공하려면 기술적인 원리를 존중해야만 한다. 목적은 유사하더라도 다른 설계가 가능할 수 있고 반드시 특정 설계를 선택해야만 하는 결정적인 기술적 이유가 있는 것도 아니다. 과소결정은 기술적 원리만으로는 구체적인 장치의 설계를 결정하기에는 충분하지 않다는 점을 보여준다.

　　그러면 무엇이 결정적인 요인인가? 평범한 대답은 '경제적 효율성'이다. 그러나 문제는 첫인상보다 까다롭다. 어떤 공정의 효율성을 측정하기 위해서는 산출물의 종류와 품질이 고정되어야 한다. 따라서 경제적인 선택을 하기 위해서는 필연적으로 특정 기술이 적용될 때 문제는 무엇이고 이를 통해 해결할 수 있는 문제가 무엇인지에 대한 명확한 정의가 선행되어야 한다. 그러나 이런 명확한 정의는 기술발전 이전에 가정되는 것이라기보다는 결과로 얻어지곤 한다. 예를 들어 MS DOS가 윈도우즈(Windows)의 그래픽 인터페이스와의 경쟁에서 패배한 것은, 컴퓨터가 활용되는 업무와 사용자층이 모두 변화하면서 컴퓨터 활용의 본질까지 바뀌고 난 다음의 일이다. 프로그래밍이나 회계업무에 효율적인 시스템은 보다 간편한 사용법을 원하는 비서들이나 취미로 컴퓨터를 이용하는 사람들에게는 이상적인 모델이 아니었다. 경제학으로는 발전의 궤적을 사후적으로 추적할 수는 있겠지만 궤적을 미리 설명할 수는 없다.

　　나는 서로 다른 대안에 대한 선택은 결국 기술적 효율성이나 경제적 효율성이 아니라 설계과정에 영향을 끼치는 다양한 사회집단의 신념과 이해관계에 장치들이 얼마나 '적합한가'에 달려 있다는 구성주의적 입장에 동의한다. 어떤 인공물은 내생적인 특성이 아니라 사회환경과 인공물이 맺고 있는 관계에 의해 규정된다.

핀치와 베이커는 자전거가 막 개발되기 시작하던 시기에 자전거가 어떻게 진화했는지를 구성주의적으로 보여주었다(Pinch and Bijker 1987). 자전거의 모습이 지금처럼 정착되기 전인 19세기 후반에는 서로 다른 디자인의 다양한 자전거가 존재했다. 지금 우리가 자명하게 '암흑상자'로 간주하는 대상(자전거)은 실제로는 경주용 자전거와 수송용 자전거라는 매우 다른 두 가지 장치로부터 시작되었다. 어떤 소비자는 자전거 타기를 경쟁적인 스포츠라고 생각했지만, 또 어떤 사람들은 어느 한 지점에서 다른 지점으로 이동하는 수단이라는 데 관심—본질적으로 공리주의적인 관심—을 갖고 있었다. 전자의 정의에 부합하는 앞바퀴가 큰 자전거를 불안하게 여겼던 두번째 유형의 소비자들은 앞바퀴가 큰 자전거를 거부하고 대신 동일한 크기의 작은 두 바퀴를 가진 자전거를 더 선호했다. 앞바퀴가 큰 경주용 자전거는 빠른 속도를 낼 수는 있었지만 안전하지 않았고, 두 바퀴가 동일한 크기인 자전거는 안전했지만 자극적인 승차감을 즐길 수는 없었다. 이러한 두 가지 디자인[3]은 공유하는 요소들도 많지만 실제로는 서로 다른 필요를 충족시키는 상이한 기술로 간주해야 한다. 핀치와 베이커는 '자전거'로 지정되는 사물이 갖는 본질적 모호함을 '해석적 유연성'(interpretative flexibility)이라고 개념화했다.

결과적으로는 '세이프티'(safety) 디자인이 승리했고 이후에 개발된 여러 기술의 도움을 받았다. 현재 우리가 볼 수 있는 자전거의 역사는 이런 기술발전으로부터 비롯되었다. 세이프티 디자인에서 지금에 이르기까지의 진보적 발전을 돌아보면 큰 바퀴가 유행했던 시기를 비효율적이고 어리석다고 생각할 수도 있지만, 큰 바퀴 디자인과 세이프티 디자인은 실제로 여러 해 동안 공존했고 하나가 다른 하나의 선행단계는 아니었다. 큰 바퀴 디자인은 또 다른 문제를 갖고 있는 자전거의 대안적 경로를 대변하는 설계였다.

우리가 살펴본 자전거 사례는 대부분의 기술선택에 대한 결정에서처럼 특별한 의도가 개입하지 않은, 순진한 결정이어서 안도감을 준다. 그러나 어떤 문제에 대한 다양한 기술적 해결책이 권력과 부를 불균등하게 배분한다고 생각해 보자. 이 경우에 기술적 선택은 정치적 선택이 되고, 이러한 선택에 수반되는 정치적 함의는 어떤 방식으로든 기술에 체화될 것이다. 물론 구성주의에서도 정치와 기술의 연관성은 이미 간파되었다. 랭던 위너는 이와 관련된 매우 설득력 있는 사례를 제시하고 있다(Winner 1986, pp. 22, 23). 로버트 모제스가 초기에 구상했던 뉴욕 고속도로 설계에서는 도로를 위에서 가로지르는 다른 도로의 높이가 시내버스가 지나가기에는 낮아서 시내버스를 주로 이용하는 맨해튼의 빈민들은 롱아일랜드의 해변으로 가는 것을 단념할 수밖에 없었다. 이 사례는 단순한 설계상의 요소가 인종적·계급적 편견을 가질 수 있음을 보여준다. 우리는 다른 기술에서도 비슷한 사례들을 찾을 수 있다. 예를 들어 일괄조립 라인은 노동력에 대한 자본주의적 통제를 보여주는 본보기이다. 이런 편견을 번복해서 순수하고 중립적인 기술로 회귀하는 것은 불가능하지만 가치를 포함하는 내용을 변화시켜 우리가 갖고 있는 선호체계에 보다 부합해서 우리 눈에 쉽게 들어오지 않게 만들 수는 있다.

선별기준	부분적 대체 인공물	공유 효과 (예: 사용자들)	특정 효과
1	1		
2	2		
3	3		
4	4		

〈표2〉 인공물과 정치가 만나는 방법

인공물 1~4는 특정 효과를 공유하지만 각각 고유의 효과도 지니고 있다. 여기서 효과는 인공물의 활용, 인공물을 활용할 때 수반되는 맥락상 필수조건, 의도하지 않은 결과 등을 포함한다. 기준 1~4 모두 인공물의 공통 효과를 선별해 낼 수 있고 각각의 기준은 고유 효과를 판별해 낼 수 있다. 서로 다른 고유 효과가 상이한 정치적 귀결로 이어진다면 경쟁하는 집단들은 자신들이 추구하는 목표와 인공물들의 적합성에 부합하는 기준을 선호할 것이다. 이 기준은 하나 또는 복수의 인공물의 고유 효과를 전달할 수도 있도록 어느 하나를 적용시키는 설계를 변화시켜 인공물의 진화과정에 결합될 수 있다. 정치적 언어로 말하면 이런 조합은 동맹에 해당한다.

반면 결정론은 기술과 정치의 이러한 복합적인 내용을 무시하고 대상에서 역사와 맥락을 탈각시켜서 순간적인 단면만 본다. 결정론은 오로지 기술적인 관점에서 대상들이 현재의 순간적인 모습에서 다음 단계로 변화할 수 있다는 설득력 없는 주장을 한다. 그러나 현실에서는 모든 종류의 태도와 욕망들이 기술적 대상에 구체화되고 결과적으로 기술적 대상의 발전에 영향을 끼친다. 사회집단들이 대상을 해석하고 활용하는 방식의 차이는 외생적일 뿐 아니라 대상의 본질을 달라지게 만든다. "인공물의 내용에 대한 사회집단들의 각기 다른 해석은 문제와 해결방안을 파악하는 각기 다른 연쇄를 거쳐 이후에는 상이한 발전으로 이어지기"때문에 기술이 결정적 원인이 될 수는 없다(Pinch and Bijker 1987, p. 42). 최종적으로 기술적 대상의 운명을 결정하는 사회집단에게 그 대상이 어떤 의미를 갖고 있는지가 대상이 어떻게 변형될지 미래를 결정한다. 현실이 이렇다면 기술발전은 사회적 과정이며 그렇게 이해되어야 한다.

결정론은 이야기의 종말이 처음부터 필연적으로 정해져 있는 휘그당의 역사와 같다. 결정론은 완결된 대상의 추상적인 기술적 논리를 발전의 원인인 시작점에서 출발한 것으로 되돌려서 과거에 대한 우리의 이해를 혼란에 빠뜨리고 다른 미래에 대한 상상력을 질식시킨다. 반면 구성주의는 다른 미래에 대한 상상을 발휘할 수 있는 잠재력을 갖고 있지만, 정작 구성주의 연구자들은 방법론에 내재된 폭넓은 사회적 쟁점에 참여하기를 주저하고 있다.

비결정론

단선적 진보 테제가 부정되면 기술적 토대에 의한 결정이라는 관념도 머지않아 붕괴된다. 그럼에도 불구하고 단선적 진보 테제는 최근까지도 정치논쟁에서 여전히 가끔씩 제기되고 있다. 이 논쟁에 관해서는 이 장 후반부에서 다시 다룰 것이다. 19세기 중반 잉글랜드에서 일어난 노동시간과 아동노동에 대한 투쟁과 현재의 보수적 수사학에서 엿보이는 놀라운 기대를 한번 생각해 보자. 공장주와 경제학자들은 노동시간과 아동노동을 규제하면 인플레이션이 발생한다며 반대했다.[4] 이런 주장들은 산업생

4. 기술적 합리성의 한계

산을 위해서 아동노동과 장시간노동의 필요성을 당연하게 가정하고 있다. 어떤 의원은 규제는 "인류애에 기초한 것 같지만, 궁극적으로는 인류애를 파괴하는 잘못된 원칙"이라고 선언하기도 했다. 게다가 새로운 규제는 너무 급진적이어서 "원칙적으로 공장노동 체계 전체를 폐기하는 주장"이 되고 말 것이라는 결론을 내렸다(*Hansard's Debates* 1844. 2. 22~4. 22, pp. 1120, 1123). 오늘날에도 이들이 환경 '러다이트주의'라고 부르는 집단이 위협요인이 되고 있다는 산업계를 대변하는 측의 주장에서 이와 비슷한 분위기를 감지할 수 있다.

그러나 일단 노동시간에 대한 규제가 도입되고 아동노동이 금지되었을 때, 어떤 일이 일어났는가? 기술적 명령에 위배되어서 추가비용이 들어가야 했는가? 전혀 아니다. 규제가 도입되자 공장노동의 강도는 과거에는 불가능했던 수준으로까지 높아졌다. 노동자가 될 수 없게 된 어린이들은 사회적으로 학생이나 소비자로 재정의되었다. 결과적으로 그들은 높은 수준의 경험과 숙련을 갖고—기술설계나 작업조직화에 의해 그들의 위치는 곧 설정되었다—노동시장에 진입할 수 있게 되었다. 시간이 지난 후에는 아동노동으로 인해 인플레이션이 감소했던, 과거 좋았던 시절로 돌아가고 싶어하는 사람은 아무도 없었다. 이제 아동노동은 더 이상 선택지가 아니다.[5]

이 사례는 기술 시스템의 유연성이 실제로는 매우 크다는 사실을 보여준다. 기술 시스템은 경직되어 있고 제약하는 힘이기보다는, 오히려 다양한 사회적 수요에 적응할 수 있는 능력을 갖고 있다. 기술이 사회적인 재정의에 부합할 수 있는 속성을 가졌다는 사실로부터 이런 적응능력의 요인을 밝혀낼 수 있다. 따라서 (현대사회에서) 기술은 점점 중요해지고 있지만 역사의 수수께끼를 풀 수 있는 열쇠가 아니라 사회의 또 다른 종속변수다.

앞에서도 언급했지만 결정론은 단선적 진보와 토대에 의한 결정이라는 두 가지 원칙을 특징으로 한다. 결정론이 오류라면 이와는 상반된 두 가지 원칙에 따라 연구가 수행되어야 한다. 우선, 기술발전은 단선적이 아니라 다양한 방향으로 뻗어나갈 수 있으며 일반적으로 보다 높은 수준으로 상승하는 경로는 복수로 존재한다. 둘째, 사회발전은 기술발전에 의해 결정되는 게 아니라 기술적 요소와 사회적 요소 모두에 의존한다.

오늘날 이런 입장의 정치적 의미는 명확하다. 결정론이 민주주의의 변경(邊境)에 진을 치고 있는 사회에서 비결정론적인 입장은 정치적인 함의를 갖고 있다. 기술이 아직까지 개발되지 않은 엄청난 잠재력을 내포하고 있다면 어떠한 기술적 명령도 현재사회의 위계를 지배할 수는 없다. 오히려 기술은 사회투쟁이 벌어지는 하나의 영역, 다시 말해 정치적 대안이 토론되는—라투르의 말을 빌리면—'사물의 의회'(parliament of things)이다.

비판적 구성주의
기술연구

지금까지 대략 스케치한 바에 따르면 기술에 대한 우리의 정의는 크게 바뀌어야 한다. 이제 더 이상 기술을 장치의 집합으로만 간주해서는 안 된다. 보다 일반적으로 말하면 기술을 합리적 수단의 집합으로만 바라보는 것을 그만두어야 한다는 것이다. 이러한 정의에는, 기술은 본질적으로 비사회적(nonsocial)이라는 의미가 내포되어 있다.

　　이런 극단적인 정의가 유행하게 된 이유로는, 기술은 인문학적 탐구의 대상으로 적합하지 않다는 믿음을 들 수 있다. 기술의 본질을 해석학적으로 이해할 수 있는 의미에서 찾는 게 아니라 기술적으로 설명할 수 있는 기능에서 발견할 수 있다고 믿기 때문에, 인문학이 다루는 영역은 기껏해야 포장이나 광고 또는 핵발전이나 대리모 등 논쟁적인 기술에 대한 대중들의 반응 등과 같은 기술의 외피에 그치고 말았다. 물론 우리가 기술이 사회와 맺고 있는 다양한 관계들을 전반적으로 무시한다면 기술이 자기생산적인 것처럼 보이는 것도 그리 이상하지 않다. 이런 태도로부터 기술결정론은 자기 세력을 확장하고 있다.

　　하지만 구성주의적 입장은 기술에 대한 인문학적 연구에 전혀 다른 함의를 줄 수 있다. 그 함의는 다음 세 가지로 요약할 수 있다.

　　첫째, 기술설계는 효율성 같은 보편적인 기준에 따라 결정되는 것이 아니라, 각각의 경우마다 다양한 기준에 따라 기술적 대안을 분화시키는 사회적 과정에 의해 구체적인 설계가 결정된다.

　　둘째, 이러한 사회적 과정은 인간의 '자연적' 필요를 만족시키는 게 아니라 필요에 대한 문화적 정의 그리고 기술이 제기하는 문제에 대한 문화적 정의와도 관련이 있다.

　　셋째, 경쟁하는 (문화적) 정의들은 근대사회에 대한 상충하는 비전들이 반영되어 있으며, 이러한 비전들은 상이한 기술적 선택지들로 현실화된다.

　　첫번째 논점은 사회갈등과 사회적 연대에 관한 연구를 확대하여 그동안 독특한 합의의 대상으로 간주되던 기술적 쟁점에까지 적용할 수 있게 한다. 두번째와 세번째는 문화와 이데올로기가 정치뿐만 아니라 기술에서도 유력한 변수라는 사실을 의미한다. 이러한 세 가지 논점을 통해 우리는 사회제도, 관습, 신념, 예술 들을 연구하는 방법을 정당하게 기술에까지 연장하여 동일하게 적용할 수 있다. 이와 같은 해석학적인 접근으로 우리는 기술의 정의를 확장시켜서 이제는 기술의 정의에 사회적 의미와 문화적 지평까지 포함할 수 있게 되었다.

기능 또는 의미

앞서 언급한 자전거 사례에서 사회적 의미가 하는 역할은 분명하다. 서로 경합하는 해석들이 존재했을 때, 자전거라는 대상이 운동선수의 장난감인지 운송수단인지 그 정의 자체가 (결과에) 결정적이었다. 이런 해석에서의 경합이 해석학적 의미의 차이에서 비롯된 것이 아니라, 단지 기능에 대한 견해차이에서 나온 것이라는 반대도 가능하다. 일단 어떤 기능이 선택되면 엔지니어들이 그것을 활용하는 결정권을 갖게 되고 인문학적 해석이 개입할 기회는 사라진다. 일반적으로 엔지니어와 경영자들은 이렇게 '의미'에는 무관심하고 '기능'만 생각하는 경향이 있다.

9장에서 나는 사회적인 것과 기술적인 것의 구분에서 출발하지 않고, 이러한 구분의 관습적인 경계를 가로지르는 매우 색다른 기술의 본질에 대한 모형을 제시할 것이다. 내가 제시하는 개념에 따르면, 기술의 본질은 우연적인 기능들의 추상체가 아니다. (기술의 구체적인 형태인) 기술 장치들은 이를 포함하고 있는 다양한 시스템에서 사용할 수 있게 되어 있고, 계속 사용하더라도 (장치들의) 기능은 변화하지 않는 인과구조라는 것이 바로 기술의 본질이다. 오히려 기술의 본질은 기능이 구체적이고 제한적인 역할만 하는 보다 넓은 사회적 맥락으로부터 추상화된다. 물론 기술에는 인과적인 측면이 있지만 기술의 활용과 진화를 결정하는 상징적인 측면 또한 존재한다. 이런 관점에서 브루노 라투르와 장 보드리야르는 내가 말하는 기술의 해석학에 대한 입장이 서로 매우 다르지만 상보적인 역할을 할 수 있다.

라투르는 규범은 인간의 주관적인 의지이기도 하지만 동시에 장치에 구현될 수도 있다고 주장한다. 바로 이 점이 구성주의에서 말하는 참 이론과 거짓 이론, 성공한 장치와 실패한 장치의 대칭성을 넘어서 라투르가 강조하는 인간과 비인간의 대칭성이다.

라투르에 따르면, 기술적 장치에는 의무를 강제할 수 있는 규범이 체현되어 있다. 간단한 사례로 문을 자동으로 닫는 장치를 들 수 있다. 문에다 메모를 붙여서 사용자들에게 문을 닫으라는 신호를 전달할 수도 있지만 어떤 (기술적) 메커니즘을 통해 자동적으로 문을 닫게 만들 수도 있다. 어떤 의미에서 문을 자동으로 닫는 장치는 매우 효과적인 메모 역할을 하는 셈이다. 이 장치는 지나가는 사람들이 잊어버리기 쉬운, 문을 닫으라는 도덕적 의무를 물질로 구현한 것이다. 라투르의 어법을 빌리면, 의무는 장치에 '위임'된다. '도덕률'은 메모를 통해 인간에게 할당될 수도 있고 스프링을 통해 사물에 할당될 수도 있다(Latour 1992). 라투르에게 헤겔의 인륜(Sittlichkeit)[6]과 등가물인 도덕률이라는 개념은 기술세계를 인과법칙에 따라 기능하는 장치들의 집합일 뿐 아니라 사회적 가치가 객관화·사물화된 문화체계로 탐구할 수 있게 해주는 것이다.

보드리야르는 '사물의 체계'의 미학적·심리학적 차원을 연구할 수 있는 유용한 접근방식을 제시한다(Baudrillard 1968). 그는 기술대상의 기능과 기술대상이 맺고 있는 다른 많은 연관들(associations) 사이의 차이점을 묘사하기 위해 외연(denotation)과 내포(connotation)라는 언어학적 구분을 차용했다. 예를 들어 자동차는 운송수단—기능—이지만, 차의 소유주에게 존경, 부유함, 섹시함 등의 의미—내포—를 전달할 수 있다. 엔지니어들은 이러한 내포가 자기가 작업하는 장치 외부에 더해진다고 생각할지 모르지만 이러한 내포적 의미는 자동차라는 사회적 실재에 속하는 것이다.

보드리야르는 문학적 분석에 준하는 기법으로 기술을 연구하는 방법을 제시하고 있다. 그에게 기술은 텍스트, 예술작품, 행위와 거의 동일하게 해석된다(Ricœur 1979).[7] 그러나 보드리야르의 모델은 내포와 외연의 구분을 당연하게 간주하고 있어서 기능주의적 패러다임에 포섭될 수 있다는 약점을 갖고 있다. 실제로 이러한 구분은 기술변화의 전제라기보다는 결과물이다. 일반적으로 신기술의 정확한 기능이 무엇인가에 대한 합의는 존재하지 않는다. 개인용 컴퓨터가 하나의 적절한 사례가 될 수 있다. 개인용 컴퓨터가 시장에 처음 출시되었을 때 (컴퓨터의 미래에 대한) 전망이 무수히 많이 제시되었지만 이를 지원하는 응용 프로그램은 존재하지 않았다. 한편 15세기 중국의 항해술은 기능과 관련해서 아무런 발전이 없을 수도 있음을 보여주는 놀라운 사례이다. 중국인들은 사상 최대의 선단(船團)을 갖추었지만 이를 통해 무엇을 해야 할 것인가에 대해서는 합의에 이르지 못했다. 결국 그들은 놀랍게도 선단을 해체해서 국경선 안으로 후퇴했고, 이런 결정은 결과적으로 유럽이 아시아를 정복하는 데 기여했다(Levathes 1994, p. 20).

4. 기술적 합리성의 한계

잘 확립된 기술의 경우에는 대체로 기능과 내포의 구분이 매우 분명하다. 사람들은 이런 분명한 차이를 과거에다 투사해서 어떤 장치의 기술적 기능으로부터 존재가 시작되었다고 상상하는 경향이 있다. 그러나 우리가 이미 살펴본 바와 같이, 기술적 기능은 사전에 주어진 것이 아니라 개발과 사용 과정에서 발견되는 것이다. 운송수단으로서 자동차의 기능이 자동차를 통해 충족될 수 있는 이동수요를 창출하는 저밀도 도시설계 아래서 제도화되어 온 것처럼, 기술적 기능은 사회·기술적 환경이 진화하면서 점차 확고해진다. 제도적인 잠금효과(lock-in)로 인해 가능한 기능들 중 하나와 결정적으로 결합하지 않는 한, 신기술의 정의를 둘러싼 이러한 모호함은 설계자, 구매자, 사용자 사이의 상호작용을 통해 해결되어야만 하는 기술적 문제를 낳는다.

기술 헤게모니

기술설계는 개별적인 기술대상이 지니고 있는 사회적 의미에 조응할 뿐만 아니라 사회적인 가치들에 관한 포괄적인 가정을 포함하고 있다. 따라서 기술의 문화적 지평은 제2의 해석학적 차원을 구성한다. 이는 근대적 형태의 사회적 헤게모니의 기초들 가운데 하나이다. 나는 이 책에서 헤게모니를, 사회적 삶에 깊숙이 스며들어 있어서 피지배층도 자연스럽게 받아들이는 지배라는 의미로 사용할 것이다. 또한 혹자는 헤게모니를 배후에서 문화적 힘으로 존재하는 사회적 권력배분이라고 정의할 수도 있을 것이다.

'지평'(horizon)이라는 용어는 삶의 모든 측면에서 의심의 여지가 없는 기초를 구성하는, 문화적으로 일반화된 가정을 말한다. 어떤 가정들은 기존의 헤게모니를 지지할 수도 있다. 예를 들어 중세에는 '존재의 사슬'이라는 믿음이 창조주의 우주에서 촘촘한 위계를 구성했고 각종 도전으로부터 카스트제도를 보호했다. 이러한 지평에서 농민들은 그들이 상상할 수 있었던 권력의 유일한 원천인 왕의 이름으로 반란을 일으켰다. 오늘날에는 기술관료주의적 합리화가 이에 상응하는 역할을 하고 있고 기술설계는 기술관료주의가 문화적 권력을 장악하는 데 핵심적인 역할을 한다.

기술발전은 경제학, 이데올로기, 종교, 전통에서 유래한 문화적 규범의 제약을 받는다. 앞에서 나는 노동력 구성의 연령에 대한 가정이 19세기 생산기술의 설계과정에 도입된 방식을 논의했다. 이런 가정은 너무 자연스럽고 명백해서 의식적으로 인지하기 쉽지 않다. 지금 우리가 저 옛날 공장에서 일하는 아동노동자들의 사진을 본다면 기계가 그들의 키에 맞춰져 있다는 사실에 놀랄 것이다(Newhall 1964, p. 140). 이런 이미지는 우리를 거북하게 하지만 아동노동을 둘러싼 논쟁이 있기 전까지 이런 관행은 당연하게 받아들여졌던 게 분명하다. 설계의 세부사항들은 아동노동이라는 사회학적 사실을 장치의 구조에 통합한 것에 불과하다. 이렇게 기술에는 사회관계가 각인되어 있다.

일관조립 라인(assembly line)은 또 다른 사례이다(Braverman 1974). 일관조립 라인이 기술적으로 부과하는 노동규율로 작업속도가 조절되고 탈숙련화가 촉진되어 생산성과 이윤이 높아진다. 그러나 일관조립 라인은 특정한 사회적 맥락에서만 현실화될 수 있다. 노동규율이 경영진에 의해 위에서부터 부과되는 게 아니라 노동자평의회가 경제의 기초

4. 기술적 합리성의 한계

가 되어 작업그룹들이 자율적으로 노동규율을 결정하는 사회라면 이런 기술을 진보라고 간주할 수 없다. 그런 사회에서 엔지니어들은 생산성을 향상시키는 다른 방법을 모색할 것이다. 이러한 사실로부터 우리는 설계는 사회질서를 반영한다는 명제를 재확인할 수 있다(Noble 1984). 그러므로 마르쿠제의 '기술적 합리성'과 푸코의 '진리 레짐'은 (기계의 외부에 있는) 신념이나 이데올로기일 뿐만 아니라 기계 그 자체에 효과적으로 통합되어 있는 것이다.

어떤 기술이 선택되는지는 지배적 이해관계에 따라 당시의 기술들에서 가능한 여러 배열들 가운데서 결정된다. 기술이 놓여 있는 지평을 정의하는 정치·문화적 투쟁에 의해 설정된 사회적 코드에 따라 선택이 유도된다. 일단 어떤 기술이 도입되면 이런 문화적 지평을 물질적으로 정당화하는 역할을 한다. 기술적 합리성은 겉으로는 중립적이지만, 기술 발전과정에서 획득되는 편향에 의해 특정 헤게모니를 지지하게 된다. 사회가 점점 더 많은 기술을 채택하게 되면서 이런 기술적 후원의 중요성은 증대된다. 기술을 정당화하는 역할을 하는 효과성(effectiveness)은 기술이 설계되는 문화·정치적 지평의 무의식에 따라 달라진다. 기술에 대한 비판이론은 이러한 지평을 드러내고 기술적으로 필수적이라는 환상을 탈신비화하며 기존의 기술적 선택이 상대적이라는 사실을 폭로한다.

기술 레짐과 코드

기술의 정의를 둘러싼 논쟁은 실현 가능한 다양한 배열 가운데 하나를 특권화하면서 해결된다. 종결(closure)이라고 불리는 이 과정은 특정 기술분야가 이후 발전과정에서 참고하는 '범례'(exemplar)를 산출한다 (van den Belt and Rip 1990, p. 140). 범례는 문제와 해결책을 바라보는 표준적인 방식을 확정함으로써, 거꾸로 원래 범례를 만들어냈던 기술분야에 영향을 끼친다. 사회과학자들은 이런 속성을 두고 '기술 프레임'(technological frame), '기술 레짐'(technological regime), '패러다임' 등 다양하게 명명해 왔다(Bijker 1987, p. 168; Nelson and Winter 1982, pp. 258, 259; Dosi 1982). 예를 들어 립과 켐프는 기술 레짐을 다음과 같이 정의한다.

> 특정 기술의 총체를 구성하는 과학지식, 공학적 실천, 공정 기술, 제품 특성, 숙련 및 처리절차, 제도와 하부구조의 복합체. 기술 레짐은 엔지니어들의 문제풀이 활동을 사전에 구조화하는 기술 특유의 맥락으로, 특정한 변화를 가능하게 하거나 억제하는 구조를 말한다.
> (Rip and Kemp 1998, p. 340)

기술 레짐은 기술자들이 기술적인 언어와 실천으로만 표현했던 다양한 사회적 요소들을 통합한다. 기술 레짐은 중요한 사회적 가치들을 직접 반영한다고 보는 게 가장 적절한 해석이다. 나는 기술 레짐의 이런 속성을 특정 기술의 '기술 코드'(technological code)라고 부를 것이다. 기술 코드는 기술이 획득해 온 사회적 의미를 따르는 동시에 엄격한 기술적 용어로 대상을 정의한다. 이러한 코드는 대체로 눈에 잘 띄지 않는다. 왜냐하면 기술 코드 역시 문화처럼 자명하기 때문이다. 예를 들어 오늘날 작업도구나 작업장이 성인의 손과 키에 맞게 설계되는 이유는, 지금 우리가 당연하게 생각하는 설계표준이 도입되면서 어린이들은 이미 오래전에 공장에서 추방되었기 때문이다. 기술 레짐들은 이러한 사회적 결정을 특별한 고려 없이 정상적인 과정으로 반영하기 때문에, 사회과학적인 연구를 통해서만 기술에 체현된 설계표준들의 기원을 밝혀낼 수 있다.

기술 코드가 문화적으로 수용되는 일상생활의 보편적 특징이 되는 만큼, 기술 코드에는 다양한 기술적 대상에 관한 기본 정의의 중요한 측면들이 포함되어 있다. 전화, 자동차, 냉장고, 수백 가지의 일상생활 도구들은 지배문화 내에서 분명한—모호하지 않은—정의를 담고 있다. 우리가 사회의 구성원으로 사회화되어 있는 이상 우리는 이러한 정의가 무엇인지 정확하게 알고 있다. 이런 표준적 기술들이 새로 출현해서 인지되고 수용되기 위해서는 기술을 정의하는 코드에 순응해야 한다. 그러나 역사적인 관점에서 볼 때, 이런 결과물에 명백한 것은 아무것도 없다. 이런 대상들은 모두 특정한 사회적 가치를 반영하는 코드에 의해 일련의 대안들로부터 선택된 것이다.

자전거는 1890년대까지는 이런 수준에 이르지 않았다. 자전거를 안전한 교통수단으로 정의하는 기술 코드에서는 앞바퀴는 작고 뒤에는 안장이 있는 자전거를 요구했다. 이런 코드에 맞춰 생산된 자전거가 당시에는 '세이프티'(safety)라고 알려졌고, 미래 디자인의 조상이 되었다. 세이프티가 가정했던 고객은 자전거를 경주나 스포츠에 이용하기보다는 가게 같은 데 다닐 때 타는 여성이나 다 큰 사람들이었다. 그러다가 마침내 세이프티는 특별하게 설계된 자전거를 통해 경주라는 의미를 내포할 수 있었고 과거의 큰 바퀴 달린 자전거는 퇴출되었다. 이런 전형적인 사례에서 범례가 되는 디자인을 선택하는 행위가 특정한 디자인/설계의 의미를—대상을 '안전하다' '안전하지 않다'라고—정의하는 특정 코드에 부여된 특권을 반영하고 있다는 사실에 주목하자. 큰 바퀴 자전거가 승리하기 위해서는 이와 비슷하게 '빠르다'와 '느리다'는 속성을 특권화해야만 했었다.

기술의 사회적 함의가 매우 크기 때문에, 기술설계가 서로 다른 이데올로기적 전망 사이의 논쟁을 함축하는 경우도 있다. 일종의 헤게모니적 질서인 이런 논쟁은 기술을 지배적인 사회적 힘에 부합하도록 "동형화(isomorphism), 다시 말해 도구의 기술적 논리와 도구가 활용되는 사회적 논리의 공식적 합치"를 보장하는 결과를 가져온다(Bidou et. al. 1988, p. 71). 이러한 해석학적 합치는 지금까지 기술연구에서 상대적으로 발전이 지체되어 왔던 보다 넓은 사회·문화적 환경이 종결 메커니즘에 끼치는 영향을 어떻게 설명하는지 보여주고 있다.

기술변화에 대한 쿤의 시각

이러한 분석으로부터 우리는 다음과 같은 분명한 질문을 던질 수 있다. 만약 이런 사실이 모두 진실이라면, 왜 우리는 과거에 기술의 형성에 영향을 끼쳤던 대중들의 개입에 대해서 아는 바가 별로 없는가? 왜 기술은 비정치적인 것처럼 여겨지는가? 이런 유의 환상은 바로 그 개입이 성공했기 때문에 생겨났다. 성공했다는 의미는, 기술 레짐이 변화하여 과거에는 설계과정에 배제되었던 이해관계가 반영되었다는 것이다. 그러나 결국에는 이런 이해관계들이 설계에 내재화되면서 대중들이 저항했던 원인은 은폐되어 버렸다. 대중운동의 물결은 잊혀버린 투쟁으로 끝났고, 기술자들은 일상적인 기술노동의 조건에 의해 확인되는 것처럼 보이는 자신들의 자율성에 대한 안락한 신념으로 회귀했다.

기술의 '중립성' 개념은 전문가 개인 및 조직들이 자신들의 자율성에 도전하는 듯하는 대중들의 저항에 직면하여 취하는 표준적인 방어적 저항이다. 그러나 실제로 기술전문가들은 결코 자율적이지 않다. 현실에서 보면 그들은 자신의 전통을 수호하기 위해 순수한 기술적 합리성을 가정하기보다는 과거 논쟁의 결과를 방어하는 경향을 띤다. 이런 의미에서 비공식적인 시민들의 개입은, 기술자나 관리자들이 무엇을 믿는지와 무관하게 이미 설계에 암묵적인 요소로 자리잡고 있음을 알 수 있다.

일반인의 참여는 대체로 기술합리성을 파괴하지 않으면서 기술합리성에 영향을 끼친다. 사실, 대중의 개입이 시작되면 설계과정에 배태된 기득권에 의해 무시되어 온 문제들이 제기됨으로 해서 결과적으로 기술을 향상시키는 계기가 될 수 있다. 기술관련 전문직업들이 자율성을 가진다고 묘사되는 이유는, 이러한 업종들이 진정으로 정치로부터 독립되어 있어서라기보다는 정치적 요구를 기술적 합리성의 용어로 번역하는 데 줄곧 성공해 왔기 때문이다.

이러한 설계과정의 특성을 설명하기 위해 토머스 쿤의 유명한 정상과학과 혁명과학의 구분을 약간 변형시켜서 재정식화할 수 있다(Kuhn 1962). 기술영역에서 전문가지배에서 대중지배로의 교체는 대략 정상과학에서 혁명과학으로의 전환이라는 구분과 부합하는 몇 가지 패턴의 하나다. 그러나 과학과 기술 사이에는 중대한 차이가 있다. 궁극적으로 자연과학은 기술보다는 여론으로부터 훨씬 독립적으로 된다. 그 결과 과학적 변화에 대한 민주적 개입은 드문 일이 되고 분과학문들 내부에서 긴장이 팽배해지면서 혁명이 폭발한다. 물론 성숙한 과학도 정치와 문화에 반응하지만 이러한 영향은 행정적 결정이나 교육에서의 변화를 통해 간접적으로 체감된다. 이와 대조적으로 일반인들은 끊임없이 기술적 활동에 연루되어 있다. 이러한 정도는 기술이 발전하면서 더욱 심화된다. 사실상 일반인들은 자신에게 영향을 끼치는 기술들의 주체라기보다는 대상이지만, 기술과 일반인이 가까운 관계를 맺고 있다는 사실은 일반인들만이 가질 수 있는 유리한 고지를 제공한다. 이런 유리한 조건에서 얻어지는 상황적 지식(situated knowledge)들은 성숙한 기술 시스템에서도 시민참여의 기초가 될 수 있다.

기성 기술 코드의 틀 내에서 효율성을 추구하려는 전문가들은 이런 상황적 지식들에 대해서 대체로 회의적이다. 그러나 쿤의 용어를 활용해 보면, 효율성은 특정 패러다임 내에서만 의미가 있고 서로 다른 패러다임들 사이에서는 평가가 불가능하다. 현재의 기술문화가 효율성을 기반으로 하고 있다면 기존의 기술 코드들은 쿤이 말하는 정상과학의 등가물을 구성한다고 볼 수 있다. 이런 의미에서 (정상과학과 마찬가지로) 기술 코드들은 일련의 사건들로 인해 기술 코드 자체가 변형될 수도 있는 패러다임 차원의 변화를 이해하기 위한 범주를 갖추지 못하고 있다. 이런 변화들이 민주적 개입에 의해 가능해지기도 하지만 지배적인 기술문화에서는 가려져서 잘 드러나지 않는다.

성찰적 설계

기술을 사회에 종속시키는 구상은 단순히 기능을 장치에 할당하는—종속이라는 말이 당연하게 생각되는—과정이 아니다. 이 과정은 성취되어야 하는 기능의 정의 자체에 영향을 끼치는 것을 넘어 생산과 소비 모두에서 기능을 충족시키는 장치와 연관된 환경의 질에 영향을 준다. 그러나 이런 경우에 기술자들 스스로 이런 쟁점들을 표면에 드러내면 이득을 보게 되지 않는가? 성찰적 설계과정은 대중적인 소동이나 사회학적 연구로 기술의 사회적 차원이 세상에 드러날 때까지 기다리기보다는 처음부터 적극적으로 기술의 사회적 측면을 고려한다.

주로 마케팅 차원에서 추동된 성찰적 설계는 (많이 알려져 있지는 않지만) 문서화되지 않은 사례들이 상당히 많다. 나는 컴퓨터를 매개로 한 커뮤니케이션 분야에서의 경험을 통해 성찰적 설계의 중요성이 갈수록 커진다는 것을 알게 되었다. 서로 다른 인터페이스는 사용자들이 온라인에서 상호 작용하는 가상세계에 대한 상이한 개념을 반영한다. 초기에는 인터페이스 디자이너들이 온라인 커뮤니케이션이 갖고 있는 문제점에 대한 보편적 해법을 모색했지만, 시간이 지나면서 특정 집단이나 과업의 성격에 맞게 인터페이스를 변형시키기 시작했다. 이런 과정을 거치면서 '그룹웨어'나 '컴퓨터 지원 협동작업'(computer supported cooperative work, CSCW) 같은 분야가 새로 생겨났다. 1984년부터 87년까지 나는 개인적으로 미국교육부, 프랑스통신(French Telecom), 디지털 이큅먼트 사(Digital Equipment Cooperation, DEC)의 지원을 받아서 그룹웨어 연구에 참여했다. 이 연구는 다양한 유형의 사회집단을 대상으로 하는 온라인 환경을 설계할 때, 가이드라인으로 삼을 수 있는 메타디자인을 모색하는 것이었다.

디지털 이큅먼트 사는 네트워크 사업자로 참여했다. 이 회사는 컴퓨터를 전화선에 연결하면 사용자들은 새로운 상호작용과 협력 패턴으로 서로 연결될 수도 있다는 것을 알았다. 물론 각각의 패턴에는 그에 부합하는 소프트웨어가 필요할 것이다. 우리는 이를 '사회적 요인'(social factor) 프로젝트라고 불렀다. 기술을 보편적인 제약조건에 맞추려고 하는 인간적 요인 중심의 사고와 달리, 사회적 요인 프로젝트에서는 컴퓨터가 만들어내는 사회적인 환경을 집단의 필요에 맞게 변형시키려고 시도했다(Feenberg 1986b; 1993).

물론 어떤 집단이 소프트웨어에 대해 갖고 있는 특정 개념을 구체화하게 되면, 구조화 수준이 상대적으로 낮을 수밖에 없는 대면접촉 환경에서는 적절하지 않거나 문제가 되기 쉬운 행태 및 권위의 패턴을 고착화시킬 우려가 있다. 그러므로 사회적 요인은 즉각적으로 정치적 요인으로 이어진다.

제록스 팔로알토 연구센터에서 소프트웨어 디자이너들과 함께 일한 경험이 있는 서치먼은 「범주에 정치성이 있는가?」(Do Categories Have Politics?)라는 논문에서 특정 유형의 컴퓨터 지원 협동작업 소프트웨어 설계가 갖고 있는 권위주의적 함의에 대해 정치적 비판을 전개하고 있다(Suchman 1994).

이런 사례들은 기술에 대한 새로운 이론의 함의가 의미심장하다는 사실을 넌지시 암시한다. 기술을 통제하기 위한 '사회의 책임'만이 아니라 설계과정에 사회적인 의식이 담기도록 기술분야 자체를 성찰적으로 변형시키는 단계까지 확장하는 게 더욱 중요하다.

진보와 합리성

주고받기(trade-off) 모델

앞에서 다룬 반결정론적 논의는 기술전문가들이 주장하는 자율성의 기초를 허무는 효과가 있다. 만약 전문가들이 과거부터 대중들의 우려를 수용했다면 왜 지금에 와서 원칙적으로 참여를 거부하겠는가? 그러나 민주적 입장을 승인하더라도 참여에는 상당한 비용이 든다는 반론이 여전히 남아 있다. 자율성 테제가 여전히 의지할 수 있는 논거가 있는 셈이다. 바로 이런 이유로 기술적 합리성은 혼란을 최소화하면서 경제문제를 해결할 수 있는 가장 효율적인 대안이 될 수 있다. 이를 근거로 우리는 이데올로기와 기술 사이에는 필연적으로 서로 주고받는 거래가 존재한다고 말할 수 있다.

이러한 논의는 자연히 제1부에서 다룬 내용을 다시 돌아보게 한다. 기술이 순수하다는 주장은 68년 5월혁명 같은—진보의 방향에 도전했던—반기술관료주의적 운동에 의해 격렬히 거부되었다. 그리고 환경에 대한 논쟁은 결국에는 환경의 질에 대한 목표치가 기술진보와 부합할 수 있는가라는 데 달려 있었다. 기술관료주의에 대한 민주적 대안을 상상할 수 있는가? 어떤 기술사회가 번영을 포기하지 않으면서 환경이라는 목표를 추구할 수 있는가? 이러한 질문에 대해 많은 사람들은 시민의 기술 참여는 진보를 더디게 하고 민주화와 환경개혁은 러다이트식의 반동과 마찬가지라며 부정적인 태도를 보인다. 이 절에서 나는 사회정책에서 기술적 합리성이 갖는 한계를 분석하면서 반론을 제시할 것이다.

대중들이 기술에 느끼는 공포는 비용이 많이 드는 변화로 귀결되거나 논쟁적인 기술혁신을 아예 포기하는 식으로 끝나기도 한다는 점을 인정하는 데서부터 출발하자. 물론 핵발전, 유해폐기물 소각로, 유전공학 실험시설, 그외에도 미래에는 더 심각한 수준의 우려 속에서 살아야 한다는 전조 등을 환영해 왔던 님비(NIMBY) 증후군도 있다.

나는 우리가 평가할 능력이 없는 상상 불가의 신종 위험에 대한 대중들의 반응을 '합리적인 불안'이라 생각한다. 침대 밑에 괴물이 있을까 봐 두려워하던 어린이들은 적절한 정보를 얻게 되면—슬쩍 침대 밑을 쳐다보는 것만으로도 충분하다—대체로 안심하게 된다. 그러나 원자력 같은 근대기술의 공포는 정보제공을 통해 완화시키려는 전략으로는 해결되지 않는다. 오히려 더 많은 정보는 근심만 더욱 키울 뿐이다. 설상가상 전문가들의 조언이 대중을 안심시킬 수 있을 것이라는 바람은, 회의적인 견해가 팽배해지고 지식의 권위가 땅에 떨어지면서 이미 오래전에 실망스러운 것이 되고 말았다. 이런 문제들은 신기술이 불러일으키는 높은 수준의 위험에 적응하려고 하기보다는 이미 수용된 기존의 위험수준으로 회귀하면 일반적으로 해결된다.

미국의 핵발전업계는 대중들의 이런 반응의 희생양이다(Morone and Woodhouse 1989). 이 사례의 의미를 과대평가해서는 안 된다. 근대의 주요 기술 프로젝트 중 하나인 핵발전은 산업사회를 화석연료라는 취약한 장애물에 대한 의존으로부터 해방시킬 것이라고 약속했다. 그러나 1960년대 들어 핵발전업체들이 안전성이 낮은 설계에 집착하면서 70, 80년대의 (보다 높아진) 기준에 적응하지 못했다. 우려를 표명하는 여론에 맞서는 과정에서, 적어도 오늘날 미국에서는 기술이 패배했다. 그러나 최근 핵발전소를 화력발전소로 되돌리려는 시도가 나오면서 이러한 변화의 노력들은 가속화되고 있다.

이런 이야기의 교훈은 무엇인가? "핵발전 논쟁을 지배해 온 [대중들의] 비합리성에서 우리는 대중들의 의지가 여전히 중요하다는 사실을 확인"했기 때문에 기술이 사실상 민주적으로 통제된다는 씁쓸한 아이러니로 결론을 내릴 수도 있다(Florman 1981, p. 69). 그러나 실현할 수 없는 목표를 추구했던 정부와 전력회사가 '비합리적'인지 아니면 검증되지 않은 두려움 때문에 정부와 기업에 책임을 물었던 대중들이 '비합리적'인지를 따져보는 것은 의미가 있다. 간단히 말해 핵발전에 투자되었던 수십억 달러의 연구비가 다른 분야, 예를 들어 태양에너지나 에너지 저장기술에 투자되었다면 지금보다 더 나았을지도 모른다는 것이다.[8]

그렇지만 핵발전은 그리 전형적인 사례가 아니다. 대개 공포는 신기술을 억제하기보다는 기껏해야 규제환경과 발전방향을 변화시키는 것에 그치게 마련이다. 자동차의 안전 및 배기가스 규제는 이를 보여주는 좋은 사례다. 규제는 생산자의 기술적 역량으로 충분히 감당할 수 있는 점진적인 변화를 유도했다. 이를 통해 우리는 정부의 '간섭'을 반대하는 사람들이 예견하는 것 같은 재앙이 아니라 보다 안전하고 오염이 적은 자동차를 만들 수 있게 되었다.

이 사실은 환경운동이 갖고 있는 특수한 힘을 보면 잘 알 수 있다. 환경운동은 기술에 대한 민주적 개입이 이루어지는 가장 중요한 영역이다. 환경운동가들은 자연을 보호하고 인간들의 건강을 지키기 위해 유해하고 비용이 많이 드는 기술로 인한 부작용을 줄이려고 한다. 커머너가 이미 논의한 바와 같이, 자본주의 사회는 기술공정에 대한 비판을 제품이나 인간에 대한 비판으로 또는 사전적인 예방에서 사후적인 정화로 문제를 왜곡시키는 경향이 있다. 이런 전략은 일반적으로 비용이 많이 들고 효율성을 떨어뜨리며 정치적인 결과도 그리 흡족하지 않다.

　　일단 파괴된 환경을 복원하는 사업은 세금이나 많은 비용을 통해 해결되는 집합적 소비이다. 이런 사후적인 해결방안이 대중의 의식을 지배하고 있기 때문에, 환경문제는 장기적인 편익을 고려한 합리적 해결방안이라기보다는 (반드시) 편익과 비용을 주고받아야 하는 일종의 비용으로 인식되는 게 보통이다. 그러나 경제적인 복지에 사로잡힌 근대사회에서 이런 인식은 잘못이다. 경제학자나 기업가들은 우리가 부(富)의 신 맘몬이 아니라 자연이라는 신을 숭배해서 발생하는 인플레이션이나 실업에 대해 그 대가를 치러야 한다고 설명하기를 좋아한다. 그들에 따르면, 자신들의 사회·정치적 기대를 기술적 명령에 맞추기를 거부하는 사람들에게는 가난이 기다리고 있다.

　　절망적으로 지푸라기라도 잡고 싶은 환경주의자들 중에는 이런 주고받기 모델을 전략으로 받아들이는 사람도 있다. 3장에서 살펴본 바와 같이 에얼럭은 사람들이 점점 커져가는 산업사회의 문제들을 진지하게 대면하게 되면 물질적 가치에서 영적인 가치로 전환할 거라는 종교적인 희망을 고수했다. 하일브로너는 탐욕스러운 대중들이 의무를 기피하더라도 계몽된 독재자가 기술개혁이라는 어려운 짐을 떠맡을 거라고 기대했다. 두 가지 해결책 중 어느 쪽이 더 불가능한지 판단하기는 쉽지 않지만, 두 가지 대안 모두 민주적 가치와는 공존할 수 없다는 점은 명확하다.

　　일단 주고받기 모델을 수용하면 환경적으로 건전한 기술 대 번영, 노동자통제 대 생산성 등의 딜레마에 직면하게 된다. 근대 산업주의의 문제들이 공공복지 향상이나 대중으로부터의 지지 모두를 획득하는 방식으로 해결되지 않는다면 우리가 희망을 가질 만한 근거가 없다.

기술적인 개혁이 경제에 여러 가지 새로운 한계를 부여하는 상황에서, 어떻게 경제적 번영과 새로운 기술을 화해시킬 수 있을까? 아동노동의 사례는 문화적 변화의 변경에서 딜레마가 발생하는—특히 주요한 기술 레짐이 변화하는—양상을 보여준다. 이런 상황에서 기존의 설계 네트워크에서 배제된 사회집단들은 공식적으로 대표되지 않은 자신들의 이해관계를 정치적으로 정교하게 다듬는다. 외부자들이 자신들의 복지를 향상시킬 것이라고 믿는 새로운 가치는, 기존의 설계를 통해 자신들의 이해관계가 적절히 반영되고 있는 내부자들에게는 단순한 이데올로기처럼 보일지도 모른다.

이것은 본질의 차이라기보다는 관점의 차이다. 본질적인 갈등이라는 환상은 사회변화가 기술에 영향을 끼칠 때마다 새로운 버전으로 갱신된다. 처음에는 새로운 집단의 수요를 충족시키기 위해서 가시적인 비용이 필요했지만, 이런 과정이 원만하게 진행되지 않았다면 더 나은 설계가 나올 때까지 효율성이 떨어질 수도 있다. 그러나 일반적으로 더 나은 설계를 찾는 것은 가능하고 성장에 대한 명백한 장애물은 기술변화를 통해 해소될 수 있다.

이런 상황은 경제적 교환과 기술의 본질적인 차이를 보여준다. 교환은 언제나 주고받기다. A를 더 많이 갖고 있다는 말은 B는 적게 갖고 있다는 의미이다. 그러나 기술진보의 목표는 프랑스 기술철학자 질베르 시몽동(Gilbert Simondon)이 말한 것처럼, 복수의 변수들을 동시에 최적화하는 '구체적' 설계를 고안해 내서 이런 딜레마를 적절하게 피하는 데 있다. 교묘하게 설계된 메커니즘은 하나의 구조로 다양한 기능을 충족시키는 등과 같은 방식을 통해 다양한 사회적 수요에 부응할 수 있다. 다음

장에서 나는 설계가 경제학적인 제로섬 게임이 아니라 효율성을 희생시키지 않으면서도 사회집단들이 갖고 있는 다중적인 가치에 부합할 수 있는 양가적인 문화적 과정이라는 사실을 설명할 것이다.

기술 규제

'위험한 기관(汽罐)'이라는 흥미로운 사례에서 우리는 위험의 사회적 통제에 대한 갈등이 새로운 현상이 아니라는 사실을 알 수 있다(Burke 1972). 증기선의 기관은 미국정부가 최초로 안전규제를 시도한 기술이다. 규제가 제안된 1816년 이후에도 5천 명 이상의 사람들이 수백 건의 증기선 폭발 사고로 사망하거나 부상을 당했지만, 정작 규제가 집행된 것은 1852년이다. 이 정도의 희생자는 많은 숫자였나, 아니면 너무 적었나? 이런 사고들이 점점 늘어났지만, 소비자들은 배를 타고 강을 여행하는 것을 포기할 정도로 놀랐던 것 같지는 않다. 선박소유주들이 이러한 소비자들의 반응을 확신의 표시로 해석하고 안전한 설계에 추가적인 비용을 지불하기를 거부했던 것도 이해할 만하다. 그러나 정치인들은 안전을 요구하는 찬성표를 획득했다.

항상된 기술을 사용하도록 강제하자 사고율이 극적으로 감소했다. 이러한 개선이 기술적으로 결정되지 않았다면 입법까지는 더 많은 어려움이 가로놓여 있었을 것이다. 그러나 사실상 기관설계는 안전에 대한 사회적 판단에 따라 상대적이다. 이런 판단은 선박소유주들이 원했던 것처럼, 시장의 가치에 따라 결정될 수도 있고 정치적 결정에 따라 다른 결과를 빚을 수도 있다. 경우를 막론하고 이런 결정은 적절한 기관을 구성한다.

기관이 '무엇인지'를 둘러싸고 벌어졌던 기나긴 정치적 갈등은 미국기계공학회가 제정한 통일 코드(규격)를 수용하면서 막을 내렸다.[9]

이 사례는 기술 코드가 변화하는 사회의 문화적 지평에 반응하는 방식을 보여준다. 재료의 선택과 처리 같은 상당히 구체적인 기술적 매개변수들은 기술 코드에 따라 사회적으로 구체화된다. 기술 코드가 문자 그대로—적어도 증기기관 사례에서는—'주조된다'는 사실로부터 기술적인 측면에서 필수적이라는 환상이 발생한다.

규제에 반대하는 보수적인 사회철학자들은 이런 환상에서 출발한다. 그들은 설계과정은 항상 안전기준이나 환경적합성에 대한 고려를 포함해야 한다는 사실을 망각한다. 이와 유사하게 모든 기술은 기본적인 수준의 사용자나 노동자들의 자발성이나 숙련을 지원하고 있다는 사실도 흔히 잊어버린다. 적절하게 제작된 기술대상은 이렇게 무엇이 적절한가에 대한 인지된 기준들에 부합해야 한다. 순응성은 이데올로기적인 사치품이 아니라 생산비용에 내재되어 있다. 기준의 향상은, 주고받기 모델에서처럼 대안적인 가치나 상품에 대가를 지불하는 게 아니라 대상의 정의가 변화하는 것을 의미한다.

효율성 물신주의

환경관련 법률이나 다른 법률에서 요구하는 설계상의 변화에 따른 비용-편익비율과 관련해서는 얼마나 많은 논의가 있었는가? 이런 계산은 새로운 수요를 충족시키는 기술진보로 인해 문제가 되는 용어가 근본적으로 바뀌기 이전인 전환단계에서는 적용할 수 있다. 그러나 중요한 것은 숫자로 표시되었다는 이유만으로 이런 계산이 지니고 있는 과학적 가치를 과대평가해서는 안 된다는 점이다. 흔히 이 계산결과는 하루 동안 송어낚시의 가치나 천식으로 인한 피해 등과 같은 것을 경제학자들이 대략적인 화폐가치로 추정한 값에 의존하고 있다.[10] 이런 추정치가 아무런 편견 없이 산출된 것이라면 가능한 정책들의 우선순위를 결정하는 데 도움이 될 수도 있다. 그러나 이런 실용적인 응용사례에서부터 규제비용에 대한 일반 이론에 이르기까지 모두를 정당하게 일반화하는 것은 불가능하다.

이러한 일종의 효율성 물신주의에서는 물신주의에 대한 우리의 통상적인 이해는 무시되고 있다. 이러한 이해는 무엇보다 사회철학과 연관되어 있다. 일상적인 의미에서 효율성은 경제적 행위자들이 일상적으로 관계를 맺고 있는 가치에 관한 것이다. 배관공은 플라스틱 파이프와 구리 파이프의 효율성을 비교하거나 박테리아를 활용한 오수정화조와 하수도 시설의 효율성을 비교한다. 그러나 아무도 이 배관공이 근대적인 배관공사에서는 폐기되는 분뇨의 가치를 계산할 것이라고 기대하지는 않는다. 이렇게 문제가 안 되는 기술적 측면은 확실히 무시되게 마련이다.[11]

이론적으로 우리는 기술대상을 구성요소로 분해해서 개별 비용이나 안전, 속도, 신뢰성 등의 목표에 따라 각 요소를 설명할 수 있다. 그러나 실제로 '암흑상자'를 열어서 안을 들여다보려는 사람은 아무도 없다. 예를 들어 기관(汽罐)의 코드가 일단 확립되면 벽의 두께나 안전밸브의 설계 같은 요소들이 기관에 본질적인 것으로 여겨진다. 이런 속성들의 비용은 안전을 위해 지불해야 하는 구체적인 '가격'으로 분해할 수 없으며 '효율적'이지만 안전하지 않은 설계와 비교하는 것은 적절하지 않다. 비용을 낮추기 위해서 코드를 위반하는 것은 범죄이지, 주고받는 게 아니다.

논쟁은 설계가 아직 정착되지 않았을 때만 가능하다. 일단 기술에 대한 갈등이 해결되고 나면 이런 갈등은 이내 잊혀버리고 만다. 대중들에게 당연한 것으로 수용되는 기술적·법률적 표준이라는 결과들은 안정적인 코드에 구체화되고 환경의 불확실한 부분을 조작해서 효율성을 추구하려는 경제적 행위자의 배경을 형성한다. 보통 현실세계 경제적 계산에서 코드 자체는 변화하지 않고 추가적인 진보가 이를 기반으로 해서 이루어질 때, 과거로 돌리려는 것은 기술적으로 더 이상 가능하지 않은 것처럼 보인다.

새로운 코드의 안정화를 기대하는 사람들은 새로운 지평의 효율성 계산법이 등장하면 금방 수그러드는 당대의 논쟁들을 무시하곤 한다. 아동노동이나 기관설계가 그 사례이다. 현재의 환경논의도 비슷한 역사를 거칠 수 있고, 우리도 언젠가는 맑은 공기와 맑은 물에 대한 요구를 기술적 명령을 거부하는 '잘못된 인간성 원칙'이라며 반대하는 사람들을 조롱하게 될 것이다.

여기에는 보다 큰 쟁점이 있다. 비경제적인 가치는 기술 코드 내에서 경제와 교집합을 이룬다. 우리가 다루고 있는 사례들은 이런 사실을 명확하게 보여준다. 노동자의 경제활동을 규제하는 법적 표준들은 노동자의 삶의 모든 영역에 상당한 영향을 끼친다. 아동노동의 경우를 보면, 규제로 인해 1차적인 의미에서 경제적이라고만 볼 수 없는 교육의 기회가 확대되는 결과가 나타났다. 강을 오가는 증기선의 사례에서는 높은 수준의 안전을 선택하는 것이 하나의 바람직한 결과를 위해 다른 것을 포기한 것이 아니라, 인간생명의 가치와 정부의 책임을 고려한 비경제적인 결정이었다.

기술은 목적을 달성하기 위한 단순한 수단에 불과한 것이 아니다. 기술설계 표준은 도시 및 건축 환경 같은 사회적 환경을 구성하는 주요 부분을 정의한다. 기술변화의 경제적 중요성은 생활양식의 틀을 짓는 보다 넓은 인간적 함의 앞에서는 무색해진다. 이런 사례들에서 규제는 경제 내에서의 행위에 그치는 것이 아니라 경제의 문화적 틀을 정의하는 역할을 한다.

잠재성 개념

기술정치학의 잘못된 딜레마는 기술영역에서 일어나는 변화의 특수성에 기인한다. 기술적 자원은 매우 다양한 패턴으로 배열되어 있다. 주어진 배열상태는 성취된 기술수준에서 잠재적으로 가용한 복지를 부분적으로 실현시킨다. 실현되지 않은 기술적 잠재력은 기존 시스템의 효율성을 측정하는 척도이다. 현실태와 가능태의 대비가 정치적인 쟁점이 되었을 때, 기술적 자원은 대중적인 압력에 대응하여 재배열된다.

과거를 돌아보면, 새로운 배열이 명백해 보일지라도 미래를 내다보면서 현재의 문제들에 대한 급진적인 기술적 해결책을 상상하기란 매우 어려울 때가 많다. 게다가 어떤 해결책에 대한 분명한 생각이 없으면 문제를 기술적인 측면에서 명확하게 정식화하는 것조차 어렵다. 따라서 어떤 기술혁신이 도입되고 난 이후에야 그것이 어떤 수요에 부합할 것인지가 명확해지는 게 보통이다.

미래의 기술적 배열을 예측하기도 어렵지만, 기존의 배열에서는 실현될 수 없는 유토피아를 상상하는 것 역시 쉽지 않다. 철저한 사회적 변화는 거대한 이데올로기적 전망으로부터 영감을 얻어왔다. 이런 사례들에서 새로운 비전이 장기적인 성공을 거두기 위해서는, 상당 기간 동안 더 나은 생활을 보장할 수 있는 능력에 달려 있다. 다시 말해 더 나은 생활을 실현할 수 있는 기술변화에 의존한다. 일단 성공하게 되면 되돌아볼 수도 있고 과거의 생활이 진보를 저해했다는 말을 할 수 있게 된다. 이론은 미리 새로운 문명의 변경에 자신이 있다고 상상하면서 후손의 입장에서 현재의 사회를 평가할 수 있다. 그러나 이론의 희망이 아직은 상상하지도 못한 기술진보가 실현되는가의 여부에 좌우된다면, 희망은 윤리적이거나 이데올로기적인 형태를 띨 수밖에 없다. 이러한 희망을 구체적으로 정식화하기 위해서는 우리가 진보라고 부르는 일종의 비가역적인 결과가 확고해져서 언젠가는 그 희망을 실현시킬 진보에 결국 의존해야 한다. 진보는 과거에 기술을 형성해 왔던 제약된 선택지들을 기반으로 해서 펼쳐지기 때문에, 새로운 발전경로들은 명확한 방향을 갖고 출현한다. 미래를 향한 투쟁에서 견지했던 과거의 가치가 진일보한 진보의 기술적·제도적 전제로서 과거부터 전승된 사실이 된다.

경제학에서는 자원의 잠재력이 충분히 현실화되지 못하면 '준최적화'(suboptimization)라고 부른다. 준최적화가 기술 코드에서 기인한다면, 우리는 특정한 또는 국지적 실패가 아니라 전체 기술 시스템의 일반화된 무용성에 대해서 다뤄야 한다. 경제학적 용어를 빌리면, 실현되지 않은 문명의 잠재력은 지배적인 경제문화가 기술 및 인간 발전에 가하는 제약으로 인한 주요 자원의 체계적인 과소 활용이다. 투자 및 소비 패턴을 변화시키고 경제적 행위의 지평을 변형시킬 기술발전을 위한 상상력을 펼치기 위해서는 새로운 문화가 필요하다.

(라투르의) 도덕적 원칙에 대한 사변적 주장은 이러한 문명진보를 통해 일상적인 생활의 현실이 된다. 아동노동의 사례는 이런 점을 명료하게 보여준다. 윤리적 요구사항에 기초한 개혁이 심대한 사회변화를 이끌어내자, 이러한 요구는 자명한 생활의 현실이 되었다. 당시 기업가들은 이러한 개혁의 경제적 비용을 우려했지만 오늘날 그 비용은 사소하거나, 근대적인 아동의 양육 및 교육이 가져다주는 엄청난 인간적 이득에 비추어볼 때 무의미해져 버렸다. 물론 이런 사례가 어떤 시대에 있었는지는 매우 중요하다. 당대의 관점들도 더 넓은 역사적 맥락에서는 급진적 재해석에 종속되기 때문에 자의적인 것이 아니다. 유사한 사례가 오늘날 환경운동과 여성 및 인종적 소수자들의 평등운동에서 나타나고 있는 것으로 보인다.

새로운 이상을 향한 투쟁이 새로운 문화에 맞게 사회를 재구조화하는 데 성공한다면, 도덕적 원칙과 물질적 부의 주고받기보다는 새로운 문화의 윤리적 주장과 관련된 경제적 잠재력을 실현시키는 것으로 이해될 것이다. 윤리적 미덕과 경제적 번영의 딜레마는 절대적인 것이 아니라, 기술발전 과정에서 협상 가능한 것이다. 우리가 앞장에서 살펴본 커머너의 입장이 바로 이런 것이다. 커머너는 환경보호가 경제적 번영과 함께할 수 없다는 주장을 거부했고, 사회적 부를 보다 포괄적인 언어로 재정의하려고 시도했다. 어떤 면에서 이런 재정의는 실제로 작동하고 있다. 기술 시스템을 자연환경에 맞도록 변형하는 진보를 통해 이러한 재정의의 내용이 기술의 구조 속에 스며들게 되면 환경운동이 진보를 대표한다는 사실은 '명백해질 것이다.'

경제문화는 최종적으로 고정된 것이 아니며, 특정 집단이 갖고 있는 사회적으로 상대적인 목표들은 다양한 기술적 수단을 통해 만족될 수 있기 때문에 진보적인 기술변화 과정 속에서 이상과 이해관계는 연결될 수 있다. 이상과 이해관계의 연결을 통해 처음에는 윤리적이거나 이데올로기적 형식으로 비쳤던 잠재성들이 마침내 스스로의 이해관계에 대한 효과적인 의식으로 실현된다. 이러한 연결을 통해 기술의 급진민주주의 정치학은 가능하다.

1)	이 원칙은 근본적인 사회적·정치적 부정의에 대한 기술적인 '해결책'이 불가능한 이유를 설명해 준다(Rybczynski 1991, chap. 5 참조).
2)	결정론에 관한 흥미로운 최근 문헌으로는 Smith and Marx(1994) 참조. 특히 필립 스크랜턴의 논문은 이 책의 입장과 가장 유사한 정서를 갖고 있다.
3)	design은 문맥에 따라 설계 혹은 디자인으로 번역했다.−옮긴이
4)	노동시간 제한과 아동노동 금지로 노동비용이 높아지면 전체적인 물가가 상승한다는 논리이다─옮긴이
5)	스포츠화나 전자회로기판 등의 생산에 아동노동의 동원을 둘러싼 도덕적 긴장을 주목해 보면 흥미로운 사실을 발견할 수 있다(때로는 괴로운 일이다). 다른 여러 영역에서도 마찬가지겠지만 지구화는 자국의 영토 내에서는 건드릴 수 없는 규제를 위반하는 것을 가능하게 한다. 미래를 예측해 볼 때, 한 나라에서 외국의 아동노동에 대한 정치투쟁은 아동노동을 재도입하려는 데 대한 저항보다는 훨씬 적을 것이다.
6)	개인적·주관적인 도덕의식이 아니라 사회적인 윤리─옮긴이
7)	조명과 전기 사례를 통해 이러한 명제를 입증하는 연구로는 Schivelbusch(1988)와 Marvin(1988) 참조.
8)	위해성평가(risk assessment)의 합리성에 대한 비판적이고 사려 깊은 접근에 관해서는 Schrade-Frechette(1991) 참조.
9)	필자가 사용하는 코드(code)는 미국에서는 공식절차를 거쳐서 확립된 법률을 지칭하거나(예: US Code) 기술관련 규격을 지칭할 때도 사용된다(예: 미국기계공학회의 규격 및 표준 ASME Code and Standards). 이러한 법률과 기술 모두에 적용되는 코드라는 표현을 잘 활용한 책으로는 로렌스 레식, 『코드 2.0』(나남출판 2009) 참조─옮긴이
10)	하루 송어낚시의 가치를 추정하는 매우 정교한 방법들이 있다. 그렇지만 천식의 '피해'비용'은 어떻게 계산할 수 있는가? 나는 천식이 있는 내 아이들 둘에게 청정대기법 개정에 반대하는 경제학자들의 논의를 요약하고 있는 뉴스를 읽어준 적이 있다. 내 아이들은 경제학자들이 천식발병의 가치를 매회 25달러로 계산했다는 얘기를 듣자 매우 분노했다. 그렇다면 만약 이 수치를 두 배, 다섯 배, 열 배로 부풀린다고 상황이 정말로 개선될까? 중요한 보건상의 쟁점이 관련되어 있는 영역에서 이런 방식으로 규제를 평가하는 방법에 내재된 오류는 이득을 넘어선다.
11)	이러한 한계는 충족(satisfying) 개념과 연관되어 있다(Elster 1983, p. 138 참조).

5. 행위능력의 문제

정치학의 귀환
기술관료주의를 넘어

앞장에서는 기술관료주의 이데올로기의 기초는 기술결정론의 명령도, 다소 완화된 주고받기 모델도 아니라는 사실을 지적했다. 하지만 베버가 예견한 것처럼, 발전된 사회에서 권력이 기술적으로 매개되는 조직에 고도로 집중되는 현상은 부인할 수 없는 사실이다. 따라서 이론적인 난점에도 불구하고 기술관료주의적인 명제를 폐기하지 못하고 있다. 실제로 전통적인 관료주의를 넘어서는 특유의 기술적 전문성이 있는데, 이는 근대사회의 행정과정을 넘어서고 있다. 뿐만 아니라 제임스 베니거가 '통제혁명'(control revolution)이라고 부르는 현상의 거침없는 확산과도 깊숙이 연관되어 있다(Beniger 1986).

잦은 저항에도 불구하고 근대의 남성과 여성들은 기술관련 제도들로부터 설계과정에서 유의미한 정치적 참여자로 간주되지 못하고 있다. 노동분업은 지배하는 자와 지배받는 자로 사회를 구분하는 모델이 된다. 도시중심부, 언론, 방송, 심지어는 노동조합마저 공장, 병원, 학교 같은 기술적 행정 패러다임으로 재구성되고 있다. 사회 전반에 걸쳐 전문성이 권력을 정당화하고 있으며 '시민성'은 생각 없는 피지배자의 역할을 성실하게 수행할 것을 요구하기 위해 존재한다. 공공영역은 쇠퇴하고 있으며 사회 전체적으로 대화와 논쟁을 일방적인 의사소통으로 대체함에 따라 문자 그대로 침묵의 시대가 제도화되고 있다.

그 결과 기술에 대한 민주적인 개입이 약화되는 현상이 징후로 나타난다. 이렇게 기술관료주의가 확장되어 가는 세계에서 행위능력(agency)의 생존 그 자체가 오늘날 민주주의의 근본 문제가 되었다. 이는 아도르노, 마르쿠제, 하버마스가 각각 '총체적 관리' '일차원성' '생활세계의 기술화'라는 표현으로 정식화한 프랑크푸르트학파의 근본 문제이다. 행위능력이라는 용어를 시장이나 태아와 동일시하는 우파로서는 이런 문제를 해결하기 위한 프로그램을 제시하기가 그리 어려운 일은 아니다. 그러나 좌파에게는 훨씬 어려운 문제로 다가온다. 성적·인종적 정체성의 정치학은 개인들에게 행위능력을 돌려주었지만 기술관료주의적 기본 구조는 여전히 남아 있다. 나는 이런 쟁점들의 중요성을 부정하지 않으면서 기술영역에서 행위능력의 부활에 대해서 성찰하려 한다. 이 장에서는 기술관료주의를 내파할 수 있는 민주적 합리화의 본질을 설명할 것이다.

기술관료주의의 정당성

기술관료주의 질서의 효율성을 정당성으로 해석할 수 있을까? 다시 말해 기술관료주의적 이데올로기가 인류를 기술적으로 취급하고 통제하는 현실에 대한 반대투쟁을 잠재울 수 있는가? 언론조작에 대한 여러 논의들도 있지만, 우리는 좀더 깊이 파고들어 언론이 기술관료주의적 제도들을 온화하고 합리적인 이미지로 설득해 내는 요인들을 찾아내야 한다. 사회적 생활세계에서는 기술관료주의 이데올로기의 효율성을 설명하는 사례들도 있게 마련이다.

라투르의 위임(delegation) 이론이 도움이 된다. 라투르가 장치들의 구조와 기능 때문에 도덕적인 강제가 행사되는 현상을 가리켜 규범들이 '위임'되었다고 말했던 걸 다시 생각해 보자. 자동으로 닫히는 문에 대한 라투르의 설명은 사뭇 사소해 보인다. "문을 닫으라"는 '도덕적 원칙'이라기보다는 '관습'이라고 표현하는 게 더 낫다. 그러나 장치가 사회적인 역할을 결정할 때, 장치의 규범설정 기능은 그리 쉽게 무시할 수만은 없다. 라투르는 이렇게 말한다.

> 나는 비인간이 인간에게 역으로 강제하는 행위를 가리켜 처방을 위임했다고 부른다. 처방은 도덕적·윤리적 차원의 메커니즘이다. 도덕주의자들이 인간에 대해 아무리 개탄하더라도 기계처럼 도덕적으로 냉정한 인간은 없다. 우리는 인간이 수백 년 동안 갖고 있던 능력뿐만 아니라 가치, 의무, 윤리까지 비인간에게 위임할 수 있었다. 우리 스스로 아무리 나약하고 사악하다고 느끼더라도 우리 인간들이 윤리적으로 행동하는 것은 바로 [이렇게 위임된] 도덕적 원칙 때문이다. (Latour 1992, p. 232)

전통, 법률, 구두계약만으로 복잡한 사회를 통합하기에는 역부족이기 때문에 기술적인 처방을 통해 사회적 결속을 도모한다. 따라서 사회적 유대는 인간들 사이의 의사소통뿐만 아니라 기술적 대상을 매개로 해야 하고, 이러한 매개를 통해 독자적인(sui generis) 규범설정 기능이 유지된다.

장치에 포함되어 있는 처방은 노동분업을 정의하고 있다. 화이트칼라와 블루칼라, 구상과 실행, 지시와 복종, 의뢰인과 대행인 등의 구분은 기술설계에 이미 예시(prefigure)되어 있다. 대부분의 조직에서 역할을 정의하려면 일반화된 동의가 필요하며 노동규범은 이러한 정의와 관련되어 있다. 역할을 설정하는 기술적 선택들은 조직에 참여하기로 한 모두에게 동시에 부과되는 규범적인 선택이다.

좋은 작업이 무엇인지를 정의하기 위해, 일관조립 라인의 기술적 필요조건을 한번 살펴보자. 일관조립 라인은 경영자의 지시에 따라 작업속도를 조정할 뿐 아니라 (노동자의 작업을) 라인에 설정된 작업속도에 맞추는 것을 좋은 작업으로 정의한다. 이런 사례들은 다른 유형의 생산기술에 대해서뿐만 아니라 일반화될 수 있다. 의료, 교육, 행정 등의 영역에서 기술장치는 개인들이 소속감 때문에 암묵적으로 준수하는 규범을 처방한다. 기술관료주의는 위계적 통제체계의 확대를 정당화하고 유지하기 위해 기술적 위임을 이용하고 있다.

기술관료주의는 사실에 기초한 비판에 취약한, 특정 가치를 내재한 이데올로기를 강제하지 않아도 된다. 근대적인 조직 내에서의 기술적인 역할과 임무로부터 자연히 생겨나는 합의를 이용하면 된다. 일반적으로 논쟁들은 이런 합의를 통해 해결된다. 그러나 기저에 깔려 있는 기술적 틀은 도전으로부터 보호된다. 따라서 기술관료주의는 순수한 기술적 합리성의 배후에 있는 가치편향을 감추는 데 성공한다.

일단 중앙집권적인 행정체계가 자리잡으면 다른 방식으로 작동할 것이라고 상상하기는 쉽지 않고, 담당자들은 체계를 지속적으로 작동시킬 수 있는 조건을 유지해야 한다. 따라서 기술적으로 매개된 제도를 통제하는 사람들은—공공기관에 있건 민간기관에 있건, 자본주의자건 공산주의자건—운영 측면의 자율성을 재생산해야 한다는 메타 목표를 위해 기술선택을 종속시키게 된다. 대규모 조직들이 사회과정의 대부분을 지배하면서 공장, 작업장, 감옥 등과 같은 위계적 기구들의 특수한 기능은 일상적인 사회생활에까지 일반화된다. 교육 불평등이나 문화적 불평등이 줄어드는데도 불구하고 사회가 권위주의적 궤도를 따라 진화하는 이유가 바로 여기에 있다. 합리화이론과 이후의 계몽비판, 지식/권력, 기술관료주의 등의 이론들은 결정론적인 함의 없이 이런 용어들에 의해 재해석될 수 있다.

행위능력의 복원

기술관료주의가 승리하는 것을 지켜본 1960년대의 학생운동과 반문화운동은 자주관리와 참여민주주의를 해독제로 제시했다. 그들은 근대사회가 경제적 착취가 아니라 기술적 지배 때문에 신음하고 있다고 생각했다. 마르쿠제의 『일차원적 인간』 등과 같이 비관적인 전망을 제시하는 사회비판이 그렇게 유행한 이유도 이런 배경으로 설명할 수 있다. 그러나 근대적 삶을 이렇게 우울하게만 그려놓으면 변화할 수 있는 여지는 거의 없어지고 좌파 디스토피아적 비판과 실증주의적 기술관료주의 찬양 사이의 개념적 경계는 놀랄 만큼 흐려지게 된다. 이런 비판은 이론적으로는 거의 자기부정적 비판에 가깝다.

실천적으로는 폐쇄적인 시스템에 대한 저항을 자극한 디스토피아주의가 효과적이었다. 물론 30년이 지난 지금의 시각에서 보면, 디스토피아주의가 과장한 측면이 있었다는 점은 명백하다. 근대사회의 기술관료주의적 경향은 환상이 아니었지만, 과거에 반대세력이 두려워했던 것만큼 전체주의적이지는 않았다. 지금도 여전히 정치적인 행위는 가능하며 여러 가지 난관에도 불구하고 효과를 거둔 사례도 있다.

좌파가 처음으로 기술진보에 대해 문제제기를 했던 1960년대에는, 정치적인 논쟁에서도 이런 쟁점들이 상당히 부각되었다. 이 시기 동안 일어난 68년 5월혁명, 반전운동, 미국 여러 도시에서 발생한 도시폭동 같은 대규모 운동을 통해 저항의 아이디어들은 구체적인 모습을 갖춰나가게 되었다. 기술은 국가와 마찬가지로 적이었기 때문에 기술관료주의 반대운동은 일종의 정치혁명으로 이해되기도 했다. 지구의 날에 자동차를 파묻거나 캐나다의 한 대학에서 중앙컴퓨터를 파괴한 행동들은 이런 입장의 논리적 귀결이었다. 혁명이 실패했을 때, 혁명에 참여했던 사람들은 실제로 귀농을 함으로써 '시스템'의 기계적 영향권으로부터 벗어나려고 했다.

시간이 흘렀다. 현재 벌어지는 정치적 운동의 주제들을 보면 인종, 젠더, 환경 등 일정한 연속성을 갖고 있지만 지금 운동이 품고 있는 포부는 훨씬 온건하다. 우리가 정치를 보다 낮은 수준의 사회생활에 대한 개입으로 이해하게 되면서 정치는 '미시정치'라고도 일컬어지는 국지적 지식과 국지적 행동을 기반으로 한 상황적인 정치가 되었다. 미시정치는 총체적인 전략도 없고 전지구적 차원에서 사회에 대한 도전을 감행하지도 않는다. 그리고 미시정치는 장기적으로는 전복적인 영향을 끼치는 다양하면서도 수렴하는 행위를 포함하고 있다. 기술영역은 전체주의적인 변혁전략이 수용되기 어렵기 때문에 이런 접근이 특히 적절하다.

공산주의 사회가 전체주의적 변혁전략에서 실패했다는 것은 명백하다. 소비에트 공산주의가 세웠던 독창적인 근대화 전략은 사회주의로의 이행에 실패했다. 마오쩌둥의 문화혁명은 기술적 재앙이었다는 게 일반적인 견해이다. 서구의 급진주의자들도 전체적인 대응을 정의하는 데 성공했다고 볼 수 없다. 마르쿠제의 입장은 극도로 도덕적이었지만 정치적으로 유효한 태도는 아니었고, 행위능력을 공공연하게 부정한 하이데거의 견해는 도구주의적 통제에 대한 진정한 대안이라기보다는 추상적인 부정에 불과했다. 이런 부정적인 분위기가 오래전부터 정치투쟁을 지배하고 있었다. 우리는 전체주의적인 접근이 무의미할지라도 산업주의 체계에서의 긴장은 국지적 수준에서 '내부'로부터 파악될 수 있다. 내부에 있는 개인들은 이미 기술을 매개로 한 행위에 참여하고 있으며, 지배적인 기술적 합리성에 억눌려 있던 양가적인 잠재력을 현실화할 수 있는 능력을 갖고 있다.

나는 이런 가능성을 '민주적 합리화'라고 부른다. 민주적 합리화는 기술 그 자체의 결과들, 즉 기술적인 매개를 통해 사람들을 동원하는 방식에서부터 출발한다. 새로운 기술의 정치에서는 이렇게 구성된 사회집단들이 역으로 자신들을 정의하고 조직하는 틀을 성찰하게 된다. 환자, 개인용 컴퓨터 사용자, (사회적) 노동분업의 주체, 오염유발 공장 주위의 주민인 '우리'가 행위자다. 우리가 기술의 민주화를 기약할 수 있는 것은 이런 주체들이 있기 때문이다. 기술정치학은 기술이—우리의 삶 모든 측면에 영향을 끼치는 일종의 사회적 '입법'인—새로운 종류의 대중적 합의에 의해 탄생하는 세계를 예견하고 있다.

비도구주의적 행위능력이론

문화연구와 비판이론

나는 기술영역에서의 집합행동을 살펴보면서 지금 벌어지고 있는 기술에 대한 민주주의 투쟁을 설명하려고 한다. 이런 투쟁을 가지고 귀납적으로 접근하면 기술과 정치에 대한 논의를 괴롭히고 있는 몇 가지 문제를 피할 수 있다고 생각한다. 기존의 이러한 논의들은 대체로 기술의 민주화는 우리 사회 기성의 틀 내의 행정적인 문제에 불과하다고 암묵적으로 가정하고 있다. 투표와 규제 같은 기존의 장치들을 민주주의의 전형적인 모델로 간주하면, 기술의 민주화는 기껏해야 기술적 결정을 체계[1]에 통합시키는 것을 목표로 하게 된다. 계속 늘어나는 개별 사안들에서 투표와 규제는 점점 더 중요한 역할을 하고 있지만, 기술의 민주화를 보장할 수 있는 준(準)헌법적인 행위로 일반화하기에는 이러한 개혁방식이 지닌 비실천적인 속성은 너무 명확하다. '우리, 민중'들이 어떤 헌법적 접근이든 가능하게 만들 정도로 기술적 쟁점들에 대해서 하나의 전체로 동원되지 않는다.

게다가 기술의 민주화는 이런 공식적인 수단만으로 가능한 게 아니다. 국가와 행정기관은 수백 년 동안 특정 기술 코드와 일체화되어 있는 관료주의적 구조 아래서 권력이 집중된 결과물이다. 이러한 기술 코드는 본질적으로 권위주의적이기 때문에 위로부터가 아닌, 아래로부터의 적극적인 시민참여만이 변화를 만들어낼 수 있다. 몇 가지 알려진 사례들은 있지만 우리는 실제로 어떤 일이 진행되고 있는지 알 필요가 있다. 이런 관심을 갖게 되면 민주적 주권이라는 궁극적인 질문보다는 기술관료주의적 통제형태에 대항하는 기술 네트워크의 중심부에서 나타나는 구체적인 민주적 주체들의 속성이 더욱 흥미로운 주제가 된다. 여기서 나는 민주주의적 기술변화에서 기술의 미시정치학이 수행하는 역할을 이해하기 위해 최근의 기술학 연구들을 재배열할 것이다.

문화연구도 기술에 대한 민주주의적인 접근을 생각할 수 있는 유용한 자원이다. 문화연구는 대중문화에 관한 초기 저작들이 미디어의 힘만 너무 일방적으로 강조하는 입장을 비판하는 것으로부터 시작되었다. 레이먼드 윌리엄스, 그람시 그리고 프랑스 후기구조주의자들의 영향 아래서 성장한 버밍햄학파는 대중문화의 소비자들을 미디어 조작에 수동적인 대상이 아니라 자신들을 향한 메시지를 해석하고 전유하며, 이러한 과정을 거치면서 메시지의 의미를 변형시킬 수 있는 능력을 가진 존재로 파악했다. 그들은 선진사회의 권력구조를 '완전한 관리'—비판이론에서는 이로부터 탈출할 방법은 없다고 간주하는 것 같다—가 아닌 '헤게모니의 경합'으로 이해했다.[2] 이 책에서 나는 이와 유사한 기술적 헤게모니라는 개념을 활용할 것이다. 이를 통해 우리는 일반 사용자들을 체제변혁의 잠재적인 행위자로 간주할 수 있게 된다.

문화연구는 이런 생각에 대해서 학계로부터 폭넓은 관심을 끌어냈다는 점에서는 중요하지만, 선진 기술사회 대중들의 행위능력에 대해 상호작용이라는 관점에서 접근한 최초의 노력이라고 볼 수는 없다. 프랑크푸르트학파의 영향을 받은 1960년대 미국학자들은 (마르쿠제의) 1차원성은 과도한 주장이라며 반발했다. 마르쿠제는 초월적 요구는—예술, 철학적 비판, 본능, 제3세계의—'부재'(不在, without)에서 비롯될 수밖에 없다는 주장을 고수했지만, 행동주의 이론가들은 저항을 체제에 내재된 반작용으로 설명하기를 원했다. 사실 마르쿠제 식으로는 완전한 통합이 거의 이루어진 사회에서 발생한 거대한 저항운동을 설명하기가 불가능했다. 1973년 스탠리 아로노비츠는 『거짓 약속』(False Promises)에서 비판 이론의 전통 내에서 행위능력을 복원하려 했는데, 이런 노력은 프랑크푸르트학파와 관련 있는 우리의 프로젝트에 매우 중요한 의미를 가진다.

로저 실버스톤은 문화연구의 접근법을 기술에 적용했다(Silverstone et al. 1992; Silverstone and Haddon 1996). 실버스톤과 유사한 접근을 하는 동료들은 가정에서 기술이 전유되는 양상을 설명하기 위해 수용이론 (reception theory)을 발전시켰다. 텔레비전 시청자들이 쇼를 보면서 나름대로 해석을 하는 것처럼 사용자들은 자신들이 사용하는 도구들을 자신의 가치와 코드에 맞게 다시 의미를 부여하거나 변형시킬 수 있다. '길들이기'(domestication)라 불리는 이러한 과정을 통해 가정환경에 적응된 기술대상이 만들어진다.

실버스톤이 말하는 현상은 분명히 존재한다. 그러나 이러한 길들이기 모형을 사용자의 전유과정에 대한 일반적인 묘사라고 하기에는 다소 소박하다. 실버스톤은 길들이기의 '보수적' 함의를 강조하고 길들이기를 야생의 도구들이 가정에 맞게 변형되면서 '양순하게'(taming) 되는 과정에 비유한다(Silverstone and Haddon 1996, p. 60). 하지만 온라인 통신의 경우는 사용자들이 외부에서 기술을 가져오기보다는 기술을 이용해서 공적인 세계에서 활동하는 게 아닌가? 그리고 핵발전의 경우에는 관련 행위자들이 집에 있는 것은 아니지 않은가? 그렇다면 보수적 함의에도 불구하고 '길들이기'라는 표현이 적절한 용어인가?

메리트 라이와 크누트 소렌슨은 길들이기라는 표현이 사용되는 범위를 확대하려고 한다(Merete Lie and Knut Sorensen 1996). 이들은 비판이론이 기술영역에서의 행위능력을 이해하거나 행위능력을 자극하는 데 성공적이지 못했다고 생각하고, 대신 문화연구의 성과를 끌어들여 보다 역동적인 기술변화 모델을 설명하려고 한다. 이들은 길들이기 이론과 사회구성주의를 종합해서 설계과정에서 사용자들이 적극적인 역할을 할 수 있다는 점을 강조하려고 한다. 그러나 이런 야심찬 목표를 위해서는 원래의 이론을 상당히 변화시켜야 했다—"원래의 이론을 동질적이고 상대적으로 안정적인 가정의 도덕경제에서 떼어내었다."(Lie and Sorensen 1996, p. 13) 이렇게 변형시킨 결과는 상당히 고무적이었고, 이들의 책에서는 실버스톤의 한계를 극복한 여러 가지 구체적인 사례들을 제시하고 있다. 그러나 새로운 의미의 길들이기는 명백하게 이러한 사물들을 핵발전소나 유해 화학물질과 우리의 관계로 서술하고 있다(같은 책, p. 12). 여기서 이 개념의 성공 가능성에 대한 의심이 생겨난다.

　　의심이 생겨난 이유는 사용자들의 행위능력에 대한 이론의 주요 주장보다는 길들이기라는 은유 때문이다. 아무리 개념을 다시 정식화하려고 해도 길들이기라는 은유는 가정(home)이라는 협소한 틀을 내포하고 있기 때문에 적응과 습관화를 특권화하게 된다. 행위능력은 적응과 습관화라는 짧은 회로로 단순화되고 만다. 우리는 식탁에 앉아서 텔레비전을 보는 것만큼이나 우리 이웃에 있는 핵발전소에 익숙해질 수도 있다. 그러나 각각의 경우에 유의미한 행위능력들과 관련된 의미가 분명하지 않다. 행위능력에 대한 적절한 개념이라면 다른 은유를 위해 길들이기 연구의 결과를 희생시키지는 말아야 한다. 이하에서 나는 컴퓨터와 의료기술의 창조적 전유를 설명하면서 모범을 보여주겠다. '길들이기'라는 개념이 집 안에서의 활동을 평가절하하기 위해 사용되고 있다는 의혹은 전혀 없다. 행위가 일어난 공간이 아니라 행위가 사회 전반에 드러내는 징후에 따라 어떤 행위가 적절한지를 분별해 내야 한다.

나는 근대기술에 뿌리박힌 비민주적 권력구조에 이의를 제기하는 사용자의 개입을 표현하기 위해 '민주적 합리화'라는 용어를 제안한다. 나는 '민주적 합리화'라는 용어를 통해 사용자의 행위능력에 담겨 있는 (개인에 제한되지 않는) 공적인 의미를 강조하고자 한다. 민주적 합리화를 기술에 대한 인간사회의 다른 유형의 적응 또는 기술의 적응과 혼동하지 않기 위해서, 이 공적인 함의를 가진 사례를 설명하는 경우에 사용자의 행위능력이라는 개념을 사용할 것이다.

민주적 합리화는 세 가지 점에서 실버스톤의 길들이기 이론과 차이가 있다. 우선, 민주적 합리화는 보수적이지 않고 예시적이기 때문에 전통적 가치를 수호한다기보다 어떤 미래가 가능한지 제시할 수 있다. 둘째, '가정의 도덕경제'가 아니라 인권, 보건, 환경, 노동의 질 등 폭넓은 근대적 관심을 표현하고 있다. 셋째, 민주적 합리화는 기술관료주의 사회에서 앞서 제시한 사안을 공적인 쟁점으로 부각시키기 위해 필요한 창조적인 의사소통 전략을 포함하고 있다.

민주적 합리화 이론은 프랑크푸르트학파 입장의 연장선에 있으면서 기술영역에서의 행위능력을 새롭게 강조한다. 기술관료주의와의 투쟁 그리고 합리성에 대한 기술관료주의의 배타적 독점권 주장은 여전히 우리가 해결해야 할 문제이다. 지금의 해결책은 선진 기술사회에 내재해 있는 급진적인 정치자원들을 발굴하는 것이다. 선진 기술사회의 권력구조는 대체로 기술 시스템의 권위주의적 외양에 불과하기 때문에 기술 시스템을 변화시킴으로써 권력구조를 동요시킬 수 있다.

이런 주장은 울리히 벡의 '위험사회론'과 이와 결합된 개념인 '하위정치학'(sub-politics)을 떠올리게 한다. 위험사회는 "자신이 행사하는 영향과 위협을 보지도 듣지도 못하는 자율적 근대화과정에서 발생한다" (Beck et al. 1994, p. 6). 산업주의의 부정적인 잠재력은 외부효과나 환경에 대해서는 전적으로 무관심한 채 성장과 이윤 같은 일면적인 목표만 추구한 데서 생겨났다. 벡이 '성찰적 근대화'라고 말하는 지금 같은 새로운 상황에서 정치적인 것은 변형을 경험한다. 정상적인 정치학이 체제관리의 형식을 갖추고 정치적 성격을 탈색하는 한편, 새로운 '하위정치적' 세력들이 사회의 틈새에서 출현해서 다양한 영역에서 성찰적 근대화를 주장하고 있다. 대체로 이런 현상은 모순이 분명하게 드러나는 기술이나 환경 영역에서 나타난다. 내가 말하는 민주적 합리화와 마찬가지로, 하위정치학은 그동안 지배를 추구하던 체계가 배제하던 보다 넓은 인간적·자연적 관심을 대표하고 있다(Feenberg 1991, chap. 8).

벡은 기술이 현재 그것을 통제하고 있는 한정적 군사·경제 조직으로부터 벗어나서 자율적인 하위체계가 되려면, 기술 자체가 우연성에 개방되어 있을 뿐만 아니라 다음과 같은 상황을 준비하고 있어야 한다는 결론을 내린다.

훌륭한 구성주의, 자기의심, 기술 다원주의에 개방되어 있는 한편, 경제적인 측면에서는 다른 대안들보다 낮게 평가되는 새로운 협상 및 매개 제도 그리고 민주적인 공동결정 제도도 준비하고 있어야 한다. 이런 일이 가능하려면 교육이 20세기에 그랬던 것처럼, 기술은 공적인 의제로 선언되어야 하며 공적 재정의 지원을 받아야 한다. 불가능하다고 생각하는가? 하지만 상상할 수 있는 일이다. 이를 불가능하다고 생각하는 것은 근대성의 본질인 기술이 낡은 방식으로 조직되어 있다는 증거이기도 하다. (Beck et al. 1994, p. 28)

대항 헤게모니

민주적 합리화의 개념은 기술에 대한 문화연구와 비판이론(critical theory)의 중심 테마인 근대성을 연결시켜 준다. 이제 우리는 과거의 비관주의적 비판 때문에 일방적으로 봉쇄되었던 가능성을 개방하는 새로운 개념적 도구를 활용해서 기술관료주의를 논의할 수 있게 되었다.

미셸 푸코의 중기저작과 또 다른 프랑스 사상가 브루노 라투르, 미셸 드 세르토(Michel de Certeau)에서 비판이론을 정정하는 출발점을 찾을 수 있다고 생각한다. 이를 통해 나는 다소 다른 방향에서 문화연구에서 도출된 논의로 되돌아갈 것이다. 나는 앞에서 제시한 사상가들의 성과를 소개하기 위해 간략하게 1977년의 『감시와 처벌』(Discipline and Punish)과 1976년의 『성의 역사 1』(The History of Sexuality vol. 1) 당시의 푸코의 방법에 대해 논하겠다. 푸코의 방법은 네 가지 방법론적 원리로 요약할 수 있다.

첫째, 전제군주가 가졌던 유의 전통적 통치권력은 근대의 관료주의 질서가 행사하는 규율권력 및 생체권력(biopower)과 명백히 구별된다.

둘째, 과학분과 학문들은 진리 등 보편적 가치와의 관계가 아니라 관련된 사회적 실천, 인공물, 권력관계라는 국지적 지평 아래서 연구되어야 한다.

셋째, 저항의 원천은 흔히 말하는 것처럼 '이해관계'에 있기보다는 권력관계의 구조 자체에 내재해 있다. 즉 저항은 권력행사에 내재해 있는 반작용이다.

넷째, 저항과 관련된 종속적 지식은 사회질서의 재코드화의 기초가 될 수 있다.

통치권력은 한 인간, 예를 들어 왕을 통해서 체현되는데, 그 왕의 행동은 최상의 사회적 지위로부터 나온다고 여긴다. 그러나 근대사회에서 권력은 개인으로부터 분리되며, 어떤 기관으로부터도 분리된다. 오늘날 권력은 어떤 의미에서는 현실의 상호작용 속에서 권력을 행사하는 주체에 선행하고 주체의 기반을 이루는 실천으로 구현된다. 사회에 대한 이런 논쟁적 개념은 주체성이라는 파토스를 실천으로 전치(轉置)시킨다. 전통 사회이론에서 실천은 인간행위자가 수행하는 노동행위의 한 형태이다. 실천은 조직하고 통제하고 증식하며 심지어는 '주체화'—실천하는 인간 존재의 주체성의 생산을 자극—시키기도 한다.

권력의 실천은 전략가 없는 전략이다. 여기서 전략은 인간이라는 원재료를 통제하고 형식을 부여하려고 분투하는 과정에서 불가피한 인간의 저항에 대응하기 위한 것이다. 권력의 전략에 대한 저항은 권력관계에서 자연발생적으로 출현한다. 인간을 규율해서 생산적 주체로 바꾸어놓기 위한 실천은 반복, 보상, 처벌을 통해 원하지 않는 육체에 실천을 강제해야 한다. 국가의 이해관계에 따라 섹슈얼리티와 (생물학적) 재생산을 조직하려는 생체권력의 실천은 초기 전(前)사회의 섹슈얼리티와의 갈등 속에서 그들이 추구하는 효과들을 북돋우고 유통시켜야 한다. 푸코가 근대사회에서 과학기술을 이용하는 데 따르는 과학기술적 담론뿐만 아니라 이렇게 파놉티콘 같은 인공물에 구현된 다양한 근대적 실천을 발견했다는 점은 기술철학적으로 상당히 흥미롭다.

　푸코의 권력과 저항 개념은 양자 모두를 탈개인화하고 국가와 계급 같은 행위자로부터도 분리시킨다. 이제 권력과 저항은 그로부터 행위자가 나타나는 시스템이 된다. 권력의 이러한 시스템적 성격은 권력과 진리를 새로운 방식으로 연결시켜 준다. 권력이라는 시스템은 하이데거의 의미에서 세계를 드러낸다(Dreyfys 1992). 또한 세계를 특정 각도로 바라볼 수 있게 해주며 이러한 시선에 대응하는 대상들의 영역을 정의한다. 권력이 수행하는 이와 같은 기본 기능은 진리추구와 모순되지 않으며 연구를 특정 방향으로 가도록 하는 역할을 한다. 진리 레짐들은 특정 시대와 학문분야를 특징짓는 권력 의존적인 인식론적 지평이다. 이런 의미에서 근대적 헤게모니는 과거의 통치권력처럼 폭력 또는 과시가 아니라 진리에 그 뿌리를 두고 있다.

　각각의 진리 레짐에는 피지배자들의 관점을 드러내는 종속적 지식이 조응한다. 종속적 지식은 기술적 위계에서 종속적 지위에 '위치지어진다'(situated). 종속적 지식은 분과학문의 형태를 갖추고 있지 않지만 (기성)학문들의 명백한 사각지대인 진리의 한 측면에 접근할 수 있게 한다. 근대사회의 파놉티콘 식 질서에 대한 비판은 희생자들의 종속적 관점에서 시작된다. 체계의 '재코드화'는 종속적 지식으로 분명하게 표현된 저항을 통합시킴으로써 가능해진다. 푸코는 다음과 같이 말한다.

　나는 국가의 작동을 가능케 하는 수많은 권력관계 전체를 코드화[성문화]한 것이 [대문자] 국가(State)이며 동일한 권력관계를 다른 형태로 코드화[성문화]한 것을, 혁명이라고 생각한다. 이는 여러 종

류의—거칠게 말하면 권력관계의 전복적 재코드화가 가능할 정도
로 다양한—혁명이 있다는 것을 함축하고 있다. (Foucault 1980, pp.
122, 123)

논리적으로는 가능하지만 아직 충분히 정교하게 다듬어지지 않은 대항
헤게모니 개념은 푸코가 더 이상 유용하지 않다고 여기는 계급투쟁 같은
전통적 행위자 기반 모델에 의지하지 않고도 급진적인 변혁의 희망이 있
음을 제시한다.

전략과 전술

미셸 드 세르토는 이 시기의 푸코 작업에서 영감을 받았다. 여기서는 드
세르토가 푸코의 입장을 기술철학에 맞게 어떻게 변용시켰는지를 살펴볼
것이다. 드 세르토는 게임이 사회를 설명하는 유용한 모형이라고 생각했
다. 게임은 행위자들의 움직임을 결정하는 것이 아니라 행위자들의 행동
범위를 규정한다. 다음에서도 보겠지만 게임이라는 은유를 기술에 적용
하면 허용되는 '움직임'과 금지되는 '움직임'에 대한 틀을 만들어낼 수 있
다. 여기서 기술 코드는 가장 일반적인 게임규칙이며 지배적 경쟁자들에
게 유리한 방향으로 작동한다.

    드 세르토는 '전략'을 기업이나 공공기관 같은 근대사회 조직에 체
화되어 있는 제도화된 통제로 정의한다. 이러한 조직은 사회구성원들에게
끊임없이 영향을 끼쳐서 권력'자본'을 축적한다. 축적과정은 엘리트들이
자신들을 엘리트로 구성해 내는 '내부'라는 새로운 종류의 사회공간을 형

성해서 이로부터 '외부'에 영향을 끼친다.

나는 전략이라는 용어를 의지의 주체 및 권력의 주체—기업, 군대, 도시, 과학제도—를 따로 떼어놓을 수 있어야 가능해지는 세력균형을 계산(또는 조작)할 때 사용한다. 전략은 자신의 영역으로 구획할 수 있는 장소를 먼저 가정한다. 이 장소는 목표나 위협(고객, 경쟁자, 적, 도시 주변의 시골, 연구목표, 연구대상 등)을 구성하는 외부와의 관계를 지시하는 기초가 될 수 있다. 타자의 보이지 않는 권력에 의해 매혹된 어떤 세계에서 자신의 장소를 구획하는 데카르트의 제스처라고도 할 수 있다. 이는 과학적·정치적·군사적 근대성의 제스처다. (De Certeau 1980, p. 85)

데카르트의 제스처는 특정 형태의 합리성, 즉 부재(不在)로부터 세계에 작용하는 계획과 통제의 합리성을 규정한다. 드 세르토의 생각을 논의할 때는 진리 레짐에 대한 푸코 식 분석의 상대주의적 함의를 우려하기보다는 기술철학에서 보다 중요한 물음인 기술적 사고방식과 근대적 행정의 연관관계의 본질에 집중하기만 하면 된다(다음 장에서 논의할 기술 자체의 역할에 대해서는 여전히 논의가 부족하다).

드 세르토는 저항 문제도 논하고 있다. 대부분의 사회집단은 전략을 구사할 수 있는 조직적 기반을 가지고 있지 않고 '외부'에 있으면서 단지 '전술적으로' 대응할 따름이다. 이들 집단은 지배전략의 틀 내에 머무를 수밖에 없지만 전략의 유효성을 바꿀 정도의 미묘한 일탈행위를 할 수는 있다. 따라서 전술은 (지배자들이) 전략을 적용하는 데 맞서 예상하지 못했던 다양한 지연(遲延), 조합, 아이러니를 도입해서 지배적 코드를 내부에서 전복시키는 공공연한 저항과는 다르다. "타자의 게임—타자가 제도화한 공간—에 참여하고 승리할 수 있는 수천 가지 방법들이 집단들의 미묘하고 고집스러우면서 저항적인 행동—특정한 토대가 있는 게 아니기 때문에 기존 세력들과 재현물 네트워크 내에서만 운신할 수 있다—의 특징이다."(같은 책, pp. 59, 60)

드 세르토는 사회가 갖고 있는 코드의 복잡성 때문에 모든 사회에서는 전략과 전술 사이에 긴장이 발생한다고 주장한다. 헤게모니를 장악하고 있는 코드는 주변화된 행위자들이 전술적 역할을 하는 틀을 만들어낸다. 드 세르토가 말하는 '과도한'(exorbitant) 실천은 지배적 언어의 등가물이다. 모두가 지배적 언어를 구사할 수는 있지만 주변부의 실천은 지방사투리처럼 지배적 언어를 비틀 수 있는 특별한 능력이 있다. 그러므로 발화가 언어에 속하는 것처럼 전술은 전략에 속하는 것이다. 어떤 사회의 기술 코드는 과도한 실천의 규칙이다. 다시 말해 과도한 실천의 규칙은 자신이 결정하는 틀을 전복할 수도 있는, 의도하지 않은 어법에 의존할 수밖에 없는 통사론이다.[3]

이 장을 시작하면서 기술관료주의적 지배는 운영 측면의 자율성에서 뿌리를 찾을 수 있다고 주장했다. 드 세르토의 표현으로는 전략적 권력의 성장이라고 할 수 있다. 이러한 권력은 전술적 외부에 있는 사람들이 필연적으로 실행해야 하는 계획에서 스스로를 드러낸다. 그러나 완전한 계획은 있을 수 없고, 모든 실행은 내가 말하는 수행하는 사람들에 의한 '활동의 여지'(margin of maneuver) 내에서 발생하는 계획되지 않은 행동을 포함할 수밖에 없다. 기술적으로 매개된 조직이라면 어디서나 활동의 여지는 작업속도 조정, 잘못된 자원이용, 문제점에 대한 즉흥적인 해결책 마련 같은 방식으로 작동한다. 계획이 집행을 포함하는 것처럼 전략은 기술적 전술들을 포함하고 있다.

활동의 여지가 반드시 정치적인 함의를 가지는 것은 아니다. 활동의 여지가 실제로 작동하기 위해서는 지배적 기술코드를 준수해야 하지만, 지배적 기술코드와 양립할 수 없는 잠재력을 가질 수 있다는 점에서 본질적으로 모호하다. 오늘날 관리가 성공하는지는, 운영의 자율성을 보호하기 위해 이러한 잠재적인 위험들을 억제하는 데 달려 있다. 그러나 어떤 조건 아래서 피지배자들이 경영진의 자율성을 축소하는 변화를 경영진이 수용할 수밖에 없게 함으로써 기존의 틀을 성공적으로 변화시킬 수도 있다. 이런 맥락에서 생각할 때, 사회의 기술적 토대가 양가적이라는 주장은 전략적 내부를 피지배자들의 지속적인 노력에 개방시키는 전술적 대응으로 기술적 토대가 변화할 수도 있다는 말이다. 이는 다시 노동분업과 기술에 코드화되어 있는 전략의 변화를 내포한다. 다음 장에서 설명하겠지만, 나는 이것을 탈집중화와 지역적 통제 이론과 구분되는 '심층 민주화'(deep democratization)라고 부른다. 심층 민주화 개념을 통해 민주화는 기술적으로 선진적인 사회에 내재된 잠재력으로 생각할 수 있다.

제3의 대칭
행위자 네트워크 이론

드 세르토의 실천이론이 발전한 지적 환경은 내가 지금부터 살펴볼 브루노 라투르와 미셸 칼롱의 행위자 네트워크 이론진영과 겹치는 부분이 있다. 마치 사전모의라도 있었던 것처럼 두 이론이 유사하다는 사실은 그리 놀랄 일이 아니며, 두 이론 모두 기술영역에 대한 민주적 개입의 이론적 기초를 제공한다.

라투르는 기술을 드 세르토가 말하는 전략과 매우 유사한 '프로그램', 다시 말해 의도적 구조(intentional structures)의 전형(embodiment)으로 간주한다. 기술적 대상은 통상적 의미의 '사물'이 아니라 사람과 도구를 서로 묶어주는 역할을 하는 네트워크의 결절점이다. 행위자 네트워크 이론에 따르면, 기술을 형성하는 사회적 동맹은 바로 사회적 동맹이 만들어낸 인공물에 의해 결정된다. 그러므로 사회집단은 기술에 선행하거나 기술을 구성하지는 못하고 단지 기술과 동시에 출현한다. 바로 이러한 사실이 라투르가 자신의 이론이 일반적인 구성주의의 정식화와는 구별된다고 생각하는 인간과 비인간의 대칭성의 일면이다.

라투르는 저자와 독자가 인쇄된 지면을 통해 만나는 것처럼 기계 창조자와 사용자가 적용과정에서 마주친다고 주장한다. 기계에도 '이야기', 즉 사용자가 촉발시켜서 이어나가는 일련의 사건들의 흐름이 새겨질 수 있기 때문에 텍스트에 비유될 수 있다. 행위자 네트워크 이론에서 사용하는 이런 비유는 언어학적 개념들——행위자 네트워크 이론에서는 중요한 역할을 한다——을 차용한 기술의 의미론을 정당화한다.

우선, 라투르는 기술설계를 통해 인간 또는 비인간이 기능을 '위임'하는(delegating) 과정을 묘사하기 위해 '옮겨서 대체함'(shifting out)이나 장면 전환(change of scene)이라는 개념을 사용했다. 이야기의 등장인물들이 작가의 의도에 따라 특정 공간 또는 시간에서 다른 공간 또는 시간으로 이동하는 것처럼 기술 '프로그램'의 요소들은 어떤 '사안'

(matter)에서 다른 사안으로 옮겨간다. 라투르의 사례에서 "문을 닫으라"는 자동문의 명령은 문에 부착하는 메시지에서 스프링으로, 다시 말해 윤리적 영역에서 기계적 영역으로 옮겨져 대체된 것이다.

　다음으로, 라투르는 (언어학에서 말하는) 구절의 통합적(syntagmatic) 차원과 계열적(paradigmatic) 차원의 차이를 사회기술적 네트워크에 적용한다. 이 책에서 이러한 구분에 대한 상세한 설명을 할 필요는 없다. 라투르가 설명한 것처럼 통합적 차원은 기술 네트워크에 요소들을 추가로 등록하는 과정을 의미하고, 계열적 차원은 이런 요소들을 서로 효과적으로 묶어주는 다양한 대체나 위임을 묘사하고 있다(Latour 1992, pp. 250, 251)

저항 이미지

칼롱은 구성원들을 '단순화'함으로써, 즉 프로그램에 도움이 되지 않는 측면들을 무시하고 도움이 되는 측면만 제한적으로 등록하는 식으로 네트워크가 형성된다고 말한다. 이런 개념에 따라 존 로는 다양한 종류의 인간 및 비인간 요소를 연결하고 단순화하는 네트워크 건설자를 '이질적 엔지니어'(heterogeneous engineer)라고 명명했다(Law 1987). 그러나 칼롱은 "행위자 네트워크가 매우 잘 정의되어 있고 안정되어 있으며 예측 가능한 방식으로 연결된 네트워크라고 오해하면 안 된다. 자연적이건 사회적인건 행위자 네트워크가 구성하는 총체는 언제라도 정체성과 상호관계를 새롭게 정의하고 새로운 요소들을 네트워크에 도입할 수 있기 때문"이라고 말한다(Callon 1987, p. 93). 요약하면, 단순화가 실패할 우려도 있고 억제되었던 속성들이 다시 나타날 수도 있다. 라투르는 네트워크가 저항하고 제어해야 할 분산된 힘을 네트워크의 '반(反)프로그램'이라고 부른다.

라투르는 이런 주장을 뒷받침하기 위해 프랑켄슈타인 박사의 괴물을 반프로그램의 예로 든다. 기술 네트워크에 등록된 사물들처럼 자신을 만들어낸 사람의 생명을 위협하는 프랑켄슈타인 박사의 괴물도 '독립된 생명'을 갖고 있다. 라투르는 '자율적' 기술의 위협을 받았다는 유의 "심장에서 [따뜻한] 피가 흐르는 도덕주의자들이 만들어낸 닳고 닳은 상투적 이야기"에서 재빠르게 돌아선다(Latour 1992, pp. 251, 252). 그러나 라투르는 상투성을 넘어서고 있다. 우리가 이미 살펴본 것처럼, 기술 시스템이라는 개념은 어떤 권력의 원천에서 나오는 전제적인 통제를 함축하고 있다. 그러나 프랑켄슈타인 박사의 괴물이 창조자인 척하고 있다는 사실을 착각하게 하고, "자신의 정체성과 상호관계를 재정의"한 것처럼 행위자 네트워크 이론의 분석적 실천은 전제적 통제를 잊게 만든다. 그렇다면 자신이 만들어낸 괴물을 통제할 수 없는 프랑켄슈타인 박사의 불쌍한 이미지는 여린 마음의 문화평론가들이 우려먹을 수 있는 소재에 그치는 게 아니다. 프랑켄슈타인 박사의 모습은 기술권력의 본질적인 한계가 무엇인지를 보여주고 있다.

셸리(『프랑켄슈타인』의 저자 – 옮긴이)는 문제를 낭만적으로 만들기 때문에 라투르의 가혹한 판단에서 면제될 수 있다. 문학에서 또 다른 사례를 들어보면, 통제를 벗어나서 사고를 저지르는 '마법사의 제자'(sorcerer's apprentice)라는 신화가 있다. 웰스는 동물이나 식물을 정상 크기의 8배로 성장하게 하는 기적의 음식을 발명한 선구적 생명공학자

두 사람에 관한 『신들의 양식』(*The Food of the Gods*)에서, 놀라운 선견지명으로 마법사의 제자 신화를 다시 썼다(Wells 1967). 런던 근처의 농장에서 실시된 허름한 실험에서 거대한 말벌, 쥐, 사람이 만들어졌다. 비록 이런 형질들이 유전되지는 않았지만 세계는 '거대함의 반란'(bigness insurgent)으로 돌이킬 수 없는 변화를 겪었다.

라투르의 표현을 이용하면 자루, 벽, 감시인에게 위임하려고 했던 애초의 프로그램은 쥐가 음식을 먹기 시작하면서 붕괴되었고 네트워크는 인간이 아니라 비인간에 의해 예상하지 못했던 정도로 확장되었다.[4] 물론 네트워크의 원래 계획했던 기존의 실험 프로그램을 기준으로 생각하면 이런 상태는 거의 혼란이나 다를 바 없지만, 두 과학자와 그들의 실패한 전략의 관점이 아니라 우리가 사태를 객관적으로 보면 네트워크가 성장했다고 볼 수도 있다. 그리고 이로 인해 새로운 행위자들은 새로운 프로그램을 추구할 수 있게 되었다.

웰스는 우리에게 미처 예견하지 못한 붕괴나 부분적인 균열, 전술적 재전유 등을 통해 과거의 요소들로부터 출현한 새로운 시스템을 보여주었다. 웰스는 이런 식의 결론을 즐겼고 재앙의 산물인 '양식의 자식들'을, 질서—그들의 질서, 다시 말해 거인들의 질서—를 다시 형성하는 프로그램의 새로운 이질적 엔지니어로 그렸다. 『신들의 양식』은 역동적인 산업주의가 편협했던 과거의 유럽을 대체하는 양상에 대한 은유이지만 드 세르토의 전술과 라투르의 반프로그램 사이의 유사성을 보여주는 사례로 이용될 수도 있다.

이 이야기를 통해 우리는 기술 시스템의 취약성을 알게 되었다. 인간에게 종속되었던 것들의 '단순화'가 붕괴되면서 네트워크에는 특정 유형의 불안정이 유발된다. 이런 불안정은 드 세르토의 논의와 완벽하게 부합하는 정치적 함의를 가진다. 드 세르토에 따르면 시스템은 전술적 변형에 취약하다. 따라서 반프로그램은 무질서의 원천일 뿐 아니라 의심하지 않았던 잠재력을 실현하는 새로운 프로그램과 관련된 네트워크를 재코드화할 수도 있다.

이러한 잠재력을 이해하려면 다시 기능의 문제로 돌아가야 한다. 우리의 일상적인 기술적 실천에서 자연스럽게 드러나는 이러한 명백한 개념(기능)이 실제로 의미하는 바는 무엇일까? 9장에서 더 상세하게 설명하겠지만, 기능은 객관성이 물화된 형태인 가격과 흡사하다. 마치 우리가 가격을 대상의 진정한 속성으로 간주하는 것처럼, 기능은 일종의 관계적 용어다. 실제로 어떤 기술의 기능은 그것을 만들고 통제한 그리고 그것에 목적을 부여하는 조직에 따라 상대적이다. 체계이론의 용어를 이용하면, '체계'의 일부로서 기능을 갖게 되는 것이다.[5]

오늘날 사회과학에서 '체계'는 가장 모호한 개념 중 하나다. 일반적인 어법에서 체계는 상호 작용하는 구성요소들의 목표 지향적인 복합체로 정의된다. 생물계나 사회에서 체계는 유기체나 기업 같은 자기재생산 구조를 표현하기도 한다. 자연에서 구조의 범위를 한정하는 기준은 객관적인 것 같다. 우리는 환경과 유기체를 효과적으로 구별할 수 있고 유기체를 공격하는 질병으로부터 유기체를 보호하는 면역기제처럼 (체계의) 내부과정을 확인할 수도 있다. 바이러스, 기생충, 암 등이 이런 모형에서 문제를 일으키기도 하지만 생물학에서 이런 문제들은 정상적인 경우가 아니라 오히려 예외적인 경우다. 그러나 사회체계와 환경의 경계는 그리 명확하지 않다. 바이러스, 기생충, 암 등은 사회의 여러 변화과정에 유익한—대개는 좋지 않은 의미지만—은유가 될 수 있고 실제로 자주 사용되고 있다.

예를 들어 주주는 공식적으로 기업을 소유하고 있고 주주의 이익실현에 충실한 경영진을 임명한다. 체계로서 기업은 그 소유주의 의지에 따라 구성되는 것처럼 보인다. 소유주의 의지는 기업경영자들에 의해 체계유지 절차에 체화되어 있다. 그러나 현실의 공식적인 체계는 "상호 작용하는 요소들의 자기재생산적 복합체"에 그치지 않는다. 기업을 매우 다른 유형의 체계로 간주하는 노동자와 노동조합에게 경영진은 기생충에 불과하지 않은가? 지역사회에서 자기 지역 내의 기업을 더 넓은 도시체계의 암적인 하위체계로 간주하는 경우는 어떠한가? 노동자와 지역운동 지도자들은 단순히 '환경'인가 아니면 경영자와 동일한 지형에서 작동하는 경쟁적인 체계조직가인가?

경영자들은 물론 완전한 자율성을 가지고 싶어한다. 경영진은 노동조합이라는 바이러스나 정치적인 기생충과 투쟁함으로써 자신이 이해하는 대로 체계의 경계를 분명하게 그으려고 시도할 수도 있다. 그러나 우리가 '체계'라고 부르는 사회적 영역은 어떤 부분에서는 만나고 또 어떤 부분에서는 갈라지는 일련의 층위로 구성되어 있다. 몇몇 제한된 관점에서 볼 때는 여러 층위의 일부에 조응하는 일관성 있는 전체로 보일 수도 있다. 기업과 특정한 관련이 없는 외부의 객관적인 관점에서 우리는 기업의 실제 소유주가 주주인지, 제품의 희생자 혹은 노동자인지, 지역사회인지

합리적으로 질문할 수 있다. 그렇다면 이런 질문에 대한 대답과 무관하게, 기업의 실제 소유주는 바로 그 체계인가? 법률을 따르지 않는 자연과정이 아니라 정치투쟁, 파업, 기술혁신, 자본이동, 입법, 법원이 결과를 결정한다. 매우 상이한 결과도 가능하다. 유럽공동체에서는 노동자와 지역사회에 권리를 부여하는 사회헌장을 채택했는데, 이는 미국에서는 들어보지도 못한 것이다.

그러나 이런 사실은 사회체계는 보는 사람이 누구인가가 매우 중요하다는 점을 말하고 있다. 체계는 자기재생산하는 전체로서 중복되는 여러 체계적 프로젝트를 지지하면서 상호 작용하는 구성요소들이 매우 느슨하게 조직된 복합체들의 일부로 그리 견고하지 않다. 나는 이러한 확장된 복합체를 '네트워크'라고 부른다. 이 네트워크를 체계이론의 용어인 '환경'과 동일시하기 위해서는 자의적으로 체계관리자의 시각을 실제 세계의 탈중심화된 복잡성보다 우위에 놓으면서 체계의 경계 문제를 사전에 판단해야 한다. 체계관리자가 성공적이라면 이 사전판단은 합당하게 여겨진다.[6] 그러나 네트워크의 구성요소 중에는 인과관계적 차원보다는 상징적인 차원에서 참여하는 인간이 포함되어 있다. 인간은 체계를 대표할 수 있고 체계가 아우르지 않는 생활세계로부터 나와서 체계에 영향을 줄 수도 있다. 인간은 체계의 먹이가 될 수도 있고 혈류의 세균처럼 체계를 파괴할 수도 있지만, 체계관리자와 마찰을 일으키는 네트워크를 재조직화할 수도 있기 때문에 체계가 보유한 자원을 새롭게 배열할 수도 있다. 다른 말로 하면, 인간이 참여하게 되면서 생명이 있는 창조물과 환경이라는 유기적 은유는 난센스가 된다.

체계관리자는 불완전하게 통제되거나 통합되어 있는 네트워크의 구성요소를 부각시키는 의도하지 않은 결과와 체계의 붕괴를 통해 자신들의 활동이 갖고 있는 넓은 배경을 인식하게 된다. 이와 같은 붕괴에서 드러난 문제의 기능적인 번역은 체계를 재구조화하기 위해 필수적인 과정이다. 이러한 활동에 성공하면 주어진 기능은 체계의 유지와 모순되는 경우를 포함해서 붕괴에서 드러나는 전체적인 가능성에서 선택된 것에 불과하다는 사실을 은폐한다.

이런 확장된 '잠재성'에는 새롭거나 수정된 기술설계 또는 새로운 지도자나 목표를 가진 조직의 신설을 통해서만 체계화될 수 있는 긍정적인 요소들이 포함될 수 있다. 이 같은 급진적인 이행은 순수하게 기능적인 관점으로는 개념화될 수 없고 언제나 주어진 체계와 발전경로에 따라 상대적이다.

요약하자면 체계라는 개념은 체계의 프로그램을 집행하는 기구를 책임지는 소유주, 경영자, 조직자 들의 자생적인 재현을 반영하고 있다. 그들은 자신들의 전략에서 활용하는 용어를 통해 개념적으로 집행기구를 결속시키고 자신들이 통제하지 못하는 모든 것을 '환경'이라고 간주하는 경향을 자연적으로 갖고 있다. 그러나 이렇게 체계를 목적론적으로 이해하는 방식은 라투르의 대칭성 원칙에 위배된다. 그렇지만 경영자의 의도는 '체계'가 부분집합인 전체 네트워크에 의도하지 않게 등록된 사람들(과 사물들)의 예상외의 변화보다 근본적이지는 않다. 비공식적 행위자가 참여하는 기술정치학의 네트워크 이론이라면 경영자의 자기이해에 의존하지 않는 새로운 범주를 필요로 한다.

이러한 범주들 중에서 가장 중요한 것이 구성주의가 도입한, 성공한 이론과 장치 그리고 성공하지 못한 이론과 장치의 대칭 그리고 행위자 네트워크 이론이 제안한 인간과 비인간의 대칭에 이은 제3의 대칭이다. 적어도 반프로그램을 채택한 행위자들이 반프로그램을 따르는 새로운 체계를 구축할 수 있는 능력을 가진 경우라면, 우리는 프로그램과 반프로그램의 대칭성을 추가해야 한다. 이러한 제3의 대칭은 기술적 합리화를 위한 민주적 정치학의 기초가 된다. 기술사회학이 제3의 대칭을 체계규범으로부터의 일탈 이상인 것으로 간주할 수 있다면, 절실하게 필요한 기술의 민주적 정치학은 창조될 수 있다. 나는 이 장의 결론에서 기술의 민주적 정치학을 위한 출발점을 개략적으로 묘사할 것이다.

민주적 합리화
기술의 미시정치학

기술의 미시정치학이 운동으로 이어지는 방식은 전통적인 정치학과 매우 다르기 때문에 잘못 해석되기 쉽다. 이데올로기나 의뢰인들이 운동을 결속시키는 게 아니라, 도전을 제기하는 기술 네트워크가 운동을 만들어낸다. 이런 투쟁들이 지향하는 목표도 신선하다. 기술로 매개된 근대조직들의 민주화는 근본적으로는 부나 공식적인 행정권력의 분배가 아닌 의사소통적 실천의 구조와 관련되어 있다.

그렇다면 새로운 유형의 정치학에 참여하는 대중적인 행위자는 누구인가? 대중적인 행위자는 시민 일반이 아니라 특정한 기술적인 결정으로부터 직접적인 영향을 받는 개인들이다. 이러한 국지적 상황에서는 비전문가들도 기술적인 쟁점에 개입할 수 있는 수준의 지식을 얻고 싶어한다. 자기 집 주변에서 발생한 위협이나 만성불치병 같은 문제를 공유함으로써 결속된 비전문가 활동가들은 자신들이 직면하고 있는 쟁점들에 관한 상황적 지식을 발전시킨다. 이들은 여론에 영향을 주려는 노력을 통해 기술논쟁이 일어나게 할 수 있다.

이 방식은 환경운동에서 주로 사용한다. 환경운동은 지역의 저항운동에서 출발했지만, 확산되어 나가면서 여론을 형성하고 법과 규제를 변화시키는 방식을 흔히 활용한다. 환경운동가들이 제기하는 산업공정에 대해서는 전문 기술자들만 관심을 가졌던 게 일반적이었지만, 오늘날 우리는 대중들이 이런 공정으로부터 피해를 입지 않을 권리를 갖고 있다고 믿는다. 시민이 된다는 것은 잠재적으로 희생자가 되는 것이다. 환경운동에서 정보가 중요한 역할을 하는 이유가 여기에 있다. 중요한 투쟁은 의사소통 영역에서 사적인 정보를 공개하고 비밀을 폭로하고 중립적이라 여겨지는 과학적인 영역에 논쟁을 도입하는 등의 방식으로 결정되곤 한다. 일단 대중이 기업이나 정보기구를 면밀하게 감시한다면 핵발전 같은 유해기술을 지지하기란 한층 어려워질 것이다.

한편 전문가들 스스로 자신들의 행동에 영향을 받은 사람들과, 아놀드 페이시가 말하는 '혁신적 대화'를 시작할 수도 있다(Pacey 1983, chap. 8). 우리는 프랑스 5월혁명 당시 중간계층의 목표가 바로 이것이었다는 사실을 이미 앞에서 살펴보았다. 미국에서는 이와 유사한 투쟁이 급진적인 전문가들에 의해 오랫동안 이루어졌지만 아쉽게도 아래로부터의 지원을 받지 못해서 그리 성과를 거두지는 못했다(Hoffman 1989). 스칸디나비아에서는 노동조합이 설계과정에 사용자들을 참여시키는 실험을 후원해서 혁신적 대화를 제도화하는 시도를 하기도 했다(Ehn 1989). 제3세계 농업원조에 관한 문헌에는 전문가들이 만들어낸 기술 시스템의 최종 사용자들과 전문가들이 협력하는 등 혁신적 대화와 유사한 사례들이 상당히 많다(Richards 1985).

사용자들이 기존의 장치를 사실상 재발명했다고 할 정도로 혁신적으로 응용하는 등 기술을 창조적으로 전유한 사례들도 있다. 이와 같은 새로운 기술정치학의 두드러진 사례들은 컴퓨터 분야에 잘 드러난다. 속도, 성능, 기억용량처럼 일반적인 성능지표는 기업의 계획담당자들이 과연 이런 지표들의 용도와 목적이 무엇인지 생각하는 동안 급속도로 발전하고 있다. 제도적으로 혁신과 사회적 수요의 분리가 너무 심해졌기 때문에 기술발전이 공학적인 아이디어에서 판매 가능한 응용제품으로 이어지는 명백한 경로는 없다. 대신 연구개발은 여러 방향으로 이루어지는데, 연구개발은 엔지니어들이 협소하게 인지하는 활동영역에 국한되지 않기 때문에 어떤 게 '옳은' 방향인지 결정하는 것은 엔지니어들의 능력 내에 있는 게 아니다. 아마추어 해커나 일반 사용자들이 컴퓨터를 정보처리 장치에서 의사소통 매개로 바꾸어놓을 수 있었던 것도 바로 이런 맥락 때문이다. 처음에는 데이터를 처리하기 위해 고안된 시스템에 사용자들이 나중에 인간들의 의사소통 기능을 추가하면서 프랑스의 미니텔 시스템과 인터넷의 설계가 변화되었다(Charon 1987).

이러한 기술논쟁, 혁신적 대화, 창조적 전유는 현대 정치생활과 떼어놓을 수 없는 특징이 되고 있다. 이런 특징들은 기술적 쟁점을 일반적인 민주주의 논쟁이 될 수 있게 하고 공식적인 '기술영향 평가'의 매개변수들을 제시할 수 있다(Cambrosio and Limoges 1991). 나는 이 장의 나머지에서 좀더 자세하게 사례들을 다룰 것이다.

생태주의 네트워크가 대중들의 시야에 들어오고 있다. 생태주의 네트워크는 기술 시스템의 경계에서 과학의 대상으로 구성되곤 한다. 이 과정에서 의도하지 않은 결과들에 직면하게 된 시민들이 분노하면서부터 새로운 정치학이 탄생했고, 인간과 사물의 미묘한 상호작용에 대한 연구가 촉발되었다.

　　인간의 입장에서 생태주의적 논쟁은 주로 의학적인 면에 집중이 되지만 기업 입장에서 볼 때는 기업활동의 자율성 문제가 된다. 가장 초기 형태의 규제에서도 자율성은 일정한 가격이 주어져 있었다. 잠재적인 위험을 안고 있는 기술을 보유한 쪽에서는 자연과 인간의 안전 및 건강에 대한 보호를 가능한 최소 수준으로 맞추는 기술 코드를 따라야 했다. 폭발할 우려가 있는 기관(汽罐)의 사례에서 증기선 소유주들이 그랬던 것처럼, 대체로 처음에는 규제를 외부로부터의 침입으로 여겼다. 그러나 경영자들은 경계를 협소하게 정의해서 기술 코드의 위반사례를 제한하는 것이 자신들의 시스템을 온전하게 보존할 수 있는 최선의 방법이라는 사실을 알게 되었다.

　　불행하게도 자율성을 보전하기 위한 우회적인 다른 방법들이 있다. 네트워크 내의 위험요소들을 통제하거나 네트워크에 대한 정보를 통제하는 등의 활동은 공적인 논쟁에서 잠시 '계열적으로' 주고받을 수 있다. 건강상의 위험을 감추거나 더 심하게는 이런 위험이 없다고 정의해 버리거나 물리적으로 제거해 버리는 등의 행위는, 시스템 측면에서는 적어도 일정 시간 동안은 기능적으로 동등한 전략이다. 그리고 이윤이나 성장 같은 단순한 지침을 집행하기 위한 집권화된 기술적 의사결정은 필요할 때면 시스템의 경계를 보호하는 정보들을 통제함으로써 설계에 통합되어 있는 다양한 관심의 범주를 축소시키는 강력한 압력을 만들어낸다(de la Bruhèze 1992, p. 141).

이런 사례는 작업장 위생이나 제품 안전성 등 환경 및 관련 사안에 대한 기술관료주의적 관리방식의 양가적인 역할을 보여주고 있다. 한편으로 기술관료주의는 문제를 전문적으로 다루게 하지만 또 한편으로 정보독점은 문제를 실제로 해결할 수 있는 저렴한 대안을 제공한다. 따라서 기술관료주의는 스스로 주장하는 바와 달리, 기술진보에 요긴하지 않을 뿐더러 오히려 감추려고 안간힘을 쓰는 문제들을 해결하는 데 필요한 혁신을 가로막는 경우가 많다.

정보통제 전략은 민주주의 사회에서 전문성과 공공정보에 대한 접근권 확대와 대립한다. 주로 기업에 의해 사람들의 건강과 권리가 침해되면서 논쟁이 벌어지고 대중들의 관심을 끈다. 정보통제가 어려워지면서 장치와 절차 수준에서 (기업활동의 합법과 불법의) 경계가 획정된다. 문제는 기술적인 수준에서 해결된다. 여기는 주요한 두 가지 효과가 있다. 우선, 코드에 순응하지 않는 조악한 단순화는 언젠가는 폐기해야 하고 특정 요소들의 통제 불가능한 복잡한 속성들을 인정하고 대체물을 찾아야 한다. 우호적인 경우에는 진보는 효율성을 상실하지 않고 문제를 해결할 수 있다. 이런 한편으로, 기술적 해결책을 추구하다 보면 해결하려고 했던 문제들에 대해 이의를 제기하면서 이러한 문제들이 이데올로기적이라는 사실을 폭로함으로써 과거에 이런 문제들에 관심을 가지지 않아도 되었던 (표면적) 알리바이가 훼손된다. 과거에는 산업계 인사들이 핵발전이 안전하다고 주장했지만 오늘날 누가 스리마일 사고가 핵발전의 안전성을 입증했다고 믿는가? 핵발전이 안전하다고 주장했던 사람들은 개탄할 정도로 안전에 무관심했다. 여기서 자기 잇속만 차리려는 변명을 목격하지 못할 사람은 없다.

혁신적 대화와 참여설계

네트워크를 변형시키는 주체들에 대해서는 아직 기술사회학에서 충분히 다뤄지지 않았지만 매우 흥미로운 영역이다. 푸코는 전통적으로 보편적인 가치를 대변하던 과거의 문학적 지식인(literary intellectual)과 대비하여 변형의 주체들을 '구체적 지식인'(specific intellectual)이라고 부른다(Foucault 1980, pp. 127~29). 구체적 지식인은 이질적 엔지니어라는 새로운 계급을 구성한다. 그리고 이질적 엔지니어의 전술적 노동은 관리자의 의지와 상반되곤 하는 대중들과의 혁신적 대화를 통해 네트워크들의 인지된 경계까지 확장된다(Pacey 1983, chap. 8).

어떤 개발자가 과거에 자신이 개발한 기술을 나중에 비난하면서 해당 기술을 채택해서 사용하는 기업이나 기관들의 경계획정 전략을 전복시키는 경우도 있다. 원자폭탄이 가장 유명한 사례이다. 원자폭탄을 만든 과학자들은 그 폭탄이 2차대전 때 사용된 일반적인 폭탄과 동일할 것이라고 생각했다. 실제로 미국만 원자폭탄을 보유하고 있던 매우 짧은 기간 동안에는 그렇게 사용되었다. 군부는 원자폭탄에 대한 이러한 개념을 지속시키길 원했다. 그러나 군비경쟁과 그것의 묵시록적 함의를 예상했던 과학자들은 원자폭탄을 미국인에 대한 위협으로 재정의했다. 과학자운동은 스스로를 폭탄과 러시아인뿐만 아니라 폭탄, 러시아인, 미국인 들까지 포괄하는 전지구적 네트워크를 대표하는 주체로 정의했다. 정책에 영향을 끼치기 위해 과학자들은 저널을 창간하고 핵전쟁을 우려하는 일반인들의 운동을 조직했다(Smith 1965).

환경논쟁도 생물학자들의 결점과 내부분열에서 힘을 얻었다. 그리고 (과학자운동과) 마찬가지로 경영자들이 확신하는 시스템 경계가 지닌 환상적 본질을 지적하고 있다. 환경주의자들은 네트워크를 재정의해서 지금까지 소외되었던 사람들을 포함시키기보다는 서로 다른 의료·공학·농업적 기술 코드 사이의 모순을 제기했다. 소외된 사람들이 동원되는 곳에서 생생한 기술적 공공영역을 창조할 것이라고 약속하는 새로운 유형의 정치운동이 출현한다. 우리가 3장에서 이미 살펴본 것처럼 과학자들은 드러나지 않은 위험을 지역사회에 알리거나 공공영역에서 정당성을 가진 기술적 언어로 국지적 지식을 정식화하면서 운동에서 중요한 역할을 하곤 한다.

이런 사례들은 페이시가 의도한 범위를 훨씬 뛰어넘는 '혁신적 대화'를 일반화하고 있다. 페이시는 일반인들이 구체적인 기술혁신에 끼치는 영향에 관심을 갖고 있다. 핵폭탄과 환경운동의 사례는 기술혁신의 문제라기보다는, 일반적으로는 전문가와 전문가들의 활동으로부터 영향을 받은 대중들 사이에 형성되는 새로운 유형의 탈기술관료주의적 관계의 출현과 관련이 있다. 이러한 전문가와 대중의 새로운 관계는 환경영역에서는 중요한 기술혁신의 원천이다. 이런 측면에서 나는 페이시의 개념을 이 책의 목적에 맞게 변형할 수 있다고 생각한다.

페이시는 주로 개발원조를 사례로 들어서 이야기를 풀어간다. 문화들 사이의 상호작용은 기술전문가와 일반인들 사이에 이미 존재하는 복잡한 상호관계에 걸쳐 있다. 일반 사용자에게는 익숙지 않은 공학적 환경으로부터 바로 나온 낯선 컴퓨터 인터페이스 때문에 어려움을 겪는 사람들이 있는 것처럼, 개발 프로젝트는 수혜를 받는 지역주민들에게는 기술 관료주의적 문화가 이질적이라는 의미에서 응용의 현장과는 상당히 멀리 떨어진 곳에서 구상되는 게 보통이다. 그 결과는 파괴적일 수 있다. 그러나 이런 환경에 살지 않는 컴퓨터 인터페이스 설계자들과 달리, 개발전문가들은 자신들이 설계한 프로젝트를 실행하기 위해 현장에 나간다. 그들은 현실을 목격하면서부터 혼란스러워지고 자신들의 프로젝트를 현실에 맞게 수정하는 데 도와줄 사람을 현지에서 찾아나선다. 이런 사례는 초기에는 협력에 실패하다가 적어도 일시적인 성공에 이르는 일반적인 패턴을 보이고 있다. 두 가지 결과가 가능하다. 따라서 근대화에 대한 표준적 접근방법이 더 많은 투자를 하거나 지역의 저항을 보다 효과적으로 억압하는 과정을 통해 보편적으로 확산되면서 새로운 방법이 주변화되거나, 좀더 긍정적으로 말하면 지역에서 학습한 내용을 근대화의 기술 코드에 내재화하는 방법이 가능하다.

첫번째 결과는, 노르웨이의 선박제조업자들을 탄자니아로 보내서 연안에 거주하는 사람들에게 유럽 스타일의 선박을 건조하는 방법을 가르친 프로젝트에서 잘 드러난다. "불행한 운명의 프로젝트는, 지역의 어부들이 필요한 도구와 재료가 없어서 수리를 하지 못해 녹슨 채로 사용하지 않는 선박이 널려 있던 음베가니(Mbegani)와 바가모요(Bagamoyo) 해변에서 막을 내렸다."(Swantz and Tripp 1996, pp. 53, 54). 결국 노르웨이 전문가 중 한 명이 숙련된 지역 선박기술자에게 작업방식에 관한 조언을 구할 수밖에 없었다. 그들은 함께 전통적인 설계를 수정하고 배의 외부를

5. 행위능력의 문제

나무를 깎아내는 방식이 아니라 널빤지를 연결하는 식으로 개조해서 규모와 안정성을 향상시켰다. 여러 해 동안 성공적으로 협력했지만, 어떤 이유에서인지 관련당국이 보다 근대적인 설계를 도입하려고 하면서—이 과정에서도 유익한 협력사례가 없지는 않았지만—초기의 혁신적 대화는 중단되었다.

이보다 유력한 두번째 패턴은, 아프리카 농업에 대한, 전문가들이 말하는 녹색혁명에서 찾을 수 있다. 어떤 저자는 이상적인 조건에서 개발된 초기의 잡종종자가 아프리카의 농장에서 성과를 내지 못한 사례를 보여준다. "농민들이 자신들의 사회·경제적 조건에서 신기술이 어떤 성과를 낼 수 있는지 확인할 수 있도록 신기술을 스스로 시험해 볼 수 있는 농민관리 실험"에서 보다 좋은 결과가 나왔다(Harrison 1987, p. 100). 다른 아프리카 전문가는 여러 사례를 통해 "연구는 '공식적' 과학을 한편으로, '지역사회의 생태지식'을 또 한편으로 하는 파트너십이어야 한다"는 결론을 내린다(Richards 1985, p. 141).[7]

유사한 실험이 서구의 기업에서도 있었지만 결과는 양가적이었다. 가장 유명하고 자료가 잘 정리되어 있는 '참여설계'의 사례는 강력한 노동조합 운동과 우호적인 정부지원의 도움을 받을 수 있었던 스칸디나비아에서 있었다.[8] 여러 연구가 수행된 바 있는 유토피아(UTOPIA) 프로젝트는 소프트웨어 엔지니어들이 신문사 노동자들과 인쇄과정을 컴퓨터화하는 혁신적 방식을 공동으로 개발한 사례이다. 이 소프트웨어는 만들어진 곳에서는 작동했지만 외부에 판매하는 데는 실패했고 만들어낸 사람들이 착상했던 모델과는 거리가 멀어졌다. 그럼에도 불구하고 효과적인 의사소통과 협력이라는 원칙이 확립되었고 기술사회학자들과 엔지니어들, 특히 컴퓨터 소프트웨어 설계 엔지니어들의 관심을 끌었다(Ehn 1989; Sclove 1995, chap. 11; Winograd 1995, pp. 118ff).

혁신적 대화와 참여설계는 일반인과 전문가의 갈등을 근본적으로 해결할 수 있다는 믿음을 준다. 이런 해결책은 프랑스 5월혁명에서 전문직 및 관료사회의 구성원들이 민중들에게 심층민주화를 위해 같이 협력할 것을 호소할 때 이미 예시(prefigure)되었다. 혁신적 대화를 통해 끊임없이 개선되고 진보할 수 있는 기술이라면, 언젠가는 다양한 이해관계를 반영하는 여러 가치와 보다 민주적인 비전을 통합할 수 있을 것이다. 이런 결과에 도달할 때까지 갖가지 장애물이 있으리라는 예상은 의심의 여지가 없지만, 전문가들이 "서구적 에피스테메"의 소외 프로젝트에 구속되어 있기 때문에 일반인들의 의지를 왜곡시키고 말 뿐이라고 선험적으로 반대하는 것은 무의미하다(Marglin 1996, p. 240). 상황을 이렇게 본질주의적으로 해석하면 협력과 절충이 가능하다는 것을 보여주는 수많은 증거가 있음에도 불구하고 해결 불가능한 딜레마에 빠지고 만다.

창조적 전유: 컴퓨터와 기계의 재발명

내가 전에 썼던 『대안적 근대성』에서는 여러 장에 걸쳐 컴퓨터와 의료 관련사례를 가지고 민주적 합리화에 대한 논의를 전개했다. 이 사례들은 사용자들이 관계 맺고 있는 기술들을 말 그대로 '재발명'하는 사용자 권력을 보여준다(Rogers 1995, pp. 174~80). 새로운 기술정치학에서 창조적 전유의 역할을 보여주는 사례로 『대안적 근대성』의 결론을 간략하게 요약할 것이다.

1980년대 초, 프랑스 텔레콤은 미니텔이라는 터미널을 수백만 대나 배포했다. 이 터미널은 가정용 전화의 부속장치처럼 보이고 느껴지도록 설계되었지만, 정보 서비스에 접속하기 위해 만들어진 것이었다(Feenberg 1995, chap. 7). 겉보기에 전화 같았기 때문에 일부 사용자들에게는 미니텔 단말기를 이용하면 네트워크를 통해 상대편과 대화할 수 있을 듯한 느낌을 주었다. 오래지 않아 미니텔이 오락, 친구 사귀기, 섹스 등에 관심이 있는 다른 사용자들과 익명으로 온라인 채팅을 할 수 있는 기능을 채택하면서 사용자들에 의해 미니텔은 재정의 과정을 거치게 되었다. 사용자들은 자신들이 연루되어 있는 네트워크를 '해킹'했고, 처음에는 중앙에서 정보를 분배하는 구조로 설계되었던 미니텔에 사람들 사이의 커뮤니케이션을 도입하면서 기능을 변화시켰다.[9]

프랑스 텔레콤의 엔지니어들이 프랑스사회의 정보흐름을 향상시키려고 했을 때, 의도하지도 않았던 커뮤니케이션 응용 프로그램이 미니텔 설계에 포함되었다. 미니텔에 이런 응용 프로그램들이 포함되면서 원래 설계에서 의도한 합리주의적인 프로젝트와는 정반대 방향으로 개인들 간의 만남의 수단이라는 함의가 부여되었다. 이리하여 '차가운' 컴퓨터는 이제 새로운 '뜨거운' 매체가 되었다.[10] 인터넷도 중앙에서 통제하지 않았지만 사용자 커뮤니티로부터 시작된 예상치 않은 문화적 전환이 이루어졌다는 면에서 유사한 이야기가 가능하다.

여기서 우리는 기술의 '해석적 유연성'에 관한 극적인 사례를 목격할 수 있다. 정보배분이라는 문제의 해결책으로 설계자들이 고안해 낸 일련의 장치들이 사용자들에게는 사람들 사이의 커뮤니케이션이라는 다른 문제의 해결책으로 인식되었다. 기술에 대한 이러한 새로운 해석은 곧바로 설계변화를 통해 그리고 최종적으로는 기술의 정의 자체에 대한 변화를 통해 기술구조에 통합되었다. 불과 20년 전만 해도 대부분의 컴퓨터 전문가들은 커뮤니케이션 응용 프로그램을 중요하지 않다고 간주했지만, 오늘날 컴퓨터의 주요 기능에서 의사소통 매개수단으로서의 역할은 빼놓을 수 없게 되었다.

이런 전환과정에는 협소하게 정의된 컴퓨터의 기술적 기능만 쟁점이 되는 것이 아니라, 컴퓨터로 운영되는 선진사회의 속성 자체가 쟁점이 된다. 우리는 정보사회의 시민들인가, 컴퓨터를 활용해서 개인적 최적화 전략을 추구하는 데이터에 굶주린 합리적 소비자인가? 우리는 '언어게임의 유연한 네트워크들' 속으로 파편화된 사회에서 제도적·정서적 안정성이 붕괴되면서 출현한 포스트모던 개인들인가?(Lyotard 1979, p. 34) 이 경우에 컴퓨터 기술은 사전에 정의된 사회적 목적에 봉사하는 하인에 그치지 않고 하나의 정교한 생활양식이 갖추어져 있는 환경 자체이다.[11]

컴퓨터에 대한 기술관료주의적 관념이 의사소통 매개로서 컴퓨터의 잠재성을 배제하는 경향이 있는 것처럼, 의료분야에서 기술의 과도한 강조는 새로운 유형의 저항을 불러일으킨다. 오늘날 의료의 돌봄(caring) 기능은 기술적인 언어로만 이해되는 치료의 부수적인 효과가 되어버렸다. 환자들은 대상이 되고 정도의 차이는 있지만 의사들의 관리에 '순응'해야 한다. 80년대에 수천 명의 에이즈환자들이 봇물 터지듯 제기했던 요구로 이런 시스템이 흔들렸다(Feenberg 1995, chap. 5; Epstein 1996).

실험적 치료가 핵심적인 쟁점이었다. 임상연구는 고도로 기술화된 의료체계에서도 치료법이 없는 사람들을 돌볼 때 활용하는 방법이다. 그러나 최근까지 의학적 실험에 접근하는 것은 환자의 복지에 대한 가부장적인 이해관계에 의해 극도로 제한되어 왔다. 마침내 에이즈환자들이 이런 관행을 변화시킬 수 있었다. 에이즈환자들은 에이즈에 걸렸다는 진단을 받았을 때, 에이즈 감염자 네트워크와 궤를 같이하는 동성애자 권리를 주장하는 사회적 네트워크에 속해 있었다. 그들은 이미 네트워크를 이루고 있었을 뿐만 아니라, 논쟁을 유발시키는 데도 익숙했다. 에이즈환자들은 개인적으로는 기술적 실천의 대상으로 의료계에 참여했지만, 집단적으로는 의료계에 도전해서 새로운 목적에 맞게 변화시켰다. 결국 미식품의약청(FDA)은 에이즈 활동가들과 혁신적 대화를 시작했고 그들을 주요 규제위원회들에 참여시켰다(Epstein 1996, pp. 284ff). 이런 투쟁은 기술관료주의적인 의료계에 반하는—민주적 개입을 통해 의료의 상징적 차원과 돌봄 기능을 회복시키려는—경향을 보인다.

이런 사례들은 흥미로운 패턴을 보여준다. 의료실험은 과학적 연구 및 기업의 제품시험의 이해관계에 따라 정의되었다. 여기서 인정되는 가장 주요한 윤리적 문제는 피실험자를 오용과 착취로부터 보호하는 것이었다. 부작용을 낳을 수 있는 실험약품을 사용하게 해달라는 요구는 이런 문제에 포함되지 않았다. 프랑스의 비디오텍스 시스템(미니텔) 역시 데이터에의 접근권 같은 전문가들의 이해관계를 강조했다. 사용자들이 서로 의사소통하려는 욕망은 무시되었다. 각 사례에서 에이즈환자와 네트워크 사용자들은 시스템이 배제해 왔던 이해관계를 포함시키도록 개입했다. 환자들이 실험에 대한 접근권을 획득함에 따라 미식품의약청의 규제와 실험설계는 변경되어야 했다. 이와 비슷하게 미니텔도—예상하지 않았던—커뮤니케이션 수단으로 활용되면서 변화되었다.

그러나 이런 운동들을 진정으로 해방적이라고 볼 수 있는가? 우리가 살펴본 사례들은 단지 근대성의 디스토피아적 논리에 부합하는 방향으로 우리를 기술에 더 깊이 연루되도록 하는 것이 아닌가? 디스토피아에 대한 저항은 인간생활의 특정 차원을 기술화로부터 보호할 필요성에서 그 정당성을 찾을 수 있다. 선진국에서 시민들을 점차 확대되어 가는 기술 네트워크에 참여시키려고 하는 것은 현실이다. 디스토피아를 주장하는 회의주의자들은 기술 네트워크는 시민들의 행동을 심각하게 제약한다고 말하고 있다. 그러나 절대적으로 기술을 반대하다 보면 실천적인 비판과 개혁의 여지는 없다. 기술영역이 확장되어 갈 때, 네트워크가 등록한 개인들에 의해 바로 그 네트워크는 변화에 직면하게 된다. 인간은 여전히 네트워크 기술들의 실현되지 않은 잠재력을 대표한다. 기성의 설계에 대한 인간들의 전술적 저항은 기술적 제도들에 새로운 가치를 부여하고 새로운 유형의 근대사회를 창조할 수 있게 한다. 우리는 기술이 모든 영역에 걸쳐 인간들 사이의 의사소통을 장악하는 기술관료주의가 아니라, 기술진보가 의사소통적 진보에 기여하는 민주적인 사회를 건설할 수도 있다.

이것이 새로운 민주적 기술정치학의 본질이다. 환경문제, 에이즈, 미니텔의 사례에서 드러난 의사소통의 중요성은 새로운 정치의 공간을 보여준다. 설계에서 의사소통의 역할은 기술시대의 민주주의적 정치학의 시금석이다. 하버마스가 기술을 무시했음에도 불구하고 하버마스의 의사소통 이론과 나의 입장의 연관관계를 모색하기 위해 노력한 이유가 바로 여기에 있다. 하버마스에 대한 나의 비판은 7장에서 이어질 것이다.

기술이 얼마나 민주적인지를 논하는 것은 의미 있는가? 지금까지의 논의에서는 기술발전에서 다양한 유형의 인간행위가 수행한 역할이 있음을 단지 보여주기만 했다는 반론이 있을 수 있다. 만약 이런 토론들이 단지 인간행위가 수행한 역할이 있었다는 것만 보여주는 것이라면 혁명적이라고 보기는 어려울 뿐 아니라 게다가 우리가 민주주의와 연관시키지 않는 스포츠, 언어, 종교 같은 영역의 발전에도 같은 얘기를 할 수 있을 것이다. 이제 내가 논의를 전개하면서 반복적으로 사용한 '기술정치학' 용어를 정당화할 차례가 왔다.

1) 이 글에서는 system의 번역어로 시스템, 체계를 사용하고 있다. 기술 시스템(technological system)처럼 명백하게 기술사회학의 용어일 경우에는 '시스템'으로, 하버마스의 체계와 생활세계의 용법일 경우에는 '체계'로 번역했으며, 명백하지 않을 경우에는 문맥에 맞춰서 양자를 혼용했다.—옮긴이

2) 최근의 문화이론에 대해서는 Keller(1995, chap. 1)의 정리가 유용하다. 문화이론과 프랑크푸르트학파를 포괄해서 미디어의 속성에 대해 논의하는 켈러의 접근법은 내게 많은 도움을 주었다.

3) 인터페이스 설계에 대한 연구를 위해 개발된 현상학적 이론이나 상황적 이론은 드 세르토가 이러한 숙고에서 개략적으로 묘사한 차이의 모델을 제공한다(Winograd and Flores 1987; Suchman 1987). 그러나 이러한 이론을 따르는 사람들은 드 세르토와는 달리 '계획'과 '상황적 행위'(situated action)의 차이를 사회 전체 수준까지 일반화하지 않는다. 여기에 대해 더 살펴보려면 Feenberg(1991, chap. 5) 참조.

4) '확장되었다'는 표현에서 사용한 prolong은 program을 의식해서 통합적으로 사용된 것으로 보인다.—옮긴이

5) 이 부분에서 system의 번역어인 시스템과 체계의 용법이 섞이고 있다.—옮긴이

6) 이와 유사하게 과학적 이상화도 과업과 대상을 협소하게 정의하고 선택하는 체계의 관점의 출현을 통해 가능해진다. 기술적인 분과학문도 시각이 협소하다는 점에서 유사하다. 그러나 분화 수준이 낮은 실제 기술의 세계에서는 이론에 의해 배제된 요소들을 포함하고 있다. 실제 기술세계는 시스템이 아니라 내부에 시스템들을 갖고 있고 이러한 시스템들을 모두 아우르는 네트워크이다. 이러한 일반적인 구분에 관한 논의는 Dodier(1995, pp. 88~91) 참조.

7) 그러나 어떤 관찰자들은 그리 낙관적이지 않다. 인도 농업에 대한 전문가는 부적절한 서구의 방법을 조야하게 강요했다며 개탄하면서 혁신 대화의 아이디어를 부정하지는 않지만 이러한 실험을 위한 시기가 아직 도래하지 않았다고 불만을 토로했다(Visvanathan 1996, p. 337).

8) UTOPIA 프로젝트와 관련해서는 "김명진의 STS홈페이지"(http://myhome.naver.com/walker71)에 한국어판으로 올려놓은 Robert Howard, "UTOPIA: Where Workers Craft New Technology"(*Technology Review* 88/3, 1985, pp. 42~49) 참조—옮긴이

9) communication은 일반적으로는 의사소통으로 번역했으며, 기술적인 속성이 강조될 때는 커뮤니케이션으로 번역했다.—옮긴이

10) 이런 현상과 68년 5월혁명 사이에는 잘 알려져 있지 않지만 분명한 관련이 있다. 두 가지 사건을 매개한 것은 68년의 정치혁명이 패배한 이후에 찾아왔던 '성적 혁명'이었다. 과거에 혁명적인 운동가였던 컴퓨터 전문가는 "프랑스에서 원격통신 담론은 정치담론을 대체해 왔다"고 말했다.

11) 8장의 앨버트 보그만에 관한 논의에서 컴퓨터를 활용한 사람들 사이의 커뮤니케이션을 다시 다룰 것이다.

6. 기술의 민주화

기술과 권력

근대사회에서 기술은 권력이다. 이 권력은 어떤 영역에서는 정치체제보다 더 큰 권력이 되기도 한다. 기술 시스템의 지배자, 기업 및 군부 지도자, 의사와 엔지니어 들은 도시의 성장, 주거 및 교통 시스템 설계, 혁신의 선택, 노동자·환자·소비자로서 우리의 경험 등에 끼치는 영향 면에서 선거로 구성되는 우리 사회의 그 어떤 제도보다 큰 통제력을 가진다.

이것이 사실이라면 기술은 다른 공적 결정과 그리 다르지 않은 새로운 종류의 입법으로 간주될 수도 있다(Winner 1995). 우리의 생활을 형성하는 기술코드는 우리가 어디서 어떻게 살 것인지, 어떤 종류의 음식을 먹을 것인지, 우리가 어떻게 의사소통을 할 것인지, 어떤 오락을 즐기고 치료를 받을 것인지 등을 결정하는 권력을 위임한 특정의 사회적 이해관계를 반영하고 있다. 기술이 전방위로 확장됨에 따라 기술의 입법적 권위는 지속적으로 커지고 있다. 그러나 기술이 그렇게 강력하다면 다른 정치제도들에 우리가 요구하는 것과 동일한 수준의 민주적 기준을 요구할 수도 있지 않겠는가? 이런 기준에서 보면 현재의 설계과정은 분명히 정당하지 않다.

안타깝게도 기술 민주주의의 장애물은 그리 만만하지 않을 뿐만 아니라 점점 성장하고 있다. 이러한 장애물에는 수동성에 대해 설득력 있는 논리를 전개하는 기술 관료주의도 포함된다. 기술 관료주의는 민주적 삶의 모든 측면을 훼손하지만, 적어도 참여의 외양을 유지하고 있는 민주적인 형식과 전통의 도움 없이 기술 관료주의 권력과 직접 씨름하고 있는 새로운 기술적 공공영역에서는 더욱 우려스럽다. 대중들이 기술적 문제에 스스로 개입할 권리에 대한 의문은 끊임없이 제기되고 있다. 일반적으로 기술영역에서 정당성은 대중들의 의지라기보다는 효율성의 함수이다. 아니면 효율성은 물질적 번영에 모든 것을 다 바치는 근대적 대중들의 의지 그 자체이다.

정치이론은 아직도 이런 문제들을 다루지 못하고 있으며 매우 논쟁적인 영역인 의료, 교통, 도시계획, 컴퓨터화된 작업, 교육, 기타 여러 기관에서 일어나고 있는 비민주적 절차에 대해 앵무새마냥 기술 관료주의적 알리바이만 되뇌고 있다. 이 와중에, 정치적 의무의 궁극적인 기초가 무엇인가라는 문제를 둘러싼 학술적 논쟁은 점점 더 활발해지고 있다. 그러나 실제로 권리가 행사될 수 있는 조건이나 좋은 삶을 실질적으로 정의하는 데는 기술영역이 매우 중요한 역할을 한다. 랭던 위너는 다음과 같이 말한다.

우리 사회가 어떤 사회기술적 시스템을 이전의 것과 대체하게 되면 새로운 시스템은 인간의 삶이 지켜야 할 적절한 질서에 대한 정치철학자들의 가장 중요한 물음에 나름의 답을 하는 셈이다. 권력은 집중되어야 하는가, 분산되어야 하는가? 최상의 사회조직 규모는 어느 정도인가? 인간결사체에서 무엇이 정당한 권위를 구성하는가? 자유사회는 사회적 통일성에 달려 있는가, 사회적 다양성에 달려 있는가? 대중들의 토의와 의사결정 과정에 적합한 절차와 구조는 무엇인가? 지난 100년, 아니 그 이상 동안 이런 물음에 대한 대답은 효율성과 생산성이라는 도구적 언어로 표현되었고 재화와 서비스를 제공하는 다양한 방법에 불과해 보이는 인간/기계 시스템에 물질적으로 체현되어 왔다. (Winner 1986, p. 49)

민주주의 이론가들이 기술에 대한 논의를 꺼리거나 정치이론에 기술을 포함시키려는 시도가 적은 까닭은 몇몇 두드러진 기술비판가들의 반(反)근대적인 수사법 때문만은 아니다. 무비판적으로 열광적인 개인들의 거친 예측도 기술을 대수롭지 않은 문제로 치부해 버리려는 학문공동체의 분위기를 변화시키지는 못하고 있다. 회피하고 있던 민주주의 이론가들이 이제는 나와서 토론에 참여하게 하려면 보다 신중한 접근을 해야 한다.

공동체주의적 민주주의

이 책의 1부에서는 정치적 좌파의 맥락에서 출현한 기술변화와 관련된 최근의 운동들에 대해 논의하고 있다. 그러므로 환경운동처럼 반기술관료주의적 학생운동과 노동운동이 정치적 대의제에 대한 전통적인 좌파들의 비판과 연관되어 있다는 사실은 그리 놀랍지 않다. '자주관리'와 '참여민주주의' 같은 개념은 당대의 정치체제에 대한 직접민주주의적 대안으로 제시되었다. 자본주의와 기술관료주의 양자 모두에서 발생하는 소외를 거부하면서 직접민주주의에 호감을 갖게 되었다. 그러나 이 운동들도 근대사회라면 피할 수 없는 전문성에 대한 의존과 운동이 지닌 포퓰리즘 사이의 긴장으로 난항을 겪곤 했다. 몇몇 활동가들은 전문화를 종식시키고 순수한 직접민주주의에 부합하는 원초적 사회질서로 회귀를 바랐지만, 대부분의 활동가들은 현재의 대의제 체제와 녹록치 않은 타협을 시도했다. 이러한 접근은 최근 민주주의 이론의 동향으로 수렴하는 면이 있다.

정치이론가들의 입장은 직접민주주의와 대의제 민주주의 쟁점에서 항상 갈라졌다. 루소 같은 직접민주주의 이론가들은 대중참여의 중요성을 주장하지만 현실의 정치질서는 주류 대의제 민주주의 이론가들의 영향력 아래 있다. 그럼에도 불구하고 여전히 직접민주주의를 옹호하는 논의는 다음과 같이 간결하면서도 강력하다. 대표자들은 자신들이 '민중'을 대신하면서 민중의 의지를 왜곡한다. 진정한 개인적 자유와 독립은 적극적인 참여를 통해서만 실현 가능하다. 아무리 좋은 대의제라도 시민들의 행위능력을 빼앗기 때문에 결국에는 시민들을 약화시키고 만다.

이런 논의에 대해 민주주의 이론은 생동하는 공공영역을 옹호한다는 식으로 립서비스를 하는 게 보통이다. 그러나 대의제 민주주의의 맥락에서는 이러한 공공영역이 진정한 민주주의를 위한 비공식적 필수요건이라는 사실 때문에 독특한 모호함이 발생한다. 대중의 참여를 가능케 하는 헌법조항을 살펴보면, 어디서나 토론과 사회적 행위를 대리하고 있는 사적 소유의 대중매체 역시 보호하고 있다. 대의제를 강조하고 선거에서 다수의 역할을 중요하게 생각하게 되면서 관습적 민주주의 이론은 전투성을 상실하게 되었고, 소수에 의한 적극적인 대중참여를 무시하고 평가절하하거나 암묵적으로 대중매체를 통해 드러나는 측면만 공공생활의 실체로 수용하는 경향이 있다.

민주주의 이론이 보여준 이런 빈곤함에 대한 반작용으로 최근에는 참여민주주의를 재평가하는 경향이 나타나고 있다. 참여에 대한 새로운 관심은 1960년대의 포퓰리즘을 깊이 고찰한 결과이다. 더 이상 직접민주주의와 대의제 민주주의라는 구도는 쟁점이 아니다. 오늘날 대의제의 대안을 상상하기란 매우 어렵다. 루소조차 직접민주주의는 단 하나의 도시 제네바 같은 소규모 무대에서만 가능하다고 믿었기에 당시 인구가 수천 명 정도였던 제네바가 모델이 될 수 있었던 것이다. 이런 명백한 결점들에도 불구하고 인구밀도가 낮고 다수의 사람들이 직접적인 면대면 토론이 아니라 음모를 꾸미고 있다면 그런 곳에서는 대의제가 필요하다. 이런 어려움에 대해 최근에는 대의제 정치체제 내부에서 직접민주주의적인 포럼을 증식시키는 방향으로 대응하고 있다. 프랭크 커닝햄이 말한 것처럼 이러한 대응은 "직접민주주의와 대의제 민주주의의 상이한 수준의 실천들은 서로 배타적이고 전지구적 대안이라기보다는 상호 보완적인 대안으로 받아들여야 한다"(Cunningham 1987, p. 47). 이런 정식화는 근대국가의 관료주의적이고 절차적인 형식주의에 대한 비판을 제외하곤 직접민주주의의 이상과는 거의 관련이 없다. 그러나 직접민주주의의 이상은 여전히 상당히 야심적이다.

새로운 포퓰리즘의 옹호자로는 벤자민 바버(Benjamin Barber)가 가장 두드러진다. 바버는 지역 수준의 집합적 행동을 가장 중요하게 생각하는 참여정치학인 '강한 민주주의'(strong democracy) 이론을 주장했다(Barber 1984). 그는 강한 민주주의와 대비하여 현재 널리 퍼져 있는 자유민주주의를 '약한' 민주주의라고 불렀다. 주로 개인의 권리를 보호하는 데만 관심을 갖고 있는 약한 민주주의는 결과적으로 공동체를 사유화하고 탈집단화하는 경향을 띠게 된다. 공동체의 재활성화만이 근대사회가 미디어로 조작된 수동성의 나락으로 빠지지 않게 할 수 있다. 이런 공동체는 민주주의 학습과정과 인격양성 과정을 포함해야 할 의무가 있다. 여기서는 진정한 민주주의 사회를 위해서 반드시 요구되는 정치적 참여의 경험을 대신할 수밖에 없을 때를 제외하고는 선거를 이용하지 않는다. 이와 같이 바버는 대의제를 반대하는 것이 아니라 대의제가 본질적으로 민주주의의 가치와 목표를 지지하기에는 불충분하다고 생각하고 있는 것이다(같은 책, p. xv).

바버의 이론은 5장에서 논의하는 운동들의 맥락을 구성하고 있다. 기술에 대한 대중의 개입은 비정치적이라거나, 더 나쁜 경우에는 소수만 동원하기 때문에 비민주적이라며 자주 묵살되곤 한다. 이런 운동들은 권리나 시민행동이 중요한 역할을 하지 못하도록 건의하는 약한 민주주의로는 결코 충족되지 않는다. 바버의 강한 민주주의는 이러한 운동들에 대해 보다 적절한 설명을 제공한다. 바버는 행위능력이 시민성 형성에 끼치는 중요성에 관심을 갖고 있다. 흔히 포퓰리즘인 것처럼 보이는 기술에 대한 민주적 개입은 여기에 적절해 보인다. 그러나 바버는 기술에 대해서는 거의 언급하지 않는다. 그리고 강한 민주주의 사회에서의 리더십을 다룰 때도 경영이나 전문성처럼 고도로 전문화된 문제는 언급하지 않고 비켜가고 있다. 이런 공백은 노동자 자주관리를 짧게 다루고 마는 데서 두드러지는데 의료, 교육, 도시계획 등은 더욱 깊이 논의되어야 한다(같은 책, p. 305).

리처드 스클로브는 기술영역에서의 강한 민주주의 논의를 좀더 발전시켰다(Sclove 1995, chap. 3). 스클로브도 바버처럼 대의제 구조의 파괴가 아니라 참여적 기구로 대의제 구조를 보완해야 한다는 입장을 취하고 있다. 게다가 지역공동체의 자율성을 신장시키고 가능한 많은 권한을 이전해야 한다는 주장에서도 바버를 따르고 있다. 그러나 스클로브는 정치 질서에서 문제점을 찾을 뿐 아니라 적정기술을 요구한다는 점에서 바버의 논의를 확장시킨다. 스클로브는 기본적으로 이러한 주제들을 종합하려고 했다는 데서 자신의 기여를 찾고 있다. "여기서 [내가] 말한 민주주의와 기술 이론은 의사결정에서 참여를 확대해야 한다는 주장 또는 민주적 사회관계를 지지하는 기술의 발전을 강조하는 주장만 했던 과거의 이론과 대비된다. 과거의 이론들은 이러한 절차적 관심과 실체적 관심을 통합하지 않았다."(같은 책, pp. 32, 33)

스클로브는 강한 민주주의 공동체의 필수요건에 맞게 기술의 설계를 조정해야 한다고 주장한다. 스클로브는 설계기준은 대중적인 논의와 결정의 장에 개방되어야 한다고 본다. 기술을 고려해서 강한 민주주의를 수정한 이런 구상은 앞에서 논의한 동일한 현상으로부터 근거를 찾을 수 있다. 특히 스클로브는 참여설계 운동을 민주주의 가치와 양립 가능한, (현재와는) 상이한 기술적 미래의 전조(前兆)로 간주해서 상세하게 분석하기도 했다(같은 책, chap. 11).

사용자가 설계과정에 참여하더라도 공공생활에 개입할 기회를 확대해야 한다는 민주주의의 이상과 정확하게 부합하는 것은 아니다. 스클로브에게는 일반인들의 참여가 엘리트문화와 전문기술자들의 설계기준에 어떤 영향을 끼칠 수 있는가가 더 중요하다. 여기서 스클로브와 나의 관심은 수렴한다. 스클로브와 나는 기술설계 과정에 대중들이 참여한다면 기술자들의 행동의 자율성을 확대하려는 대안보다 미래를 위해 자신

들이 참여할 수 있는 기회를 확대하는 진보를 선호할 것이라는 데 의견이
일치한다.

　　그러나 이런 포퓰리즘이 갖고 있는 문제는 여전히 남는다. 기술이
정치, 행위능력, 대의제, 지역성 등의 문제에 포함되면 강한 민주주의에 부
합하지 않는 새로운 측면이 드러나게 된다. 예를 들어 근대 기술사회에서
'대중'은 지역적으로만 정의되는 게 아니라 특정한 기술적 매개수단에 의
해 하위집단으로 분열되어 조직된다. 그들은 대체로 공장노동자, 사무직
노동자, 학생, 환자, 군인 등 어느 하위집단인지와 무관하게 이러한 집단
의 일원으로서 기술영역에서 행동하게 된다. 지리적으로 제한된 전통적인
정치적 단위들이 법적 결정이나 규제를 통해 기술로 매개된 다양한 하위
집단을 통합할 수도 있다. 그러나 익숙한 의미의 정치가 관련되어 있다면,
기술 네트워크에서 개인들을 이어주는 연결고리에 수반되는 투쟁의 첫번
째 단계로 이어질 것이다. 기술적인 대중들이 파편화되면서 정치적으로
무능해지고 다시는 회복할 수 없게 되는 일이 지나치게 빈번하다는 사실
은 매우 불행한 일이다.

　　듀이는 이런 상황이 어떤 의미를 가지는지 이미 인식하고 있었다.
지금까지도 참여와 대의제를 결합하는 문제를 정립할 때 듀이의 작업은
유효하다. 기술에 대한 바버의 입장은 1920년대에 이미 강한 민주주의 유
의 주장을 한 듀이의 입장을 연장시킨 것에 불과하다. 그 당시에도 이미
'기계시대'에서 제기되는 난점들에 대해서 충분히 인식하고 있었다. 듀이
는 근대사회에서 이동성이 극도로 높아지면서 전통적인 형태의 지역공동
체가 파괴되는 것을 목격했다. 반면 발전된 기술 시스템이 만들어내는 새
로운 개인들 사이의 연결고리들이 생겨날 수 있을는지는 여전히 불분명

했다. 듀이는 이런 딜레마를 이렇게 묘사한다.

> 간접적이고 비용이 많이 들며 일단 시작하면 오래 지속되며 심각한
> 결과를 빚어내는 동시에 발생하면서 상호 작용하는 행위들은 이로
> 인한 결과를 통제해야 한다는 공동의 이해관계를 갖는 대중들을 만
> 들어냈다. 그러나 기계시대는 간접적인 결과들이 미치는 범위를 너
> 무나 확장하고 복잡하게 만들거나 심화시켰고 또는 뒤섞어버렸다.
> 게다가 [기계시대는] 공동체에 기반을 두기보다는 비인격적인 기초
> 를 가진 거대하고 통합된 [인간들의] 조합을 구성한다. 여기서 만들
> 어지는 대중은 스스로의 정체성을 정의하거나 개인성을 구분할 수
> 없다. (Dewey 1980, p. 126)

듀이는 근대기술의 산물인 자유롭고 코스모폴리탄적인 의사소통으로 이
런 문제들을 완화하고 지역사회를 다시 활성화시킬 수 있기를 희망했다.
그러나 우리의 기술적 미래의 형식인 거대 기술 시스템과 민주적 숙의를
가능하게 하는 근거지인 지역공동체 사이의 딜레마는 여전히 남아 있었
다.[1] 스클로브는 이 문제에 대해 보다 과감한 해결책을 제시한다. 지금 우
리는 듀이처럼 과학기술을 무비판적으로 확신하는 것도 아니고 과학기술
의 과소결정적이고 우연적인 속성을 인정한다. 그러면 기술을 지역 수준
에서 통제할 수 있도록 재설계하려는 정치적 결정을 못할 이유도 없지 않
은가? 스클로브는 거대 시스템을 폐기하려는 어리석은 생각은 하지 않으
면서 지역의 자립능력 확대는 기술적으로 가능한 미래라고 믿었다(Sclove
1995, p. 128). 스클로브의 '민주적인 설계기준' F는 "상대적으로 자립능력

을 추구하라. 자율성을 훼손하거나 종속을 낳는 기술은 피하라"는 것이다(같은 책, p. 98).[2]

기술적 형식과 민주적 형식의 불일치를 해결하려는 이러한 야심찬 시도는 대의제가 안고 있는 또 다른 문제와도 연관되어 있다. 기술영역의 대중운동은 항상 전문지식과 기술적 리더십에 구체화되어 있는 성취를 전제하고 있다. 기술전문가는 대중들이 선출하는 게 아니라 훈련과 행정적인 절차를 통해 그 지위를 획득한다. 과거의 (기술전문가들의) 대중행동은 자신들이 갖고 있는 전통과 문화를 드러냈고 자신들이 전문적인 업무를 수행할 때 여러 이해관계를 위해 복무할 것이라고 약속했지만, 현재의 대중참여는 기술관련 제도들의 외부로부터 도입된다.

전문가들은 이처럼 외부로부터의 개입을 비민주적이라는 이유로 거부하면서 자신들이야말로 기술문화에 이미 체현되어 있는 효율성이라는 진정한 인류의 보편적 이해를 대표한다는 주장을 한다. 4장에서 나는 기술철학의 관점에서 이 입장에 도전했지만 바로 이러한 효율성 주장이 근대의 기술적인 행정의 기초를 정당화하고 있다. 분명히 사회 곳곳에 거대한 영향을 끼치는 권위를 가진 행정당국은 스스로를 정당화하기 위한 기초를 필요로 한다.

그러나 실제로 행정당국은 누구를 그리고 무엇을 대표하는가? 보편성을 추구한다는 행정당국의 요구를 받아들여야 한다와 행정이 바로 자의적인 지배형식이기 때문에 거부해야 한다는 대안 중 하나를 선택해야 하는가? 스클로브는 이런 선택을, 지역적 통제를 가능하게 하는 기술적 하부구조를 재설계해야 한다는 주장으로 교묘하게 처리해 보려고 하지만 기술이 이런 방향으로 진화할 수 없다면 어떻게 해야 할 것인가? 그러면 대중들이 기술에 개입하는 시도는 근대성과 양립할 수 없거나 아니면 근본적으로 비민주적이라고 결론을 내려야 하는가?

이런 주장은 라인 드 월드 같은 다원주의자의 주장이다. 드 월드는 포퓰리즘을 '민주적 숭고미'(democratic sublime)에 대한 미국 고유의 표현이라며 거부한다(de Wilde 1997). 드 월드가 볼 때 진정한 대의제는 선거이며 기술공무원이나 행정공무원들을 정상적인 의회정치에 종속시키는 것만이 유일하게 실현 가능한 기술'민주화'이다. 대의제 문제를 논의하려면 여기에 대한 대답을 갖고 있어야 할 것이다.

시간, 공간, 대표

우리가 직면하고 있는 문제는 기술영역에서 대의제의 본질과 연관되어 있다. 기술이 정치적이고 기술설계가 일종의 입법과정이라면, 일상적인 정치적 결정이나 법률처럼 이해관계를 대표해야 할 것이다. 그러나 기술이라는 매개가 법률과 다른 것처럼, 기술영역에서 대의제는 우리에게 친숙한 선거를 통한 대의제와는 다르다. 아직 기술민주화 이론가들은 이런 차이에 대해서 직접적으로 논의하지 않았다. 정치학자들이 기술에 관심을 갖지 않는 원인의 하나도 이 때문일 것이다. 기술민주화 쟁점이 포퓰리즘의 틀 내에서만 제기된다면 포퓰리즘이 정치이론에서 폭넓은 호응을 얻는 데 실패했던 것처럼 쉽게 잊혀버리고 말 것이다.

우리가 지금까지 살펴본 것처럼 현재까지는 사회적 공간이 정부기구의 형태를 결정짓는 매개변수였다. 부족사회나 초기 (도시)의회에서처럼 대면접촉을 기반으로 한 권력기구는 사회가 확대되면서 군주제나 선출직 공무원 제도로 대체되었다. 영토의 크기는 주민들이 정치적 대표성에 의지하는 정도를 결정하는 척도였다. 시민들의 집합적 관심과 의사소통의 잠재력을 뛰어넘는 전지구적 사회가 도래하면서 상호 연관된 지역이 전지구적 사회의 보완물로 생각되었다. 대의제는 지역주민들의 토론을 활성화시키고 주민들의 관심사안을 종합하여 공동의 이해를 반영할 수 있을 정도의 소규모 단위를 기초로 조직된다. 여기서 대표자는 지역적 관심의 담지자이며 개인으로서 시민들에게 책임을 진다. 대표자는 의견을 전달하고, 지역의 유권자들을 대변해서 증언한다. 대표자는 지역유권자들의 실제 의지를 옹호하거나 도덕 및 여타의 이유로 대표자가 정식화한 이상적인 지역유권자들의 의지를 대변한다.

그러나 공간이 기술관련 기관에서도 동일한 역할을 하는 건 아니다. 기본적인 기술이 단순하면 사회가 아무리 커지더라도 개인들이 이런 기술을 통제할 수 있다. 관개사업 같은 몇 가지 전략적 기술들이 중앙에서 통제되는 경우라도, 이때 통제는 대체로 물질적인 권력기반이라기보다는 상징적인 권력기반이다. 고대 메소포타미아 농민들이 물의 공급이 중단될 것을 우려해서 (신에게) 복종했다고 보기는 어렵다. 오히려 물의 지배력은 지도자의 신성(神聖)을 과시하고 복종을 제2의 자연(자연스러운 행위—옮긴이)으로 만들었을 가능성이 높다. 어떤 의미에서 전근대사회 때는 일반인들이 직접 자신의 도구를 통제했기 때문에 기술영역에서는 일종의 직접민주주의가 이루어졌던 셈이다.

하지만 선진 기술사회에서는 더 이상 이런 일이 일어나지 않는다. 오히려 기술적으로 매개된 사회체계에서는 시간의 새로운 역할이 더욱 중요하다. 전문지식과 전문성이 축적되기 위해서는 개인과 기능의 전문화가 필수적이다. 사용자가 기술을 직접 창조하고 전유했던 전근대사회의 속성들이 더 이상 지속되는 것은 불가능하다. 그러므로 권력기관의 형태를 결정짓는 데는 공간보다는 시간이라는 변수가 더욱 중요하다.

물론 기술 시스템이 완전히 폐쇄적인 것은 아니다. 내가 이미 4, 5장에서 논의했듯이 기술 시스템은 정치적 함의가 있는 설계를 통해 표출되는 사회적 영향이 스며들어 있다. 어떤 설계라도 과거의 환경으로부터 영향을 받은, 적절한 정도로 기술적인 선택의 유산을 반영하게 마련이다. 그러므로 매우 현실적인 의미에서 기술적인 역사성이 존재하는 것이다. 기술은 좋은 삶이 무엇인가에 대해 특정 이해관계와 견해를 가진 전통의 담지자인 셈이다.

그러나 민주주의의 공간적 매개변수와 달리, 지금 언급한 시간이라는 변수는 자명하지 않다. 5장에서도 살펴본 것처럼, 전문분야가 세분화되면서 전문가들은 순수하고 합리적인 자율성이라는 환상을 갖게 된다. 이러한 환상은 훨씬 복잡한 현실을 은폐한다. 실제로 전문가들은 해당 전문분야의 과거를 반영하게 마련인 과소결정된 기술적 선택[3]을 관장하는 이해관계를 대표한다. 이런 과정의 결과는 또다시 기술분야에 종사하는 사람들의 훈련과정을 구성하는 기술 코드에 체현된다. 어떤 의미에서 우리는 공개적이고 직접적인 기술 민주주의로부터 암묵적인 대의제로 이동하고 있었다. 그러나 이런 대의제의 기초는 무엇인가? 지역적 이해관계와 지역 수준의 결정들이 시간과 공간을 가로질러 작동할 수 있는 기술 코드에서 어떻게 그리고 누구에 의해서 해석되고 있는가? 전지구와 지역의 이분법 그리고 이러한 이분법과 연관된 대표자의 증언 같은 개념의 등가물을 기술영역에서 찾을 수 있는가?

분명히 공간적인 지역성이 가장 근본적이지는 않다. 기업측이 생산물을 노동자들의 통제를 넘어 수송할 수 있는 첨단 운송·통신 수단을 사용할 때, 노동조합에서는 당황했지만 이내 공간적 지역성이 그리 중요하지 않다는 걸 알게 되었다. 기술적인 측면에서 '전지구적'이라는 표현이 여전히 지리적 용어로 이해되고 전지구적이라는 의미가 지구의 전체 표면과 동일시되면서 지역들은 기술에 영향을 줄 수 없게 되었다. 정치적 대의제를 조직하는 기초인 전지구와 지역의 이분법은 기술영역에 바로 적용할 수는 없다.

거대 기술 시스템이 출현하면서 대안적인 조직원리인 기술 네트워크가 제시되고 있다. 5장에서는 네트워크가 저항과 논쟁이 발생하는 특권적 장소로 기능할 수 있는 방식을 살펴보았다. 물론 우리는 의료, 도시, 생산 등의 다양한 네트워크에 등록되어 있고 우리의 다양한 기술적 페르소나들은 이러한 네트워크의 정치적 풍경을 채우고 있다.

기술적인 '전지구'라는 표현이 더 큰 네트워크를 고려할 때 사용된다면 연관어인 '지역'은 전술적 저항이 출현하는 제도적인 기본 조건과 밀접한 관련을 맺고 있다. 하지만 이런 표현들이 지리적인 지역성과는 그리 관계가 없다. 예를 들어 개인들은 병원에서 환자로 만날 수도 있고, 앞으로 말할 8장의 사례처럼 온라인에서 만날 수도 있다. 도시주민으로서 현재 계획중이거나 논쟁중인 고속도로 때문에 힘을 합칠 수도 있다. 미국의 나이키 소비자들과 아시아의 신발제조 노동자들의 네트워크처럼 전적으로 새로운 형태의 연합이 만들어질 수도 있다. 때로는 정부와 시민들의 통상적인 관계가 역전되기도 하고 정부에서 신설한 규제당국이 집단행동으로 전통적 시민권의 기술적 대리인 자격을 획득한 의뢰인들의 하부조직이 될 수도 있다(Frankenfeld 1992, p. 464).

　　이러한 '지역적인' 기술조건에서 생각하고 행동하는 개인들은 기술
영역에서 포퓰리즘적인 참여를 재현하는 셈이다. 만약 이런 실천이 역이
라는 지리적인 무대에서 나타난다면 강한 민주주의의 옹호자들로부터 극
찬을 받을 것이다. 사실 이러한 숙의과정은 (기술적인 수단에 의해) 고도
로 매개되어 있고 전통적인 시각에서 볼 때 소비자들의 불매운동처럼 갑
작스러운 것일 수도 있다. 그러나 기술적으로 선진적인 사회에서 발견되
는 이런 개입은 과거의 지리적으로 지역 차원의 행동과 동등하다는 사실
은 분명하다.

참여자의 이해관계

이처럼 새로운 네트워크화된 지역에서 개인들을 결속시켜 주는 것은 무
엇일까? 네트워크에 개인들이 함께 등록되는 한 네트워크는 개인들을 참
여시키는 활동을 설계하고 배치하는 데 내가 말하는 '참여자의 이해관계'
를 가진다(Feenberg 1995, pp. 104ff). 참여자의 이해관계는 기술활동이 개
인들에게 끼치는 여러 영향을 말하는 것으로 부작용, 이로움과 해로움, 사
회적인 전제조건과 사회적 결과, 생활조건에 대한 영향 등이 포함된다. 이
런 효과들은 친숙한 편이다. 특히 노동조합은 생산영역에서 발생하는 이
러한 문제들을 끊임없이 지적해 왔다. 생산의 기술 네트워크에서 접속점
(nod) 역할을 하는 노동자들은 작업장 안전, 산업보건, 교육 및 숙련 수
준에 대해 참여자의 이해관계를 갖고 있다. 강조하는 지점이 다소 다를
수는 있지만 유사한 현상들이 모든 기술영역에서 발생하는 네트워크에의

참여의 특징을 결정짓는다.

예를 들어 노동진영은 다른 영역에서는 그리 중요하게 생각하지 않는 기술이 고용에 끼치는 영향에 많은 관심을 보여왔다. 사실 노동운동이 은연중에 기술에 대한 투쟁의 모델로 작동해 왔지만 기술의 정치학 측면에서 볼 때는 제한된 형태에 불과하다. 제약의 원인은 미국 노동운동이 진화해 온 독특한 경로 때문이다. 2차대전 이후 미국 노동운동은 생산의 사회적·인간적 맥락의 대부분을 정당한 협상영역에서 배제하는 데 합의했다. 따라서 이른바 노동의제는 기술이 노동자들에게 던지는 가장 중요한 함의들을 배제하는 방식으로 형성되었다.

이런 한계는, 개인들은 복지를 추구하고 윤리적 선택에 직면한다는 조건을 설정하고 기술을 주어진 것 그리고 고정된 것으로 간주하는 경제학 및 응용윤리학의 추세와 정확하게 들어맞는다. 그러나 한스 래더는 "(제안된) 기술의 규범적 평가에서 적어도 ['도덕적 선택' '나쁜 부작용' '비용–편익'만큼이나] 중요한 것이 문제의 기술을 성공적으로 실현하는 데 필요한, 관련된 사람들이 삶을 꾸려나가야 할 자연적·개인적·사회문화적 세계의 질이다"고 말한다(Radder 1996, p. 150). 세계를 정의하는 기술투쟁은 이와 같은 사항들을 고려하는 속에서 출현한다. 이때의 투쟁은 기술적으로 주요한 입법활동과 맞먹는다. 이러한 투쟁이 보다 평범해질수록 민주주의에서 기술정치학이 갖는 중요성은 명확해진다.

가장 좋은 사례로는 문턱 없는 설계(barrier-free design)를 위한 장애인들의 투쟁을 들 수 있다(Sclove 1995, pp. 194, 195). 예를 들어 보행자 도로의 연결용 경사로 같은 단순한 설계상의 변화가 많은 사람들의 일상을 변화시킬 수도 있다. 표준 코드에서 장애가 개인적인 문제로 취급되는 동안에는 이런 설계변화가 배제되어 왔다. 장애인들이 주류사회에의 참여를 위한 시설을 요구하자 새로운 설계는 기술들의 배열에 즉시 영향을 끼쳤다. 보행자도로 공사의 기술 코드가 변화한 것은 '순수하게' 윤리적인 이유로 정당화되었고, 시멘트를 어떻게 활용하라는 사실만 지적하고 있었지만 실제로 이러한 새로운 도로공사 기술 코드는 구체적인 사회집단을 대표하고 있으며 이들이 생활하기에 적합한 세계에 대한 요구를 드러내고 있다.

마지막 장에서 논의될 에이즈에 대한 투쟁은 좀더 복잡하다. 에이즈 사례는 어떻게 기술 네트워크에서의 삶이 기술적으로 구성된 세계를 변화시키려는 참여자의 이해관계를 분출시킬 수 있는지 보여주고 있다. 환자들이 실험의 일반화를 요구하는 이유는 시한부 환자들의 필요에 부응하는 의학을 만들기 위해서였다. 이들의 요구에 따라 실험을 수행하기 위한 기술적 규칙들이 얼마나 크게 변경되었는지 살펴보자. 위약(僞藥)의 사용, 피험자들이 과거에 임상실험에 참여한 적이 없어야 한다는 조건, 참여자의 숫자를 통계적 최소치로 제한하는 등이 문제가 된 규칙들이다.

비용과 결과에 무관하게 인간주체가 가질 수 있는 절대적인 요구를 규정한 뉘른베르크 강령(Nuremberg Code)처럼 강한 의미에서 권리의 문제는 아닐지라도 이런 도전들은 윤리적인 기초를 갖고 있다. 나는 이런 요구들에는 좋은 의학을 정의하려는 참여자들의 이해관계가 반영되어 있다고 생각한다. 여기서 좋은 의학이라는 정의는 어떤 전문가가 환자를 도우려고 하는 활동의 정당성을 포함하고 있어야만 한다.

이 사례에서 쟁점은 무엇인가? 환자의 측면에서 가장 중요한 문제는 분명히 생존이지만, 모든 운동을 하나의 쟁점으로 환원하는 것은 오류

6. 기술의 민주화

이다. 환자들은 의학이 규정한 세계에서 더 많은 생활을 하지만 불치병을 앓고 있다는 사실 때문에 관심과 보살핌이 불필요한 존재로 간주되어 버리는 경험을 한다. 에이즈환자들은 이런 상황을 거부하고 의료계에서 자신들이 참여자로서 제기하는 인간적 필요를 의료조직들이 수용할 수 있게 하려고 했다. 이를 위해서 실험의학을 불치병환자에 대한 보다 표준적인 돌봄 형태로 바꾸고 이를 의료 시스템에 완전히 포함시켜야 한다고 제안했다. 이런 주장은 새로운 윤리를 제기하고 있으며 동시에 설계에서의 변화를 내포하고 있다.

이 사례를 연구자의 측면에서 보면 완전히 다르다. 연구자들에게 (임상)실험은 지식을 얻기 위한 수단이지, 인권을 존중하는 윤리학의 제약을 받는 의학적인 돌봄이 아니다. 그러나 환자와 연구자 모두 연구자의 이러한 인식론적 목표와 실험대상이 되는 사람의 학대에 대한 우려를 공유하고 있었기 때문에 상호협상이 이루어질 수 있었다. 이를 위해서는 환자들의 윤리적 요구를 지식 생산과정에서 만족될 수 있는 적절한 기술적 형식으로 번역해야 했다. 이러한 요구는 기술적으로 합리적인 용어로 공식화된 실천지침인 임상실험의 기술 코드에 통합되어야 한다.

수용 가능한 협상을 이끌어내는 투쟁과정에서 환자들은 정책과정에 대해 투쟁했던 것처럼 실험 설계과정 및 정책과정에 지금보다 더 깊숙이 참여해야 했다(Epstein 1996). 이를 통해 환자들의 참여의 이해관계와 연구자들의 학술적 관심이 만나는 지점에 놓여 있는 실험의학의 두드러진 변화를 지지하는 새로운 기술 코드가 출현했다. 여기서 우리는 윤리학이 사회적인 것과 기술적인 것 사이에서 일종의 전환점으로 작동하는 새로운 역할을 확인할 수 있다.

심층 민주주의

대의제 민주주의가 공간을 효율적으로 활용하는 것처럼 대의제의 등가물이 시간을 기반으로 한 기술권력을 민주화할 수 있다. 그러나 이러한 두 영역의 대의제에는 중요한 차이점이 존재한다. 기술적 대표를 위해서는 신뢰할 만한 개인의 선택이 중요한 게 아니라 사회·정치적 요구가 기술 코드에 구현되어 있어야 한다. 이런 코드는 사회적 권력의 특정한 균형을 구체화하고 있는 셈이다. 기술적 대표의 경우에는 대표자들의 증언의 가치나 충성도 같은 문제가 지리적인 대표 때보다 훨씬 대수롭지 않다. 기술 코드의 사회화는 기술전문가가 되기 위한 당연한 조건이기 때문이다. 기술 코드에 체현되어 있는 이해관계를 대표하지 못하는 전문가는 당연히 기술적 실패를 겪게 된다. 일반적인 정치세계에서 존재하는 개인이 갖고 있는 별난 성격이나 사리추구 등에 대한 견제가 여기서는 적용되지 않는다.

그렇다고 기술자들 가운데 사리추구를 하거나 별난 성격의 개인이 없다는 건 아니지만 이런 약점들은 의회의사당에서 흔히 볼 수 있는 모습과는 다소 다르다. 역사적으로 전문성은 계급권력에 봉사한다. 전문성에는 지배집단의 협소한 이해관계를 대표하는 편향이 깊이 박혀 있다. 비민주적인 기술 시스템은 보다 민주적인 시스템으로부터 위협을 받는 기술관료들에게 특권을 부여할 수도 있다. 이 문제는 우리가 선거 때 하는 것처럼 싹 바꿔버리자는 식으로 해결될 수 없다. 기술적인 능력을 높이기 위한 투자비용이 너무 커졌기―이를 하지 않을 때의 기회비용이 상당히 많기―때문에 이런 시도들은 합리적이지 않다. 대신 민주적인 기술적 대표를 보장하는 가장 중요한 수단은, 기술 코드를 변경하고 기술 코드를 계속해서 주입하고 있는 교육과정을 변화시키는 것이다.

　　이런 점을 생각하면 기술영역에서 가장 흔한 투쟁형태가 앞장에서 언급한 민주적 합리화나 기술 코드를 변화시키기 위한 다양한 논쟁, 전유, 대화인 이유를 알 수 있다. 사회학자나 역사학자들은 이러한 현상의 출현에 관심을 기울여왔지만, 이런 현상이 민주주의 정치이론에서 어떤 위치를 차지해야 하는지에 대해서는 간혹 탐구되었고 논의가 될 때도 논쟁을 해결하기 위한 시민패널이나 공청회의 역할 등에만 관심을 가졌다(Fiorino 1989). 이런 투쟁들이 민주주의에 대해서 가지는 의미를 설명하기 어렵다는 사실이 마치 기술진보가 1776년에 중단된 것처럼 현대의 정치이론을 서술하는 변명이 될 수는 없다.

　　다음 장에서 말하겠지만 다른 정치이론가들처럼 하버마스도 기술에 대한 이런 알레르기 때문에 곤란을 겪고 있지만 그가 발표한 최근의 저서는 기술적인 대표 문제에 대한 의미를 함축하고 있다. 여러 이론가들과는 달리 하버마스는 근대국가가 선출직 집단이라는 형식에 살을 붙인 구조에 그치는 게 아니라 행정적 복합체이기도 하다는 사실을 직시하고 있다. 행정이라는 측면을 고려하기 때문에 하버마스는 어느 정도는 체계이론의 언어를 사용하면서 실재론의 요소를 기꺼이 수용한다. 하버마스의 논의에서 '행정'이라는 단어를 '기술'로 대체할 수 있는 여지가 많다면 이렇게 단어를 바꿔서 생각해 보는 것도 타당한데, 그렇게 생각하면 (하버마스의 논의도) 이 책의 입장을 지지하게 된다—기술과 행정의 차이는 다음 장에서 논의될 것이다.

　　하버마스는 국가를 '민중'의 의지가 투명하게 자기반영이 된 것으로 보는 고전적인 민주주의적 사고가 근대사회의 방대한 행정영역의 불투명성과 어긋난다고 지적한다. 행정은 일차적으로 효율성 규범을 따르지만, 행정이 매우 복잡한 사안들을 다루다 보면 단순한 집행의 경계를 가로지르게 된다. 행정은 분명하게 법제화된 목적에 가장 효율적인 수단을 실용주의적 원칙에 따라 선택하는 활동 이상의 일을 한다. 행정이 규범적인 기준에 따라 결정해야 하는 어쩔 수 없는 쟁점들과 관련될 때, 행정의 정당성에 의문이 제기된다. 앞에서 언급한 의학분야의 사례가 적절하다. 논쟁의 중심에 있었던 미국식품의약청은 효율성을 고려했다거나 법률에 명시되어 있다는 주장만으로는 책임을 회피할 수 없었다. 이외의 많은 사례에서도 국가의 행동은 중추적인 협의체—사회를 전체적으로 조망하고 관장할 능력이 있는 의회가 될 수 있다—에서 형성된 대중들의 의지가 체현된 것이라고 합당하게 받아들이지는 않는다. 그러면 국가의 결정은 어떻게 정당화될 수 있는가?

하버마스의 해결책은 이러저러한 대중들의 참여에 개방되어 있는 참여행정이다. 여기서 참여는 일반원리로부터 연역되기보다는 구체적인 사례에서 요구되는 만큼만 개입하는 단편적인 행정활동의 형태를 띤다. 하버마스는 이렇게 설명한다.

행정체계가 개방된 법률 프로그램을 집행할 때마다 규범적인 근거의 검토를 피할 수 없는 한, 정부입법의 이러한 행보는 법치국가적 정당성의 조건을 충족하는 의사소통 형식과 절차에 따라 수행될 수 있어야 할 것이다. 이와 같은 행정의 '민주화'는 필요한 정보를 제공할 의무를 넘어서서, 행정에 대한 의회·사법적 통제를 내부로부터 보완하게 된다는 의미를 담고 있다. 그러나 관련 당사자들의 참여,

옴부즈맨 제도의 활성화, 의사(擬似)사법적인 절차, 청문회 등이 그러한 민주화에 적절할 것인지, 아니면 효율성을 추구해야 하지만 앞에서와 같은 방식을 취할 경우 쉽게 혼란이 일어날 수 있는 행정영역에서는 다른 장치가 마련되어야 하는지는, 개혁이 이루어지는 곳에서는 늘 그러하듯이 제도적 상상력과 신중한 검증의 상호작용을 통해 해결되어야 하는 문제이다. 물론 행정참여가 단순히 법적 보호를 대신하는 것으로 간주되어선 안 된다. 오히려 그것은 규범적인 관점에서 볼 때 입법행위와 판결행위를 대체한다고 볼 수 있는 결정들을 정당화하기 위한 사전(ex ante) 절차로 간주되어야 할 것이다. (Habermas 1996, pp. 440, 441)

기술의 의사결정은 국가행정과 마찬가지로 단순한 효율성 문제를 넘어서 사회환경과 시민들의 삶의 패턴을 형성하고 있다. 기술의 의사결정이 근대 민주주의 틀 내에 통합되려면 대중의 참여에 기초한 정당화 메커니즘을 갖추고 규범적인 함의도 갖고 있어야 한다. 이런 메커니즘은 민주주의의 대의제적 속성을 보장해야 하고 의사결정이 은밀한 이해관계에 의해서 또는 완전히 자의적으로 이루어진다는 의심을 불식시켜야 한다. 우리가 살펴보기 시작한 것처럼, 기술영역에서는 아직 이런 발전이 적용되지 않기 때문에 기술은 점점 더 불신과 격론의 대상이 될 것이다. 민주적 합리화는 이런 참여적 정당화의 사례라고 할 수 있다.

대의제 문제를 놓고 이런 고민까지 하다 보면 기술민주화에 대한 성찰을 특징짓는 공동체에 대한 집착에서 벗어나게 된다. 나는 기술의 문제를 결정하기 위해 전국적인 전자 타운홀 미팅을 이용하자거나 실제 타운홀 미팅의 지역적 틀에 적합하도록 기술을 재설계하자는 등의 비현실적인 생각으로부터 벗어나야 한다고 본다. 공동체의 다수결 원칙을 따르지 않는 게 보통인 이런 기획은 현재 우리에게 개방되어 있는 개입형식의 권위를 암묵적으로 실추시키고 있다.

　　그러나 우리는 기술영역의 고전적인 민주적 통제에 대한 관심을 완전히 포기해서는 안 된다. 지역적 통제가 가능하다면 그것은 분명히 바람직하다. 그러나 아쉽게도 실제로 이런 상황은 스클로브가 우리에게 믿기를 바라는 것보다 훨씬 드물 것 같다. 실제로는 지역행정을 통제함으로써 도움을 받는 게 실용적일 수 있다. 우리는 강한 민주주의보다는 한결 온건한 모델인 특정 전문가들의 평등한 단체 같은 사례를 기술 관료주의적 통제의 대안으로 갖고 있다. 교사나 의사 조직이 취하고 있는 평등한 형식은 멀리는 과거의 장인들의 길드에서 기원을 찾을 수 있다. 직무교육처럼 대부분의 영역에서 동료로서의 평등성(collegiality)은 자본주의적 경영으로 대체된 게 현실이며 단지 대학이나 병원 같은 몇몇 전문적이고 오래된 영역에만 남아 있다. 하지만 이런 영역에서조차 평등성은 위협받고 있다. 이는 기술의 본질이 아니라 자본주의 경제학의 필요에서 나온 결과다(Braverman 1974; Noble 1984). 동료로서의 평등성을 세련되게 일반화하면 경영의 운영 측면의 자율성을 축소시키고 민주적 합리화의 체계적인 개방 전략을 만드는 데 기여할 수 있다. 동료로서의 평등성을 회복하기 위한 노력은 기술이 기반인 근대사회를 민주화하는 의미 있는 출발점이 될 수 있다.

　　또 다른 가능성은 선거를 통한 개입이다. 기술분야 관료의 수뇌부는 전통적인 민주주의 방식으로 선출될 수 있으며, 그렇게 선출되어야 한다. 기업에서는 이미 주주들이 자신들이 소유한 기업의 최고경영진을 선출하고 있다. 공기업 이사회에는 선출직 공무원들의 영향력이 행사되고 있다. 선거를 통한 대의제를 확장하면 주요 기술관련 기관의 모든 참여자에게 시민권을 부여할 수도 있다. 사실 5월혁명 때 제안된 '자주관리'는 이런 사고의 급진적 형태라고 할 수 있다. 다소 실망스럽지만 독일 및 스칸디나비아 국가의 몇몇 노동조합에서는 노조대표가 이사회에 참여하는 등의 '공동경영'의 권리를 획득하는 형태로 실현되기도 했다. 그러나 지금까지 이런 개혁은 선진국에서는 거의 영향력을 행사하지는 못했다.

나는 기술관련 기관을 선거를 통해 통제하려는 노력이 그다지 효과적이지 않은 이유를 두 가지로 생각한다. 우선, 독일의 공동경영처럼 기술 코드에 주요한 변화를 인정하지 않는 정치적 맥락에서만 어느 정도의 통제가 이양된다. 따라서 공동경영은 주로 전통적인 노사협상을 준비하는 데 이용되었다. 노사협상은 유용하지만 특별히 기술민주화에 적절한 건 아니다.

생산의 기술적 관계가 쟁점이 되지 않는 사회에서 이사회에 참여하는 게 효과적이지 않다는 건 그리 놀랄 일도 아니다. 사실 자본주의에서 이사회에 참여하기 위해서는 생산의 기술적 관계에 대한 논쟁을 하지 않는다는 조건이 있어야 가능하다. 모든 사람이 관련되어 있는 전력, 의료, 도시계획 같은—선출직 공무원들이 영향력을 끼치고 있다고는 하지만 아주 느슨한 통제를 하고 있는—공공 기술기관을 민주화할 압력이 없다는 게 다소 우려스럽다. 이런 기관들은 시장논리에 구속되지 않기 때문에 실험을 하기에 매우 긍정적인 조건을 제공할 수 있다. 그러나 듀이가 예견한 것처럼 기술시민권의 분산이 사유화된 문화와 미디어가 지배한 공적 과정과 결합되기 때문에 기술로 인한 사회의 거대한 변화를 이해하지 못하는 사회의 수동성이 발생한다고 볼 수 있다. 이런 실험들이 서서히 실현될 때 비로소 시민들은 기술의 통제를 결정하는 정책결정 기구들을 선거를 통해 견제할 것을 요구할 것이다.

기술적 주도권은 분업화된 노동과정에서 뚜렷이 다른 역할을 하기 때문에 다수의 대중들로부터 분리될 것이며 대중행동으로 대체될 수 없다. 그럼에도 불구하고 전문가와 경영자들의 운영 측면의 자율성은 상당히 축소될 수 있다. 지금의 시스템에서 극도로 확대된 운영 측면의 자율성은 결국 엘리트들의 통제에 기여한다. 이런 통제는 기술관련 기관이 종속적 참여자들이 전개하는 전술적 노력이 점진적으로 확대되는 데 익숙해지면 위기에 직면하게 된다. 우리는 앞에서 살펴본 것처럼, 바로 이것이 중간계층이 5월혁명 기간 동안 외쳤던 요구다. '강한' 민주주의와는 거리가 있지만, 나는 기술 코드의 민주적 합리화를 선거를 통한 기술관련 기관의 통제와 결합시키는 전략을 포함하고 있는 민주화운동을 '심층' 민주화라고 부를 것이다. 심층 민주화는 전문성과 경영의 지식기반과 구조를 변화시킬 수 있다. 이런 기관의 활동은 기술적으로 매개되는 사회영역에서 (인간들의) 행위능력을 지원할 것이다. 심층 민주화는 기술 관료주의의 대안이 될 수 있다. 심층 민주화는 비정상적인 사례나 간섭처럼 여겨지는 포퓰리즘적 행위능력 대신 기술설계의 표준절차에 통합되어서 표준화될 수 있다.

1) 공동체와 기술에 대한 듀이의 이론은 Hickman(1990) 참조.
2) 분권적 정치학에 대한 평가와 비판은 Winner(1986, chap. 5) 참조.
3) 특정한 기술적 선택이 순전히 이른바 '기술적' 요인만으로 결정될 수 없다는
    표현임—옮긴이

제3부
기술과 근대성

근대성 이론과 경험적인 기술연구들은 서로를 알지 못한 채 계속 각자의 길로 가고 있다. 제3부에서는 이러한 두 흐름이 어떻게 기술철학의 새로운 기획으로 합류할 수 있는지 보이려고 한다. 7장에서는 선진 기술사회의 본질을 둘러싼 마르쿠제와 하버마스의 논쟁을 다루고 있다. 마르쿠제는 기술을 분석의 핵심에 두지만 하버마스는 기술을 점차 멀리한다. 하버마스가 제시한 새로운 분석틀이 유용성이 있지만 여기에 기술을 포함시킬 수 있다면 더욱 바람직할 것이다. 앞에서 다룬 사회구성주의는 하버마스의 새로운 이론틀에 기술을 포함시키는 종합의 기초가 될 수 있다. 8장에서는 기술에 대한 하이데거의 사고를 소개하고 사회비판적인 대안을 제시한다. 하이데거는 현대의 기술철학자인 앨버트 보그만과 마찬가지로 구체적인 기술에 관해서는 아무 말도 하지 않으면서 (전반적인) 기술에 적대적인 태도를 보인다. 하이데거 유의 사고가 본질주의 이론이 갖고 있는 한계를 드러내고 있지만 기술사회에서 의미란 무엇인가라는 질문을 생각하는 데 도움이 된다. 9장에서는 기술사와 기술사회학의 최근 연구성과와 사회적 의식이 있는 전통적 기술철학을 통합하여 도구화 이론을 제시한다. 나는 시몽동의 '구체화'(concretization) 개념을 구성주의적으로 해석해서 기술진보를 새롭게 이해할 수 있다는 결론을 내린다.

7. 비판이론적 기술철학

도입: 두 가지 유형의 비판

기술을 둘러싼 마르쿠제와 하버마스의 논쟁은 프랑크푸르트학파의 중요한 전환점이 되었다. 1960년 이후 하버마스의 영향력은 증대되는 반면 마르쿠제의 영향력은 점차 감소했고 비판이론은 유토피아적 입장과 다소 거리를 두게 되었다. 최근 들어 부활하고 있는 급진적 기술비판은 환경운동을 비롯해서 푸코와 구성주의의 영향을 받았다. 이 장에서는 최근에 전개된 이론의 관점에서 지난 논쟁을 새롭게 조명하려 한다.

하버마스의 논의는 여전히 설득력을 갖고 있지만 근대성을 방어하기 위해 너무 합리성에 호소하는 듯하다. 지난 10년간 기술연구의 성과를 고려하면 기술이나 다른 형식의 기술적 행위에 대한 하버마스의 본질주의적 사고는 상당히 설득력이 떨어진다. 나는 마르쿠제의 통찰력이 비록 결실을 맺지는 못했지만 기술은 사회적으로 결정된다는 입장에서는 어쨌든 옳았다고 생각한다. 이 장에서는 마르쿠제와 하버마스의 여러 요소를 결합해서 대안을 제시할 것이다. 두 사상가가 활용하는 비판의 전통이 상호 보완적이기 때문에 양자를 종합할 수는 있다. 하지만 두 이론을 연결시키다 보면 각각의 이론이 어느 정도는 원래의 모습을 잃을 것 같다.

프랑크푸르트학파의 특징이라 할 수 있는 실체론적인 있는 그대로의 기술에 대한 비판(critique of technology as such)은 프랑크푸르트학파를 이끌었던 호르크하이머와 아도르노에게서 특히 두드러진다. 호르크하이머와 아도르노는 『계몽의 변증법』(*Dialectic of Enlightenment*)에서 도구주의는 일종의 지배형식이며 대상에 대한 통제는 대상의 총체성(integrity)을 파괴하고 지배하는 주체의 내적 본질을 왜곡한다고 주장했다. 그렇다면 기술은 중립적이지 않고 누군가 기술을 단순히 사용하기만 하더라도 그는 특정 가치에 복무하는 셈이다.

있는 그대로의 기술에 대한 비판은 프랑크푸르트학파뿐 아니라 하이데거의 『기술과 전향』, 자크 엘륄의 『기술과 사회』 그리고 기술혐오론자(technophobic)라며 부정적으로 묘사되는 몇몇 사회이론가들의 저작에서도 제기되고 있다. 이런 이론들은 대체로 사변적인 틀 수준에서 논의되고 있다. 하이데거의 기술이론은 존재에 대한 존재론적 이해를 기초로 하고, 아도르노와 호르크하이머는 합리성의 변증법을 기반으로 한다. 이런 논의들은 기술영역에서 시작하지만 결국에는 예술, 종교, 자연으로의 후퇴로 귀결되고 만다. 이러한 포괄적인 이론들이 전혀 설득력이 없는 것은 아니지만, 기술을 너무 뭉뚱그려서 하나로 놓고 비판하기 때문에 기술을 변화시키려는 노력에서 도움을 받기는 어렵다. 그들의 전략은 기술을 개혁한다기보다는 기술(의 영향력)을 제한하려는 시도에 가깝다. 그럼에도 불구하고 진보의 필연성에 대한 실증주의적 신념에 유용한 교정수단이 될 수 있다. 다음 장에서 논의될 앨버트 보그만의 컴퓨터 비판은 이런 접근이 현대에는 어떤 모습으로 나타나는지 보여준다.

하버마스는 다소 온건하고 탈신비화된 입장을 제시하는데, 보다 일반적인 관료주의 비판에 점점 가까워지고 있다.[1] 하버마스가 말하는 기술적 행위 또는 후기저작에서 말하는 행정적 행위의 속성은 특정한 삶의 영역에는 적합할지라도 다른 영역에서는 적합하지 않다. 기술은 특정 영역에서는 중립적이라 해도 그 영역을 벗어나면 근대사회의 다양한 사회적 병리현상을 일으키기 때문이다. 하버마스의 논리는 매우 강력하지만 기술이 중립적이라는 사고는, 아무리 하버마스의 주장이라 하더라도 최근의 과학기술학 연구들에 의해서 이미 효력을 상실한 소박한 도구주의의 잔재일 따름이다.

기술의 개혁은 내가 설계비판이라 부르는 제2의 접근방법과 관련이 있다. 설계비판은 사회적 이해관계나 문화적 가치가 기술적 원리를 실현하는 데 영향을 끼친다는 주장이다. 최근 여러 비판적 사회이론가들은 근대기술에 대한 일반이론을 제시하고 있다. 이들에 따르면, 기독교적 가치나 남성적 가치로 인해—생태적으로 건전하지 못한 기술설계로 나타나는—자연을 '정복'할 수 있다는 신념이 확고해졌다거나 자본주의적 가치때문에 기술이 노동을 지배하고 자연을 착취하는 도구가 되었다고 주장하기도 한다(White 1972; Merchant 1980; Braverman 1974). 4장의 용어에 따르면 이런 이론은 기술 헤게모니 이론으로 분류될 수 있다. 기술 헤게모니 이론이 비판하는 가치들은 편향된 기술 코드의 형태로 실현된다.

기술 헤게모니 이론들은 지나치게 일반화되어 일종의 실체론적 비판처럼 되는 경향이 있다. 예를 들어 모든 기술이 남성적이라면 페미니즘은 어떤 도구를 설계하는 데는 무의미한 요소가 된다. 그러나 본질주의를 탈피해서 비판(의 대상)을 우리의 기술로만 제한한다면 상이한 기술 코드를 체현한 설계를 토대로 한 또 다른 미래를 그려낼 수 있다. 그러므로 기술은 법률, 교육, 의학 등과 마찬가지로 이해관계나 공적 절차의 영향을 받는다는 점에서 사회적인 속성을 갖고 있다. 여러 해 동안 포드주의 노동과정에 대한 비판론자와 환경운동가들은 이런 논리로 기술설계에 대해 문제제기를 했다(Hirschhorn 1984; Zuboff 1988; Commoner 1971).

마르쿠제가 아도르노나 하이데거로부터 영향을 받았다는 사실은 분명하지만, 일반적으로 이해하는 것처럼 낭만주의적인 기술혐오론자는 아니다.[2] 마르쿠제는 도구적 이성이 역사적으로 우연한 것이라고 생각했지만, 아도르노와 하이데거와 달리 인간의 행동을 통해 기술적 합리성의 시대적 구조와 이러한 구조 아래서의 설계를 변화시킬 수 있다고 보았다. 마르쿠제는 이런 야심찬 입장을 세련되게 옹호했음에도, 오늘날 과학의 정치적 변형에 관심을 기울이는 사람이 점차 없어지면서 마르쿠제의 접근 방식 전체가 신뢰를 잃어버렸다.

내가 여기서 제기하는 질문은 다음과 같다. "우리가 형이상학자나 도구주의자도 아니고 낭만주의적 과학비판과 기술의 중립성 모두를 거부한다면 마르쿠제와 하버마스로부터 무엇을 배울 수 있는가?"

다음에서는 논의를 세 단계로 전개할 것이다. 우선, 이 논쟁의 핵심 고전이라 할 수 있는 하버마스의 마르쿠제에 대한 비판인 「'이데올로기'로서의 기술과 과학」(Technology and Science as 'Ideology')에서 출발한다. 다음으로는, 유사한 주제를 좀더 깊이 다룬 하버마스의—베버의 용어로 입장을 재정식화한—『커뮤니케이션 행위이론』(*The Theory of Communicative Action*)을 다룰 것이다. 이와 더불어 당시 마르쿠제가 이런 논의에 대응할 수 없는 시기였다는 점을 고려하면 시대착오적일 수도 있지만, 베버에 대한 마르쿠제의 비판을 토대로 하버마스의 비판에 대해서 마르쿠제라면 어떻게 했을지 상상한 답을 제시한다. 마지막에서는,

마르쿠제적인 비판을 고려해서 하버마스의 이론을 재구성하고 결론적으로 나의 대안을 제시할 것이다.[3]

'비밀스러운 희망'에서 새로운 절제로
"모든 권력에 상상력을"

마르쿠제는 아도르노와 호르크하이머가 『계몽의 변증법』에서 기술에는 고된 역사의 기록이 담겨 있다고 제시한 논의를 계승하고 있다. 자연과 맞서서 생존을 위해 싸웠던 인간 최초의 투쟁에서부터 계급사회에서 다른 인간과의 투쟁에 이르는 과정까지 내적 본질과 외적 본질 모두 억압받아 왔다. 이런 입장이 비판적 함의를 가지기 위해서는 인간과 자연이 본질적으로 통일되어 있지는 않아도, 적어도 인간의 필요와 합치되는 자연적 힘이 존재한다는 사실은 인정해야 한다. 마르쿠제도 프랑크푸르트학파의 동료연구자들처럼 이런 힘이 역사적으로 희생되어 왔다는 증거를 예술에서 찾고 있다. 그러나 오늘날에는 무엇이 상실되었는가 하는 의식마저 망각되고 있다. 대신 기술적 사유가 생활, 인간관계, 정치 등 모든 영역에서 세력을 발휘한다.

　　『일차원적 인간』은 『계몽의 변증법』과 비교되기도 하지만 훨씬 비관적인 색채를 띠고 있다. 마르쿠제가 다소 희망 어린 입장을 제시할 때는 하이데거의 영향을 받은 것처럼 보인다. 물론, 마르쿠제는 양자 사이의 심대한 정치적 입장 차이 때문에 하이데거의 영향을 인정하지는 않는다. 드레퓌스의 해석에 따르면, 마르쿠제는 하이데거의 용어를 빌리면 기본적 실천들(basic practices)의 혁명적 변혁으로 존재의 새로운 드러냄

(disclosure)이 가능하다고 말하고 있다(Dreyfus 1995). 이로써 도구주의의 본질 자체가 변화할 것이다. 계급사회가 폐절되고 계급사회의 성과원리가 없어지는 과정에서 도구주의의 본질은 근본적으로 변화할 것이다. 이런 변화와 더불어 인간은 자연과 갈등하지 않고 조화를 이루는 새로운 과학기술을 창조할 수 있다. 자연은 단순한 원료가 아니라 또 다른 주체로 간주될 것이다. 인류는 권력과 이윤을 위해 자연을 쓰레기로 내버리는 게 아니라 자연에 내재된 잠재력을 실현함으로써 목표를 달성할 수 있다는 것을 배우게 될 것이다. 마르쿠제는 다음과 같이 말한다.

> 자유는 과학의 발전을 기반으로 한 기술의 진보에 크게 의지하고 있다. 그러나 이로 인해 본질주의적 전제가 너무 쉽게 은폐되고 있다. 과학기술이 자유를 가져다주기 위해서는 과학기술의 현재 방향과 목표가 변화해야 한다. 과학기술은 새로운 감성, 즉 생명본능의 욕구에 맞게 재구성되어야 한다. 이를 통해 우리는 해방의 기술, 즉 착취와 고달픈 노력 없이 인간세계의 형식들을 자유롭게 설계하고 기획할 수 있는 과학적 상상력의 결과에 대해 말할 수 있게 될 것이다.
> (Marcuse 1969, p. 19)

마르쿠제는 미학적 실천을 계급사회의 속성인 자연의 '정복'과는 구분되는 도구주의의 변형된 모델로 생각했다. 마르쿠제는 20세기 초의 아방가르드—특히 초현실주의자—들처럼 일상생활로부터 예술이 분리되는 현상을 이성과 상상력의 결합으로 초월할 수 있다고 믿었다. 따라서 마르쿠제는 새로운 기술을 토대로 과학과 예술의 분리를 지양(Aufhebung)

할 것을 제안했다. 이 개념은 5월혁명의 슬로건이었던 "모든 권력에 상상력을"를 떠올리게 하는데, 실제로 『해방론』(*An Essay on Liberation*)은 1968년 5월의 '젊은 투사들'(militants)에게 헌정되었다.

이러한 마르쿠제의 프로그램은 납득하기가 매우 어렵지만 일종의 직관이 가능하다. 예를 들어 우리는 미스 반 데르 로에(Mies van der Rohe)의 건물과 프랭크 로이드 라이트(Frank Lloyd Wright) 건물의 차이를 쉽게 인지할 수 있다. 미스가 구속되지 않은 권력의 과시로서 기술, 즉 기술적 장엄미를 보이려고 한다면, 자연과 조화를 이루는 라이트의 구조물은 인간을 환경에 통합시키려고 한다. 다음에서는 이런 대비를 발전시켜서 마르쿠제의 본질주의적 통찰력을 보존할 수 있음을 보일 것이다.

기술의 중립성

마르쿠제의 논리는 하버마스를 설득하지 못했다. 하버마스는 「'이데올로기'로서의 기술과 과학」에서 인간과 자연의 조화라는 이상을 암묵적으로 갖고 있던 벤야민, 아도르노, 블로흐, 마르쿠제 등 전(全)세대 사회사상가들의 '비밀스러운 희망'을 비판했다. 그는 선진사회의 기술 관료주의적 경향을 우려하기도 했지만 (현재와 다른) 새로운 과학기술이라는 관념 자체를 낭만적 신화라며 비판했다. 하버마스가 볼 때, 자연과의 교감에 기초한 (새로운) 기술이라는 이상은 인간들의 의사소통 모델을 매우 도구적인 관계 영역에 적용한 것이었다.

하버마스는 근대기술의 합리성을 마르쿠제처럼 역사적으로 해석하는 데 반대해서 일반적인 기술행위의 초역사적 본질에 관한 이론을 전개했다. 토머스 매카시는 "하버마스에게 있어 과학기술의 특정한 역사적 형식은 제도적인 배치의 변화로부터 영향을 받지만 기본적인 논리구조는 합목적적 행위의 본질에 기초하고 있다"고 정리한다(McCarthy 1981, p. 22). 초기 하버마스는 '노동'과 '상호작용'이 각각 나름의 논리를 갖고 있다고 주장했다. 노동은 '성취 지향적'으로 세계를 통제하려는 '합목적적 행위'의 형식을 갖고 있다. 따라서 기술발전은 계급사회 같은 특정한 역사적 시대나 부르주아 같은 특정 계급의 프로젝트가 아니라 전체 인간종(種)의 '프로젝트'라는 의미에서 '보편적 프로젝트'이다(Habermas 1970, p. 87). 이와 달리 상호작용은 공통의 이해를 추구하는 의사소통을 포함하고 있다. 기술 관료주의는 기술의 본질에서 생겨났다기보다는 노동과 상호작용이라는 두 행위 사이의 불균형에서 비롯된다.

하버마스는 마르쿠제, 베버 그리고 암묵적으로는 하이데거까지도 합리화를 단지 기술적인 통제의 확장으로 정의했다는 이유를 들어 비판한다. 하버마스는 의사소통적 합리화 과정이 근대의 발전과정에서 제약당하기도 했지만 인간의 자유를 증진시켜 왔다고 생각한다. 이런 주장은 일반적으로 옳은 것 같지만 실천적인 귀결은 그리 대단해 보이지 않는다. (하버마스의 생각에 따르면) 더 나은 사회는 기술행위 체계의 경계를 계속 땜질하는 식의 보완을 통해 만들어낼 수 있을 것이다. 기술행위는 근대사회에서 요구되는 복잡한 상호작용을 원활하게 해주는 정도로 제한하기만 하면 위협이 되지는 않는다. 사실 적합한 위치를 차지하고 있는 기술화를 비판한다면 반근대적이고 퇴행적일 것이다.

마르쿠제를 변호하기 위해서는 마르쿠제가 어디서도 질적으로 다른 기술적 합리성이라면 자연에 대한 개인들 사이의 관계로 기술행위의 객관성을 대신할 수 있다는 입장을 펴지 않았다는 점을 지적해 둬야 한다. 마르쿠제의 입장을 설명하면서 '자연과의 형제적 관계'라는 표현을 사용한 사람은 바로 하버마스이다. 하버마스의 이런 표현은 마르쿠제의 사유와 진지하게 대면하지 않은 채, 하버마스 자신의 세계관이 취하고 있는 완고한 이분법에 의해서 만들어진 허수아비 개념이다. 마르쿠제가 옹호한 주장은 자연을 또 하나의 주체로 간주하라는 것이었다. 마르쿠제가 말하는 (자연의) 주체성(subjectivity) 개념은 개인성(personhood)이라기보다는 아리스토텔레스 유의 실체에 더 가깝다. 마르쿠제는 자연과의 수다를 권고했다기보다는 자연을 내재적 정당성을 가진, 본래의 잠재력을 갖고 있는 존재로 간주했다. 이러한 인식은 기술적 합리성이라는 구조 자체에 통합되어야 한다. 다음에서는 마르쿠제의 현상학적 기초에 대해 논의한다.

하버마스는 물론 기술발전이 사회적 필요로부터 영향을 받는다는 사실을 인정하지만, 다양한 기술적 합리성이 가능하다는 마르쿠제의 생각에는 동의하지 않는다. 예를 들어 하버마스는 생태적으로 건전한 기술을 지지하지만, 동시에 기술 그 자체는 이러저러한 구체적 실현양태에 의해 본질적으로 변화하지 않는다고 생각한다. 그 결과 기술은 언제나 자연과의 관계를 객관화하고 성공과 통제를 지향하기 때문에 비사회적이다. 이와 대조적으로 마르쿠제는 생태주의적 개혁을 위해서는 기술의 본질이 문제라고 본다(Marcuse 1992).

하버마스는 자신의 사고에 상당한 영향을 끼친 마르쿠제를 단순히 거부하지 않는다. 하버마스는 (마르쿠제의) '일차원성' 개념에서 자신이 거부한 것보다 훨씬 풍부한 기술비판의 기초를 발견한다. 바로 이것이 하버마스가 자신의 언어로 정교하게 다듬은, 사유와 행위의 기술적 양식의 과잉확장에 대한 마르쿠제의 분석이다. 하버마스의 유명한 '식민화 명제'의 기원은 적어도 부분적으로는 마르쿠제의 기술 비판에서 발견할 수 있지만, 이때를 마지막으로 하버마스의 이론에서 기술은 다시 나타나지 않는다는 사실은 역설적이다. 내가 다음에서 다루겠지만, 하버마스의 이론은 원리상으로는 기술에 대한 비판을 포함할 수 있지만 (후기저작인) 『커뮤니케이션 행위이론』의 찾아보기에서는 기술이라는 단어를 찾을 수 없다. 하버마스가 기술을 간과하게 된 이유는, 기술은 기술 자체의 영역에서는 중립적이라고 보았기 때문이다. 중립성 명제는 비판의 기초가 될 수 있는 기술의 사회적 차원을 모호하게 한다.

하버마스와 마르쿠제를 서로 비교한 첫번째 시도에서 무엇을 얻을 수 있는가? 하버마스의 입장이 갖고 있는 문제에도 불구하고 하버마스의 입장은 널리 알려져 있지만, 마르쿠제는 1970년대 후반부터 80년대를 거치면서 점차 잊혀가고 있다. 이런 사정에는 하버마스의 주장이 지닌 강력한 논리적 설득력 외에도 우호적이었던 역사적 맥락도 작용했다. 1980년대에는 60년대의 유토피아적 희망이 쇠퇴하면서 '새로운 냉정함'이 출현했다. 열망을 잠재우고 달래야 했던 시기에는 하버마스의 관점이 적합했던 것이다.

근대성 비판에서의 합리성
베버와 하버마스

하버마스는 근대성의 '불완전성'에 대한 자신의 비판을 60년대 급진주의자들의 ─하버마스가 생각하기에─ 반근대주의와 구별했다. 하버마스의

『커뮤니케이션 행위이론』은 암묵적으로 마르쿠제와 신좌파에 반대하는 논의를 전개하고 있다. 다음의 〈표 3〉—하버마스의 〈그림 11〉—에서는 『커뮤니케이션 행위이론』에 나오는 하버마스의 주요 논의를 소개하고 있다(Habermas 1984, 1987, I, p. 238).

하버마스는 가로축에서 우리가 인간으로서 참여하는 '세계'를 사물들의 객관세계, 사람들의 사회세계, 감정들의 주관적 세계 등 세 가지로 제시한다. 일상생활에서 우리는 이 세 종류의 세계 사이를 끊임없이 오가고 있다. 세로축에서는 우리가 세 종류의 세계에 따라 취할 수 있는 '기본 태도'를 사람 및 감정 등 모든 것을 객관화하려는(objectivating) 태도, 세계를 도덕적 의무의 관점에서 바라보는 규범 수용적(norm-conformative) 태도, 실재에 감정적으로 접근하는 표현적(expressive) 태도로 구분한다.

세계와 기본 태도를 서로 연결시켜 보면 아홉 가지의 세계관계가 산출된다. 하버마스는 베버의 영향을 받아 세계관계가 명확하게 구별될 수 있고 진보적 발전순서에서 과거의 성취에 기초하여 만들어질 수 있는

기본태도 ＼ 세계	1 객관적	2 사회적	3 주관적	1 객관적
3 표현적	예술			
1 객관화	인지·도구적 합리성 과학, 기술	사회적 기술	×	
2 규범 수용적	×	도덕·실천적 합리성 법	도덕성	
3 표현적		×	미학·실천적 합리성 에로티시즘	예술

〈표 3〉 세계관계와 기본 태도

세계관계만 합리화될 수 있다고 생각했다. 근대성은 이렇게 합리화가 가능한 세계관계를 기초로 하며 인지·도구적 합리성, 도덕·실천적 합리성, 미학·실천적 합리성 같은 계단형의 이중상자로 드러난다. 그러나 이러한 세 가지의 합리화 중에서 자본주의 사회에서는 객관적 세계와 사회적 세계와 관련을 맺고 있는—과학, 기술, 시장, 행정을 만들어낼 수 있는—객관화 관계만이 충분히 발전할 수 있었다. 하버마스는 근대성의 병리는 자본주의가 도덕·실천적 영역에서의 합리화에서 만들어낸 장애물로부터 생겨난다고 본다.

앞의 표에는 합리화가 불가능한 세계관계를 나타내는 세 개의 ✕ 표(2·1, 3·2, 1·3)가 있다. 이 가운데 두 가지가 우리의 관심을 끈다. 2·1은 객관적 세계에 대한 규범·수용적 관계로, 자연에 대한 형제적 관계를 예로 들 수 있다. 하버마스가 분명하게 언급한 것은 아니지만 2·1은 분명히 마르쿠제에 해당한다. 또 다른 ✕는 3·2에 있는 사회세계에 대한 표현적 관계로 보헤미안주의, 반문화 등을 생각할 수 있다. 마르쿠제 및 신좌파 진영에 있던 그의 동료들은 여기서 대안을 모색했다. 종합하면 1960년대는 근대사회의 개혁에는 전혀 기여할 수 없는 비합리성의 영역인 ✕에 있었던 셈이다. 이 표를 보면 하버마스의 초기저작인 「'이데올로기'로서의 기술과 과학」에서 하버마스가 기술에 대한 마르쿠제의 가장 급진적인 비판을 부정한 이유를 명확히 알 수 있다.[4]

마르쿠제의 대답

마르쿠제라면 어떻게 대답했을까? 마르쿠제는 60년대의 저작에서 전개된 과학기술의 중립성에 반대하는 논의를 가져왔을 것 같다(Marcuse 1964; 1968). 하버마스도 베버처럼 과학기술적 합리성은 비사회적이고 중립적이며 형식적인 특징을 갖고 있다고 간주한다. 정의상, 과학기술적 합리성은 사회적인 것(1·2)을 배제한다. 과학기술적 합리성은 모든 집단 특유의 가치에 우선하는 유(類)적 인간의 이해관계, 인지·도구적 이해관계를 대표하기 때문에 중립적이다. 그리고 과학기술적 합리성은 과학기술이 매개하는 다양한 내용으로부터 합리성을 추상화하는 분화과정을 통해 출현하기 때문에 형식적인 속성을 갖게 된다. 이런 논의를 종합하면 과학기술은 본질적으로 이해관계나 이데올로기와는 무관하며 이해 가능성이나 통제 가능성의 차원에서 객관세계를 재현한다.

마르쿠제는 베버에 관한 글에서 인지·도구적 영역이 중립적이라는 생각은 특별한 종류의 이데올로기적 환상이라고 주장했다(Marcuse 1968). 마르쿠제는 기술적 원리들이 내용으로부터 추상되는 과정, 다시 말해 어떤 이해관계나 이데올로기로부터의 추상을 통해 정식화될 수 있다는 사실을 인정했다. 그러나 그렇다고 하더라도 이는 단지 추상에 불과하다. 기술적 원리들이 일단 현실세계에 들어오게 되면 이를 적용하는 '역사적 주체'에 따라 상대적인, 사회적으로 특수한 내용을 취하게 된다.

비록 마르쿠제의 논의—역사적 주체는 무엇인가?—가 사변적이기는 하지만 단순한 용어로 다시 표현할 수 있다. 중요한 예로, 효율성은 투입 대 산출이라는 형식적 비율로 정의되고 있다. 이러한 정의는 공산주의 사회나 자본주의 사회 또는 아마존 부족들에도 적용될 수 있기 때문에 사회적인 것의 특수성을 초월한 것으로 보인다. 그러나 구체적으로 현실에서 직접 효율성 개념을 적용하기 위해서는 투입과 산출에 포함되는 대상이 무엇인지, 누가 투입을 제공하고 누가 산출을 획득하는지, 상품이 아닌 것, 쓰레기, 위해로 간주되는 것은 무엇인가 등의 문제들을 결정해야 한다. 사회에 따라 이런 문제들이 달라지기 때문에 효율성 개념을 실제로 적용하다 보면 사회마다 조금씩 달라진다. 그리고 사회적인 것이 지배체계에 의해 편향되는 것처럼 체계의 효율적인 작동도 마찬가지로 편향된다. 예를 들어 일반 법칙에 따르자면 형식 면에서 합리적인 체계가 현실에서 활용되려면 실천적으로 맥락화되어야 하고 이런 맥락화가 자본주의 사회에서 이루어지는 한 체계는 자본주의적 가치를 체현하게 된다.

이런 접근은 시장에 대한 마르크스의 독창적 비판과 느슨하게 연결되어 있다. 당대의 여러 사회주의자들과는 달리 마르크스는 시장이 등가교환에 기초한 합리적 질서를 나타내고 있다는 사고를 거부했다. 시장의 문제는 이런 수준의 것이 아니라, 역사적 구체화라는 수준에서 사회의 다른 영역을 희생하면서 냉혹하게 성장하는 자본과 등가교환이 맺는 형식에 있다. 구체적인 형식이 경제성장의 패턴, 기술발전, 법률, 기타 여러 측면의 사회생활을 형성한다는 것이다. 합리적인—협소한 형식적 의미에서 합리적인—시장은 인간에게 비합리적인 사회를 만들어낸다.

경제학자들은 현실의 시장경제 기반의 사회가 지닌 편향을 인정하기도 하지만 이상적 모델과 속류화된 현실의 간극을 우연한 '시장의 불완전성'으로 돌린다. 경제학자들이 이상적 시장에 대한 일종의 외부간섭으로 간주하는 현상들을 마르크스는 자본주의 사회에서 시장이 작동하기 위해 지녀야 하는 본질적 특징으로 간주했다. 완전한 형태의 시장은 구체적인 이해관계를 반영하는 편향성 있는 구체적인 현실태에서 추상한 것에 불과하다. 시장의 계급적 의미는 시장의 기본 구조가 실현되는 방식에 따라 상대적이다. 따라서 사회주의에서 특정 목적을 위해—농업 같은 경우—시장을 이용하자는 엥겔스의 권고가 모순적인 것은 아니다(Engels 1969).

마르쿠제는 합리화의 근본적인 측면인 베버의 행정적 합리성 개념을 비판할 때 이와 비슷한 노선을 채택했다. 경제행정(경영)은 (자본주의의 특징인) 노동자와 생산수단의 분리를 전제하며 이러한 분리는 결국 기술설계를 형성하는 데 기여한다. 베버가 별다른 평가 없이 '합리적'이라고 간주한 자본주의적 경영과 기술은 노동자들이 도구를 소유하지 못한 맥락에서만 합리적이다. 베버는 보편 이론을 정립하려고 했지만 이러한 사회적 맥락 때문에 베버의 합리성 개념은 편향될 수밖에 없었다. 따라서 합리성 범주를 추상적으로 정식화한 결과와 구체적인 현실태가 어긋나는 것은 이데올로기적이다. 마르쿠제는 합리성 일반과 구체적이고 사회에 따라 특수한 합리화 과정을 구별해야 한다고 주장했다. 마르쿠제에 따르면 '순수한' 합리성은 역사적 주체의 삶의 과정으로부터 추상화된 것이다. 이러한 과정이 실현될 때는 합리성에 통합되는 가치를 필연적으로 포함시킬 수밖에 없다.

기술적 합리성

하버마스도 베버의 합리화 이론이 추상적 범주와 구체적 사례의 차이를 얼버무린다는 사실을 파악했지만 비판의 방향은 마르쿠제와 다르다. 하버마스는 합리성의 구조가 근대사회 발전의 배후에 있고 이 구조의 요소들은 지배적인 자본주의 체계가 선호하는 특정 형태로 실현된다고 주장한다(《표 3》). 베버는 자본주의에 의해 억압당하는 의사소통적 합리성의 잠재력을 간과했고 결과적으로 자본주의의 한계와 합리성의 한계를 혼동했다.

베버의 기술적 합리화에 대해서는 하버마스의 문제제기가 없었던 점을 볼 때, 하버마스도 (베버와 마찬가지로) 기술적 합리화와 기술적 합리화의 자본주의적 형식을 동일한 것으로 간주한 것 같다. 이와 반대로 마르쿠제는 베버의 기술적 합리화에 대한 이해 자체를 비판한다. 마르쿠제가 보기에, 베버는 모든 형태의 합리화를 기술적 합리화와 동일시한 것도 문제지만 사회적 가치에 따라 기술적 합리성의 일부 또는 전체가 편향될 수 있다는 점을 간과했다는 데 더 심각한 오류가 있었다. 베버는 과학기술이 비사회적이고 중립적이라고 간주하기 때문에—하버마스도 이런 입장을 공유한다—과학기술이 생산되고 응용되는 과정에서 지배적 역할을 하는 이해관계를 묵인하게 된다. 따라서 마르쿠제는 하버마스가 이상적으로 생각하는 기술적 합리화와 의사소통적 합리화 사이의 균형조차 불충분한 비판이라고 생각한다.

하버마스는 이런 문제들은 사회학적인 세부사항에 불과하기 때문에 (자기가 다루는) 근본적인 이론 수준에서는 그다지 적절하지 않다는 식으로 대응할 것이다. 이런 문제들은 만약 근본적인 수준에서 제기된다면 낭만적인 합리성 비판이 활용할 수 있는 일종의 트로이 목마나 마찬가지이다. 목마를 트로이 성벽 밖에 놔두기 위한 최선의 방책은 원리와 응용(application)을 명확하게 구별하는 것이다. 윤리적 원리가 응용되어야 하는 것처럼 기술적 원리도 응용되어야 한다. 응용이 원리와 정확하게 대응하지 않더라도 순수한 이상형으로 원리를 정식화하는 게 문제가 되는 건 아니다. 현실에서 합리성의 형식적 특징과 사회적 이해관계는 항상 어느 정도는 '섞이게 마련이지만' 본질적인 수준에서 합리성 자체의 형식적 특징과 사회적 이해관계 사이에서 혼란을 일으킬 우려는 없다.

마르쿠제의 이론은 합리성 비판이지만, 추상적 합리성 자체가 아니라 마르쿠제가 말하는 '기술적 합리성'의 역사적으로 구체화된 표현에 대한 비판이다. 기술적 원리는 기술문화를 통해 역사적으로 활성화된다. 응용은 추상적 원리만으로 가능한 것이 아니라 구체적인 기술분과에 체현될 때 비로소 추상적 원리를 포함하게 된다. 사회제도로서 이러한 분과학문들은 기술적 문제와 해결책을 정식화하는 데 영향을 끼치는 사회적 명령 아래서 작동하고 분과학문 내에서 설계하는 응용을 통해서 스스로 모습을 드러낸다. 설계는 기술적으로 과소결정되기 때문에 기술적인 것과 사회적인 것의 이러한 '혼합'은 하버마스의 가정처럼 외생적이고 우연적이 아니라 바로 기술의 본질을 정의하고 있다.

마르쿠제가 '기술적 합리성'이라는 표현으로 무엇을 말하려고 했는가에 대한 여러 해석들 중에서 기술문화에 의해 사회적 명령이 내부화되는 형식이 가장 근본적인 사회적 명령일 수 있다는 해석이 가장 유력하다. 구성주의의 틀에서 보면 이것이 내가 말하는 '기술 코드'다. 이러한 근본적 명령이나 코드는 기술을 특정한 국지적 경험뿐만 아니라 계급사회, 자본주의, 사회주의 같은 기본적인 사회구성체가 지닌 일관성 있는 특성과 결합되어 있다. 근본적인 명령 및 코드는 이러한 문화에서 나타난 기술 시스템에 구체화되어서 각 문화의 가치를 강화한다. 이런 의미에서 기술은 신비화나 혼란의 여지없이 '정치적'이라고 말할 수 있다.

이런 용어를 활용하면 마르쿠제의 이론은 상당히 구성주의적인 의미를 띠게 된다. 합리성이 사회마다 각기 명확한 형태를 갖는다고 생각하는 마르쿠제의 논리를 따르면, 역사적으로 구체화된 기술문화 형식들의 수준에서 서로 다른 다양한 '합리성'이 존재할 여지가 있고 복수의 합리성 중에서 최선의 것을 판단하고 선택하는 일은 우리의 과업이 된다. 근대과학을 기반으로 한 기술을 비롯하여 어떤 것도 진정으로 '중립적'이지는 않다. 각각의 합리성은 기술적으로 과소결정될 수밖에 없는 장치나 시스템의 설계를 결정하는 역사적 기획을 체현하고 있다.

하버마스의 입장은 순수한 기술적 원리의 추상 수준과 구체적인 사회적 실재의 추상 수준을 혼동하고 있다. 하버마스는 기술영역을 추상으로 정의하지만, 이러한 정의를 기술제도, 기술적 활동, 기술적 생산물로 구성된, 가설적으로 '분화된' '문화영역'의 결과로 돌리고 있다. 이렇게 기술적 원리와 사회적 실재를 혼동하면 과학기술이 비사회적이라는 주장에 설득력을 더해 주기도 하지만, 과학기술분야에서 가장 추상적 원리라면 모를까 분과학문 자체나 분과학문의 응용들은 전혀 비사회적이지 않다.

구성주의, 현상학, 비판이론

마르쿠제의 과학기술 비판은 사변적 맥락에서 제기되었지만 마르쿠제의 주요 주장—합리적 체계의 사회적 속성—은 최근의 구성주의적 과학기술학에서는 일반적으로 받아들여지고 있다. 과소결정이라는 관념은 구성주의 과학기술학의 핵심을 이루고 있다(Pinch and Bijker 1987). 하버마스도 한때 이런 구체적 현상에 관심을 가졌었다. 하버마스의 초기 논문들에서는 기능적으로 동등한 기술들 가운데 하나를 선택해야 할 때 과학의 도움을 받을 수 없으며 가치가 개입된다고 주장했다(Habermas 1973, pp. 270,

271). 하버마스는 의사결정 이론은 선택의 과학적 기준이 아니라 상이한 평가상의 편향을 제공할 뿐이라는 사실을 보여주었다. 「'이데올로기'로서의 기술과 과학」에서도 하버마스는 "여전히 사회적 이해관계가 기술진보의 방향, 기능, 속도를 결정한다"는 점을 인식하고 있었다(Habermas 1970, p. 105). 하버마스는 이러한 입장이 같은 논문에서 말한, 기술은 "유적 인간 전체의 '기획'"이라는 자신의 신념과 어떻게 부합하는지는 설명하지 않았다(같은 책, p. 87). (분명히 해결 가능한) 이런 불일치는 기술을 비사회적으로 정의하는 후기 작업에서는 사라진다.

초기의 입장은 분명히 옳았다. 만약 그렇다면 하버마스가 자연과의 형제적 관계라고 부른 것(2·1)은 자연을 초월한 무언가를 갖고 있는 게 아니다. 만약 객관세계에 대한 객관적 관계(1·1)가 이미 사회적이라면 1·1과 2·1의 구분은 완화되어야 한다. 마르쿠제의 생각에 따르면 도구성과 규범성은 현실 과학기술의 모든 측면에 존재하게 마련이다. 그렇다면 객관적 연구와 단순한 편견을 구분할 수 없다는 말인가? 물론 아니다. 자본주의 시대와 같은 역사시대 전체의 구조를 특징 짓는 편견(편향)은 개개인이 갖고 있는 특이한 개성의 표현이 아니다. 이러한 편견(편향)들은 감추어지는 한편, 드러나기도 한다. 17세기의 자연에 대한 기계적 관점 배후에 자리잡고 있는 사회적 배경을 고려하면, 마르쿠제가 과학의 인식론적 타당성을 과학영역에서 문제제기하는 게 아니라는 사실을 알 수 있다. 하버마스가 이 문제에 관심을 갖지 않은 이유는 합리성 원천의 순수함보다는 합리성 주장의 간주체적 교환 가능성(redeemability)이 합리성 논의에서 중요하다고 생각했기 때문이다. 한편 하버마스는 마르쿠제식의 접근이 바로 목적론적 자연철학으로의 회귀라고 생각했다. 그렇다면 자연과의 규범적 관계는 무엇을 의미하는가? 그러나 나는 마르쿠제로부터 하버마스의 비판을 뒷받침하는 증거를 발견하지는 못했다. 하버마스와 마르쿠제의 진정한 차이는 양자의 논의가 서로 다른 축을 따라서 전개되고 있다는 점이다. 쟁점은 하버마스가 생각하는 것처럼 자연철학의 부활이냐 아니냐에 있는 게 아니라, 기술적 행위의 주체로서 우리의 자기이해에 달려 있다.

스티븐 포겔(Steven Vogel)은 하버마스의 표가 객관세계에 대한 규범적 관계라는 명백한 영역을 누락하고 있다고 지적한다. 건조(建造)환경(built environment)[5]이 대표적인 사례이다. 무엇을 어떻게 건설할 것인가라는 질문은 우리를 사실적 상태에 대한 규범적 판단으로 끌어들인다. 이런 판단과 관련된 과학은 없지만 적어도 하버마스가 3·1로 분류한 미학적 판단만큼이나 합리화의 가능성은 있다(Vogel 1996, p. 388). 여기서 우리는 자연과 윤리적인 의식을 가진 관계여야 한다는 요구에 대해 완전히 합리적인 내용을 제시할 수 있다. 이 사례는 객관화된 인체에 대한 규범적 관계를 다루는 의학과 방법론적으로 유사하다.

포겔의 입장은 자연을 사회적 구성물로 보는 구성주의적 해석에 기초하고 있다. 그러므로 포겔이—특히 환경과 관련된—자연에 대한 우리의 윤리적 책임을 긍정하고 있는 것은 당연하다. 그러나 포겔의 견해는 우리가 바로 연관되어 있는 살아 있는 자연(lived nature)에 대한 마르쿠제의 현상학적 설명과는 다소 차이가 있다. 마르쿠제의 이런 논의는 1932년 발표된 마르크스의 『경제학 철학 초고』(*Economic and Philosophical Manuscripts*)에 대한 평론에서 처음 나타나고(Marcuse 1973), 40년이 지난 후 '자연과 혁명'에 대한 논문에서 다시 나타난다(Marcuse 1972). 여기서 마르쿠제는 우리 삶의 과정(life-process)의 참여자이자 우리 삶의 의미 원천으로서 '심미적인' 자연과 우리가 맺는 친밀한 관계를 인정한다. 마르쿠제의 입장에 따르면, 주체로서의 지위는 자연과학에서 추상적으로 구성된 것으로서의 자연이 아니라 바로 이러한 자연에 부여된다. 그러나 살아 있는 자연이라는 개념에 대한 일관성 있는 발전은 마르쿠제가 반대했던 하이데거적 기원으로 회귀하는 경향이 있었고 이는 하버마스가 인간 중심주의 관점에서 마르쿠제의 입장을 오해하는 결과를 가져왔다.

자연에 대한 하이데거식의 접근은 마르쿠제와 무관하게 인문지리학의 전통에서 일본을 연구하는 오귀스탱 베르크(Augustine Berque)에 의해 발전되었다. 베르크에 따르면 객관성과 주관성, 자연과 문화 등과 같이 근대의 전형적인 구분은 하이데거가 '세계'—우리의 경험적 실재—라고 지시한 영역을 폐쇄해 버린다. 이러한 실재들을 지리학적 용어로 말하면, 우리가 실제로 살고 있는 경관(landscape)—베르크가 다루는 대상이다—이다.

경관은 자연적 속성들의 집합 이상이다. 경관은 상징적인 노력이 깃들인 장소, 즉—버크가 "우리가 살고 있는 땅"이라고 정의한—'에쿠멘'(écoumène)이다(Berque 1996, p. 12). 따라서 경관은 단지 분화되지 않은 공간의 연장이 아니라 의미 있는 장소의 체계이다. 장소 개념은 다시 인간들의 건설행위와 연관된다. 하이데거가 「건물, 주거, 사고」(Building, Dwelling, Thinking)에서 설명하고 있듯이, 다리가 존재하는 장소는 다리에 선행하는 것이 아니라 다리에 포함된다. "다리가 있기 전에도 개울에는 무언가에 의해 점유될 수 있는 여러 지점들이 존재했다. 이러한 지점들 중 하나가 장소로 지정된다면 그것은 다리 때문이다. 그러므로 다리가 처음부터 다리가 서 있는 장소가 되는 것이 아니라 어떤 장소가 다리 때문에 존재한다."(Heidegger 1971b, p. 154).

건설이라는 인간의 실천을 통해 자연과 결부된 의미가 단지 주관적인 연관이라는 것인가? 물론 아니다. 의미는 여러 해에 걸쳐 경관의 물리적 형식을 형성한다. 그러므로 베르크가 살아 있는 자연의 '생태상징성'(ecosymbolicity)이라고 말한 것은 4장에서 논의한 기술의 이중적 측면과 부합한다. 기술은 순전히 자연적이지도 않고 순전히 사회적이지도 않기 때문에 기술이 자연에 응용되면 (자연과 인간 또는 자연과 기술이라는) 추상적 구분에 혼동이 일어난다. 두 가지 모두 인과기제이며 동시에 의미 있는 사회적 대상이다. 버크는 "지역성은 항상 인간의 가치를 담고 있기 때문에 에쿠멘의 생태상징성도… 일종의 윤리를 포함하고 있다. … 어떤 영역에서 거주하는 인간의 관습은 좋건 나쁘건 간에 윤리적일 수 있다"고 쓰고 있다(Berque 1996, pp. 80, 81). 마르쿠제는 다소 다르기는 하지만 틀림없이 같은 얘기를 했을 것이다. 마르쿠제는 자연은 역사에 속하며 역사적 실재인 자연은 에로스와 타나토스—해방과 지배—의 투쟁이 갖는 모호함을 공유하고 있다고 말했다.

간단하게 결론을 내려보자. 인간들이 건조환경을 창조하기 위해 자신들이 변형시킨 물질의 안녕(well-being)에 책임을 져야 한다면 자연은 또 하나의 (새로운) 주체로 간주되어야 한다. 건강, 아름다움, 표현의 자유, 성장 등의 용어로 정의되는 안녕의 구체적 가치들은 과학적 지위를 갖거나 보편적 합의의 대상이 아니며 근대의 가치 허무주의에서 말하는 단순한 개인적 선호도 아니다. 이런 가치들은 자연에 대한 우리의 일상경험에서 나타나며 합리적인 성찰과 비판의 대상이 되어온 역사를 갖고 있다.[6]

이는 과거에는 계산되지 않았던 '자연'이 배태하는 비용—권력과 이윤을 위해 착취당하는 사물이나 인간—을 내부화할 수 있는 새로운 유형의 합리화를 예시해 주는 기술에 대한 민주적 개입의 윤리적 기초가 될 수 있다. 내가 이러한 과정을 '합리화'라고 부르는 까닭은 기술 관료주의에 반하는 기술의 발전을 통해 합리화가 진전되기 때문이다. 이런 사고 방식은 근대과학과 어긋나지 않는다. 오히려 이러한 프로그램을 성취하기 위해서는 커머너가 설득력 있게 말한 것처럼 과학이 필요하다.

여기서 보여준 논쟁의 두번째 단계에서 얻어진 결과는 무엇인가? 나는 마르쿠제가 이번에는 승리했다고 본다. 우리는 더 이상 새로운 냉정함의 1980년대에 사는 것이 아니다. 우리는 90년대의 사회구성주의로 진입했고 마르쿠제의 견해는 20, 30년 전보다는 훨씬 설득력을 갖게 되었다. 마르쿠제는 여전히 자신의 논리가 있는 사변적 기초에 대한 하버마스의 회의를 극복하기가 어렵다는 문제를 안고 있다. 우리는 손쉽게 마르쿠제 자신의 정식화로 회귀하기보다는 신뢰성 있는 틀을 활용해서 마르쿠제의 기술에 대한 비판이론의 요소들을 재구성해야 할 것이다. 미스 반 데어 로에의 기술보다는 프랭크 로이드 라이트의 기술을 얻기 위해서는 새로운 과학이 필요하다. 기존의 기술적 원리들을 개혁하고 보완하고 다른 방식으로 응용하는 게 아니라 기존의 기술적 원리를 이용해서 점진적으로 바꾸어나갈 수는 없는가? 환경운동의 역사를 보면 장기적인 기술변화를 위해서는 이런 방식이 더 실용적이라는 사실을 알 수 있다.[7]

이 장의 나머지 부분에서는 하버마스의 의사소통 이론이 기술과 마르쿠제의 설계비판을 포함할 수 있도록 수정해서 재정식화한 하버마스 이론을 제시할 것이다.

매개이론의 재정식화
매개이론

하버마스의 매개이론은 근대성을 교환, 법률, 관료제 등의 합리적 형식을 기반으로 해서 분화된 '하위체계'의 출현이라는 측면에서 설명하고 있다. 매개라는 개념은 파슨즈가 제안한 대로 화폐적 교환으로 일반화될 수 있다. 하버마스는 권력도 화폐처럼 매개의 자격을 완전히 갖추고 있다고 주장한다(Habermas 1984, 1987, II, p. 274). 세계에 대해 도구적인 태도를 취하고 사적인 성공을 추구하는 개인들이 이러한 매개를 활용해서 각자의 행동을 조정할 수 있다. 매개를 통한 상호작용은 언어적 교환과정에서 신뢰의 공유를 가능하게 하는 의사소통 행위를 대체할 수 있다. 토론 없이도 행위자들이 각자의 목적을 달성할 수 있는 시장에서는 규범적 동의가 아무런 역할을 하지 못한다. 행정권력 역시 복잡한 의사소통 없이도 행사될 수 있다. 이렇게 화폐와 권력은 행위들을 객관화하여 상호작용을 조직화함으로써 사회생활의 여러 차원을 '탈언어화'한다. 간략하게 요약하면 하버마스는 복잡한 근대사회에서 필수적인 두 가지의 합리적 조정방식 사이에서 균형을 잡으려고 하는 셈이다(같은책, p. 330).

하버마스가 체계이론에 끼친 영향을 과장해서는 안 된다. 하버마스의 정식화에 따르면, 매개는 의사소통 전체를 소멸시키는 게 아니라 단지 '의사소통 행위'에 대한 필요만 소멸시킨다. 의사소통 행위는 신념과 욕망을 전달하기 위해 상징을 사용하는 일반적인 지적 능력을 말하는 것이 아니고, 적극적인 상호이해를 추구하는 주체들의 특수한 형태의 의사소통을 설명하기 위해 사용된다(Habermas 1984, 1987, I, p. 286). 매개와 연관된 의사소통은 상호이해가 아닐 뿐더러 성공적인 결과를 목표로 하는 전형화된 발화나 상징이라는 점에서 사뭇 다르다. 여기서 행위의 조정은 주체들의 의식적 노력의 결과라기보다는 매개구조의 효과다.[8]

하버마스는 매개이론을 이용해서 『계몽의 변증법』이나 『일차원적 인간』보다 분명하게 기술 관료주의를 설명할 수 있게 되었다. 하버마스는 시장이나 행정처럼 매개를 통해 규제되는 합리적 제도들의 체계와 양육, 교육, 공적 토론 등이 이루어지는 일상적인 의사소통적 상호작용의 영역인 생활세계를 구분한다. 하버마스는 근대사회의 주요 병리현상을 체계에 의한 생활세계의 식민화라고 정식화했다. 생활세계의 식민화는 성취 지향적 행위가 과도하게 팽창하여 자신의 정당화 영역을 벗어나면서 의사소통 영역에까지 효율성 기준을 부여하고 있다는 주장이다. 체계가 생활세계까지 확장되면서 생활세계는 위축되고 언어에 의해 매개되어야 하는 사회생활의 여러 차원까지 탈언어화시키게 된다.

그러나 하버마스가 루만에게서 빌려온 개념인 '생활세계의 기술화'를 주장하면서도, 정작 기술에 대해서는 거의 언급하지 않다는 것은 놀라운 일이다. 나는 이를 하버마스가 간과한 중대한 실수라고 생각한다. 기술도 다른 매개와 마찬가지로 언어의 필요를 최소화하면서 인간의 행위를 조정한다. 이런 맹점을 더욱 혼란스럽게 하는 것은, 하버마스의 사고에는 초기에 견지했던 이성에 대한 실증주의적 이해에 대한 비판과 기술 관료주의 사회에서 이성의 역사적 실현양식에 대한 비판의 영향이 남아 있기 때문이다. 특히 「'이데올로기'로서의 기술과 과학」에서 전개된 이런 논의는 하버마스가 이후 여러 해 동안 정교하고 풍성하게 다듬은 근대사회이론의 바탕을 이룬다. 하버마스는 체계와 생활세계의 이분법적 구조를 핵심으로 간직하면서 노동과 상호작용, 기술과 의사소통 사이의 본질적 대립을 체계합리성과 생활세계의 구분으로 대체해 왔다. 그러므로 하버마스의 기획은 기술의 행위 유형에 대한 비판을 기저로 하고 있으며, 하버마스는 이러한 비판을 통해 후기에 집중적으로 관심을 기울인 '합목적적 행위'의 구체적 양식에 대한 해석모델을 제시할 수 있었다. 그렇다면 기술도 후기의 작업에서 화폐와 권력을 매개로 간주한 것처럼 또 하나의 매개로 간주할 수는 없을까?

　　매개이론을 (기술까지) 확장하려는 시도에 대한 강력한 반론으로는, 다른 매개들은 본질적으로 사회적인 반면 기술은 자연과 인과관계를 이룬다는 점에서 차이가 난다는 주장이 있다. 기술을 관리하는 코드가 의사소통적 내용을 결여하고 있는 반면, 화폐와 권력을 통제하는 코드는 양식화되어 있으며—비록 약화되기 했지만—의사소통적 중요성을 지니고 있다. 다른 식으로 말하면, 기술은 의사소통 노력을 경감시키기 위한 노력이 아니라 물리적인 노력을 '경감'시킨다.

　　그러나 이런 논의는 4장에서 비판한 기능주의적 오류를 반복하는 것이다. 실제로 기술은 몇 가지 서로 다른 유형의 의사소통적 내용을 담고 있다. 자동차와 책상 같은 기술들은 소유자의 지위에 대한 정보를 전달하며(Forty 1986) 자물쇠 같은 기술은 법적 의무를 전달한다. 다른 대부분의 기술들도 조작과정에서 인터페이스를 통해 의사소통을 한다. 예를 들어 컴퓨터 프로그램은 해당 분야에서 제기되는 문제를 해결하는 데 기여할 뿐 아니라—인간들의 활동으로 구성된—해당 분야에 대한 설계자(프로그래머)의 구상을 전달한다(Winograd and Flores 1987, chap. 12). 교통 시스템에서는 기술을 통해 아무런 논의 없이도 수많은 사람들을 조직할 수 있다. 이와 유사하게, 잘 조직된 공장에서는 장비와 시설물들의 설계를 통해 노동자들이 언어적 상호작용이 거의 없는 가운데 거의 자동적으로 자신들의 직무를 찾을—자신들의 행위를 조정할—수 있게 한다.

사실 합리화된 사회생활 영역에서는 완전히 화폐와 권력만으로 행위를 조정할 수 있다는 하버마스의 주장을 수용하기는 곤란하다. 경영분야의 사람이라면 금전적 유인과 관료제적 규칙의 조합만으로 생산을 조직할 수 있다는 생각에 동의하지 않을 것이다. 동기부여라는 문제는 훨씬 복잡하다. 직무의 기술적 합리성이 노동자의 행위를 조화롭게 조정하지 못하면 규칙들로는 노동자들의 행위를 조정하지 못할 것이다.[9]

제임스 베니거는 경영학에서의 이러한 관측을 근대사회 일반으로 확장한다. 근대사회의 관료구조와 시장체계는 정교한 기술적 기초에 의지하고 있다. 베니거는 '정보사회'의 뿌리를 19세기로 돌아가서 찾고 있다. 당시 가속화된 산업생산 및 열차수송 때문에 발생한 문제들에 대응하기 위해 만들어진 전보나 천공카드 같은 19세기의 혁신들이 정보처리의 기본 혁신이 되었다. 베니거는 조정을 위한 매개들은 하부 사회체계에 인간이 포함될 때 발생하는 복잡성을 감소시킨다는 의미에서 인간을 '사전 가공'(preprocess)한다고 표현했다. 이런 사전 가공과정에서 기술이 어떤 역할을 하는지는 『통제혁명』에 풍부하게 예시되어 있다(Beniger 1986).

매개로서의 기술

기술을 단순한 인과적인 기능으로만 환원시킨다면 지난 한 세대 동안 사회과학 연구의 성과를 무시하는 것이다. 우리가 기술을 자연적 인과성으로 환원할 수 없다면, 여러 가지 측면에서 유사점이 있음에도 불구하고 매개들의 목록에서 배제하는 이유는 무엇인가? 물론 기술은 전형적인 매개인 화폐와는 다소 차이가 있지만, 권력에 대한 느슨한 비유가 의미 있다면 기술도 매개가 될 수 있다고 생각한다. 〈표 4〉—하버마스의 〈그림 37〉—에서 하버마스는 화폐와 권력을 매개로 정의했지만, 나는 기술을—기술적 통제라는 의미에서—화폐와 권력과 나란히 배치했고 하버마스가 화폐와 권력을 정의하는 데 사용한 방식과 유사하게 설명할 수 있다는 것을 알았다(Habermas 1984, 1987, II, p. 274). 나는 그림 전부를 말하는 것이 아니며, 가장 중요한 기능을 가진 세 가지에만 초점을 맞춰 설명할 것이다.

우선, '일반화된 도구적 가치'를 생각해 보자. 화폐의 효용이 일반화된 도구적 가치라면 권력의 효용은 효과성이고 기술적 통제의 효용은 생산성이라고 할 수 있다. 기술선택에 책임이 있는 사람들—반드시 기술자일 필요는 없다—은 공동체 구성원들 속에 장치를 설치해서 의사소통적 수준과 물리적 수준 양자 모두에서 구성원들의 부담을 줄여줄 것이다. 이런 조치는 두 가지 유형의 가치를 만들어낸다. 하나는 여러 장치들을 충분히 갖추고 있고 잘 조정된 개인들의 자원을 관리하는 방식의 개선이며, 또 하나는 기술과정을 관리하는 사람들에 의한 개인들에 대한 통제의 개선이다. 후자의 형태는 정치권력과 유사하지만 규범적 주장보다는 운영 측면의 자율성을 기반으로 하고 있기 때문에 정치권력으로 환원될 수 없다. 그러나 어떤 것도 파슨즈가 매개라고 제기했지만 하버마스가 거부했던 영향력(influence)이나 위신(prestige)만큼 모호하지는 않다. 나는 기술이 독특하다고(sui generis) 생각한다.

둘째, 각각의 매개는 제각기 '명목적 주장'(nominal claim)을 한다. 화폐는 등가물을 요구하는 교환가치가, 권력은 복종을 요구하는 법적 구속력 있는 결정이, 기술에서는 순응을 요구하는 행위규칙인 '처방'(prescription)이 명목적 주장이 된다. 어떤 기계를 작동시키는 규정을 준수하는 행위는 정치질서에 대한 순응이나 시장에서의 등가교환을 수용하는 것과는 다르다. 이런 행위는 기술이 갖고 있는 독특한 코드로 특징지을 수 있다. 구매할 것인가 안할 것인가, 복종할 것인가 거부할 것인가로 화폐와 권력의 코드를 단순화할 수 있다면 어떤 행위가 실용적으로 옳은가 그른가는 기술 코드를 정의하는 의사소통이 될 것이다.

셋째는, 하버마스가 '지급준비'(reserve backing)라고 부른 인증 항목이다. 하버마스는 경제사를 인용하지는 않지만 화폐는 금이 지지하고 있다고 말한다. 물론 통화가치가 국부(國富) 등의 신뢰대상에 의지해야 한다는 점에서 하버마스는 옳다. (같은 식으로) 권력은 강제수단을 필요로 하며 기술은 오류의 자연적 결과가 동일한 기능—어떤 조직의 인증 절차에 의해 매개되는 게 보통이다—을 수행한다. 당신이 잘못된 방향으로 도로를 주행하는 식으로 기술적인 규범을 거부한다면 생명을 걸어야만 한다. 그리고 당신은 규범을 준수했다면 불필요했을 부담—충돌을 피하기 위해 신호를 보내는 것 같은 노력—을 다른 사람에게 강제하게 된다. 이런 의사소통적 개입이 실패하면 자연이 개입하게 되고—사고가 나고—이러한 사고는 법률 및 고속도로와 차량의 기술적 배열에 코드화되어 있는 규칙을 강화한다.

기술이 매개이론에 포함된다면 화폐와 권력을 따라 그어진 하버마스 이론의 경계는 기술까지 확장될 수 있다. 하버마스가 이미 화폐와 권력의 매개작용에 대해서도 지적했지만, 기술적 매개작용이 적절한 영역과 그렇지 않은 영역이 있다는 주장은 정당하다. 기술적 통제는 화폐와 권력과 유사한 측면도 있지만, 화폐와 권력 그리고 생활세계와 빈틈없이 교직(交織)되어 있어서 단순하게 결합시키려는 전략은 성공적이지 않을 것이다. 따라서 기술적 통제 자체를 매개로 간주하지 않고 기술적 통제는 화폐나 권력이 생활세계로 침투할 수 있게 해주는 단순한 수단이나 중개자로 이해하는 게 바람직하다는 반론도 가능하다. 어떤 생활영역이 기술화되면 그 영역은 경제 및 정치적 통제에 노출된다. 그렇다면 기술적 통제는 매개가 되지 않더라도 체계의 확장에 기여한다.[10]

그러나 기술적 통제만이 유일하게 생활세계와 교직되어 있는가? 앞에서의 반론은 매개이론의 두 가지 수준을 혼동하고 있다. 하버마스는 매개의 이념형을 생각했지만 현실에서 화폐와 권력은 쉽게 구별되지 않는다. 화폐로 권력을 얻을 수도 있고 권력으로 화폐를 얻을 수도 있다. 화폐는 권력을 위한 수단이며 권력은 화폐를 위한 수단이다. 기술적 통제도 마찬가지다. 화폐와 권력이 서로 교직되어 있는 것처럼, 경험적으로 기술 역

구성요소 / 매개	표준상황	일반적 가치	명목적 주장	합리성 기준	행위자 태도	실질가치	예비 후원자	제도화 형태
화폐	교환	효용	교환가치	수익성	성공 지향적	사용가치	금	재산 및 계약
권력	지시	효율성	결정의 결합	성공(주권)	성공 지향적	집합적 목표 실현	강제수단	공적 지위로 구성된 조직
기술	응용	생산성	처방	효율성	성공 지향적	목표 실현	자연 법칙적 귀결	시스템

〈표 4〉 조정매개

시 화폐나 권력과 교직되어 있지만 이념형으로서의 기술은 화폐와 권력으로부터 그리 어렵지 않게 구별해 낼 수 있다. 이런 의미에서 모든 매개는 중개자이며 모든 매개는 서로에 대한 수단이 될 수 있다.

역사는 이런 주장을 지지해 준다. 근대의 각 발전 단계 및 유형을 보면 다양한 매개가 일반 체계의 진보를 촉진하는 동시에 매개자 역할을 수행했다. 폴라니의 약탈적 시장에 대한 묘사는 시장 주도적 체계 팽창모델을 보여준다(Polanyi 1957). 푸코는 기술의 '모세관적 확장'을 통해 규율사회의 기원에 대한 논의를 전개하고 있다(Foucault 1977). 후기근대화에 대한 이론들은 대체로 국가권력이 시장이 팽창하고 기술적 관계가 전통적 생활세계로 침투하는 과정을 매개했다는 사실을 보여주고 있다.

『커뮤니케이션 행위이론』에 따르면, 현대 복지국가에서는 사법과정이 매개자 역할을 담당하고 있다. 하버마스는 법률을 '복잡한 매개'이자 '제도'라고 주장했다. 복잡한 매개인 법률은 체계기능을 적절하게 규제한다. 계약이라는 제도를 갖추고 있는 사회라면 반드시 법률 및 강제수단을 갖고 있어야 한다. 제도로서 법률은 복지법이나 가정법 등을 통해 생활세계의 기능도 규제한다. 그러나 법률로 인해 의사소통이 봉쇄되거나 우회하고, 불신이 제기되는 등의 병리적 결과를 초래할 수도 있다. 이 경우에 법률은 체계에 의한 생활세계 식민화의 도구가 된다.

이런 측면에서 기술은 법률과 정확히 짝을 이룰 수 있다. 기술도 법률과 마찬가지로 생활세계를 매개한다. 법률에 대한 하버마스의 분석처럼 기술이 생활세계에 적용될 때 발생하는 병리현상에도 불구하고 체계기능의 기술적 매개를 거부할 수는 없다고 말할 수도 있다. 예를 들어 모유수유를 반대했던 1930, 40년대의 의료계 논쟁을 생각해 보자. 당시에는 조리된 유아식이 모유보다 건강에 더 좋다는 잘못된 믿음이 팽배했고 이로 인해 가족생활의 일부가 기술화되었다. 이런 기술적 매개작용이 거대시장을 만들어내면서 유아의 건강관리는 쓸데없이 복잡해졌다. 최근에는 깨끗한 물이 부족한 나라들에서 유아식이 널리 이용되면서 유아들의 설사가 확산된 결과, 의학적 치료가 필요해졌고 유아들의 건강관리에 기술적인 요소가 더 많이 도입되었다. 이런 현상은 명백히 생활세계에 기술이 개입해서 발생한 병리현상이다.

논의를 마치기에 앞서, 있을 법한 오해에 대해 미리 얘기하면, 기술—또는 다른 매개—을 도구주의 자체와 동일시하면 오류에 빠질 수 있다. 이는 나름의 테크네(techne)가 없었지만, 유아식과 다르지 않았고 '성공 지향적'이라는 점에서는 동일한 모유수유의 사례에서 명백하게 알 수 있다. 모든 도구주의를 기술이라고 부른다면 광범위한 기술 일반과 근대에 특수한 기술적 형태를 구분할 수 있는 기초가 없어진다. 손노동과 근대기술 사이에는 기본적인 차이가 존재한다. 손노동은 개인들이 통제할 수 있는 소규모 도구를 가진 개인이나 소집단이 수행하는 생활세계의 활동에 달려 있지만, 근대기술은 대체로 일련의 경영통제 아래서 작동하는 반자동 장치 및 시스템으로 매개되는 대단히 복잡한 활동들을 포함한다. 물론 손노동과 근대기술의 경계는 애매하지만, 이렇게 일반적인 수준에서의 구분은 유용하며 이를 통해 생활세계의 기술화 정도를 가늠할 수 있다.[11]

가치와 합리성

두 가지 수준의 비판

마지막 절에서는 기술에 대한 비판이론을 의사소통 이론의 정립 차원에서 접근한 시도의 개요를 그려본다. 기술에 대한 비판은 하버마스와 그 동료들처럼 선진사회의 기술화를 무시하는 대신, 선진사회의 기술화를 분석하는 시도를 한다. 하버마스의 의사소통 행위이론의 틀을 해치지 않고 기술을 또 다른 매개로 간주함으로써 기존 이론을 향상시킬 수 있지만, 이런 시도는 기존 이론의 틀을 긴장에 빠뜨리는 심각한 문제를 내재하고 있다. 여기서는 이러한 문제들을 다뤄보도록 하겠다.

지금까지 종합한 내용에서는 도구적 매개의 정도와 범위에 대해서는 언급했지만 기술적 설계의 정도와 범위에 대한 논의는 다루지 않았다. 사실 하버마스의 체계이론은 매개의 내적 구조를 비판하는 기초를 제공하지는 않는다. 하버마스는 이런 매개들이 의사소통 영역으로 지나치게 확장되는 것을 비판했지만 각각의 매개가 효력을 가지는 영역에서의 설계는 그리 문제삼지 않았다. 하버마스의 이론에서는 합리성의 중립성에 대한 마르쿠제의 비판에 상응하는 요소가 들어 있지 않다. 그러나 기술에 대한 비판이론에서 설계를 무시할 수는 없다. 아동노동, 의학연구, 컴퓨터 매개 커뮤니케이션(computer mediated communication, CMC), 기술이 환경에 끼치는 영향 등 어떠한 쟁점이든 설계는 효율성에서만 중요한 게 아니라 규범적 함의도 갖게 된다.

우리는 도구주의를 두 가지 수준으로 비판해야 한다. 첫번째 수준에서 매개는 그 응용에 자격을 부여하는 일반적인 속성을 갖고 있다는 하버마스의 주장을 수용할 것이다. 이러한 실체론적 논의는 응용의 경계가 필요하다는 요구를 정당화할 수 있다. 그러나 매개의 설계 자체가 사회의 헤게모니적 이해관계에 유리한 방향으로 형성되기 때문에 두번째 수준의 비판이 필요하다. 시장, 행정, 기술적 장치 들은 이미 특정 편향을 갖고 있으며 특정의 평가적인 선택을 내포하고 있다. 이러한 설계 자체의 편향은 매개가 고유한 영역에서 적절하게 문제들을 규제할 때도 매개에 어떤 표시를 남기게 된다. 그러므로 비판은 체계 외부의 경계에서뿐만이 아니라, 체계 내부 깊은 곳까지 이어져야 하며 그렇다면 설계에 대한 비판은 필연적이다.

그러나 두 가지 수준의 비판을 수행하기도 전에 이미 근본적인 반대에 부딪히게 된다. 이러한 두 가지 수준의 접근방식은 자기 스스로를 파괴할 수도 있다. 우리가 규범적 용어로 체계와 생활세계를 정의해서 양자의 이론적 차이를 모호하게 만들어버리면, 실천적인 사안에서 체계와 생활세계의 실질적 경계를 어떻게 유지할 수 있겠는가? 무엇보다 체계와 생활세계에 근본적인 차이가 없다면 기술적 합리성이 의사소통에 의해 규제되는 영역으로 확대되는 현상을 반대하는 것은 무의미해져 버린다.

이러한 반대는 체계와 생활세계의 구분이 분석적인 구분인지 실질적인 구분인지의 문제와 연관되어 있다. 이런 문제를 제기하는 여럿 중에서 악셀 호네트는 체계와 생활세계라는 용어를 국가, 시장, 가족, 학교처럼 실제로 존재하는 제도와 동일시하는 하버마스에 반대한다(Honneth 1991, pp. 247, 248). 호네트는 현실에서 체계와 생활세계의 제도적 경계는 분명하게 존재하지 않는다고 본다. 가족만큼이나 생산도 인식론적·규범적·표현적 코드 및 성취 지향적 행위, 의사소통적 행위들이 혼란스러울 정도로 서로 뒤섞여서 구성된다. 그러므로 체계와 생활세계의 구분은 전적으로 분석적인 것이다. 그러면 무엇이 매개의 경계를 획정하는 아이디어가 될수 있는가? 분석적으로 구분 가능한 실체의 경계를 획정하기란 거의 불가능하다. 나는 호네트의 주요 논의에는 동의하지만 이러한 혼란에 대해서몇 가지 사항을 고려해야 한다고 생각한다.

하버마스도 체계와 생활세계의 구분이 분석적이라는 데는 동의한다. 체계나 생활세계의 순수한 사례를 보여주는 제도는 없다. 매개가 주도하는 조정이건, 의사소통적인 조정이건 각각의 행위조정 유형은 명백히구분할 수는 있지만 실제 상황에서는 각각의 유형이 상이한 비율의 조합을 구성하게 마련이다. 그러므로 체계 자체는 사회제도가 아니지만 시장이나 국가처럼 매개가 주도하는 상호작용이 이미 지배적인 실제의 사회제도를 참고하게 된다.

생활세계도 순수하게 의사소통적인 것은 아님에도, 가족처럼 의사소통이 지배적인 현실 제도를 묘사하고 있다(Ingram 1987, pp. 115, 116). 시장이나 관료제—나는 기술을 덧붙인다—의 압도적인 영향 아래 형성되는 제도와 개인적 관계나 의사소통적 상호작용이 일차적인 다른 제도들은 근본적으로 차이가 있다는 하버마스의 주장은 정당하다. 서로 다른동기와 코드가 섞여 있기는 하지만 이런 구분이 없다면 근대화과정에 대해 아무것도 알아낼 수 없을 것이다.

비록 원칙적으로는 하버마스가 실제 존재하는 제도들을 단순하게체계와 생활세계와 동일시하지는 않았지만, 실제로 분석적인 구분을 현실 제도에 대한 구분과 떼어놓고 생각하기란 대체로 불가능하다. 예를 들어 국가와 가족은, 하버마스가 사전에 주의를 했음에도 불구하고 체계와생활세계의 대표적인 사례라는 식으로 이해된다(Habermas 1984, 1987, II, p.

310). 하버마스가 기술을 매개로 간주하지 않은 이유도 이렇게 설명할 수 있다. 기술은 언제 어디나 있는 것처럼 보이는데, 어떻게 기술을 매개 주도의 상호작용이 지배적인 상황을 뒷받침하는 제도적 기초라고 간주할 수 있는가? 하버마스는 근대사회가 갖고 있는 문제에 대한 기술의 책임은 시장 및 행정구조에서 기술이 채택되는 현황을 분석함으로 해서 적절하게 파악될 수 있다고 생각하는 것으로 보인다. 여기서 시장 및 행정구조는 식민화과정이 진전되는 영역이다. 그러나 기술을 경제학이나 정치학으로 해체시켜 버리는 데 따르는 이론적인 손실은 기술을 고려함으로써 얻을 수 있는 이득보다 훨씬 크다.

체계의 편향

문제의 핵심은 체계와 생활세계의 구분 자체에 있는 게 아니라 중립적인 형식합리성과 체계를 동일하게 생각하는 데 있다. 현대 페미니스트 이론, 조직사회학, 과학기술사회학에서는 중립적인 형식합리성이 존재하지 않는다는 사실을 풍부하게 논증하고 있다. 예를 들어 낸시 프레이저는 하버마스가 정의한 범주의 추상수준이 너무 높아서 구체적인 사회의 젠더 문제를 은폐한다고 지적한다(Fraser 1987) 체계와 생활세계, 물질적 생산과 상징적 재생산, 공과 사의 구별 등과 같은 추상적 개념은 근대 경제 및 국가의 명백히 순수한 행정적·정치적 합리성에도 스며들어 있는 남성적 역할과 여성적 역할의 구분을 은폐한다. 이러한 점들을 이해하지 못하면 식민화—물화—의 병리현상을 과대평가하고 여성 같은 사회집단이 겪는 억압을 과소평가하게 된다.

이와 관련해서 체계 개념을 근본부터 붕괴시키는 문제가 있다. 하버마스의 체계이론은 5장에서 소개한 체계(시스템) 개념보다 심오하다는 사실에 주목해야 한다. 나는 5장에서 체계라고 이해되는 조직을 보다 확대된 행위자와 사물로 구성된 네트워크와 대비시켰다. 행위자와 사물들은 네트워크에 편제되어(embedded) 있고 그들은 네트워크의 일부를 자신의 환경으로 정의하려고 한다. 내가 생각하는 체계의 좋은 예는 노동조합과 지역사회를 포함한 네트워크에 편제되어 있는 기업이다. 하버마스는 나와 달리 처음에는 루만의 어법을 이용해서 '체계'를 조직이 아니라 화폐나 권력 같은 매개에 의해 수행되는 상호작용의 구조를 설명하는 데 활용했다. 여기서 체계는 근대사회의 확장된 네트워크의 기초가 되는 사회적인 논리를 말한다. 예를 들어 화폐와 권력은 임노동과 도시개발의 형식들을 매개한다. 그리고 무엇보다 기업조직이 운영될 수 있는 것은 체계 때문이다.

여기까지는 문제가 없다. 그러나 하버마스의 설명에서는 조직이 매개를 어떻게 구조화하고 재구조화하는지—어떻게 조직들이 드 세르토가 말하는 '데카르트적' 내부성을 구성함에 따라 교환과 행정에 특정 편향을 부여하는지—에 대한 고려가 빠져 있다. 하버마스는 조직적 행위의 이런 측면을 고려하지 않고 매개를 합리적 논리의 중립적 실현으로 간주한다. 그리고 (합리적 논리의) 과잉확장과 관련된 사회병리는 매개들이 출현하면서 만들어낸 규범적인 고려사항들의 중립화로 환원된다.

이런 논리들은 그리 충분한 설명을 제공하지는 못한다. 화폐나 법률체계에서 전통적 가치나 윤리적 가치가 분해되어 버리는 현상은 전체 문제의 절반에 불과하다. 우리에게는 합리화된 제도 내부에 암묵적으로 설계되어 있는 규범적인 편향을 논의할 수 있는 수단이 필요하다. 이를 위한 이론적 도전이 한층 어려운 이유는, 우리가 체계와 생활세계의 구분을 포기하지 않으면서 규범적 편향을 묘사하는 방법을 찾아야 하기 때문이다. 다시 말해 이러한 규범들이 생활세계를 특징짓는 속성인 의사소통적 이해가 아니라 어떻게 각 매개 고유의 형식으로 매개에 포함되는지 그 방식을 나타낸다는 것을 의미한다.

그러나 이런 노력은 다소 못마땅하다. 체계합리성을 규범적 특성을 가졌다는 식으로 생각하기 어려운 이유는 생활세계의 맥락과 경험에 의해 가치의 편향이 형성되기 때문이다. 우리는 가치가 표출되거나 정당화되는 방식으로, 아니면 선택이나 비판의 형식을 통해 감정이나 신념에 뿌리를 내리고 있다고 생각한다. 가치는 '존재'(is)의 사실세계와는 달리 '의무'(ought)의 세계에 있다. 우리는 체계합리성을 기초로 하는 제도들이 — 개인적인 신념이나 공유된 가정에서 객관화된 규범뿐만 아니라 — 장치와 실천에서 객관화된 규범을 실현시킨다는 사고에는 익숙하지 않다.

나는 4장에서 이러한 문제들을 제기하기 위한 디딤돌을 놓았다. 4장에서 기술의 기능주의적 이해와 해석학적 이해를 구분했다. 기능주의적 이해는 기술장치들이 사회적인 것과 사회적인 것의 목표와 외적인 관계를 맺는다고 생각하는 반면, 해석학적 이해는 장치에서 위임된 규범과 내포가 담고 있는 복합적 의미를 찾으려고 한다. 기술이 갖고 있는 이러한 가치의 차원은 설계를 통해 장치에 '체현'된다.

하버마스는 체계와 생활세계를 분석적으로 구분했지만, 결국은 기술적으로 합리적인 수단의 객관적 영역과 목적·가치·의미의 주관적 영역을 현실에서 구분하는 기능주의적 설명을 충실하게 따라가면서 궁지에 봉착한다. 하버마스는 평가적인 주장(valuative claim)은 회복될 수 있으며 의사소통적 합리성으로부터 어느 정도의 객관적 토대를 확보할 수 있다고 생각했지만 그리 유익하지 않았다. 문제는 평가적인 주장이 기술적 합리성을 결여한 채 부유하면서 체계에서 규범을 거의 떼어내어 버렸다는 데 있다. 물질세계에서 가치와 사실의 간극보다, 하버마스가 대화의 세계(의사소통적 합리성의 영역)에서 초월했던 가치와 사실의 간극은 훨씬 크다. 이것이 바로 라투르가 말하는 자연과 사회의 근대적 '정화'(purification)의 궁극적 결과이다(Latour 1993). 반면에 해석학적 접근은 체계와 생활세계를 질료와 정신 또는 수단과 목적 등으로 구분하는 게 아니라, 사실과 가치가 다른 형태의 사회적 대상과 담론들에 어떻게 결합되어 있는가에 따라 구분한다는 점에서 차이가 있다. 이런 입장에서 보면 순수한 합리성이라는 의심스러운 관념을 반드시 이용해야 하는 것은 아니다.

비판이론적 기술철학

하버마스가 객관화나 자연에 대한 성취 지향적 관계 등의 이른바 기술의 본질을 통해서 실질적으로 제기하고 싶었던 주장이 무엇인가 하는 질문을 던져보면, 기술의 사회이론(과학기술학 등)이 하버마스의 이론보다 더 설득력이 있다. 기술의 본질에 대한 정의가 실제로 작동하고 있다고 상상할 만큼 충분한 실체가 있는가? 자연과 다른 주체들의 관계에 대한 마르쿠제의 견해도 물론이고, 하버마스가 말하는 기술의 본질은 추상적인 분류에 불과하다 보니 현실화의 범위가 지나치게 넓음으로 해서 오히려 내용이 결여되어 있는 건 아닌가? 충분한 실체도 없고 추상적인 실체라면 우리는 구체적인 역사적 내용을 슬쩍 끼워넣는다. 우리가 자연에 대한 성취 지향적 관계라는 지나치게 일반적인 개념으로부터, 마르쿠제가 제안한 노선을 따라 기술은 필연적으로 자연에 대한 존중을 배제한다는 구체적인 주장으로 이동하려면 이 방법밖에는 없다. 여기서 하버마스는 자신이 비판했던 베버의 바로 그 실수, 즉 역사적으로 특수하게 현실화되었던 합리성을 일반화하는 실수를 반복하는 셈이다.

합리적 체계에 체현된 규범에 대한 비판은 시장에 대한 마르크스의 비판으로부터 시작된다. 베버와 루카치의 영향을 받은 비판이론은 마르크스주의적 분석을 확장해서 관료주의, 기술, 여타 합리적 제도들을 설명하려고 했다. 이러한 비판의 근저에는 구체화되어 있는 규범들을 드러내어 규명하고 비판하려는 야심이 자리잡고 있었다. 하버마스의 비사회적인 도구적 합리성 개념은 이러한 비판이 작동할 여지가 없었다. 하버마스의 개념은 마르크스가 철학을 순수한 개념의 천상으로부터 현실세계, 즉 사회생활의 과정으로 옮겨놓으려고 한 이론적 혁명과 상충된다. 철저한 추상화는 하버마스의 강점인 동시에 약점이었다.

체계의 설계에는 당연시되어 논의의 대상도 되지 않는 규범적 편견이 체현되기 때문에, 하버마스의 이론이 배제하고 있는 유형의 비판은 진정으로 자유로운 대화를 가능하게 한다. 노동과정, 재생산기술, 환경에 대해서는 비판이 있어왔지만 기술에 대한 비판은 여전히 미개척영역이다. 마르쿠제가 이미 언급한 근대의 기술적 합리성 구조 자체에 지배가 내재되어 있다는 사실을 보여주는 연구성과들이 있다. 특히 노동, 젠더, 자연과 관련된 영역의 기술분과학문 및 기술설계들은 헤게모니적인 질서가 그 연원인 것들이다.

이러한 양상들이 기술비판을 총합하는 게 아니냐는 비판은 정당하다. 하버마스가 이러한 접근방법들과 연관되기 쉬운 테크노포비아를 회피하려고 했던 것은 올바른 행동이었다. 그러나 마르쿠제는 이러한 실수를 범하지 않았다. 마르쿠제는 친기술과 반기술 어느 편도 들지 않고 기술적 합리성 구조 자체가 미래에는 변화할 수 있다는 제3의 입장을 취했다. 우리가 이미 살펴본 것처럼 마르쿠제의 대안은 통제에 대한 이해관계 때문에 원재료로 환원을 시키는 기술과, 인간적 필요와 조화를 이루는 사물의 내재적 잠재력을 해방시킬 수 있도록 다른 방식으로 설계된 기술 사이의 준(quasi)하이데거식의 구분에서 기초를 찾을 수 있다. 우리는 이런 이론이 안고 있는 해결되지 않는 문제들에 대해 논의했다.

그러나 이런 문제들 때문에 기술을 사회·역사적 맥락으로부터의 추상으로 정의하는 본질주의적 접근으로 회귀가 정당화될 수는 없다. 하버마스의 주장처럼 맥락의 변화와는 무관하게 변하지 않는 기술적 합리성의 수준이 존재한다는 것도 마찬가지다. 기술행위의 체계와 합리성은 핵심 속성을 공유하고 있다. 이러한 측면은 9장에서 '1차 도구화'(primary instrumentalization)로 소개될 것이다.

그러나 하버마스는 이런 핵심에 포함되어 있는 추상적 속성들로부터 더 많은 것—사회 전체에 대한 비판—을 얻기 원한다. 하버마스가 단언한 것처럼 이런 핵심 속성은 객관화하려는, 그리고 자연에 대해 성취 지향적 관계를 갖는 속성을 표현하지만 응용의 토대가 되는 것 이외에도 다양한 요소를 포함하는 기술장치 및 기술관련 분과학문에 구체화되어야 한다. 도구적 이성이 역사적으로 활성화된 형태인 이러한 구체적인 사례들의 합리성이 문제다.

　　마르쿠제의 약점을 피하면서 구체적인 수준에서 기술적 합리성의 비판을 발전시킬 수 있을까? 나는 이런 과제가 앞서 논의된 기술의 사회적 차원에 대한 분석을 통해 가능하다고 생각한다. 기술의 사회적 차원에는 위임된 규범, 미학적 형식, 작업조직, 직업교육, 기술적 인공물의 관계적 속성들이 포함된다.

　　나는 9장에서 이러한 차원을 기술적 주체-대상관계의 기초를 구성하는 1차 도구화와 비교해서 '2차 도구화'로 제시한다. 구체적인 기술 코드에 의한 배열은 기술적 합리성의 역사에서 독자적인 시대를 형성하고 있다. 예를 들어 장인생산에서 산업생산으로의 변천을 생각해 보자. 생산성의 급속한 발전처럼 순수하게 기술적이라고 간주되는 양적인 변화도 매우 중요하지만 작업설계, 경영, 노동생활 등의 2차 도구화는 심대한 질적 전환을 이루었다. 이런 전환은 자연과의 전사회적(前社會的) 관계에 대한 사회학적 설명이나 기술변화의 의도하지 않은 결과가 아니라 바로 기술적 측면에서 고려된 산업화의 핵심적 요인이었다. 이런 변형은 아크라이트 (Arkwright)에서 현대에 이르기까지 탈숙련화를 기계화의 근본 전략으로 삼은 기술 코드에서 기인한다. 이 접근방식은 하버마스의 합리성 개념이 갖고 있는 문제들을 극복하는 동시에 마르쿠제의 기여를 아우를 수 있다.

　　기술의 본질은 여러 발전단계에서 드러나는 주요 결정들 모두의 합이다. 이런 종합은 1차 도구화와 2차 도구화 중에서 강조점을 달리하는 다양한 가능성을 포함할 수 있을 정도로 풍부하고 복잡하다. 이런 분석

〈기술에 대한 사회적 접근〉은 다양한 유형의 근대사회에서 강조점이 상이한 여러 합리화 형식들을 포괄할 수 있는 구조적 모델이라는 측면에서도 근대성에 대한 하버마스의 해석과 어느 정도의 유사점이 있다(〈표 3〉 참조. Habermas 1984, 1987, I, p. 238). 하버마스에게는 기술이 하나의 구성요소에 불과했지만, 나는 기술 수준의 다양성을 포괄하기 위해서 기술의 사회적 차원에 대한 분석을 확대하려고 한다. 역사에서 드러나는 다양한 기술적 합리성은 구체적 배열에 반영된 형식적 편향에 따라 특징을 구별할 수 있다. 낭만적 후퇴가 아니라 구성주의적 변화라는 관점에 기초해서 근대기술에 대한 비판적 논의는 발전될 수 있을 것이다.[12]

경계와 층위

하버마스가 이뤄낸 의미 있는 성과들은 매개이론을 확장해서 기술을 포함시키는 시도와도 양립 가능하다. 최근 들어 하버마스는 내가 두 가지 수준의 비판이라고 말하는 방향으로 나아가고 있다. 하버마스는 "발화주체와 행위주체 사이에서 일반적으로 가능한 상호관계"를 묘사하는 '순수한' 도덕적 규범과 "구체적인 사회에서 상호작용 네트워크를 일컫는" 법률적 규범을 구별한다(Habermas 1994, p. 124). 규범은 특정 시간·공간에 살고 있는 사람들이 좋은 삶에 대해 갖고 있는 특정 개념을 구체적으로 표현한 것이기 때문에, 법률적 규범은 실체적 가치를 포함해야 한다. 그러나 법률적으로는 규범이 실체적 가치를 포함하는 게 가장 두드러지겠지만, 그렇다고 법과 정치의 구분을 없애버리지는 않는다는 사실은 매우 중요하다. 하버마스는 "모든 법적 체계는 기본권이 담고 있는 보편적 내용의 반영이 아니라 특정 생활양식의 표현이다"라고 결론 내린다(같은 곳). 그러므로 순수한 도덕적 규범만으로 어떤 사회를 정의할 수는 없으며 도덕적 규범은 좋은 삶의 선택을 통해 구체화되어야 한다.

이러한 논의는 기술영역에서 옳은 것과 좋은 것의 관계에 대한 하버마스의 성찰과 흡사하다. 순수한 기술적 원리만으로는 현실의 기술을 정의할 수는 없다. 기술적 원리는 기술적으로 현실화된 좋은 것에 대한 개념으로써 구체화되어야 한다. 이런 개념들이 기술적 원리들을 상세하게 다루고 사회 속에서 이러한 원리들을 체계적으로 구현한다. 하버마스가 법률이 사회에 따라 특수하다고 말하는 것처럼, 기술적 원리가 구체화되는 사례들은 사회에 따라 특수할 수밖에 없다. 법률이나 기술 모두에서 행위유형을 구성하고 있는 추상적인 1차 수준은 맥락과 연관을 체현하고 있는 2차 수준을 통해 현실화되어야 한다. 법률과 기술 모두 동일하게 부적절하게 적용되거나 법률과 기술이 체현하는 생활양식이 갖고 있는 결함이 있다면 비판의 대상이 된다. 기술도 법률과 마찬가지로 지나치게 확장되거나 정치적인 편향을 띨 수도 있다. 때로는 이 두 가지 문제가 동시에 발생할 수도 있다. 경우에 따라서 몇 가지 상이한 비판적 접근이 필요할 수도 있다.

기술체계(시스템)의 경계 설정이 충분할 수 없는 이유는 하버마스의 이론으로도 충분히 설명할 수 있다. 기술체계(시스템)는 공적 논쟁을 통해 좋은 삶이 무엇인가라는 개념에 조응하는 요구들로 겹겹의 층위를 구성해야 한다. 5장에서 민주적 합리화는 다양한 영역에서 이러한 과정을 수행하고 있다는 사실을 확인했다. 합리화의 흐름이 지속됨에 따라 기술체계(시스템)가 배제된 행위자들의 요구를 수용하면서 의미와 기능의 새로운 층위를 추가해 나갈 것이다. 하버마스가 정치생활의 영역으로만 한정한 민주적 대화는 사회의 기술적 토대에도 적용되어야 한다. 극히 드물고 궁극적인 성공을 예언할 수는 없더라도 우리는 민주적 대화를 평가할 수 있는 수단을 가져야 한다.

1) 토마스 크로그는 후기 하버마스가 기술문제에 무관심했다는 나의 비판에 대해 "실제로는 오히려 그 반대다. 『커뮤니케이션 행위이론』 2권 전체에서 다루고 있는 미디어 형성에 관한 이론이 전부 바로 기술이론—여기서 기술은 루만과 마찬가지로 폭넓은 의미를 갖고 있다—이다"라고 주장한다(Krogh 1998, p. 188). 나는 이런 주장에도 동의하지만, 그렇게 중요한 문제에 대해서 명확하게 언급하지 않았으며 이로 인해 이론에 미친 결과에 대해서도 비판적이다.

2) 마르쿠제는 아도르노의 동료이자 하이데거의 제자이다. 이러한 배경을 알고 싶으면 Kellner(1984) 참조.

3) 마르쿠제와 하버마스의 해석과 관련된 쟁점들에 관해서는 Feenberg(1995, chap. 2, 3) 참조.

4) 이 표는 하버마스와 토마스 매카시 사이에 흥미로운 논쟁을 불러일으켰다(Bernstein 1985, pp. 171ff. 201ff). 내가 볼 때는 하버마스가 베버를 설명하기 위한 표를 가지고 자신의 입장을 설명하겠다고 양해를 구하면서 쟁점이 혼란스러워진 것 같다. 사실 나중에 하버마스는 이 표를 이용해서 자신의 입장을 제시하기도 했다. 다음에서 자세하게 설명하겠지만 아직도 이 논쟁의 결론이 내려지지 않은 이유는, 이 논쟁에서는 객관적 세계에 대한 규범적 관계와 관련한 질문을 기술적 이성의 재개념화라는 차원이 아니라 자연철학이 가능한가라는 맥락에서 제기했기 때문이다(Thompson and Held 1982, pp. 238ff). 마르쿠제가 자신이 무슨 얘기를 하는지를 명확하게 드러내지는 않았지만, 적어도 일종의 '정성적 물리학'(qualitative physics)으로의 퇴행에는 분명히 반대했다.

5) 인간이 만들어낸 건축, 도시를 자연환경과 구분되는 것이 아니라 일종의 환경으로 간주하면서 문화와 자연의 이분법적 대립을 극복하려는 표현—옮긴이

6) 가치 허무주의의 신랄한 공격을 버텨낼 수 있는 방법은 무엇인가? 마르쿠제는 방법이 있다고 믿었지만 우리가 여기서 이에 관해 더 논의할 필요는 없다. 마르쿠제는 '실체적 보편'(substantive universals)에 대한 자신의 이론에 기초해서 가치에 대한 존재론을 발전시켰다(Marcuse 1964, pp. 132ff). 가치 허무주의에 반대하는 최근의 논의로는 Simpson(1995, chap. 7)이 흥미롭다.

7) 명백하지는 않지만 마르쿠제가 줄곧 의도해 온 바이기도 하다.

8) 이런 쟁점에 관해서는 McCarthy(1991)와 하버마스의 답변(Habermas 1991) 참조.

9) 경영학 문헌으로는 Hammer and Champy(1993, chap. 5) 참조.

10) 토마스 크로그와 토벤 흐비드 닐센(Torben Hviid Nielsen)이 이러한 반론을 펼친다.

11) Krogh(1998, pp. 186~89)는 내가 극복하려고 시도한 입장을 담고 있다.

12) 잉그램은 기술적 관계에까지 시야를 확대하여 담론윤리학을 옹호하려는 흔하지 않은 노력이다(Ingram 1995, chap. 5).

8. 기술과 의미

하이데거의 근대성 비판

하이데거의 「기술에 대한 논구」(이하 「논구」)는 오늘날 학계에서 독특한 지위를 차지하고 있다. 2차대전 이후 인문학과 사회과학은 기술결정론의 물결에 휩싸였다. 기술은 우리를 근대화하는 원인으로 칭송되거나 문화의 위기를 초래한 원인으로 비난받았다. 낙관론자나 비관론자 모두에게 결정론은 근대성을 통일된 현상으로 간주하는 근본적인 근거를 제시하고 있었다. 그러나 최근 들어 근대성의 수용 및 전유 과정에서 문화적 다양성 등의 유의미한 '차이'가 존재할 가능성을 인정하는 관점이 도입되면서 결정론은 대체로 포기되는 추세에 있다. 그러나 단순한 결정론이 붕괴한다고 해서 우리가 바라는 기술철학 연구가 번성하는 것은 아니다. 하이데거의 「논구」가 가진 권위가 새로운 발전을 가로막고 있다. 우리가 대안적 근대성들의 가능성을 인정하려면 하이데거를 넘어서야 한다.

하이데거는 의심할 나위 없이 20세기의 가장 영향력 있는 기술철학자이다. 물론 하이데거는 다른 면에서도 탁월하지만 그가 서술한 존재의 역사가 기술적 몰아세움(technological enframing)에서 최고에 달한다는 것을 반대하는 사람은 없다. 하이데거는 근대세계에 대한 철학적 설명을 통해 우리 시대에 대한 성찰의 권력을 갱신하려는 야심을 갖고 있었다. 이러한 프로젝트는 농촌·종교에 근원을 두고 있는 과거의 유럽문명을, 과학기술을 기반으로 한 대중 도시산업 질서로 변형시킨 기술혁명이 일어나는 역사적 현장에서 얻어진 것이다. 하이데거는 1920, 30년대 독일에서 첨예하게 대립한 철학적·정치적 토론주제인 이러한 유럽문명의 변형에 대해서 예리하게 인지하고 있었다(Sluga 1993; Herf 1984). 처음에 하이데거는 "전지구적 기술과 근대인간의 조우"가 지닌 정치적 중요성을 탐구했다(Heidegger 1959, p. 166). 결론은 불길했고 하이데거는 기술이라는 물음에 대해 순수한 철학적 성찰에 몰두했다.

하이데거는 기술과 마주치는 모든 것은 단순한 원재료—그의 표현에 따르면 '부품'(standing reserve, Bestand)—로 변화된다고 주장한다(Heidegger 1977a). 지금의 우리도 기술의 대상들로 조직된 메커니즘에 통합되고 있다. 근대기술은 존재를 조작 가능한 자취로 개념적·경험적으로 환원시키는, 존재에 대한 '몰아세움'(Gestell)[1]을 전제하는 체계적인 계획에 기초하고 있다. 하이데거는 그리스 장인이 은으로 만든 성배와 라인강에 건설된 근대적 댐을 비교하면서 자신의 이론을 설명해 나간다(같은 책). 장인은 개별적인 요소들—형상, 재료, 목적—을 모아서 재료가 담고 있는 '진실'을 끌어낸 반면, 근대기술은 재료들을 "세계로부터 탈각시키고" 자연을 외생적인 요구에 종속되도록 '탈은폐'(summons, Herausfordern)를 한다. 우리는 풍부한 맥락과 의미를 수집할 수 있는 진정한 사물의 세계가 아니라 '목적 없는' 기능더미와 함께 있는 것이다.

한편으로는 예술과 장인적 기예, 또 한편으로는 예술과 기술의 대조는 이러한 존재론적 구분에 근거하고 있다. 하이데거는 예술과 기예는 질서 있는 세계를 구성하는 존재론적인 '열림'(opening), 즉 '밝

힘'(clearing, Lichtung)이라고 믿었다. 제주(祭酒)를 따르는 행위를 통해 자연, 인간, 신은 주전자에서 하나로 모일 수 있었다. 그리스의 신전은 도시가 존재하고 성장할 수 있는 공간이었다. 시인은 세계를 지속 가능하게 하고 드러내는 의미를 만들어냈다. 테크네(techne)의 모든 형식은 어떤 의미에서는 사물을 가장 근본적으로는 인간의지와 인간의 제작보다 선행하는 것으로 보이게 했다. 하이데거에게 존재라는 근본적 미스터리는 인간이 만들어내는 '열림'에서 사물이 스스로를 드러낸 것(self-manifesting)이었다.

　　이와 비교하면 기술적 성취는 얼마나 미미한가! 하이데거는 기술은 존재를 스스로 드러나게 하는 게 아니라, 사물을 임의의 의지에 따라 존재하게 한다고 주장한다. 기술은 드러내는 것이 아니라 원인을 제공한다. 또는 적어도 서구에서는 상고시대 이래로 그렇게 이해되어 왔다. 기술에서 결실을 맺은, 의지에 따른 제작이라는 사고는 플라톤 이래 서구 형이상학의 존재론적 모델이었다. 기독교 신학의 존재에 대한 진정한 물음은 우주를 만들어낸 성스러운 창조과정이라는 생각으로 대체되었다. 오늘날 인간의 행위, 즉 근대기술은 전지구를 괴롭히고 분노하게 하고 있다. 의지에 의해서 질서가 갖추어진 우주는 어떤 근원이나 고유의 의미도 없다. 이런 우주에서 인간은 특별한 존재론적 지위를 갖는 게 아니라, 타자들 사이에서 단지 하나의 힘이거나 혹은 타자들 사이에서 힘의 대상이 될 따름이다. 형이상학은 형이상학자들을 삼켜버렸고 근대성이라는 극도의 재앙 앞에서 모순에 빠지고 말았다. 하이데거는 근대기술의 한층 더 확장에 불과한 적극적인 개혁 프로그램이 필요한 게 아니라 체념과 내맡김(passivity, Gelassenheit)이 필요하다고 역설한다. 하이데거는 마지막

인터뷰에서 '신만이' 진보의 불가항력(juggernaut)으로부터 "우리를 구할 수 있다"고 토로한다(Heidegger 1977b).

구원은 무엇에 달려 있는가? 이는 하이데거주의자들에게는 매우 어려운 질문이다. 미하엘 침머만(Michael Zimmerman)은 하이데거가 상상한 국가사회주의와 하이데거 사상의 유사성을 상세하게 설명한다. 아마 당시 하이데거는 예술과 테크닉이 나치국가에서 하나로 새로 태어나고 있다고 믿었던 것 같다(Zimmerman 1990, p. 231). 이게 정말로 하이데거의 생각이었다면 기술에서 미학적 혁명이라는 종말론적 개념이 드러나 있는 『해방론』(*An Essay on Liberation*, 1969)에서 마르쿠제의 입장과 이상할 정도로 흡사하다.[2] 하이데거는 우리가 기술로부터 떨어져 나올 때, 세계를 정의하는 권력을 예술이 되찾을 수 있으리라고 소망했다는 게 보다 그럴듯한 해석이다.

하이데거는 후기저작인 『사고에 대한 담론』(*Discourse on Thinking, Gellasssenheit*)에서 기술과 '자유로운 관계' 획득이라고 부를 만한 제안을 한다. 그는 기술이 불가결하다는 것은 인정하지만 "우리가 기술장치를 어쩔 수 없이 사용해야만 한다는 점을 인정하는 동시에 기술장치가 우리를 지배할 권리를 갖고 있다는 사실은 부정했으며 우리의 본성을 왜곡시키고 혼란스럽게 해서 쓰레기로 만들어버릴 권리는 더욱 없다"는 입장을 보인다(Heidegger 1966, p. 54). 하이데거는 우리가 이렇게 할 수만 있다면 "기술과 우리의 관계는 놀랄 정도로 단순하고 여유로워질 것이다. 우리는 기술장치들이 우리의 일상으로 접근하는 동시에 접근하지 않게 할 수 있다. 절대적인 것은 아무것도 없지만 숭고한 무언가에는 의지해야 한다"고 말한다(같은 곳).

8. 기술과 의미

하이데거의 이런 구절에는 여러 가지 내용이 담겨 있다. 하이데거는 우리가 기술과 자유로운 관계를 맺기만 하면 기술의 숨겨진 의미와 함께할 수 있을 것이라고 생각했다. 우리가 기술의 숨겨진 의미를 알지 못하더라도 기술이 존재한다는 사실을 알고 있으면 기술적 몰아세움은 인간에 종속된 열림, 존재의 탈은폐가 된다. 우리가 이런 의미로 기술을 수용할 수 있다면 기술은 더 이상 우리를 지배하지도 않을 뿐더러 기술이 우리에게 줄 수 있는 사물보다 훨씬 심오한 의미가 우리에게 열리게 된다 (Zimmerman 1990, p. 235; Dreyfus 1995, p. 102).

하이데거의 존재론적 언어를 (이렇게) 번역하면 우리는 기술은 근대세계의 모든 것이 통제를 위해 활용할 수 있는 문화형식이라고 하이데거의 논의를 고쳐 쓸 수 있다. 따라서 기술은 전쟁이나 환경파괴보다 훨씬 심각한 수준에서 인간성과 자연을 파괴한다. 통제문화는 인류의 나르시시즘적인 타락인 통제자의 주체성 팽창에 조응한다. 이러한 기술문화로부터 벗어나기란 거의 불가능하다. 하이데거가 애착을 가졌던 독일 남서부의 삼림지대인 흑림(Black Forest, Schwartzwald)에 거주하는 농민들조차 집에 TV안테나를 설치해 두고 있다. 인간과 사회의 기능화는 빠져나갈 수 없는 운명이다.

하이데거의 비판은 우리 시대의 사회적·역사적 사실보다 깊숙한 곳을 향하고 있지만, 그렇다고 핵무기로 무장하고 기술에 기초한 방대한 조직들에 의해 통제되는 근대세계와 전혀 관련이 없는 것은 아니다. 특히 기술을 기반으로 하고 있는 조직들은 매우 명백하게 몰아세움이라는 개념의 실제 사례이다. 알랭 그라스(Alain Gras)는 전력산업과 항공산업 같은 거대 체계의 엄청난 성장을 연구하고 있다(Gras 1993). 거대 체계들이 보다 강력한 기술을 사용하고 점점 더 많은 환경을 흡수하고 미래에 대한 계획을 점차 발전시켜 나감에 따라 이러한 체계들은 인간의 통제를—사실상 인간의 목적으로부터—효과적으로 벗어나게 된다. 거대 체계(기술 시스템 technological system)는 토머스 휴즈(Thomas Hughes)가 말하는 '모멘텀'(momentum), 즉 스스로를 영속시킬 능력을 가졌고 다른 제도들을 자신의 필요에 따라 변형시킬 수 있는 준(準)결정론적 동인을 갖고 있다(Hughes 1987). 여기서 우리는 몰아세움의 경험적 내용에 대해서 알 수 있다.

　'자율적 기술'에 대한 하이데거의 비판이 장점이 없는 것도 아니다. 우리는 거의 드러나지 않던 목표를 위해 인간존재와 각종 자원을 동원하기 위해 희생되었던 것들을 시야에서 놓치고 있다. 그러나 하이데거의 접근에는 심각한 모호함이 있다. 하이데거는 기술의 본질은 기술적이지 않다고 경고했다. 다시 말해 기술을 유용성 관점에서 이해해서 안 될 뿐만 아니라 구체적으로 기술을 통해 세계와 맺는 관계라는 것이다. 이런 관계 맺기는 근대 기술장치의 실제 설계에 체현되어 있는가, 아니면 단지 태도에 불과한가?

　관계 맺기가 단지 태도에 그친다면, 우리는 사용하는 장치를 변화시키지 않고서도 하이데거가 요구한 기술과 '자유로운 관계'를 달성할 수 있다. 그러나 이런 방법은 환경운동 세대라면 거부하게 마련인 나쁜 의미의 이상적 해결책이다. 그러나 관계 맺기가 설계에 구체화되어 있다면, 실제 기술장치의 설계에 영향을 끼치는 '기술적 사고'의 균열은 어떻게 일어나는가? 삼투에 의해서? 그러나 하이데거는 기술설계에 대해서는 완전히 무관심하기 때문에 이런 식의 모호한 설명도 하지 않는다. 하이데거가 이러한 질문에 아무런 대답이 없기 때문에, 나는 사람들이 생각하는 것처럼 하이데거의 연구가 생태주의에 과연 유용한지 의구심을 갖고 있다.

하이데거를 옹호하는 사람들은 이런 반론 앞에서 태도와 장치의 모호성에 대한 쓸모없는 얘기만 늘어놓고 있다. 그들은 하이데거의 기술 비판이 인간의 태도에만 해당되는 것이 아니라 존재가 스스로를 드러내는 방식에도 적용된다고 지적한다. 하이데거의 언어에서 개략적으로 끌어낸 이런 입장은 근대세계는 기술적 형식을 갖고 있다—예를 들어 중세세계가 종교적 형식을 갖고 있다는 말과 같은 의미이다—고 생각한다. 형식은 태도의 문제에 그치지 않고 그 자체의 물질적 생명을 갖고 있다. 즉 발전소는 우리 시대의 고딕 성당이다. 하이데거의 사상을 이렇게 해석하면 하이데거가 기술개혁의 기준을 제시할 수 있으리라는 기대를 갖게 된다. 예를 들어 근대기술이 자연의 힘을 축적해 나가는 경향에 대한 하이데거의 분석은 프로메테우스 같은 식으로 자연에 도전하지 않는 다른 기술이 훨씬 우월하다고 말하는 셈이다.

불행하게도 하이데거의 논의는 추상수준이 너무 높아서 하이데거는 말 그대로 전기와 원자폭탄, 농업기술과 홀로코스트를 구분하지 않는다. 하이데거는 1949년의 강의에서 "농업은 기계화된 식품산업이다. 본질적으로는 가스실과 강제수용소에서 시체를 만들어내는 것, 기아에 시달리는 국가와 봉쇄된 국가, 수소폭탄의 생산과 동일하다"라고 주장했다 (Rockmore 1992, p. 241에서 재인용). 이런 모든 것이 우리가 존재와 보다 깊은 관계의 회복을 통해 극복해야 하는 동일한 몰아세움의 다른 표현에 불과하다. 하이데거는 기술적인 미래가 더 나을 수 있다는 생각에 대해서는 거의 여지를 남겨두지 않으면서 동시에 기술적 퇴행에 대해서는 거부했기 때문에, 존재와의 관계가 단순한 태도변화 이상의 어떤 것에 따라 변화할 수 있는지는 파악하기 어렵다.

현대적 비판
기술과 의미

하이데거는 기술행위로 사회적 실재를 재구조화하면 의미가 풍성한 삶에 해롭다는 신념을 갖고 있었다. 하이데거식의 존재와의 관계는 기술적 사고의 과잉확장과 양립할 수 없다. 그러므로 몰아세움의 구조적 특징을 밝히는 과정은 근대성에 대한 비판이 될 수 있다. 나는 본질주의적 입장을 가진 미국 기술철학계의 대가인 앨버트 보그만(Albert Borgmann)의 논의를 평가하면서 하이데거의 접근을 검증해 볼 것이다.[3]

보그만은 효율성을 최우선 목표로 삼는 기술사회의 형성원리를 '장치 패러다임'(device paradigm)이라고 개념화했다. 장치 패러다임을 따르는 근대기술은 바로 그 기술로 만든 상품이나 재화를 생산수단 및 생산맥락으로부터 분리시킨다. 따라서 과거에는 방 한가운데 자리잡고 있는 오래된 나무난로의 땔감을 구하러 정기적으로 다녀야 했다. 그에 비해 신중하게 연료원이 설계된 근대적 난방장치의 열은 마치 기적과도 같다. 온가족을 위한 전통적 주방에서 수고스럽게 만들어낸 음식과는 대조적으로 전자레인지를 이용한 음식은 개인의 (단순한) 조작을 통해 별로 힘들이지 않고 곧바로 플라스틱 랩에 싸여 나온다.

장치 패러다임은 효율성 측면에서는 이로울 수도 있지만 실재로부터 우리를 분리시키고 있다. 전통적인 가정의 저녁식사를 '패스트푸드'로 대체한다고 생각해 보자. 상식적으로 생각할 때, 잘 준비된 패스트푸드는 불필요한 사회적 활동 없이도 영양을 공급해 줄 수 있다. 기능적으로만 생각해 보면 먹는다는 행위는 효율성에서 차이는 있을 수 있겠지만 기술적 조작이다. 목적을 위한 수단이라는 관점에서 접근하면, 먹는다는 행위는 칼로리를 섭취하는 문제이기 때문에 음식소비에 있어 의례적인 측면은 생물학적 필요를 만족시키는 것과 비교할 때는 부차적인 것에 불과하다. 그러나 사람들을 나름의 가치를 가진 의미 있는 활동으로 모이게 하는 사물인 '초점 사물'(focal thing)—보그만의 표현이다—은 이러한 기능적인 태도에서는 지속될 수 없다.

가족의 결속은 과거에는 매일 저녁식사 자리에서 의례처럼 재확인되었지만, 오늘날에는 이에 필적하는 표현의 중심을 찾을 수 없다. 우리는 구태여 연관을 찾기 위해 패스트푸드가 번창해서 전통적 가정이 쇠퇴하는 "원인을 제공했다"는 주장을 할 필요는 없다. (패스트푸드로 인해) 개인들이 음식을 접하는 경로가 단순해지면서 일용할 양식을 둘러싼 매일의 상호작용 의식이 더 이상 필요치 않은 개인들은 흩어지게 되었다. 사실 초점 사물이 작동하기 위해서는 노력이 필요하다. 이런 노력이 없으면 의미 있는 생활이라는 대가는 문제없이 작동하는 기계의 운영자의 맥 빠진 이탈로 상실되고 만다(Borgmann 1984, pp. 204ff).

보그만도 장치들의 유용성에 대해서는 기꺼이 인정하겠지만 장치 패러다임이 (사회 전역에 걸쳐) 일반화—단순한 방식으로 장치 패러다임을 대체하는 활동이 확대—되면 부정적인 결과가 생겨난다. 수단과 목적, 맥락과 상품이 엄밀하게 구분되면 삶의 의미는 고갈된다. 개인이 자연과 다른 인간들과 맺고 있는 관계는 극소화되고 소유와 통제가 최고의 가치가 된다.

　보그만의 기술사회 비판은 하이데거의 주제를 유용하게 구체화하고 있다. 보그만이 말하는 장치와 의미의 이원론은 노동과 상호작용에 대한 하버마스의 구분과 구조적으로 흡사하다(Habermas 1970). 기술의 본질을 논하는 데서는 어김없이 등장하는 이런 이원론은 근대화과정이 갖고 있는 보다 넓은 철학적 의미를 이론화하는 방법을 우리에게 제공해 주고 경솔한 과학주의와 기술에 대한 무비판적 찬양에 의해 억압당하는 인간 경험의 차원이 존재하고 있음을 알려준다. 보그만은 장치의 탈맥락화와 본질적으로 맥락적인 초점 사물을 대비하는데, 이는 하이데거가 근대의 기술적 몰아세움과, 인간과 사물을 물질화된 조우장소로 이끄는 전통적 장인생산의 '모으는'(gathering) 권력을 구분한 것의 반복에 지나지 않는다. 기술영역의 경계를 설정해서 의미의 중심성을 회복하려는 보그만의 해결책은—하버마스의 영향을 받았다는 점이 명확하지는 않지만—하버마스의 전략을 떠오르게 한다. 이렇게 (보호받던 영역을) 침해해 들어오는 기술에 대한 보그만의 해결책은 하이데거 식의 해답보다 설득력 있는 대응이다.

　그러나 보그만의 접근법은 하이데거의 모호함과 하버마스의 한계를 여전히 갖고 있다. 보그만의 논의가 기술이나 기술설계에 대한 근대적 태도의 비난에 불과한지를 명확하게 말할 수는 없다. 기술설계에 대한 보그만의 비판은 너무 개괄적이어서 건설적인 개혁의 기준을 제시할 수 없다. 보그만이 근대사회의 병리현상에서 기술이 차지하는 역할을 논하는 데서는 나름의 성취를 이루었지만 생활세계의 식민화라는 하버마스의 비판에 대해서는 동의할 것 같다. 그러나 보그만도 하버마스와 마찬가지로 자신이 집중적으로 비판하고 있는 몇 가지 본질적 속성들 이외의 기술과 문화의 난해한 연관에 대해서는 구체적으로 파악하지 못하고 있다. 이러한 본질적 속성들은 대체로 부정적인 결과를 가져오기 때문에 의미추구 과정이 기술과 교직되어 있는 다양한 양상에 대한 비판으로부터 아무것도 얻어낼 수 없다. 결과적으로 보그만은 의미를 보존하고 향상시킬 수 있는, 문화적인 독특한 기술적 대안을 통해 근대사회가 의미 있게 재구조화될 수 있다는 상상은 못하고 있다.

그러나 보그만에 대한 나의 반론은 얼마나 설득력이 있는가? 러시아나 중국의 공산주의 또는 이슬람 근본주의나 이른바 '아시아적 가치'도 본질적인 차이가 있는 장치에 대한 영감을 제공하지는 못했다. 기술의 관념을 물화하고 기술을 단일한 본질로 간주하면 안 되는 이유는 무엇인가? 이는 본질주의자들이 가정하는 정도까지는 아니지만, 현재는 미미하더라도 미래에는 더욱 중요해질 차이가 존재한다는 점 때문이다. 게다가 이런 차이는 보그만이 인간적인 생활의 핵심으로 파악하는 쟁점들과 관련이 있다. 이런 차이들이 교육·의료·노동에 대한 우리의 경험, 자연환경과 우리의 관계, 컴퓨터나 자동차 같은 장치의 기능이 의미와 공동체를 보호하거나 또는 그렇지 않게 결정한다. 따라서 기술의 본질에 대한 이론이 미래에 대한 상상력을 봉쇄하게 되면 기술영역에서 차이의 문제를 회피하게 된다.

컴퓨터에 대한 해석

나는 구체적인 사례를 가지고 기술에 대한 보그만의 접근을 반대하는 이들에게 논거를 제시하려고 한다. 내가 선택한 사례는 컴퓨터를 이용한 사람들 간의 의사소통이다. 이 주제에 대해서는 보그만이 매우 상세한 논의를 했으며, 이미 5장에서 다룬 주제이기도 하다. 본질주의적 관점을 공유한다고 해서 보그만의 부정적인 결론에 모두 동의하는 것은 아니지만, 보그만의 입장은 기술을 비판하는 한 유형을 대표하기 때문에 조금 더 상세하게 평가할 가치가 있다.[4]

보그만은 전자우편과 인터넷 등의 기술발전을 묘사하기 위해 '하이퍼 지능'(hyperintelligence)이라는 용어를 도입한다(Borgmann 1992, pp. 102ff). 사람들은 하이퍼 지능 의사소통을 통해 시간과 공간을 초월해서 상호작용을 할 수 있는 전례 없는 기회를 갖게 되었지만, 역설적이게도 이를 통해 연결하는 사람들을 더 멀어지게 한다. 개인들은 서로의 '존재를 더 이상 요구'하지 않게 되었고 존재는 마치 수도꼭지를 틀었다 잠그는 것처럼 자유롭게 다룰 수 있는 경험이 되었다. 초점 사물로서 개인은 어떤 장치에 의해 전달되는 상품이 되었고 이와 같은 새로운 관계 맺기 방식은 관계를 넓히는 데 기여하기는커녕, 오히려 연결과 참여를 약화시키는 결과를 가져다주고 있다. 신기술을 사용하면서 대면접촉에서 멀어진 사람들은 어떤 영향을 받았는가?

사람들은 컴퓨터와 통신 네트워크에 접속하면 전지전능함을 누리는 것처럼 느낀다. 네트워크를 통해 그들은 실체적이지도 않고 특정 방향으로 치우치지도 않게 된다. 그들은 더 이상 독자적인 권리를 가진 인간으로서 세계를 지배하지 않는다. 그들의 대화는 깊이도 재치도 없다. 그들의 관심은 산만하고 공허하며 공간에 대한 지각은 불

확실하고 변덕스럽기까지 하다. (같은 책, p. 108)

컴퓨터에 대한 이런 부정적 평가는 매개를 이용한 의사소통의 과거까지 확대될 수 있다. 보그만은 서슴지 않고 훨씬 성찰적인 편지교류가 하이퍼지능인 전화로 대체되었다고 비난한다(같은 책, p. 105).

보그만의 이러한 비판에는 일단의 진실이 엿보인다. 네트워크상에서 개인들의 만남의 화용론은 극도로 단순화되어 기술적 연결망의 프로토콜로 환원되어 가고 있다. 보다 신속한 교환방식을 제공하는 기술 네트워크의 논리를 통해 누군가를 만나고 있다가 다른 사람으로 옮겨가기는 용이해졌다. 그러나 기술을 전유하는 데 있어 사회적 맥락화의 역할을 가볍게 무시해 버리는 보그만의 결론은 너무 성급하다. 여기서는 컴퓨터 커뮤니케이션의 역사를 살펴보고, 이어서 오늘날 컴퓨터의 혁신적 응용의 사례들을 통해 보그만의 과도한 부정적 평가를 비판할 것이다. 현실투쟁은 컴퓨터와 낮은 기술수준의 대안 사이에서 이루어지는 게 아니라 컴퓨터로 가능해진 영역 내에서 벌어지고 있다는 사실을 알게 될 것이다.

컴퓨터가 의사소통의 매개물로 이용될 수 있는 것은 기술 내적인 논리 때문이 아니라는 점을 기억해 두어야 한다. 우리가 5장에서 살펴본 것처럼, 프랑스의 텔레텔이나 인터넷 등의 주요 네트워크들은 기술관료들이나 엔지니어들이 자료전송을 목적으로 구상되었다. 이런 네트워크가 실제로 구축되어 가는 과정에서 사용자들은 (기술관료나 엔지니어들이) 의도하지 않은 목적으로 네트워크를 이용하기 시작했고 이를 통해 네트워크는 커뮤니케이션 매체로 변형되었다. 그러자마자 네트워크는 설계자가 보기에 사소하고 무례한 내용들로 가득 차 있었고 텔레텔은 이내 세계 최초이자 최대의 짝 찾기를 위한 사이버공간이 되었다(Feenberg 1995, chap. 7). 인터넷상에서는 비우호적인 비평가들이 '쓰레기'라고 여기는 정치적 논쟁들이 너무나 많다. 잘 드러나지 않았지만—적어도 언론인들에게는—컴퓨터를 사람들 사이의 의사소통을 위해 사용하는 일이 늘어나고 있다는 점은 의미심장하다. 이런 사례로는 기업의 회의에서부터 교육현장에 이르기까지, 환자·문학비평가·정치활동가 들의 토론에서부터 온라인 잡지나 화상회의에 이르기까지 다양하다.

이러한 역사에 비춰볼 때, 보그만의 비판은 얼마나 합당한가? 보그만은 기술에서 얻어지는 이익을 무시하는 것 같다. 보그만은 컴퓨터가 사람들의 의사소통에 유용하다는 사실을 당연하게 받아들이기 때문에, 컴퓨터가 그런 역할을 할 수 있게 만든 과정을 인정하지도 않고 이러한 과정에서 발생하는 해석학적 변형에 대해서도 전혀 평가하지 않는다. 그러므로 보그만은 앞에서 대략적으로 묘사한 역사의 정치적 함의를 간과하고 있다. 오늘날 네트워크는 인간활동의 기본 풍경이 되고 있다. (네트워크의 활용방법에서) 자료전송이라는 협소한 용도만 강조해서 인간들 사이의 접촉을 완전히 배제한다면 정상적인 제도에서라면 전체주의라고 이해될 것이다. 지금 우리를 둘러싸고 있는 가상세계에서 이러한 한계를 초월하는 것을 해방이라고 볼 수도 있지 않은가?

다음으로, 보그만의 비판은 네트워크로 매개되는 의사소통적 상호작용의 다양성을 무시하고 있다. 보그만이 인간의 경험은 네트워크에서의 활동으로 충분히 충족되지 않는다고 본 점에서는 옳았다. 대학강의실에서나 있을 법한 대면접촉보다 더 행복감을 주는 경험은 별로 없을 것 같다. 그러나 우리가 대면접촉만 기억할 가치가 있고, 컴퓨터로 매개된 의

사소통은 다른 형태로 바뀌었기 때문에 가치가 없다고 판단하는 경향이 있다면 문제가 있다. 보그만은 인터넷을 독창적인 연구에 활용한다거나 컴퓨터를 학습에 이용하는—많은 기대를 받고 있다—식의 여러 가지 흥미로운 활용법에 대해서는 너무 쉽게 무시한다(Harasim et al. 1995). 아마 보그만이 현재 (전자우편을 통해) 성찰적인 편지교류가 부활하고 있다는 것을 알면 매우 놀랄 것이다.

예를 들어 프로디지(미국의 상용통신망)의 의료정보 게시판에서 이루어지는 ALS(amyotrophic lateral sclerosis, 후천적 경화 또는 루게릭병)에 관한 토론을 생각해 보자. 내가 이 문제를 연구했던 1995년에는 약 500여 명의 환자와 간병인이 게시판에 등록되어 있었고 활발하게 의견을 교환하는 사람이 수십 명 남짓했다(Feenberg et al. 1996). 게시판의 대화는 주로 의존, 질병, 죽음 등에 대해서 개개인이 갖고 있는 감정에 관한 것이었다. 섹슈얼리티 문제도 줄곧 토론주제로 등장했다. 환자와 간병인들은 개인적 언어나 혹은 일반적인 언어로 자신들의 소망이 계속되기를 바란다거나 불만거리를 털어놓았다. 이 게시판에서 솔직함이 우러나올 수 있었던 것은, 보그만의 비판과는 매우 다른 목적으로 활용될 수 있는 온라인 환경의 익명성 때문이다. 여기서는 컴퓨터 통신이라는 매개물이 안고 있는 한계 때문에 대면접촉에서는 닫혀 있던 문이 열리게 된 것이다.

이러한 온라인 환자모임은 환자모임에서 상호작용의 접근 가능성, 규모, 속도를 변화시킬 수 있는 잠재력을 지녔다. 대면접촉 중심의 자조(自助)모임은 작고 고립되어 있으며 에이즈환자의 경우를 제외하고는 정치적 권력을 발휘해 본 적도 없다. 에이즈환자들은 요구가 특별해서 예외적이었던 게 아니다. 이들 불치병환자들은 의사들의 무관심과 실험적 치료법을 이용하기 어려운 데 대한 불만을 여러 해 동안 품고 있었다. 더욱이 에이즈환자들은 감염이 되기 전에 이미 동성애 인권운동으로 정치적인 '네트워크를 형성'하고 있었기 때문에 다를 수 있었다(Epstein 1996, p. 229). 이와 유사하게 온라인 네트워크를 통해 환자그룹들이 전세계의 의료체계 전반에 영향을 끼칠 수 있는 효과적인 기술적 공간을 구축할 수 있게 되면서, 네트워크는 다른 환자그룹들에게 권력을 부여할 수 있다. 실제로 프로디지에서의 토론참여자들은 우선순위 목록을 작성하여 미국 ALS학회에 제출하기도 했다. 환자들은 컴퓨터 네트워크를 이용해서 현재의 의료서비스에 대해 더 많은 통제력을 가져야 한다는 요구를 높여나갈 수 있었다. 컴퓨터의 민주적 합리화는 의료분야를 보다 수평적으로 재편할 수 있는 원동력이 되었다.

보그만의 '하이퍼 지능' 비판과 앞에서 설명한 컴퓨터를 활용한 사례 사이의 연결고리를 찾기란 쉽지 않다. 온몸이 마비되는 병을 앓아 죽어가고 있는 사람이 자신의 처지에 대해 토론하고 상황을 완화시키기 위해 노력하는, 기술을 매개로 한 이 과정을 '기술적 사유'의 증거에 불과하다고 말할 수 있는가? 분명히 아니다. 그렇다면 하이데거는 근대기술 일반에 대해 비난하는 태도를 보이면서도 어떻게 이러한 사실을 이해하고 자신의 이론에 통합시킬 수 있는가?

보그만의 기술비판은 장치 패러다임에 의해 은폐된 사회적 함의와 광범위한 연결망을 추구하는 한 탈물화라는 고유한 성격을 띠고 있다. 그러나 보그만이 은폐된 사회적 차원을 기술 그 자체의 개념으로 통합하지 못하면, 자신이 비판하는 바로 그러한 사유방식에서 여전히 벗어나지 못하는 셈이다. 보그만의 이론은 우리가 기술과 마주치는 방식과 기술이 설계되는 방식 사이에서 정처 없이 배회하고 있다. 기술이라고 지정된 현실 세계의 대상은 문제인 동시에 문제가 아니다. 이는 기술이 순수한 장치의 물신적 형태라는 점을 강조할 것인가 아니면 물신적 형태에 대한 우리의 주관적 수용을 강조할 것인가에 달려 있다. 어떤 경우에도 우리가 기술을 '저절로' 바꿀 수는 없다. 우리는 기껏해야 기술에 대한 태도가 어떤 영적 운동으로 극복되기를 바랄 따름이다.[5]

　　이 장에서 다루고 있는 컴퓨터의 모호함은 그리 특이한 경우가 아니다. 실제로는 대부분의 기술도 유사한 속성을 갖고 있다. 특히 기술이 발전하는 초기에는 더욱 모호하게 마련이다. 기술의 이 같은 유연성을 이해하면 현재에 대해 저주만 퍼붓고 미래에 대해서는 전혀 지침이 될 수 없는 총체적인 부정의 이론들에 만족할 수 없다. 내가 주장하는 2차 도구화를 포함하여 다른 식의 개념화가 필요하다. 다시 말해 기술이 노동자·사용자 들의 학습과정 및 삶과 맺고 있는 연관, 노동과 사용의 사회조직은 물론이고 보다 확장된 기술 시스템과 자연 그리고 윤리학과 미학의 상징질서까지 통합할 수 있는 개념을 정립해야 한다.

모음

우리가 이런 과제를 해결하는 데 하이데거가 도움이 될 수 있을까? 아마도 무언가를 얻으려면 하이데거의 사유와 '자유로운 관계'를 맺어야 하겠지만, 나는 분명히 하이데거가 도움이 될 거라 믿는다. 하이데거가 근대기술을 우리가 잃어버린 의미 있는 전통과 대비시키면서 근대기술에서 의미가 소거되었다고 생각한다는 사실을 돌이켜보자. 과거의 구식 기술장치조차 잃어버린 의미를 공유하고 있다. 하이데거는 만들어진 맥락과 기능을 '모으는'(gathering)[6] 주전자를 예로 들고 있다(Heidegger 1971a). 여기서 주전자를 모음이라고 보는 시각은 보그만의 '초점 사물'이라는 사고와 유사하다. 이 두 개념은 사물을 물화시키지 않고 내재적 가치와 인간 세계와 자연 사이의 켜켜이 쌓인 관계들을 활성화시킨다.

하이데거의 사물에 대한 교의는 심오한 통찰과 기형적인 비교(秘敎)가 혼란스럽게 조합되어 있다. 하이데거는 주전자를 사례로 들면서 사물 그 자체와 지식과 생산의 대상으로의 재현을 구분하려고 노력했다. 어떤 관점을 채택하더라도 사물의 본질을 완전히 이해하기란 불가능하다. 왜 그런가? 이해와 생산은 사물이 자신의 대상이라고 먼저 가정하기 때문이다. 그것이 무엇인지는 저절로 달아나 버렸다. 하이데거는 지금까지 사물에 대해서 생각하지 않았기 때문에 그 사물이 이해되지 않았다고 우리에게 확언했다. 이해와 생산을 절대화하고 사물의 본질적인 존재에서 사물을 소거해 버리는 기술적 몰아세움에서는 무엇이 간과되었는가 하는 의심조차 사라져 버린다.

하이데거는 잃어버린 과거에 존재했거나 또는 어쩌면 미래에 존재할 것이라 희미하게 상상할 수만 있는 다른 이해양식으로 관심을 돌리기를 바란다. 우리가 이런 이해양식을 갖게 되면 사물을 자원으로 환원하는 게 아니라 지구(자연)를 사물과 공유하게 될 것이다. 이런 전환은 단지 도덕적 또는 정치적 선택의 문제가 아니다. 하이데거는 우리가 정복할 수 없는 우리의 소유물이 세계—의미로 인해 사물을 결정화하는 의식(儀式)이 이루어지는 세계—에 속해 있다는 사실을 인지하기를 요구한다. 나는 하이데거가 실재에 대해 근본적으로 새로운 관계를 상상했다기보다는, 인간존재로서 우리가 놓여 있는 현재 상황을 인지하기를 요구했을 뿐이라고 생각한다. 이런 상황을 의식하기 위해서는, 즉 우리 인간들의 현존재(Dasein)를 '가정하기 위해서'는 이 정도로 충분하다. 철학이 이런 인지를 가능하게 하지는 못하지만 사물을 재고할 수 있게 함으로써, 적어도 몰아세움을 통해 무엇을 잃었는지를 인정할 수 있게 한다. 사물이 모음이라는 본질을 지녔다는 개념은 이러한 재고의 산물이다.

하이데거의 모음 논의는 여전히 모호한 개념인 '사방세계'(four-fold, Geviert)[7]와 긴밀한 관련을 맺고 있다. 사방세계에서는 땅, 하늘, 죽을 자들, 신적인 것이 항상 겹쳐져서 귀속된다. 주전자에 든 와인을 따르는 과정을 보면 사물—대지, 태양, 신—과 인간은 의식화된 실천에서 통합되어 하나로 모인다. 시적인 도약을 통해 하이데거는 이런 모음이 하이데거가 '세계'라는 단어로 의미하는 것—현존재에 의해 움직이고 피해를 보는 사물, 도구, 장소가 맺고 있는 관계들의 체계—을 구성하고 있다는 결론에 도달한다(같은 책). 사방세계와 동일한 개념은 예술활동에 대한 논의에서 다시 등장하는데, 여기서 하이데거는 예술작품은 탈은폐(disclosure, Erschlossenheit)의 권력을 통해 세계를 구성한다고 말한다(Heidegger 1971c). "어떤 작품이 존재한다는 것은 세계를 구성하고 있다는 것을 의미한다."(같은 책, p. 44) 그러나 사물이 탈은폐하는가? 명확한 답은 없다. 이런 측면에서 작품과 사물의 경계는 흐릿해진다. 하이데거는 "사물은 세계를 사물화한다"고 말한다(Heidegger 1971a, p. 181). 아마도 우리는 사물이 부차적인 탈은폐의 권력을 갖고 있다고 이해해야 할 것이다.

'사방세계'라는 하이데거의 시적 개념은 사물, 인간존재, 인간이 거주하는 세계의 의식(儀式)적 구조가 갖고 있는 본질적 원소들을 추상적인 언어로 파악하려는 시도로 보인다. 사방세계는 실천들과 사물들의 특정 체계를 말하는 게 아니라 인간의 삶 전체가 이미 규정되어 있는 어떤 의미에 근거하고 있는 한, 모든 체계에는 공통적인 요소가 있다는 점을 말해 준다(Kolb 1986, p. 191). 우리는 사방세계 개념을 다양하게 평가해 볼 수 있다. 어떤 독자들은 이 개념이 심오하고 새로운 생각을 자극한다고 여길지도 모르겠지만, 고백컨대 나는 다소 실망스러웠다. 그것은 나로 하여금 만들어진 미스터리를 향한 나의 실존에서 마주쳤던 의미를 떠올리게 한다. 이 미스터리는 내가 어쩔 수 없이 마주쳐야 하지만 그리 '추종'하고 싶지 않은 인물인 하이데거와 연결시킬 수밖에 없다. 그러나 그렇게 하면 하이데거는 관대하게 존재론은 길을 잃기 쉽다는 사실을 먼저 인정할 것 같다.

나는 이런 논쟁적 사안들에 대해 깊이 고민하기보다는 사물에 대한 하이데거의 개념이 함축하고 있는 철학적 의미에 대해 조금 더 깊이 들어가는 편을 선호한다. 바로 여기서 실체 형이상학(substance metaphysics)과의 균열이 암시된다. 주전자가 일차적으로 모음관계를 맺는 물리적 대상은 아니다. 주전자는 이러한 관계들이며, 생산에 의해서만 주전자로서의 존재를 갖거나 재현에 의해 외부에 모습을 드러내어 알려지게 된다. 하이데거는 다음을 예로 들고 있다.

물론 우리의 사고는 사물의 본질을 이해하는 데 익숙해져 있다. 결과적으로 서구사상사에서 사물은 인지 가능한 속성이 부가되는 미지의 X로 재현되어 왔다. 이런 관점에서 사물의 모음적 본질이 이미 갖고 있는 모든 것은 사후에 해석된 그것으로 존재하게 된다.

(Heidegger 1971b, p. 153)

종합하면, 하이데거는 사물을 실천적인 의식(儀式)의 초점일 뿐 아니라 본질적으로—사전에 어떻게든 의식을 존재하게 하고 사후에 획득하기 보다는 (실천적 의식이라는) 관여를 통해 사물을 그렇게 구성한다는 의미에서—초점이 된다고 이해하고 있다.

　여기서 오해를 하면 위험하다. 하이데거는 우리가 실체 형이상학에서 일종의 사물의 장(場) 이론인 네트워크 형이상학으로 옮겨가기를 원했던 것인가? 모음 사물은 네트워크에서 결절점인가? 어떤 의미에서는 이러한 물음에 '예'라고 대답할 수도 있지만, 『존재와 시간』의 배경과는 대비되는 작업이 필요한 매우 특별한 의미에서 그러하다. 초기 작업에서는 탈은폐 과정에서 현존재의 역할을 지나치게 강조했다면, 이제는 교정을 위해 사물을 세계를 탈은폐하는 모음으로 간주할 수도 있다. 여기서 '세계'는 '존재하는 모든 것'으로 정의되는 것도 아니고 지식의 대상으로 정의되는 것도 아니다. 세계는 일상적 실천이 이뤄지는 공간으로 정의되어야 한다. 이런 의미에서 '세계'를 이해하기 위해서 하이데거는 우리의 관심을 인식론적 측면에서 실천적인 측면으로 이동시키길 원했다. 여기서 실천적인 것은 용어상 존재론적으로 의미 있는 것이다. 이런 관점에서 보면 세계는 그 중심에 현존재가 있으며 이용할 수 있는 대상들(Zeug)로 구성된 네트워크에 존재하는 셈이다.

　문제는 하이데거가 이러한 대상들에 대해서는 거의 언급한 바가 없다는 점이다. 현존재는 우리가 거주하는 세계를 열어 보이지만 결코 스스로 적극적인 역할로 나서지는 않는다. 의심스럽게도 결과적으로는 하이데거가 회피하려고 했던, 이미 존재하고 의미를 갖고 있는 실재인 '무엇'(X)에 대한 주관적 기투의 이론과 같아진다. 이제 하이데거는 균형을 맞출 수 있는 방법을 찾았다. 탈은폐는 현존재만큼이나 사물로부터도 발생한다. 그리스인뿐만 아니라 그리스 사원도 어떤 세계를 열어 보인다. 하이데거를 읽은—예를 들어 사르트르 같은—다른 사람들의 불행한 결론처럼 탈은폐는 인간에게만 국한될 수 없다.[8]

세계를 네트워크로 보는 사고가 여전히 존재하지만 여기서 네트워크는 실천적인 견지에서 내부에 의해 이해된 네트워크라는 점을 주목하자. 세계는 인지의 배후에서 존재와의 시원적 조우에 도달하는 방법을 아는 성찰에만 스스로를 세계로 드러낸다. 이런 현상학적 성찰은 네트워크로서 세계가 무엇인지를 결정하는 유의미함의 흐름(flux of significance) 내부에 우리의 위치를 설정한다. 이러한 유의미함의 흐름은 객관적인 사물, 실체의 집합이 아니라 우리가 적극적으로 참여하고, 참여를 실재와의 가장 근본적인 관계로 이해할 때 비로소 알려지게 되는 생활세계이다.

우리가 사물의 이러한 개념이 기술에서 갖는 함의를 고려한다면 바로 처음부터 모순과 마주치게 된다. 하이데거는, 장치들은 우리의 목적을 위해 동원되고 자기가 선호하는 주전자나 은잔의 총체성을 상실하게 만든다고 불만을 토로했다. 무슨 권리로 자신을 둘러싸고 있는 바로 그 사물들에 대해서 즉결심판을 내릴 수 있는가? 장치들 역시 사물이다. 아무리 근대적이고 기술적이라 할지라도 장치들은 개별 장치 그리고 '땅과 하늘을 통해' 사람들이 서로 모일 수 있게 함으로써 사람들을 하나의 세계에서 묶어주는 모음 실천에 노력을 집중하고 있다. 앞서 언급한 프로디지의 지원 네트워크를 다시 생각해 보자. 사물은 본질적으로 모음이라는 하이데거식의 개념의 예시로 이보다 나은 것을 찾기란 쉽지 않다. 사실 근대기술은 주전자와 은잔보다도 훨씬 하이데거의 정의에 부합한다.

이런 해석은 하이데거의 기술비판이 담고 있는 심각한 문제를 보여준다. 우리가 5장에서 드 세르토를 논의하면서 이미 살펴보았듯이, 근대의 기술 네트워크는 시스템 관리자의 전략적 입장과 네트워크에 참여하는 인간들의 전술적 입장이라는 두 가지 측면을 갖고 있다. 전자는 객관주의적 용어로 스스로를 지식과 권력이라고 이해하고, 후자는 실제 경험의 현상학에 비밀을 넘기고 있다. 하이데거는 이런 네트워크들을 두 가지 입장 중 어느 입장에서 이해했는가?

해답은 분명하다. 하이데거의 근대기술은 위에서 내려다본 것이다. 근대기술에 모음과 탈은폐의 페이소스가 결핍된 이유가 바로 여기 있다. 기술사회의 공식적 담론은 기술적 극치의 앞에 섰을 때의 경외감을 협소한 기능주의와 결합시킨다. 하이데거의 기술비판은 대안적인 다른 입장을 채택하는 게 아니라, 기술적 사유를 계속 괴롭히는 무의미함을 보여주고 있다. 그러나 실수로 무의미함이 사라지지 않는 게 아니다. 이런 무의미함은 초기에는 체계를 관리할 수 있게 해줬던 것과 동일한 유형의 추상화에서 기인했다. 체계를 극도로 비난하는 하이데거가 체계가 지탱하는 생활세계에 대한 현상학적인 접근보다 이러한 체계의 시각을 채택하는 점은 의아하다.

일반인 ─ 시스템 관리자나 철학자들도 여가시간에는 일반인이다─의 입장에서 보면 네트워크는 인간과 사물이 탈은폐의 실천을 통해 참여하는 현실세계다. 기술의 생활세계는 근대사회에서 의미의 공간이며 우리의 운명은 하이데거의 숲길만큼이나 분명하게 드러난다. 왜 하이데거는 체계의 공허한 전망을 비난할 때조차 관리자의 시각을 채택해야 한다고 주장했는가? 왜 하이데거는 '내부'로부터, 실천적으로—평범한 행위자에게는 탈은폐라는 의미를 갖고 있다—근대기술을 바라보지 않았을까?

하이데거는 기술이 예술과, 사물이 갖고 있는 탈은폐의 권력을 공유하고 있다는 생각에는 반대했다. 그러나 하이데거 이론에서 드러나는 함의는 매우 명백하다. 그리스 사원은 도시를 위해 공간을 열어줄 수 있지만 근대의 건축은 그렇게 하지 못하는 이유는 무엇인가? 건축이 발전과정에서 '예술'이기를 그치고 '기술'이 된 것은 언제인가? 하이데거가 답을 갖고 있는 것 같지는 않다. 사실 그가 효율성을 위해 고속도로 교각을 설치하는 것을 용인하기도 하고 이것 역시 마을의 개울에 가로놓인 오랜 석조교각과 마찬가지로 '모음'이라고 묘사한 특이한 구절도 있다(Heidegger 1971b, p. 152). 이는 명백히 옳다.

물론 우리가 항상 고속도로 교각의 존재론적 중요성에 대해 주목하고 있는 건 아니다. 보그만이 이미 보여준 것처럼 장치와 진정성 없는 관계가 보편적이며, 여기서 하이데거가 기여한 바는 이러한 관계를 현상학적으로 설명했다는 점이다. 그러나 하이데거는 어디서도 근대기술이 침범하기 이전에는 진정성을 달성하기가 쉬웠다고 말하지 않았다. 오히려 비진정성이 현존재의 평균적인 일상적 양식이었다. 하이데거는 비진정성이 진정성으로 변화할 수 있다는 실존적 가능성만 주장해 왔다. 이런 논의는 전근대의 장인이 만들어낸 대상뿐만 아니라 근대의 기술적 장치에 대한 우리의 관계까지 연장될 가능성이 있다. 행위세계에서 사물의 내재적 유의미성에 대한 헨리 벅비(Henry Bugbee)의 어법을 사용하면 우리가 근대기술을 '궁극성'(finality)으로 간주하지 못할 이유는 없다. 서둘러서 우리의 목표에 도달하려다 기술적 사물을 지나치는 대신, 우리는 기술적 사물을 위해 그리고 우리를 위해 기술적 사물에 관심을 가지면서 기술적 사물과 함께 거주할 수 있다(Bugbee 1999).

거부할 수 없는 하이데거의 통찰은 모든 만듦은 내버려두기를 포함하고 있다는 점이다. 내버려두기는 사물과 함께 나타나지만 우리가 '만들' 수는 없고 단지 우리의 생산활동을 통해 슬며시 풀려나오는 의미들과의 적극적 연관이다. 이러한 의미들과 연관해서 우리의 만듦에 의해서는 변형되지 않아야 하는 배경과 기원도 있다. 이것이 인간의 의도를 넘어서는 가능성의 저수지로서의 '지구'라는 하이데거의 개념이다. 기술적 사유는 이런 연관을 부정하면서 인간의 유한성을 거역한다. 모든 행위가 의미를 먼저 가정하고 있기 때문에 우리 인생의 의미, 지구, 자연 어느 것도 인간의 행위가 될 수 없다(Feenberg 1986a, chap. 8). 그러나 나는 하이데거 역시 우리가 지구와 우리의 접촉이 기술적으로 매개된 것이라는 사실을 인지하기를 원했다는 데이비드 로덴버그(David Rothenberg)의 해석을 공유하고 있다. 즉 자연이라고 눈에 들어오는 것들은 순수하게 즉자적인 것이 아니라 테크네의 한계에 존재한다는 것이다(Rothenberg 1993, pp. 195ff). 의미에 대해서도 마찬가지로 생각할 수 있다. 의미는 우리 활동의 지평에서 나타나지만 그렇다고 활동의 산물은 아니며 수동적인 사색의 결과도 아니다. 때로 낭만주의로 빠지는 경향이 있기는 하지만 손안에 있음(readiness-to-hand)이라는 속성을 현존재의 세계의 중심에 부여한 것은 결국 철학자들이다.

하이데거의 비판이 갖고 있는 문제는 근대기술이 그 자체의 한계를 인지하는 것은 본질적으로 불가능하다는 주장이 검증을 거치지 않았다는 데 있다. 하이데거가 근대기술의 개혁이 아니라 근대기술로부터의 해방을 옹호했던 것도 이런 이유에서다. 전략적 관점에 근거한 지배 이데올로기가 모든 종류의 한계에 대해서 인내의 여지를 거의 남겨두지 않다는 것은 사실이다. 하버마스나 그외 인문학분야의 사상가들처럼 하이데거도 현실의 기술과 맞부딪치지 못한 건 자랑거리가 아니라, 특정 문화적 전통의 한계를 보여주는 것이다. 인문학과 과학 사이에 가로놓여 있는 낡은 분과학문의 경계가 사회이론의 근본적인 범주를 결정할 수 있는가? 만약 그렇다면 우리 분야가 다루고 있는 대상의 본질 때문에 분과학문의 경계를 위반했다는 비난을 받고 있는 우리가 바로 이런 경계의 영향에 도전해야 한다.

이런 경계를 넘어서면, 우리는 기술 역시 주변세계를 통합하는 2차 도구화를 통해 여러 맥락들을 '모은다'는 사실을 알 수 있다. 이런 결과들은 하이데거가 이상적으로 묘사한 장인적 전통과는 사뭇 다르다. 그러나 오늘의 세계를 이해하는 데 노스탤지어가 좋은 지침이 되지는 않는다. 근대의 기술적 과정들이 환경 및 인간의 건강이라는 요구조건에 부합할 때 비로소 하이데거가 진정성의 모델로 강하게 주장했던 주전자, 은잔, 다리만큼이나 근대기술도 진정으로 그 맥락을 구조물에 반영한다. (진정성에 대한) 우리의 모델은 재숙련화된 노동, 사람을 존중하는 의료활동, 인간적인 생활공간을 창조하는 건축 및 도시설계, 새로운 사회형식을 매개하는 컴퓨터 설계 등이 될 수 있다.

이런 유망한 혁신사례들은 자신이 연루되어 있는 기술적 대상의 설계에 개입하려는 인간의 작품이다. 이것이야말로 유일하게 의미 있는 '전지구적 기술과 근대인의 조우'다. 이런 조우는 효율성을 추구하는 목적 지향적 행위의 또 다른 사례가 아니라, 인간적이고 살맛나는 세계를 위한 동시대 투쟁의 본질적 차원이 된다. 다음 장에서 이런 투쟁들이 기술의 본질에 대해서 갖는 의미를 설명할 것이다.

1) 연구자에 따라서 Gestell은 '닦달'(이기상), '몰아세움'(이선일)이라고 불리고
   있지만, 여기에는 이선일의 번역어를 따라 몰아세움으로 번역한다. Gestell에 대한
   하이데거의 설명은 『기술과 전향』(53~57쪽); Heidegger(1969, pp. 20~22) 참조—
   옮긴이
2) 침머만도 이에 대해서는 인용하고 있는 대목이 없고 나도 찾아내지 못했다.
3) Simpson(1995)은 보그만의 입장을 보완하는 최근의 논의이다. 심슨은 기술을
   본질화하는 데 반대하지만, 사회역사적 맥락으로부터 독립된 기술의 불변적 속성에
   대해서는 최소한도로 동의하면서 논의를 전개하고 있다(Simpson 1995, pp. 15, 16,
   182). 사회역사적 맥락은 기술에 대한 개념 그 자체에 통합되어 있다기보다는 영향,
   조건, 결과에 대한 우연적 수준에 한정되고 만다.
4) 보그만과 비슷한 컴퓨터 비판은 Slouka(1995), 방위산업에 관해서는
   Rheingold(1993) 참조.
5) 앤드류 라이트는 내가 일상생활의 미학을 이해하기 위해 장치(device)와
   사물(thing)을 구별한 보그만의 사고를 과소평가하고 있다고 반박했다. 물론
   이러한 구분이 대중문화에 대한 비판을 전개하는 데 유용하고 상품화된 환경의
   민주적 합리화를 위한 준거를 마련해 줄 수도 있다. ALS환자의 사례는 이런
   면에서 보그만이 말하는 초현실적인 기술적 우주의 창조적 전유를 통해 의미 있는
   공동체를 창조한 사례로 해석될 수 있다(Light 1996, chap. 9). 나는 대체로 수정된
   보그만의 입장에 동의를 하지만 보그만이 이를 흔쾌히 수용할지에 대해서는 다소
   의심스럽다.
6) 여기서 gathering은 하이데거의 Sammlung의 번역임—옮긴이
7) 연구자에 따라 Geviert는 사방(四方)세계, 사역(四域, 박찬국), 사중물(四重物)
   등으로 번역되는데, 여기서는 세계의 의미를 강조하기 위해 사방세계를 사용한다—
   옮긴이
8) 하이데거의 반인간주의적 전환은 Schürmann(1990, SS. 209ff) 참조.

9. 순수하지 않은 이성

파르메니데스의 아이러니

하버마스, 하이데거, 보그만 등이 기술현상의 주요 측면에 대해 묘사해 왔지만 그들이 과연 기술현상의 '본질'을 밝히려고 한 적이 있는가? 그들은 기술행동은 복잡성과 다양성을 거부하는 일종의 총체라고 믿었다. 지난 20년 동안 비판적 역사학과 사회학은 기술이 사회문화적으로 깊숙이 새겨져 있기 때문에 이러한 복잡성과 다양성이 출현한다는 사실을 보여줬다. 그러나 구성주의자들이 요구하던 대로 기술행동을 다양성으로 해체해 버리면 근대성에 대한 철학적 성찰을 가로막는 효과를 불러일으킨다. 철학자들이 하는 것처럼 기술의 본질이라는 질문을, '본질적으로' 사회로부터 동떨어졌다고 여겨지는 물화된 기술에 대한 우연적인 사회적 '영향'이라는 식으로 무시해 버리는 게 아니라, 최근의 기술학 연구의 성과들을 기술의 본질 개념과 통합하는 방법을 찾아야 한다. 이 문제에 대한 해결책은 기술에 대한 급진적 재정의를 통해 상식과 철학자들 모두가 가정하는 사회관계와 인공물에 대한 통상적인 구분을 가로지르는 것이다.

철학자들은 대개 본질을 비역사적으로 이해하기 때문에 이러한 해결책을 선택하기는 어렵다. 그러므로 나는 철학과 사회과학적 시각을 결합해서 본질에 대한 역사적 개념을 제안하려고 한다. 다음에서 나는 기술의 본질을, 실제 역사에서 기술이 다양하게 실현되게 만드는 사회문화적 변수들의 체계적 중심(systemic locus)으로 정의할 것이다. 이렇게 되면 기술의 본질은 모든 유형의 기술적 실천이 공유하는 몇몇 차별적인 특징에 그치는 것이 아니다. (기술이 내리는) 결정은 사회적으로 구체적인 각각의 발전과정으로부터 단순히 추상한 것에 그치는 게 아니다. (이어질 논의에서) 기술의 본질이 수행하는 역할은 바로 이런 발전과정의 논리이다.

　　이 장에서는 본질을 역사적으로 개념화하는 것에 대해 논의하려고 한다. 이 결과는 철학이라고 할 수 있을 만큼 충분히 '철학적'일 것인가? 나는 이에 대해 긍정적이다. 나는 철학이라는 분야가 지니고 있는 약점인 구체적인 것을 꺼리는 편견에 도전할 것이다. 철학의 이런 문제에 대해서는 플라톤도 비판받을 여지가 있지만, 후기의 대화에서 플라톤은 파르메니데스가 "머리카락, 진흙, 먼지, 기타 사소하고 보잘것없는 사물"일지라도 이상적 형태가 있다는 것을 인정하기를 꺼려 하는 젊은 소크라테스를 조롱하는 대목을 기록하고 있다(Cornford 1957, p. 130 C-E).[1] 철학적 성찰이라는 매력적인 분야에서도 기술의 사회적 차원을 다뤄야 할 시기가 왔다는 게 분명해졌다. 이 장에서 나는 하나의 방법을 제안하려고 한다.

도구화 이론
2단계 이론

기술에 대한 실체론적 철학은 기술은 무엇을 하는가라는 실천적 물음을 기술은 무엇을 의미하는가라는 해석학적 물음으로 관심을 이전시켜 왔다. 의미의 문제를 다루게 되면 기술철학은 인문학적 성찰의 한 분야로 정의될 수 있다. 그러나 하이데거가 지적한 것처럼 이런 철학적 관점에서 기술을 바라보게 되면 기술의 본질이 '기술적인 것'(the technical)—기술적 대상의 구체적 기능—과는 무관해지고 기능적으로 분화된 세계의 구성에 관심을 갖게 된다. 최근 들어서면서 구성주의는 기술을 누가, 왜, 어떻게 만드는지와 관련된 제3의 질문영역에 대한 성찰을 더욱 날카롭게 벼려왔다. 구성주의적 접근법은 기술적 기능을 이해하기보다는 근본적인 무엇, 다시 말해 사람과 사물의 복잡한—기술적 기능이 출현하는 맥락으로 작용하는—네트워크의 구성을 이해하려는 노력이다. 여기서 나는 실체론적 물음과 구성주의적 물음에 대한 대답을 통합해서 두 단계로 구성된 단일한 틀로 만들려고 한다. 첫번째 단계는 기술의 본질에 대한 철학적 정의와 어느 정도 연결되어 있으며, 두번째 단계는 사회과학적 관심과도 연관되어 있다. 2단계 비판으로 통합하게 되면, 각각의 단계는 서로를 변형시키게 된다.

이런 논의에서 기술의 본질은 하나가 아니라 두 가지 속성을 가진다. 하나는 내가 '1차 도구화'라고 부르는 기술적 주체와 대상의 기능적 구성을 설명하고 있으며 또 하나인 '2차 도구화'는 현실의 네트워크와 도구에서 구성된 주체와 대상이 현실에서 어떻게 실현되는가에 관심을 가진다. 본질주의는 1차 도구화에 의해 어떤 기능이 일상생활이라는 연속체에서 분리되고 어떤 주체가 기능과 연관되도록 배치되는가를 보여주고 있다. 본질주의는 이렇게 1차 도구화에 대해서만 통찰력을 발휘한다. 1차 도구화는 강조점이나 응용범위, 중요성 등에서 폭넓게 차이를 보이지만 모든 사회의 기술적 관계를 특징짓고 있다. 모든 형태의 기술은 기술적인 것이 지닌 그외의 여러 속성들을 포함하는—역사에 따라 진화하는—2차 도구화와의 결합에서 (1차 도구화가 발견한) 이러한 불변의 속성들을 보유한다.

1차 도구화: 기능화[2]

1차 도구화는 기술적 실천을 물화하는 네 국면에 달려 있다. 앞의 두 국면은 대략적으로 하이데거의 몰아세움 개념이 갖고 있는 중요한 속성들에 대응하며, 뒤의 두 국면은 하머마스의 매개이론에서 내포되어 있던 행위형태를 묘사하고 있다. 이러한 네 국면은 기능적 세계관계와 연관된 주체화와 대상화의 형태를 가로지른다.

(1) 탈맥락화

자연적 대상을 기술적 대상으로 재구성하기 위해서는, 자연적 대상은 '탈세계화'되어야(de-worlded) 한다. 자연적 대상이 기술 시스템에 통합되기 위해서는 원래 있던 맥락에서 인위적으로 떨어져 나가야 한다. 대상이 고립되자 대상은 공리적 평가에 노출된다. 나무는 정상적인 상황에서라면 나무가 자라는 환경 속에서 공존하던 다른 종들과 맺고 있는 복합적인 상호연관에 대해서 생각하게 하겠지만, 목재로 간주되어 베이고 껍질이 벗겨져서 판자로 만들어지면 목재의 유용성을 통해 우리와 만나게 된다. 고립된 대상은 탈맥락화에 의해 인간의 행위체계에서 활용할 수 있는 잠재력이라는 기술적 개요를 갖고 있다는 식으로 스스로를 드러낸다. 그러므로 예를 들어 칼이나 바퀴 같은 발명품은 돌이나 나뭇등걸 같은 자연물에서 날카로움이나 둥글다는 등의 자질을 갖고 이를 다시 기술적 속성으로 풀어놓은 셈이다. 이런 자질이 자연에서 발휘할 수 있었던 역할은 이러한 과정을 거치면서 말소되고 만다. 자연은 조각으로 파편화되어서 모든 구체적 맥락으로부터 추상화된 이후에야 기술적으로 유용해진다.

(2) 환원

환원은 탈세계화된 사물을 단순화하고 기술적으로 쓸모없는 자질을 떼어내어 기술 네트워크에 등록될 수 있는 속성으로 환원시키는 과정이다. 기술 네트워크에 등록될 수 있는 속성들은 기술적 주체에게는 1차적인 중요성을 갖는 속성으로, 기술 프로그램의 성취에서 본질적인 자질로 간주된다. 따라서 나는 이런 자질들을—주체의 프로그램에 따라 무엇이 1차적인지는 상대적이지만—'1차적 자질'이라고 부른다. 1차적 자질에는 무게, 크기, 형태, 날카로움, 부드러움, 색깔처럼 대상에 어떤 능력을 부여하는 모든 것이 포함될 수 있다. '2차적 자질'은 그외의 것들인데, 여기에는 대상의 기술이전의 역사에서 중요성을 가졌던 차원들이 포함될 수도 있다. 대상이 지닌 2차적 자질은 자기발전의 잠재력을 담고 있다. 나뭇등걸이 바퀴가 되면서 둥글다는 1차적 자질로 환원되면 서식처, 그늘의 원천, 살아 있고 성장하는 종의 일원이라는 2차적 자질은 상실하게 된다. 하이데거의 몰아세움은 공식화와 정량화를 통해 모든 실재를 가장 추상적인 1차적 자질로 환원하는 것이다.

(3) 자율화

기술행위의 주체는 가능하면 대상에 대한 자신의 행위가 끼치는 영향으로부터 가능한 자신을 고립시킨다. 은유적으로 말해 자율화는 뉴턴의 제

3법칙—"모든 작용에는 반대방향의 동일한 반작용이 따른다"—을 위반한다. 역학(力學)에서 행위자와 대상은 동일한 계에 속하기 때문에 행위자와 대상의 상호작용은 대칭적이다. 이런 묘사는 통상적인 인간관계에 대한 묘사로도 그럴싸하다. 예를 들어 친근하게 말을 걸면 대답도 친근하고 무례하게 말하면 대답도 무례해진다. 반면 기술행위는 주체를 '자율화'한다. 대상과 행위자 사이의 피드백을 방해함으로써 주체는 자율화된다. 여기에는 뉴턴법칙이 적용되지 않는 명백한 예외로, 기술적 주체는 세계에 큰 영향을 끼치지만 역으로 세계가 주체에 대해서는 매우 작은 영향만 되돌려준다. 토끼를 총으로 사냥하는 사냥꾼은 격발로 인한 약간의 압력만 어깨에 느끼고, 1톤의 철강을 고속도로를 통해 운반하는 트럭운전사는 바람이 스쳐 지나가는 미약한 소리만 듣는다. 인간 사이의 기술적 관계로서 행정행위도 마찬가지다. 행정행위는 해고된 노동자를 두려워하거나 동정하면 안 되는 주체인 관리자가 자율화될 것을 사전에 가정하고 있다. 관리자와 노동자의 관계는 순전히 기능적이다.

(4) 위치잡기

기술행위는 대상들의 법칙에 따라 대상을 통제한다. 그러므로 가장 격렬한 형태의 기술적 개입에서도 이러한 법칙들에는 수동성의 국면이 존재한다. 기술적인 것은 "자연은 명령을 받으면 복종해야 한다"는 프랜시스 베이컨의 격언을 따른다(Bacon 1939, p. 28). 시장법칙으로 투자자를 지배하는 것처럼, 연소법칙이 자동차의 엔진을 규율한다. 어떤 경우든지, 주체는 대상의 법칙을 수정하는 게 아니라 법칙을 유익하게 활용하기 위한 행위를 한다. 우리가 부동산에서 말하는 위치를 생각하면 이해가 쉽다. 적절한 시간, 적절한 장소에 있으면 돈을 벌 수 있다. 주체가 대상과의 관계에서 전략적인 위치잡기로 대상들이 갖고 있는 고유한 특징들을 이용한다. 제품설계를 통한 노동자 관리와 소비자 통제는 유사한 속성의 위치를 점하고 있다. 물론 우리가 기계를 설계할 때와 같은 법칙이 있어서 노동자나 소비자의 행위를 설계할 때 적용할 수 있는 건 아니다. 그러나 그렇지 않았더라면 노동자와 소비자들이 선택하지 않았을, 이미 존재하는 프로그램을 수행하도록 유도할 수 있는 적절한 위치잡기를 할 수는 있다. 이런 사회영역에서 베이컨 식의 복종은 이해관계, 기대, 환상으로 가득 찬 거친 물살에서의 일종의 항해라고 할 수 있다. 이러한 이해관계, 기대, 환상은 통제될 수 없고, 단지 예측되고 활용된다.

2차 도구화: 현실화

1차 도구화는 기본적인 기술적 관계의 골격을 보여준다. 기본적인 기술적 관계가 실제 시스템이나 도구를 산출하려면 보다 많은 요소가 필요하다. 기술은 그것이 작동되도록 하는 자연·기술·사회 환경에 통합되어야 한다. 이를 통해 기술행위가 구체적으로 현실화되면서 기술행위는 행위자들과 행위 자체로 되돌아오게 된다. 기술행위는 원래 추상화가 기술적인 관계를 형성하는 데 기여한 자기발전과 맥락적 관련성이라는 차원을 재전유한다. 그러므로 현실화는 어느 정도 1차 도구화의 물화에서 발생하는 효과를 보상하는 효과가 있다. 기술개발의 과소결정이라는 속성 때문에 이런 과정에 개입하게 되는 사회적인 이해관계와 가치들이 변화할 여지가 존재한다. 탈맥락화된 요소들이 결합되면서 이해관계와 가치들은 기능을 할당하고 선택의 방향에 영향을 끼치며 기술과 사회를 하나로 통합한다. 기술의 본질은 1차 도구화가 추상해 낸 실재의 차원과 함께 작동하는 두 번째 단계를 포함하게 된다.

두번째 단계에는 다음 네 가지 국면이 있다.

(1) 체계화

실제 장치로 기능하기 위해서 고립되고 탈맥락화된 기술적 대상은 서로 연결되어야 한다. 이를 라투르의 어법으로 표현하면, 네트워크에 대상을 '등록'해야 한다(Latour 1992). 이렇게 바퀴, 핸들, 컨테이너 같은 개별 기술적 대상이 모여서 가정에서 사용하는 작업용 일륜차 같은 장치가 만들어진다. 녹방지를 위해 페인트칠을 하면, 그 장치 역시 자연환경 속에 삽입된다. 기술적 체계화 과정이 전통사회에서는 그리 큰 역할을 못했지만 극도로 길고 빈틈없이 결합된(tightly coupled) 근대 기술사회의 네트워크를 설계하는 데는 중요하다. 여기서 기술은 자연환경이나 사회환경에 맞게 잘 조정될 수 있지만 기능적으로는 느슨하게 연결되는 경우도 있다. 근대사회에서 가능해진 거대 조직의 성공 그리고 조정매개인 돈, 권력, 기술—나는 기술을 덧붙이려 한다—로 인해 근대사회에서 체계화의 역할도 지나칠 정도로 커지게 된다.

(2) 매개작용

윤리적·미학적 매개작용은 단순화된 기술적 대상에 새로운 2차적 자질을 제공한다. 이런 자질을 통해 기술적 대상은 사회적 맥락에 이음매 없이 체현될 수 있다. 모든 전통문화에서는 인공물의 장식과 인공물의 윤리적 의미 부여는 생산과 통합되어 있었다. 화살을 만들 때, 어떤 돌이나 깃털을 선택할 것인가라는 문제에서 날카로움이나 크기를 고려할 뿐만 아니라 미학적·윤리적인 의미를 표현하는 대상을 만들어내는 의식(儀式)상의 고려도 수반된다. 하이데거의 은잔은 이러한 '표현적'(expressive) 설계의 사례로 볼 수 있다. 이와 대조적으로 근대 산업사회에서는 생산과 미학이 부분적으로는 분화되어 있다. 제품은 먼저 생산되고 그런 다음 유통을 위해 피상적으로 스타일이 정해지고 포장이 된다. 이렇게 공업을 통해 만들어진 대상을 사회적으로 삽입하는 문제는 나중에 생각된다. 종교적·장인적 전통이 붕괴되면서 윤리적 제약도 훼손되었다. 최근 들어 의학이 발전하고 환경위기가 도래하면서 기술이 가진 권력의 윤리적 한계에 대한 새로운 이해관계가 제기되고 있다. 이러한 한계는 결국 효율성에 윤리적 가치가 집약될 수 있도록 설계를 변형시킴으로써 내재화될 것이다. 이런 집약현상은 좋은 산업 디자인의 미학에서도 나타난다. 그러므로 기술적 과정의 문제점이 근대사회에서도 지속된다면 매개작용은 반드시 있어야 한다. 나는 매개작용에 대한 논의를 뒤에서 계속할 것이다.

(3) 소명으로서의 직업

기술적 주체의 행위가 생활로부터 고립된 것으로 받아들이는 한 기술적 주체는 자율적으로 보인다. 대체로 이러한 행위들이 계속되면 장인노동, 소명으로의 직업, 생활방식이 되어간다. 주체는 다른 곳에 등록되더라도 대상처럼 깊이 연루된다. 뉴턴은 정당했다. 행위자는 행위에 의해 변화된다. 앞에서 예로 들었던 총을 든 사람은 전문적으로 사냥을 하려고 한다면 (자신의 행위에 따르는) 태도와 성향을 가진 사냥꾼이 될 것이다. 이와 유사하게 목재를 갖고 있는 노동자는 목수가 될 것이고 자판 앞에 앉아 있는 타이피스트는 작가가 될 것이다. 이러한 기술적 주체의 인간적 속성은 심층적인 수준에서 물리적으로 개인 또는 유사활동에 종사하고 있는 인간공동체의 일원으로 정의된다. 도구가 도구를 사용하는 인간에게 역으로 끼치는 영향과 관련해서는 '소명으로서의 직업'(vocation)이라는 표현이 잘 들어맞는다. 전통문화나 일본 같은 몇몇 근대문화에서는 소명이나 '길'이라는 개념이 특정 종류의 노동과 결합되지 않기도 하지만, 산업사회에서는 대체로 의학, 법률, 교육 및 유사한 전문직종에서 소명으로서의 직업이라는 표현이 사용되고 있다. 이런 현상은 평생 동안 독립생산자로서의 장인노동을 관리자들의 통제를 받는 일시적인 고용관계로 대체하는 임노동의 효과이다. 임노동에서는 특정 숙련이 노동자에게 끼치는 영향과 소명으로서 직업이라는 표현이 내포하고 있는 결과물의 품질에 대한 개인적 책임을 감소시킨다.

(4) 시도

마지막으로, 위치잡기를 통해 노동자와 소비자를 전략적으로 통제하려는 시도는 기술적 통제에 종속된 개인들에게 부여되는 여러 형태의 전술적 시도들에 의해 어느 정도까지는 보상된다. 자본주의적 경영이 출현하기 이전까지는 협력이 전통이나 가부장적 권위에 의해 규제되는 일이 잦았고, 얼마 되지 않는 가용한 도구의 사용방식이 느슨하게 정의되어 있었기 때문에 생산자의 프로그램과 사용자의 실제 전유 사이의 경계가 흐려지는 일이 빈번했다. 위치잡기와 시도, 전략, 전술 들이 선명하게 구분되는 것은 자본주의의 효과다. 5장에서 살펴본 것처럼 자본주의의 기술적 위계에서 종속적인 지위는 행동의 여지를 갖고 있다. 이런 여지를 통해 효과를 조정하고 장치와 시스템에 대한 사용자들의 전유과정에서 의식적인 협력을 지원할 수 있다.

성찰적 기술

2차 도구화는 기능성 자체를 보다 높은 수준의 기술적 행위의 원재료로 간주하는 성찰적인 메타 기술적 실천을 구성한다. 물론 이렇게 성찰성을 기술과 연결하다 보면 모순되는 면도 발생한다. 즉 실체론적 견지에서 기술적 합리성은 스스로에 대해 맹목적이다. 한편 성찰은 미학이나 윤리학 같은 주요 사안들을 다루는 데 적합한 다른 유형의 사고를 위해 유보되어 있다. 여기서 우리는 자연과 정신(Geist) 그리고 자연과 정신에 상응하는 학문들의 친숙한 구분을 볼 수 있다.

실체론은 성찰에 적대적인 특정 이데올로기로 기술을 정의하고 있다. 기술을 추상적으로 이해하면 실증주의와 선택적 친화성을 갖고 있는 것은 사실이다. 그러나 이는 성찰성이 역사에서 기술의 본질을 발굴해 내기까지 오랜 시간이 걸렸기 때문이다. 하이데거가 기술의 본질은 기술적인 데 있지 않다고 확언한 것은 실천적으로는 바로 이런 의미에서다. 엘륄도 초기부터 줄곧 주요 저작들에서 '기술적 현상'은 관련장치들이 아니라 장치들이 사용되는 정신의 문제라며 이미 경고한 바 있다. 그러나 이런 사상가들 및 제자들은 결국에는 기술에 관한 독립적 이론을 발전시키는 데 실패했다. 이런 이유로는 실증주의, 도구주의, 행태주의, 기계적 사고, 그외 자신들이 매우 효과적으로 비판했던 교의에서 밝혀낸 악덕과 기술이 어느 수준에서 서로 연관되어 있기 때문에, 특정 교의에 대한 비판이 기술이론을 대체할 수 있다고 결론내리는 것 같다.

그러나 과연 그러한가. 아니다. 구체성의 결여는 서론에서 논한 역사가 안고 있는 해결 불가능한 문제에서 드러난다. 우리가 이미 살펴본 것처럼 시기구분의 문제는 본질주의적 개념에서 핵심적인 지위를 차지한다. 전근대기술과 근대기술을 존재론적으로 구분하는 하이데거의 설명은 하버마스의 인식론적 논의만큼이나 설득력이 없다. 철학은 실증주의와 전통을 개략적으로 대조하기보다는 기술의 역사에 대해서 더 많이 논의해야 한다. 앞에서 나는 기술의 역사에서 서로 다른 시기의 특징적 차이를 1차 도구화와 2차 도구화라는 서로 다른 구조화의 다양성과 연결시키는 시도를 했다. 나는 전근대와 근대를 역사적으로 구분한다는 점에서, 존재론적으로 구분하는 하이데거와 다르다. 그리고 근대기술이 서로 다른 세계 지향을 갖고 있다는 구분방식이 다소 피상적이며 기술적인 것의 진실을 드러내지 못한다고 보는 면에서, 하버마스와도 구별된다. 나는 기술이론과 성찰성을 통합함으로써 본질주의 이론의 경직된 이분법에서는 배제되었던 미래에 대한 복수(複數)의 가능성이 열릴 수 있음을 보여줄 것이다.

	기능화	현실화
객체화	탈맥락화 환원	체계화 매개작용
주체화	자율화 위치잡기	소명으로서의 직업 시도

〈표 5〉 도구화 이론

분화의 한계
진보의 문제

4장에서는 기술진보의 목표가 영원히 고정되어 있다고 가정하는 결정론적 진보모형을 비판했다. 하이데거와 하버마스가 아무리 기술의 역사성을 통상적인 진보의 척도인 생산성 증대가 아니라 사회분화와 연계해서 정교하게 다듬었다고는 하지만, 결국 그들의 본질주의에는 결정론적 진보모형이 내재되어 있게 마련이다. 사회분화가 실제로 존재하는 근대성에 대한 비판적 평가를 가능하게 하는 객관적인 지표라는 점은 분명하다.

본질주의적 입장에 따르면, 준(準)초월적인 기능화 과정은 기술발전과 사회발전 과정에서 내가 말하는 2차 도구화 과정과 차이가 있다. 전근대사회에서는 협소하게 인식된 기술적 목표—자연의 인과성을 지배함으로써 얻어진다—와 미학적·윤리적 가치 같은 영적인 매개작용이 명확하게 구분되지 않았다. 본질주의에 따르면 우리 사회에서는 기술노동의 이러한 상이한 측면들이 명백히 구분되지도 않을 뿐 아니라 개별 공학분야나 디자인 부서 같은 상이한 조직 내에 삽입되어 버리곤 한다.

기술이 다른 사회영역으로부터 분화되기 시작하면 양자의 상호작용은 외부적인 것으로 보인다. 이런 현상은 매개작용의 경우에서 특히 잘 드러난다. 예술은 더 이상 기술적 실천에 내재되어 있는 게 아니라 사후적으로 부가된 것에 불과하게 되었다. 파르테논 신전의 기둥은 장식물로 간주되었던 게 아니라 설계 내에 하나로 통합되어 있는 것이다. (물리적으로) 지지구조를 완성하고 나서 신전의 앞면에 기둥만 추가하는 것은 불가능하다. 윤리적 가치는 외부로부터 또는 법률을 통해 기술을 규제한다. 그러나 윤리적 가치는 공학적 관행 내부에 있는 것이 아니다. 아메리카 원주민들이 위해로부터 자신들의 환경을 지키는 데는 환경규제가 필요 없었다는 점을 생각해 보면 좋을 것이다.

하이데거와 하버마스는 사회의 분화를 근대성의 본질로 생각했다. 분화과정을 거치면서 매개작용들은 기술적 실재와 구체적인 연관성을 상실하고 헛된 이상이 된다. 하이데거는 이런 상황에서 탈출하는 방법은 없다고 생각했고, 하버마스의 해결책인 의사소통적 합리화 과정도 근대사회의 기술적 실재에 대해서는 전혀 언급하지 않고 있다. 그러나 기술을 변화시키지 않고 어떤 사회변혁이 가능할 것인가? 결국 하이데거의 절망은 이런 틀 내에서는 미미한 개혁만이 가능하다는 것을 현실적으로 보여주고 있는 셈이다.

하이데거의 절망은 단지 태도의 문제가 아니라 사회분화 이론의 논리적 귀결이다. 급진적인 기술변화를 시도하면 탈분화나 퇴행으로 이어지고 만다는 게 사회분화 이론의 입장이다. 우리가 이미 앞에서 살펴본 논의다. 결정론적 주고받기 모형 유의 반성장론적 환경주의는 생태학과 경제학이 근본적인 수준에서 양립할 수 없다고 본다. 고결한 가난이 존중되건 비난받건 결과는 비슷하다. 기술의 역사적인 형식이 어떻게 수정되더라도 기술은 여전히 마찬가지이고 분화의 정도만 변화할 따름이다. 보다 높은 수준으로 전진하거나 보다 원시적인 수준으로 후퇴하는 운동만 가능하고 옆으로 비켜나와 새롭고 더 나은 유형의 기술적으로 진보된 사회가 될 수는 없다는 것이다.

나는 이런 견해들과 달리 기술은 우연적인 사회적 가치로부터 떼어낼 수 있는 물리적 장치가 아니라고 논한 바 있다. 기술적인 것의 구조 내에는 항상 사회적인 것이 이미 통합되어 있다. 기술은 퇴행이 아니라 본질주의가 간과하고 있는 다른 유형의 변화를 통해 사회적 요구에 부응한다. 설계는 이런 과정에서 기술 및 사회관계를 응축하여 사회적 제약을 내부화한다. 우리는 유선형으로 잘 빠진 자동차의 미학적 형태와 기술적 기능을 분석적인 수준에서 구분할 수 있지만 하이데거의 유명한 은잔의 사례처럼 실질적인 구분이 존재하는 것은 아니다. 단지 포장이나 외생적 영향이 문제가 아니라, 장치의 설계나 기능에 끼치는 영향이 있다. 그러나 기술이 사회적인 것에 깊숙이 스며들어 있다면 사회분화 역시 본질주의적인 근대성 이론이 가정하고 있는 것보다는 철저하지 않게 진행될 것이다.

기술 물신주의

역사를 부정하는 것 자체가 바로 특정 역사의 산물이다. 이와 유사하게 본질주의의 오류는 우연하게 만들어진 자의적인 산물이 아니라 본질주의가 부정했던 기술의 사회적 차원이 만들어낸 결과다. 그러므로 본질주의가 틀렸다고 부정하는 것만으로는 불충분하며 오히려 본질주의가 어떤 징후를 나타내는지, 심층적인 설명이 필요하다. 우리는 본질주의적 틀에서 사회분화가 진보의 지표로 인식되는 이유를 알아야 한다.

나는 본질주의가 근대사회에서 기술의 객관성이 물화된 형식을 반영하고 있다는 주장을 하려고 한다.[3] 내가 말하는 '객관성의 형식'은 바라보는 방식(way of seeing) 그리고 바라보는 방식에 대응하는 일종의 실천체계인 행위방식(way of doing)에 뿌리 내리고 있는 문화적으로 결정된 준거체계이다. 객관성의 형식은 실질적으로 영향력을 행사하는 사회적으로 필수적인 '환상들'로 간주될 수 있다. 우리가 이런 환상에 따라 지속적으로 행동하면 환상은 사회적 실재를 구성하는 역할을 한다.

마르크스는 이런 현상에 대해 독창적인 분석을 했다. 그가 말하는 상품 물신주의는 소비에 대한 사랑이 아니라 시장에 있는 상품에 부여된 가격이라는 실재에 대해서 (사람들이) 갖고 있는 실천적인 신념이다. 마르크스는 가격을 상품의 '실질적인'—물리적—속성이 아니라 생산자와 소비자 관계의 결정체라고 지적했다. 기술에 대한 물신주의적 인식도 이러한 관계적 속성을 은폐한다는 점에서 유사하다. 기술에 대한 물신주의적 인식은 어떤 사회 네트워크 내에서 하나의 결절점이라기보다는 순수한 기술적 합리성의 비사회적 예증으로 보인다. 본질주의는 기술의 실재가 아니라 이러한 형식을 이론화하고 있다.

기술의 물화된 개념이 끊임없이 스스로를 입증하는 원인은 무엇인가? 일상 현실에서 기술은 우리에게 무엇보다도 기능으로 그 자체를 드러낸다. 우리는 본질적으로 하나의 사용방식으로 정향된 기술과 만나게 된다. 우리는 장치들이 아름다움이나 추함 같은, 기능과는 전혀 관련 없는 여러 속성도 지닌 물리적 대상이라고 인지하고 있지만 이런 속성들은 본질적이지 않다고 간주하는 경향이 있다. 일반적으로 기술과 도구들을 다른 유형의 대상과 구분할 수 있는 것은 이미 존재하는 '1차적' 속성과 그 외의 '2차적' 속성, 즉 기능적 속성과 나머지 모든 속성의 구분 때문이다. 기술장치의 형식에 이런 구분이 이미 포함되어 있기 때문에 자연적 대상의 경우처럼 매우 신중하게 구분할 필요는 없다.

그러므로 최초의 추상화는 기술에 대한 우리의 즉자적인 인식에 구축된다. 그리고 이와 같은 추상화는 우리에게 기술의 본성을 이해하는 길을 제시한다. 그러나 이것 역시 우리 사회에서 기술이 갖고 있는 객관성의 형식에 근거한 가정에 불과하다는 사실에 유의해야 한다. 다른 사회에서도 우리 사회처럼 기능이 특권적 지위를 가질 필요는 없다. 기능적 시각은 종교, 미학 등의 다른 관점과도 본질적인 중요성을 갖고 경쟁하지 않으면서 평화롭게 공존할 수도 있다. 서구의 관찰자에게는 이런 절충주의가 혼란스러울 수도 있지만 우리가 나중에 살펴보게 될 나름의 합리성이 있다. 사실 서구인들도 매우 풍부한 의미를 보유한 기술적 인공물의 사례인 집을 르코르뷔지에의 표현처럼 '주거를 위한 기계들'로 인식하도록 강제된다면, 마찬가지로 동일한 '혼란'에 빠질 것이다. 이와 유사한 사례들에서 기술로 인해서 가능해진 생활방식과 기술적 대상의 사회적 역할을 탐구하다 보면 기술에 대한 보다 완전한 그림을 그릴 수 있을 것이다. 이 그림은 추상적인 '기능' 개념을 구체적인 사회적 맥락에 배치할 것이다. 그리고 우리가 기능주의적 용어로 장치라고 묘사하는 대상을 상징적 내용 또는 규범의 객관화라는 사회적인 언어로도 서술할 수 있게 될 것이라는 점은 분명하다.

그렇다고 해서 기능이라는 개념이 쓸모없는 추상화라는 것은 아니다. 오히려 기능은 모든 사회에서 사용자가 자신의 필요에 적합한 장치를 지향할 수 있게 하며, 특히 우리 사회에서는 엄밀하게 정의된 좁은 목표에 집중적인 노력을 기울여야 하는 전문기술 직종이나 경영자들에게는 중요한 역할을 한다. 그러나 사용자나 기술자 모두 일상적인 경우에는 의제가 될 필요가 없는, 기술의 생활세계에 속하는 가정들의 배경과 다른 행동을 한다. 기술에 대한 해석학은 가정들이 나타나게 된 배경이 무엇인지 분명히 할 필요가 있다. 이런 시각에서 볼 때, 2차 도구화는 기술의 기능만큼이나 기술의 내재적 본질과 분리될 수 없다.

그러나 우리가 기술을 이론적으로 고찰할 때는, 우리가 비정상 사례라고 착각하거나 무시해 버리는—예를 들어 집처럼—해석학적으로 복잡한 사례에 대해서는 관심을 갖지 않는다. 우리 생활에서 특별한 의미와 중요성을 지니는 기술장치와 우리가 개인적으로 맺고 있는 풍부한 관계에 대해서도 무관심하다. 이론적인 고찰에서 다루는 사례는 망치처럼 단순한 것들에 불과하다. 이런 사례들을 염두에 두다 보니, 사회가 기술과 외적으로 관계를 맺고 있다는 기능주의적 모형을 정교하게 하는 방향으로 나가게 된다. 기능주의적 모형에서는 기술적 수단에 의해서 요구가 집행된다고 본다. 집행이라는 개념은 목표, 가치, 의도를 가진 인간주체와 맹목적이라고 가정된—규범적 내용은 없고 기능이 일상적으로 작동하고 있다는 증거에 상응하는 '구조'를 갖고 있는—사물을 분명하게 구분할 수 있게 해준다.

기술은 무언가를 '위해' 사용되는 한 사회적이다. 무언가를 위한다는 것은, 기술의 구조는 '그 자체로' 비사회적인 잔여물로 그대로 남는다는 것을 말한다. 이런 잔여물은 기술이 나름의 기능을 행사하도록 하는 '부품들'로 구성된 시스템으로 존재한다. 구조가 내적으로 논리적인 인과성을 가진 경우에는 인과원리의 예시로서 사회환경으로부터 구조를 추상해 낼 수 있다. 기술에 대한 모든 체계적 지식은 이런 유의 추상화에 기초를 두고 있다. 전문화된 기술관련 분과학문은 기술의 구조를 완벽하게 하고 설명하기 위해 생겨난 것들이다. 이런 분과학문의 권위가 널리 확산되면서 전문적인 기술 분과학문이 기술에 접근하는 방식들이 상식이나 철학의 모델 역할을 한다. 기술장치가 이런 분과학문의 구조이다는 명제는 명백해 보인다. 기능은 인과적 실재와 사용자의 주관적 의도 사이에 존재하는 일종의 관절 같은 기능을 한다. 그러므로 기능은 인공물과 사회의 경첩이기도 하다.

　　우리가 기술이 갖고 있는 다른 차원들보다 기능에 특권적인 지위를 부여하기 때문에 인공물의 기능적·물리적 속성을 암묵적으로 동일시하게 되고 이런 암묵적 동일시에 의해 기능의 특권적 지위가 확고해진다. 소명으로서 직업에서 기술의 지위 같은 사회적 속성은 관계성이고 따라서 적절한 기술적 인공물이 지닌 건 아니기 때문에 '본질적으로' 기능은 기술의 비관계적인 속성으로 여겨진다. 그러나 현실에서 기능은 다른 차원들만큼이나 사회적이다. 예를 들어 어떤 칼의 날카로움은 측정 가능한 물리적 속성이지만, 날카로움은 순수하게 중립적인 속성이나 우연이라기보다는 사회적 구성을 통해 기능이 되었다. 기술이 지닌 모든 속성은 우리가 해당 기술의 기술적인 성질을 인식하는 한 관계적이다. 돈 아이디는 "'기술' 자체는 '중립적'이지만 서로 다른 '이용'방식에 따라 중요성이 좌우된다는 맥락과는 무관한 결론으로 성급하게 뛰어 건너려는 유혹도 있다. 그러나 이런 결론은 기껏해야 [대상으로부터] 탈각된 추상화에 불과하다. 기술은 어떤 사용 맥락(use-context)에서만 존재할 수 있다"고 지적한다(Ihde 1990, p. 128). 모든 관계로부터 추상화된 단순한 물리적 대상으로서 인공물은 어떤 기능도 갖고 있지 않고, 따라서 적절한 기술적 속성도 지니지 않는다. 그러나 기능이 사회적이라면, 그와 동등한 중요성을 가진 기술적 인공물의 사회적 차원에 비해 특권적 지위를 가져서는 안 된다.

　　기능이라는 개념은 기술에서 가치와 사회적 맥락을 벗겨내고 공학자와 경영자들이 자신들의 임무를 달성하기 위해서는 무엇을 알아야 하는가라는 질문에 집중하도록 한다. 기술은 이런 벗겨냄의 과정에서 창안된 인과적인 상호작용의 순수한 사례로 출현한다. 기술을 장치로 환원하고 장치를 작동법칙으로 환원하는 것은 어느 정도 명백하지만 이는 전형적인 잘못 놓인 구체성의 오류(fallacy of misplaced concreteness)—구체적인 현실과 추상을 혼동하는 오류-옮긴이—이다. 시계 태엽장치를 분해할 수 있고 각각의 부품을 개별적인 대상으로 구분할 수 있다고 하더라도, 시계 태엽장치의 부품이 진정한 독립성을 결여한 것처럼 기술도 사회세계로부터 진정으로 독립적일 수는 없다. 사회세계는 단순한 외부환경이 아니다. 사회세계는 의미를 지닌 기술을 관통하고 있다.

이론과 현실: 분화의 정도

이제 기술구조의 존재를 부정할 수는 없다. 기술구조가 실재한다는 충분한 근거도 있다. 문제는 기술구조가 어떤 종류의 실재를 보유하고 있는가이다. 기술구조는 독립적인 대상이라고 할 수 있을 정도로 충분한 수준의 합리적 일관성을 갖고 있는가? 아니면 기술구조는 다양한 차원을 가진 복잡한 대상의—인공적이지만 유용한 단면인—한 측면에 지나지 않는가? 결정론적인 본질주의를 비판하는 논리에 암묵적으로 자리 잡고 있는 이런 존재론적 물음은 사회학적인 물음과 연결되어 있다. 베버주의 전통에서 볼 때, 기술적 합리성이 다른 형식의 사유와 사회생활의 여러 차원들로부터 분리되는 것은 근대화의 주요한 지표 중 하나다. 기술관련 분과학문이 사회과학 및 종교학과 분화되는 현상은 근대적 합리화 형식의 조건이다. 경제학의 대상으로서 경제, 공학에서 다루는 기술처럼 불순물이 제거된 순수한 대상은 이런 (분화)과정을 통해 진정한 본질을 얻어낸 것

9. 순수하지 않은 이성

이다. 헤겔과는 조금 다른 의미에서, 합리적인 것은 현실적인 것이다.

　　그러나 이렇게 불순물이 제거된 대상과 현실에서의 대응물을 어떻게 동일시할 수 있는가? 현실에 존재하는 진정한 대상과 느슨하게 연결되어 있는 이상형에 불과한 모형들을 진리라고 하기는 어렵지 않은가? 그렇다면 이러한 현실대상이 지닌 본질은 이들의 합리적인 '핵심'과 일치하지 않을 것이다. 가브리엘 마르셸의 표현을 빌리면, 합리성은 "현실적인 것으로부터 벗어난" 것이다.

　　경제학을 예로 들어 나의 견해를 설명해 보겠다. 분화가 덜 되었던 초기의 사회적 마그마가 분화되어 가면서 근대경제학과 근대경제 모두 발전해 나갔다. 경제학이라는 과학은 애덤 스미스와 마르크스가 모호하게 정의한 '정치경제학'에서 자신의 대상을 분별해 내야 했다. 이론적 발전과 병행하여 자본주의 경제는 국가나 종교 같은 사회제도로부터 분화되어 나갔다. 그러나 사회·정치 사상에서 경제학이 분화하는 정도는 사회적 삶 및 정치적 삶으로부터 시장이 분화되는 정도를 훨씬 능가했다. 경제학이 순수한 시장논리로 자립적 논리를 구축하고 오랜 시간이 지난 후에야 현실경제에 있는 실제 시장들이 모든 종류의 사회학적·정치학적 영향과 완전히 교직(交織)되었다. 현실 자본주의 시장의 '실질적' 추상화는 고도로 이상화된 경제학의 추상화만큼 완벽하지는 못하다. 따라서 어떤 의미에서 스미스와 마르크스는 보다 많은 관련 맥락들을 자신의 과학에 통합시키고 있다는 면에서 근대경제학보다 현실적이다.

　　근대경제학은 이전의 이론들에서 이미 고려하고 있던 다양한 요인들을 포괄했지만 근대과학의 이상화를 보호하기 위해서 설계된 이런 요인들의 일부만 앙상하게 취사선택하여 수용했다. 이렇게 수용된 요인들의 일부는 경제행위의 제약요인이라는 가설배경으로 근대경제학에 도입되었다. 예를 들어 근대경제학은 마르크스의 이론에 나오는 노동시간 투쟁에 대한 연구의 결과[4]만 경제활동의 조건으로 당연하게 수용했다. 비경제적 요소라고 불리는 다른 요인들은 현실에서는 한번도 존재한 적이 없었던 '완전한' 시장의 논리적 모형에 근거해서 '(시장의) 불완전성'으로 인식되었다.

물론 경제학자들도 경제학이 이상적 모형을 기반으로 했다는 사실을 인식하고 있기 때문에, 양심적인 경제학자들은 현실경제의 미래를 예측할 때 매우 조심하기도 한다. 하지만 불행하게도 철학적 물음에 대해 공식적으로 말할 때도 항상 사려 깊은 건 아니다. 경제학에서 경제가 극도로 이상화되어 있다면, 경제학이 일반 사회생활을 설명하는 어떤 철학을 제시하려는 시도는 정당화될 수 없다. 경제학은 극도로 안정화되어 있고, 완전히 자본주의화되어 있는 경제들의 경제적 측면만 연구하는 학문이라는 무난한 지위 정도를 부여받는 게 정당하다. 이런 조건이 만족되어야만 경제학은 경제행위를 이해하는 강력한 도구가 될 수 있다. 경제학 없이 근대사회를 운영하기란 거의 불가능하다. 그러나 앞서 말한 조건들이 충족되지 않으면 근대경제학의 설명력은 선행이론(즉 정치경제학)의 계급적 방법이나 제도적 방법보다 더욱 제한되고 만다.

공산주의 이후의 러시아가 좋은 사례가 될 수 있다. 러시아가 어떻게 될 것인가에 대해서는 제프리 삭스나 그의 하버드 동료들보다 역사학자나 정치평론가들이 현실에 근접한 설명을 했다. 러시아의 개혁가들은 하이예크나 프리드만을 맹목적으로 수용하기보다는 스미스는 물론이고, 마르크스까지 다시 연구하는 게 보다 나은 결과를 얻을 것이다.

러시아 개혁가들이 연구한 현실대상과 이론이 지닌 분화속성의 정도와 종류의 차이는 심각한 혼란을 가져온다. 경제학이 하는 것처럼 이론에 맞지 않는 모든 것을 논의에서 배제한 채, 시장은 단순히 경제이론의 대상으로 정의되어야 하는가, 아니면 경제이론이 추상해 내기 이전의 모든 측면을 포함하는 실제 구조의 측면에서 시장을 정의해야 하는가? 만약 그렇게 하면 시장의 본질은 경제학의 대상과 정확히 부합하지는 않을 것이다.

기술에서도 유사한 문제가 발생한다. 기술관련 분과학문들의 분화를 통해 경제학이 시장에서 발견한 것과 같은 합리적인 구조에 대한 지적인 접근이 가능해진다. 그러나 경제학과 마찬가지로 이러한 구조는 매우 복잡하며 훨씬 미분화된 실재에서 추상화한 것이다. 여기서 실재는 공학 같은 분과학문의 배후에 놓여 있지만—이런 분과학문들이 문제를 정의하고 해결하는 틀을 제시한다—공학의 대상은 아니다. 공학자들은—근대의 상식처럼—기술적 장치들이 자신들이 속으로 생각했던 것과 실제로 동일하다는 가정을 하고 실재는 기술적 장치가 놓여 있는 사회와 외적인 관계만 맺고 있다고 생각한다. 사실 공학의 매개변수들을 다른 여러 변수들과 통합할 수 있는 방식은 매우 다양하다. 다르게 얘기하면, 완전히 동일한 장치가 '근본적인' 것과는 거리가 먼 여러 담론(공학, 예술, 윤리학)을 통해 묘사될 수 있다. 기술의 실제 사용을 재구성하면 이런 복잡성을 명쾌하게 드러낼 수 있다.[5]

기술철학이 인문학적 입장에서 공학의 협소한 지평을 공격하기도 했지만 역설적으로 기술철학의 기술 개념도 협소하기는 마찬가지다. 기술철학의 핵심적인 오류는 기술관련 분과학문들이 특정 목적에서가 아니라 일반적이고 근본적인 차원에서 대상의 본성을 밝혀내고 있다는 가정이다. 그러므로 이런 분과학문이 지닌 한계와 특히 명시적인 자기이해의 한계가 대상에 전이되는 경향이 있다. 그러나 일단 기술이 갖고 있는 명백하게 사회적인 측면이 제거되면 비사회적인 1차 도구화만 남게 된다. (기술철학에 따르면) 본질적으로 기술은 대상을 탈맥락화하고 조작한다. 기술은 비성찰적이고 가치와 무관하고 권력 지향적이라는 등의 속성을 갖게된다. 게다가 사회적 수준의 변화가 있어도 바뀌지 않을 것이다. 공학이 연구하는 협소하고 이상화된 단면을 보는 게 아니라 실제 기술을 적절하게 정의한다면 장치에 관한 형식적·합리적 특성 이상의 많은 것들을 포괄할 수 있을 것이다.

구체화와 기술변화
구체화

결정론과 본질주의는 역사적 발전에 대한 우리의 경험을 비가역적 과정이자 과학기술 발전에 근거한 진보라고 정립하려는 노력이다. 이 이론들은 역사의 텔로스를 찬양하건 비난하건 간에 어쨌든 역사의 방향을 나름대로 파악하고는 있다. 그러나 사회적 삶에서 추상화되어서 불순물이 제거된 합리성이라는 단순한 개념으로는 기술적인 것의 복잡성을 파악할수 없다. 여기서 문제는 기술적인 것을 설명하기 위해 일종의 정제과정을 거치지 않고 진보 개념을 재구성하기 때문이다. 불행하게도 기술철학이여기에는 그리 유용하지는 않지만, 질베르 시몽동의 작업이 시작점은 될수 있을 것 같다.[6] 시몽동은 결정론적 색채를 지녔지만 우리가 구성주의적 진보 개념을 회복할 수 있는 방식으로 기술에 역사를 부여한다.

시몽동은 기술을 기술이게 하는 기술성(technicity)과 기술을 개인 및 집단의 필요에 결부시키는 유용성(usefulness)을 뚜렷이 구분한다. 기술적인 것에 대한 설명은 기술적인 것을 인간의 목표와 혼동해서는 안 되며 기술의 독립적인 '존재양식'의 발전법칙을 토대로 삼아야 한다. 시몽동은 기술의 이러한 기본 발전법칙을 '구체화'(concretization)라고 부르는데, 이는 기술자들이 '우아함'(elegance)이라는 표현으로 의미하려는 바와 유사하다. 단일한 기능만 갖고 있는 설계와 달리, 우아한 설계는 동시에 다양한 목적에 적용될 수 있다. 시몽동의 구체화 개념은 이런 다(多)기능성을 묘사하고 있다(Simondon 1958, chap. 1).

시몽동에 따르면, 다소 정도의 차이는 있지만 구조적인 통합의 정도에 따라 기술의 특성을 추상적 혹은 구체적이라고 묘사할 수 있다. 장치들이 기술진보에 따라 발전하면서 부품에 의해 가능해지는 기능들이 많아지는 식으로 끊임없이 재설계된다. 혁신을 구체화하기 위해서는 처음에는 관련도 없고 양립할 수 없을 것 같은 다양한 요구에 장치들을 맞춰나간다. 처음에는 외적으로 관련된 부품들의 집합이었더라도 결국에는 긴밀하게 통합된 시스템으로 귀결된다. 예를 들어 공랭식 엔진은 독립된 냉각시스템이 필요 없다. 왜냐하면 공랭식 엔진은 피스톤과 엔진 케이스로 구성되는데, 피스톤에서 발생한 열을 방출하도록 정교하게 설계된 엔진 케이스로 독립 냉각시스템을 대체하고 있기 때문이다. 서로 다른 두 개의 구조와, 구조에 따라 구별되는 기능들이 두 개의 기능을 가진 하나의 구조로 만나게 되는 것이다. 자체의 반동을 이용해서 재장전되는 라이플 총도 서로 다른 두 개의 기능을 하나의 구조에 통합한 사례다. 화석연료를 태우지 않고 태양열을 이용하는 태양열 주택은 환경적 제약을 내부화해서—환경적 제약을 (주택이라는) '기계'의 일부로 만들어서—설계에 반영한 것이다. 비와 바람을 피할 수 있고 적절한 온도와 조명을 유지해야 하는 기능은 태양을 고려한 설계를 통해 통합되었다.

시몽동에 따르면 기술은 기능적인 호환성을 달성하기 위해서 생겨난 이러한 우아한 응축을 통해 진화한다. 기술이 갖고 있는 기능들 사이의 시너지 효과 및 기술과 환경의 시너지 효과를 발견하는 과정이 바로 구체화 과정이다. 여기서 대상의 기능화는 특정 유형의 기술발전을 통한 폭넓은 맥락 차원의 고려와 조화를 이루게 된다.

가장 추상적인 것에서부터 가장 구체적인 것으로 이어지는 순서에 따라 설계를 정렬할 수 있다는 점에서 구체화 과정은 진보적 특징을 지니고 있다. 따라서 구체화는 통상적으로 기술과 관련되어 있는 인식적 진보 유형을 포함하며 어느 정도는 합리성의 진보도 달성한다. 그러나 생산성 향상 같은 단순한 발전기준과는 달리, 구체화에는 기술을 사회적·자연적 환경에 성찰적으로 적응시키는 과정이 포함되어 있다. 구체화는 단순한 성장보다 훨씬 풍부한 진보의 복잡한 궤적을 그려내고 있다. 이 글에서 논의되는 쟁점에 대해 단순한 성장과는 다른 방식의 의미를 갖게 하는 요소는 바로 이러한 높은 수준의 복잡성 때문이다.

기술 다원주의

돈 아이디는 발전이 필연적으로 단일한 평면적 기술문화로 이어질 것이라는 사고에 대한 대안으로 기술적 '복수문화'(pluriculture)라는 개념을

9. 순수하지 않은 이성

제안했다. 아이디는 "복잡한 문화적 해석학 수준에서 기술은 다양한 방식으로 체현될 수 있다. 문화적으로 다른 맥락에서는 '동일한' 기술도 매우 '다른' 기술이 될 수 있다"며 기술은 상이한 사회적 맥락에서는 다른 의미를 가진다고 주장한다(Ihde 1990, p. 144). 기술사회는 과거의 전통이 일련의 끊임없이 변화하는 장치진용에 의해 창출되는 새로운 환경에서 재창조되면서 과거와는 다른 사회가 된다. 민주적 합리화 이론은 시몽동의 구체화 개념을 복수문화 모형에 어떻게 적용할 수 있는지 보여주고 있다. 그리고 아이디가 연구한 민족문화 영역에서부터 기술의 정치학에 이르기까지의 모델을 민주적 합리화 이론으로 일반화가 가능해진다.

시몽동은 대개 자신의 이론을 정치적으로 중립적인 자동차나 진공관 같은 사례를 통해 예증하고 있다. 그러나 현재의 구성주의는 각각의 기능의 배후에는 사회집단이 존재한다는 것을 보여주었다. 이러한 기능을 단일한 구조로 통합시키는 과정에서 혁신의 구체화는 기술적 향상 이상의 무언가를 만들어낸다. 다시 말해 혁신을 통해 인공물이나 인공물들로 구성된 시스템 주변에 있던 사회집단들이 모이게 된다(gather). 처음에는 어떤 집단의 이해관계가 다른 집단의 이익을 위해 희생되는 필연적인 주고받기처럼 보이는 것들이 새로운 동맹이 결성되는 장소가 되기도 한다. 따라서 구체화는 효율성 향상뿐만 아니라 다양한 입장과 열망의 교차로에 기술을 자리 잡게 하는 것이기도 하다.

내가 염두에 두고 있는 몇 가지 사례들이 있다.

첫째, 시몽동은 자신의 신체가 전통적인 도구들이 작동하는 '환경'이었던 장인과 근대의 소외된 노동자를 비교한다. 장인의 도구는 그것을 사용하는 인간에 맞게 적응과정을 거친다. 생산과정의 중심에 놓여 있는 사용자(장인)들은 사회·정치적인 동료들 간의 노동조직을 통해 단결한다. 이와 반대로 공장노동을 통한 탈숙련화 때문에 노동자들은 생산의 중심에서 내몰리고 위계적인 경영진의 지시에 따르게 된다. 기계는 인간이라는 투입요소가 기계에 원료를 공급하고 기계를 수리·정비하는 주변적인 지위에 놓이게 만드는 자기충족적인 '기술적 개인'(technical individual)으로 나타난다. 이는 '장치 패러다임'이 노동과정으로부터 노동자를 소외시키는 일종의 보복이다.

장인의 처지가 몇몇 중요한 측면에서 분명히 우월하다고 간주할 수 있다. 반면 근대기술로 인해 얻어진 높은 생산력은 구매할 수 있는 속성이다. 그러나 그렇다면 가격은 얼마가 되어야 하는가? 장인노동으로의 총체적 회귀는 실현 불가능한 이상이지만, 그렇다고 기술진보의 최종단계가 탈숙련화일 거라고 말할 수 있을까? 우리는 인간의 지성과 숙련을 이용하도록 기술을 재설계할 수 있다는 사실을 입증할 수 있다. 마르크스까지 회귀하는 이론적 전통──시몽동도 포함된다──에서는 기술진보가 노동자의 신체능력뿐만 아니라 정신능력 전체를 활용하는 인간과 기계의 통합이 가능하다고 생각한다. 노동조직에 영향을 끼치는 혁신의 구체화는 실제로 정보기술의 잠재력이 부각되면서 더욱 현실화되고 있다. 이제 자신의 능력을 충분히 발휘할 수 있고 흥미로운 노동을 요구하는 인간들의 요구와 효율성 추구 사이의 화해라는 관점에서 현재 경합을 벌이고 있는 여러 산업발전 모형과 이런 모형에 따르는 기술설계를 판단해야 한다는 것은 사실이다(Hirschhorn 1984; Zuboff 1988).[7]

둘째, 에이즈와 미니텔 사례는 시스템의 원래 설계에 기술엘리트 및 행정엘리트들의 이해관계와 관심이 반영된 사례다. 기술 관료주의적인 엘리트들이 갖고 있던 진보 개념이 그들이 설계한 기술에 반영되었지만, 사용자들은 저항을 통해 원래 설계에는 배제되었던 이해관계를 반영하여, 또 다른 기능의 층위를 부여하는 데 성공했다.[8] 혁신의 구체화는 이렇게 만들어진 새로운 기능들을 기존 구조에 통합한다. 임상실험과 치료, 정보와 통신은 기능이 다양한 시스템에서 서로 결합된다. 이런 사례들은 해석학적 다양성이 기술적 인공물과 기술시스템의 진화에 끼치는 영향을 보여준다.

셋째, 1970년대 초 혼다가 개발한 성층급기엔진(stratified charge engine)[9]은 환경정치학 면에서 주목할 만한 사례다(Commoner 1990, pp. 99ff; Maruo 1993). 이 엔진은 고유의 구조적 특성 때문에 오염을 90%까지 감소시킬 수 있었다. 따라서 최저 환경기준에 맞추기 위해 촉매 변환장치 같은 외부장치를 덧붙이지 않아도 된다. 게다가 엔진을 적절하게 유지하기만 하더라도 최대 성능으로 작동시킬 수 있을 뿐만 아니라 친환경적일 수 있었다. 환경운동가들과 운전자들은 새로운 설계에서 화해할 수 있었지만, 불행하게도 GM이 추가적인 촉매 변환장치를 선택하고 엔진 조립공장의 재설계를 거부하면서 GM에서는 받아들여지지 않았다. 결과적으로 자동차는 '구체화'되기는커녕 상당히 복잡하고 가격이 비싸졌다. 게다가 문제를 인식하고 있는 운전자들이 없다면—운전자들은 문제를 해결할 의무가 거의 없다—실패할 가능성이 있고, 지금도 끊임없이 실패하는 신뢰성 낮은 오염저감 시스템을 갖게 된다.[10] 이 사례는 미국 자동차기업들에 책임이 있는, 아쉬운 기회 중의 하나였다.

일단 사회적 제약이 이렇게 내부화되고 나면 잘 보이지 않는 경향이 있다. 이렇게 되면 기술장치는 본질적으로 외부적이라고 여겨지는 가치, 이데올로기, 법률 등의 사회적 영향으로부터 오염되지 않았다고 생각 된다. 내부화되는 사회적 제약은 설계에서 구체화되는데, 이는 필연적인 기술적 운명인 재배열된 장치에서 읽어낼 수 있다. 따라서 구체화 과정은 비사회적이고 순전히 합리적인 것 같은 기술코드들이 침전된 형태로만 드러나는 기술적인 무의식이다(Feenberg 1991, pp. 79ff).

기술과 가치

구체화 전략은 환경에 맞게 기술을 변형시키거나 또는 기술을 조작하는 인간의 직업적인 자기발전 및 기타 다양한 인간들의 요구에 맞춰 기술을 적용할 수 있다. 여기서 2차 도구화는 기술을 인간 및 자연환경과 통합시킴으로써 원래의 기능화를 극복할 수 있다. 환경적으로 건전한 기술, 인간적이고 민주적이며 안전한 노동을 위한 기술, 사회 전체의 의사소통 향상을 위한 기술에 대한 요구는 기술적 효율성을 달성하기 위해 포기해야 하는 가치가 아니라, 그러한 방향으로 발전되어야 할 잠재적인 미래이다.

이런 점들을 고려하면 기술적으로나 규범적로도 진보적인 발전유형을 정의할 수 있다. 발전에 대한 이러한 규범적 기준은 기술과정 자체에서 유발된 저항에서는 당연하게 유도된다. 협소한 이해관계의 스펙트럼을 반영하는 장치나 시스템에 체현되어 있는 물화된 형식들은 비합리성이나 비효율성의 지평 너머에서 저항에 직면한다. 실제로 이런 저항은 사회적 삶과 자연의 여러 측면을 억압하는 설계의 반작용이다. 이런 설계로부터 영향을 받는 개인들은 민주적인 합리화를 통해 자연 및 사회적 삶을 방어하거나 보다 나은 설계 안으로 통합하려고 한다.

기술의 편향에 대해서는 실체론보다 구체화 이론이 보다 잘 설명하고 있다. 기술의 편향은 본질화된 1차 도구화에 의해 영원히 결정되는 게 아니며, 복잡한 사회적 차원들을 내부에 갖고 있다. 기술이 몰아세움의 기능이 있고 식민화하는 기능을 갖고 있다는 것은 분명하지만, 그렇지 않았다면 예속된 상태로 지속되었을 생활세계의 억압된 잠재력들을 해방시킬 수도 있다. 기술은 본질적으로 양가적이기 때문에 서로 다른 발전유형에서도 활용될 수 있다.

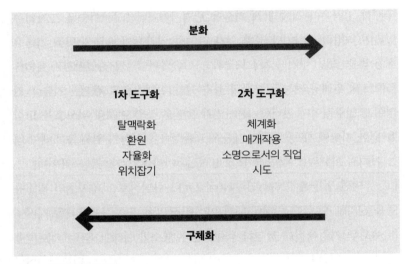

〈표 6〉 차별화와 구체화

근대적 조건에서는 기술노동과 스타일링이 구분되는 것처럼 1차 도구화와 2차 도구화가 상당히 분화된다. 그러나 이데올로기적 전망, 전통, 민주주의적 합리화를 기원으로 하는 2차 도구화는 기술설계를 형성해 가고 있다. 이런 두 가지 유형의 도구화가 분석적으로만 구분 가능할 때라도 제도적으로 분화되고 있다는 사실 때문에 근대기술을 이해하는 데 혼란을 초래한다. 혼란이 가중되는 이유는 과거에는 배제되었던 가치들을 기술코드에 통합하는 구체화를 통해 2차 도구화에서 1차 도구화로 끊임없는 이행이 일어난다는 사실이다. 진보의 개념을 재구성하기 위해서는 기술과 가치의 이러한 상이한 관계들을 분명하게 구분해야 한다.

맺음말: 대안의 가능성

실체론은 기술 일반을 근대 서구기술과 동일시한다. 대부분은 다른 문명에서 빌려온 것이지만 근대 서구기술에도 분명히 보편적인 성취라고 할 만한 내용은 있다. 그러나 이러한 성취가 서구에서 실현된 구체적인 형태는 보편적이기는커녕, 제한된 문화·경제 체계가 지닌 특정 가치를 내포하고 있다. 그러므로 실체론의 오류는 근대기술을 묘사한 구체적인 내용에 있는 게 아니라 근대기술의 역사적 우연성을 인정하지 않은 데 있다.

역사적으로 볼 때, 근대기술이 형성되는 과정에는 자본주의 기업이 중요한 역할을 했다. 자본주의에서 기업은 생산과 이윤이라는 협소한 목표를 특권화했다. 기업은 노동자를 기술적으로 통제하도록 조직하고 과거에는 기술권력에 동반되던 개인과 공간에 대한 전통적인 책임을 지지 않고 지낼 수 있다. 기업가들이 과거에는 관습과 전통의 간섭으로부터 보호받던 노동력, 노동조직, 자연환경 등을 기술적으로 통제할 수 있는 자유를 갖게 된 것은 바로 근대 자본주의가 자연 및 사회 환경에서 독립적이라는 고유한 속성 때문이다. 그렇지만 기술을 이렇게만 정의하는 것은 자민족 중심주의적이다.

자본주의가 문제라면 공산주의가 해결책이 될 수도 있지 않은가? 소비에트들도 자본주의 국가들에 비해 그리 차이가 있었던 것도 아니고 우월하지도 못했지만, 그렇다고 자본주의가 책임에서 면제되는 것은 아니다. 소비에트 체제는 한번도 진지한 대안을 만들어내지 못했다. 공산주의는 본질적인 면에서는 자본주의의 사례를 모방했다. 동일한 기술과 경영방식을 수입했고, 환경보호 같은 경우에는 자본주의의 무책임성을 능가하기도 했다. 구소련에 대한 초기의 환상은 이해할 수도 있지만 구소련의 마지막 모습이었던 일당지배의 관료주의 국가에서 시도되었던 사회주의 원칙을 신념을 갖고 주장하기란 쉽지 않다. 이렇게 본질주의적 입장에 대한 승산 없는 방어는 먹혀들 리가 없다(같은 책, chap. 6).

　　보다 넓은 역사적인 조명을 통해서 무엇을 알 수 있는가? 하이데거의 실체론과는 달리, 과거에 비해 우리의 기술에 특별한 것이라고는 없다. 대상을 원재료로 환원하고 정밀 측정 및 계획을 이용하며, 사람에 의한 사람의 관리, 대규모 공정 등의 주요 특징들은 역사를 통틀어 볼 때 일반적인 현상이다. 보그만의 장치 패러다임도 마찬가지로 설명할 수 있다. 새로운 사실은 이런 특징들이 매우 지나친 역할을 한다는 것이며, 이로 인해 전례 없는 결과들이 초래된다.

　　이런 결과들 때문에 인간과 자연자원을 최대한 착취하는 것을 방해하는 기술의 전통적인 특징들을 억제하기도 한다. 착취를 막는 장애물을 없애기 위해서는 이데올로기나 법의 문제에만 매달리는 게 아니라 기존의 노동과정과 기술설계를 급진적으로 재구성해야 했다. 지금 우리의 세계는 과거와 완전히 단절한 후손이다. 그렇기 때문에 단절의 결과로 설계를 비판하는 수밖에 없고 이런 비판에 의해서만 기술에서 그동안 잃어버렸던 차원을 회복할 수 있다.

　　우리가 근대 자본주의 용어로만 기술을 정의하게 되면 과거에는 존재했지만 지금은 주변화된, 그러나 미래의 발전을 위해서는 중요할 수도 있는 여러 실천을 무시하게 된다. 예를 들어 테일러주의가 도입되기 전에는 기술적 경험은 본질적으로 소명으로서의 직업적인 체험이었다. 기술의 이용은 생활양식과 관련된 문제이다. 다시 말해 생산성의 문제일 뿐만 아니라 성격발달의 문제이기도 하다. 하이데거의 장인은 이와 같은 의미의 영역에서는 생기를 찾을 수 있다. 탈숙련화 과정으로 인해 노동자들이 단순히 기술의 대상으로 변형되어 원재료나 기계와 차별성이 없어지면서 사물과의 이러한 연관은 중단되었다. 근대의 '완전한 동원'의 기원은 존재가 행하는 신비로운 특별허가에 달려 있는 것이 아니다.

2차 도구화의 역할을 회복시킨 다른 유형의 사회체계에서는 전통적인 기술적 가치가 새로운 방식으로 표현될 수 있는 상이한 기술발전 유형을 만들어낼 수도 있다. 그러므로 사회개혁은 하버마스가 강조한 것처럼 미디어의 영향력을 제한하는 것은 물론이고 보다 넓은 인간적·기술적 잠재력을 기반으로 한 상이한 기술을 만들어내야 한다.

이러한 대안적 근대성을 최초로 제기한 것은 마르크스의 사회주의이다. 마르크스에게 자본주의 극복이라는 과제는 경제적 부정의와 공황을 종식시키는 것이었을 뿐 아니라 노동자를 통제하는 기술 시스템을 민주화하는 것을 의미했다. 이와 같은 변화는 기술을 자본주의적 요청의 속박에서 해방시켜 다른 방향의 발전을 가능하게 한다(같은 책, chap. 2). 마르크스주의에 대한 관점이 어떠하건 간에 기술을 다양한 가치에 열려 있는 것으로 개념화하는 것은 '기술적 사유'와의 진정한 단절을 위해서도 반드시 필요하다.

대부분의 사회주의 운동은 이런 과업을 달성하지 못했다. 사회주의 운동은 시장과 계획, 부유한 사람과 가난한 사람의 노골적인 대립만 강조한 나머지 기술의 문제는 간과하고 말았다. 반자본주의 운동은 국유화와 부의 재분배뿐만 아니라 기술의 근본적인 변화도 필요로 한다. 우리가 2장에서 본 것처럼 1968년 프랑스 5월혁명에서 자주관리는 구상과 실행의 분리를 극복하고 위로부터의 관료주의적 통제를 아래로부터의 통제로 대체하기 위해 제기되었다. 실체론적 비판의 주요 주제들은 자본주의에 대한 사회주의적 비판과 매우 비슷한 논조를 띠고 있다. 우리가 근본적으로 상이한 형태의 기술진보를 원하면 바로 이러한 자극적인 견해를 받아들여야 한다.

자본주의의 헤게모니는 기술적 통제를 전통적 경계 너머까지 확장하여 노동력을 포섭하는 데 달려 있기 때문에 기술 전체를 통제를 위한 수단과 동일시하려고 한다. 반면 기술의 다른 측면들은 망각되어 버리거나 비기술적인 것으로 간주된다. 하이데거와 하버마스의 본질주의에서는 무의식적으로 이러한 자본주의적인 기술적 합리성이 반영되고 있다. 그들은 자본주의적인 근대성이라는 측면에서 기술의 특징을 바라보기 때문에 기술의 사회적·역사적 본질의 개념이나 대안을 발전시키지 못하고 있다. 하이데거와 하버마스는 기술행위의 사회·역사적 차원을 소거해 버린 자신들의 추상적인 이론적 논의를 기술의 비사회적 본질의 증거로 오인하고 있다.

핵발전, 임상실험에 대한 접근권, 사용자들이 참여한 컴퓨터 설계 등에서 나타난 예상치 못한 투쟁들은 우리에게 기술의 미래는 결코 사전에 결정된 것이 아니라는 사실을 상기시켜 준다. 이러한 투쟁이 존재한다는 사실은 기술적 합리성의 형태가 변화 가능하다는 것을 보여주고 있다. 이런 투쟁은 자연·인간·사회 환경을 단순한 자원으로 환원하기보다는 세계를 기술 안으로 모으는 근대성의 총체적 재구성을 예시하고 있다. 투쟁의 목표는 현재의 사회경제 체제에서 단지 더 많은 재화를 얻기 위한 것이 아니라 보다 나은 생활방식, 실행 가능한 이상적인 풍요, 자유롭고 독립적인 인간유형을 정의하는 것이 되어야 할 것이다. 얼마나 기술을 역사의 민주화운동으로 만드는가에 따라, 우리는 본질주의적 비판에 의해 투사된 미래와 매우 다른 미래에서 살아가는 희망을 품을 수 있다. 이러한 미래에서 기술은 우리가 수용과 거부라는 두 가지 선택지에서 골라야 하는 일종의 운명이 아니라 정치적·사회적 창조성에 대한 도전이 된다.

1) 헤라클레이토스를 끌어들여 동일한 에피소드를 설명하는 라투르(1993, pp. 65~66)와 비교해 보라.

2) 1차 도구화와 2차 도구화에 대한 논의는 나의 『기술에 대한 비판이론』(1991)에서 처음 소개되었다.

3) 객관성의 개념은 루카치의 초기 저작인 『역사와 계급의식』(*History and Class Consciousness*, 1971)에서 받아들인 것이다(Feenberg 1986a, pp. 70, 71).

4) 8시간노동제, 아동노동 및 강제노동 철폐 등——옮긴이

5) 여러 성찰적 엔지니어들도 이런 사실을 알고 있다. 엔지니어들의 작업은 끊임없이 기술의 다른 차원들을 포함시키기 때문이다. 기술영역에서 형식적인 재현과 실제 작업 사이의 긴장에 대한 이론적인 설명은 Star(1995); Berg(1997) 참조.

6) 잘 알려져 있지 않지만 중요한 기술철학자인 길버트 시몽동에 관해서는 Dumouchel(1995); Hottois(1993) 참조. 시몽동의 구체화 개념에 대한 심화된 논의는 Stiegler(1994) 참조.

7) 이런 진보들은 자본주의적인 기술코드와 양립할 수 없는, 참여적인 노동형태를 보여주고 있다. 나는 이런 입장에 대해서 심도 있는 논의를 하기도 했다(Feenberg 1991, chap. 5, 7).

8) 층위형성(layering)에 관한 논의는 Feenberg(1995, chap. 9) 참조.

9) 직분사 엔진으로 1970년대 혼다의 시빅, 어코드 등에 장착되었던 CVCC엔진을 말하고 있다——옮긴이

10) 현재의 설계가 혼다의 엔진보다 진보한 것일 수도 있지만, 오늘날 도시 스모그의 상당 부분(약 40%)이 구형 자동차에서 배출되고 있다. 만약 20년 전에 다른 발전경로를 선택했다면 자동차들은 지금보다 적은 오염을 방출하게 되었을 것이다.

참고문헌

Achterhuis et al.(1997). *Van Stoommachine tot Cyborg: Denken over Technik in de Nieuwe Wereld*. Amsterdam: Ambo.

Adorno, Teodor and Horkheimer, Max(1972). *Dialetic of Enlightenment*. J. Cummings trans. New York: Herder & Herder. (『계몽의 변증법』, 김유동 옮김, 문예출판사, 2001)

Aldridge, Alexandra(1984). *The Scientific World View in Dystopia*. Ann Arbor: UMI Research Press.

Aronowitz, Stanley(1973). *False Promises*. New York: McGraw Hill.

Bacon, Francis(1939). "Aphorisms Concerning the Interpretation of Nature and the Kingdom of Man," E. A. Burtt ed. *The English Philosophers from Bacon to Mill*. New York: Modern Library.

Barber, Benjamin(1984). *Strong Democracy*. Berkeley: University of California Press. (『강한민주주의』, 박재주 옮김, 인간사랑, 1992)

Baudrillard, Jean(1968). *Le Système des Objets*. Paris: Gallimard. (『사물의 체계』, 배영달 옮김, 지식을 만드는 지식, 2011)

_____ (1970). *La Société de Consommation*. Paris: Gallimard. (『소비의 사회』, 이상률 옮김, 문예출판사, 1992)

Beck, Ulrich, Giddens, Anthony, and Lash, Scott(1994). *Reflexive Modernization: Politics, Tradition and Aesthetics in the Modern Social Order*. Stanford: Stanford University Press. (『성찰적 근대화』, 임현진·정일준 옮김, 새물결, 2010)

van den Belt, Henk and Rip, Arie(1990). "The Nelson-Winter-Dosi Model and Synthetic Dye Chemistry," W. Bijker, T. Hughes, and T. Pinch eds. *The Social Construction of Technological Systems*. Cambridge, Mass.: MIT Press.

Benjamin, Walter(1968). *Illuminations*. H. Arendt ed. H. Zohn trans. New York: Schocken.

Berg, Marc(1997). "Of Forms, Containers and the Electronic Medical Record: Some Tools for a Sociology of the Formal," *Science, Technology and Human Values* no. 22.

Bernstein, Augustin(1996). *Être Humains sur la Terre*. Paris: Gallimard.

Besançon, Julien(1968). *Les Murs Ont la Parole*. Paris: Tchou.

Bidou, Catherine, Guillaume, Marc, and Prévost, Véronique(1988). *L'Ordinaire de la Télématique: Offre et usages des services utilitaires grand-public*. Paris: Editions de l'Iris.

Bijker, Wiebe(1987). "The Social Construction of Bakelite: Toward a Theory of Invention," W. Bijker, T. Hughes, and T. Pinch eds. *The Social Construction of Technological Systems*. Cambridge, Mass.: MIT Press. (「형광등의 사회적 구성」, 『과학기술은 사회적으로 어떻게 구성되는가』, 송성수 옮김, 새물결, 1999, 81~119쪽.]

_____ (1998). "Democratization of Technology. Who are the Experts?" http://www.desk.nl/%7EAcsi/WS/speakers/bijker2.htm

Bijker, Wiebe, Hughes, Thomas, and Pinch, Trevor(1987). *The Social Construction of Technological Systems*. Cambridge, Mass.: MIT Press. (『과학기술은 어떻게 구성되는가』, 송성수 옮김, 새물결, 1999; 『우리에게 기술이란 무엇인가』, 송성수 옮김, 녹두, 1999. 이상 일부 번역 수록)

Bijker, Wiebe and Law, John eds.(1992). *Shaping Technology/Building Society: Studies in Sociotechnical Change*. Cambridge, Mass.: MIT Press. (『과학기술은 어떻게 구성되는가』, 새물결, 송성수 옮김, 1999. 일부 번역 수록)

Bloor, David(1991). *Knowledge and Social Imagery*. Chicago: University of Chicago Press. (『지식과 사회의 상』, 김경만 옮김, 한길사, 2000)

Blueprint for Survival(1974). New York: Signer Books.

Borgmann, Albert(1984). *Technology and the Character of Comtemporary Life*. Chicago: University of Chicago Press.

_____ (1992). *Crossing the Postmodern Divide*. Chicago: University of Chicago Press.

Braverman, Harry(1974). *Labor and Monopoly Capital*. New York: Monthly Review. (『노동과 독점자본』, 이한주·강남훈, 까치, 1987)

de la Bruhèze, Adri(1992). "Closing the Ranks: Definition and Stabilization of Radioactive Wastes in the US Atomic Energy Commission, 1945~1960," W. Bijker and J. Law eds. *Shaping Technology/Building Society: Studies in Sociotechnical*

Change. Cambridge, Mass.: MIT Press.

Bugbee, Henry(1999). *The Inward Morning*. Athens, Georgia: University of Georgia
Press.

Burke, John(1972). "Bursting Boilers and the Federal Power," M. Kranzberg and W.
Davenport eds., *Technology and Culture*. New York: New American Library.

Callon, Michel(1987). "Society in the Making: The Story of Technology as a Tool for
Sociological Analysis," W. Bijker, T. Hughes, and T. Pinch eds. *The Social
Construction of Technological Systems*. Cambridge, Mass.: MIT Press.

Cambrosio, Alberto and Limoges, Camille(1991). "Controversies as Governing Processes
in Technology Assessment," *Technology Analysis and Strategic Management*
vol. 3/no. 4.

Le Capitalisme Monopoliste d'Etat(1971). Two volumes. Paris: Editions Sociales.

Centre Universitaire d'Etude et de Formation Marxist-Leniniste(1968). *Les Etudiants, les
Cadres et la Révolution*.

de Certeau, Michel(1980). *L'Invention du Quotidien*. Paris: UGE.

Charon, Jean-Marie(1987). "Teletel, de l'interactivité homme/machine à la
communication médiatisée," *Les Paradis Informationnels*. M. Marchand ed.
Paris: Masson.

Commoner, Barry(1971). *The Closing Circle*. New York: Bantam. (『원은 닫혀야 한다』,
송상용 옮김, 전파과학사, 1980)

Testimony of B. Commoner(1972a). Hearing before the Committee on Interior and
Insular Affairs, House of Representatives, on "Fuel and Energy Resources," April
14~19, *Congressional Record*, Serial no. 92~94.

_____ (1972b). "Labor's Stake in the Environment/The Environment's Stake in Labor,"
speech given to the Conference on "Jobs and the Environment" San Francisco,
Nov. 28.

_____ (1973a). "Motherhood in Stockholm" *Harpers Magazine* Dec.

_____ (1973b). "Workplace Burden," *Environment* July/Aug.

_____ (1990). *Making Peace with the Planet*. New York: Pantheon Press.

Commoner, B., Ehrlich, P., and Holdren, J.(1972). "Dispute: The Closing Circle,"
Environment vol. 14/no. 3.

Conford, Francis(1957). *Plato and Parmenides*. New York: Liberal Arts Press.

Cunningham, Frank(1987). *Democratic Theory and Socialism*. Cambridge: Cambridge University Press.

Daedalus 1968/winter.

Darnovsky, Marcy(1991). "Overhauling the Meaning Machines: An Interview with Donna Harraway," *Socialist Review* vol. 21/ no. 2.

Dewey, John(1980). *The Public and Its Problems*. Athens, Ohio: Swallow Press. (『공공성과 그 문제들』, 정창호·이유선 옮김, 한국문화사, 2014)

Dodier, Nicolas(1995). *Les Hommes et les Machines: La Conscience Collective dans les Sociétés Technicisées*. Paris: Métailié.

Dosi, G.(1982). "Technological Paradigms and Technological Trajectories: A Suggested Interpretation of the Determinants of Technical Change," *Research Policy* no.11.

Dreyfus, Hubert(1992). "On the Ordering of Things: Being and Power in Heidegger and Foucault," T. Armstrong ed. *Michel Foucault Philosopher*. New York.

_____ (1995). "Heidegger on Gaining a Free Relation to Technology," A. Feenberg and A. Hannay eds. *Technology and the Politics of Knowledge*. Bloomington and Indianapolis: Indiana University Press.

Dubois, P. et al. (1971). *Grèves Revendicatives ou Grèves Politiques?* Paris: Anthropos.

Dumouchel, Paul(1995). "Gilbert Simondon's Plea for a Philosophy of Technology," A. Feenberg and A. Hannay eds. *Technology and the Politics of Knowledge*. Bloomington and Indianapolis: Indiana University Press.

Ehn, Pelle(1989). *Work-Oriented Design of Computer Artifacts*. Stockholm: Arbetslivscentrum

Ehrlich, Paul(1968). *The Population Bomb*. New York: Ballantine

_____ (1970). "Letter," *The New York Times* June 9, p. 32.

_____ (1972). "Letter," *The New York Times* Feb. 6, part VII, p. 42.

Ehrlich, P. and Holdren, J.(1972). "One-Dimensional Ecology Revisited," *The Bulletin of the Atomic Scientists* June.

Ehrlich, P. and Harriman, R.(1971). *How to Be a Survivor*. New York: Ballantine.

Ehrlich, Paul and Ehrlich, Anne(1990). *The Population Explosion*. New York: Simon and Schuster.

Elster, Jon(1983). *Explaining Technical Change*. Cambridge: Cambridge University Press.

Ellul, Jacques(1964). *The Technological Society*. J. Wilkinson trans. New York: Vintage.

(『기술의 역사』, 박광덕 옮김, 한울아카데미, 1996)

Engels, Frederick(1969). "The Peasant Question in France and Germany," *Karl Marx and Frederick Engels: Selected Works*. New York: International Publishers. (『프랑스와 독일의 농민문제』, 박종철출판사 편집부 옮김, 박종철출판사, 1997)

Epstein, Steven(1996). *Impure Science: AIDS, Activism, and the Politics of Knowledge*. Berkeley: University of California Press.

Feenberg, Andrew(1986a). *Lukács, Marx, and the Sources of Critical Theory*. New York: Oxford University Press.

_____ (1986b). "Network Design: An Operating Manual for Computer Conferencing," *IEEE Transactions on Professional Communications*. vol. PC-29/no. 1.

_____ (1991). *Critical Theory of Technology*. New York: Oxford University Press.

_____ (1993). "Building a Global Network: The WBSI Experience," L. Harasim ed. *Global Networks: Computerizing the International Community*. Cambridge, Mass.: MIT Press.

_____ (1995). *Alternative Modernity: The Technical Turn in Philosophy and Social Theory*. Los Angeles: University of California Press.

Feenberg, Andrew, Licht, J., Kane, K., Moran, K., and Smith, R.(1996). "The Online Patient Meeting," *Journal of the Neurological Sciences* no. 139.

Fiorino, Daniel(1989). "Environmental Risk and Democratic Process: A Critical Review," *Columbia Journal of Environmental Law* vol. 14/no. 2.

Florman, Samuel(1981). *Blaming Technology: The Irrational Search for Scapegoats*. New York: St. Martin's

Ford II, Henry(1970). *The Human Environment and Business*. New York: Weybright & Talley.

Forty, Adrian(1986). *Objects of Desire*. New York: Pantheon. (『욕망의 사물, 디자인의 사회사』, 허보윤 옮김, 일빛, 2004)

Foucault, Michel(1976). *Histoire de la Sexualité 1: La Volonté de Savoir*. Paris: Editions Gallimard. (『성의 역사 1』, 이규현 옮김, 나남출판, 2010)

_____ (1977). *Discipline and Punish*. A. Sheridan trans. New York: Pantheon. (『감시와 처벌』, 오생근 옮김, 나남출판, 2003)

_____ (1980). *Power/Knowledge*. C. Gordon trans. New York: Pantheon. (『권력과 지식: 미셸 푸코와의 대담』, 홍성민 옮김, 나남, 1991)

Frankenfeld, Philip J.(1992). "Technological Citizenship: A Normative Framework for
    Risk Studies," *Science, Technology, and Human Values* vol. 17/no. 4.

Fraser, Nancy(1987). "What's Critical and Critical Theory?" S. Benhabib and D. Cornell
    eds. *Feminism As Critique*. Cambridge: Polity Press.

Garaudy, Roger(1968). "La Révolte et la Révolution," *La Démocratie Nouvelle* April~May.

Glucksmann, André(1968). *Stratégie et Révolution en France 1968*. Paris: Christian
    Bourgois.

Gouldner, Alvin(1970). *The Coming Crisis of Western Sociology*. New York: Basic Books.
    (『현대사회학의 위기: 서구사회학의 다가오는 위기와 반성』, 김쾌상 옮김, 한길사,
    1982)

Gras, Alain(1993). *Grandeurs et Dépendence: Sociolgie des Macro-Systèmes Techniques*.
    Paris: Presses Universitaires de France.

"Group Seeks to Shift Protests on Pollution"(1971). *The Los Angels Times* Wed., May 5,
    Part I, p. 25.

Guin, Yannick(1969). *La Commune de Nantes*. Paris: Maspero.

Habermas, Jürgen(1970). "Technology and Science as 'Ideology,'" *Toward a Rational
    Society* J. Shapiro trans. Boston: Beacon Press. (『이성적인 사회를 향하여』,
    장일조 옮김, 종로서적, 1990; 『'이데올로기'로서의 기술과 과학』, 하석용·이유선
    옮김, 이성과현실사, 1993 수록)

_____ (1973). "Dogmatism, Reason, and Decision: On Theory and Praxis in our
    Scientific Civilization," *Theory and Practice*. J. Viertel trans. Boston: Beacon
    Press. (『이론과 실천』, 홍윤기·이정원 옮김, 종로서적, 1982)

_____ (1984, 1987). *The Theory of Communicative Action: Lifeworld and System:
    A Critique of Functionalist Reason*. T. McCarthy trans. Boston: Beacon.
    (『의사소통행위이론 1, 2』, 나남출판)

_____ (1991). "A Reply," A. Honneth and H. Joas eds. *Communicative Action*.
    J. Gaines and D. Jones trans. Cambridge, Mass.: MIT Press.

_____ (1994). "Struggles for Recognition in the Democratic Constitutional State," A.
    Gutman ed. *Multiculturalism*. Princeton: Princeton University Press. (「민주적
    법치국가에서의 인정투쟁: 테일러의 '인정의 정치'」, 『이질성의 포용』, 황태연 옮김,
    나남출판, 2000)

_____ (1996). *Between Facts and Norms: Contributions to a Discourse Theory of Law* and Democracy. W. Rehg trans. Cambridge, Mass.: MIT Press. (『사실성과 타당성』, 박영도·한상진 옮김, 나남출판, 2007)

Hammer, Michael and Champy, James(1993). *Reengineering the Corporation: A Manifesto for Business Revolution*. New York. (『리엔지니어링 기업혁명』, 공민희 옮김, 스마트비즈니스, 2008)

Hamon, Hervé and Rotman, Patrick(1987). *Génération*. Paris: Seuil.

Hansard's Debates, Third Series: Parliamentary Debates 1830~1891, vol. LXXIII.

Harasim, Linda, Hiltz, S. R., Teles, L., and Turoff, M.(1995). *Learning Networks: A Field Guide to Teaching and Learning Online*. Cambridge, Mass.: MIT Press.

Haraway, Donna(1991). "Situated Knowledges: The Science Question in Feminism and the Privilege of Partial Perspective," *Simians, Cyborgs, and Women: The Reinvention of Nature*. New York: Routledge. (『유인원, 사이보그, 그리고 여자: 자연의 재발명』, 민경숙 옮김, 동문선, 2002)

Hardin, Garret(1970). "The Tragedy of the Commons," G. de Bell ed. *The Environmental Handbook*. New York: Ballantine.

_____ (1971). "The Survival of Nations and Civilization," *Science* vol. 172, p. 1792.

Harrison, Paul(1987). *The Greening of Africa: Breaking through in the Battle for Land and Food*. London: Paladin Grafton Books.

Heidegger, Martin(1959). *An Introduction to Metaphysics*. R. Manheim trans. New York: Doubleday Anchor.

_____ (1966). *Discourse on Thinking*. J. Anderson trans. New York: Harper & Row.

_____ (1971a). "The Thing," A. Hofstadter ed./trans. *Poetry, Language, and Thought*. New York: Harper & Row.

_____ (1971b). "Building Dwelling Thinking," A. Hofstadter ed./trans. *Poetry, Language, and Thought*. New York: Harper & Row.

_____ (1971c). "On the Origin of the Work of Art," A. Hofstadter ed./trans. *Poetry, Language, and Thought*. New York: Harper & Row. •

_____ (1977a). *The Question Concerning Technology*. W. Lovitt trans. New York: Harper & Row. (『기술과 전향』, 이기상 옮김, 서광사, 1993)

_____ (1977b). "Only a God Can Save Us Now," D. Schendler trans. *Graduate Faculty Philosophy Journal* 6(1)

Heilbroner, Robert(1974). *An Inquiry into the Human Prospect*. New York: Norton.

(『인간에게 미래는 있는가』, 허영식 옮김, 문예출판사, 1988)

Herf, Jeffrey(1984). *Reactionary Modernism: Technology, Culture, and Politics in Weimar and the Third Reich*. Cambridge: Cambridge University Press.

Hickman, Larry(1990). *John Dewey's Pragmatic Technology*. Bloomington: Indiana University Press

Hill, Gladwin(1970). "Scientific and Welfare Groups Open a 4-Day Study of Population Growth," *The New York Times* June 9, p. 32.

Hirschhorn, Larry(1984). *Beyond Mechanization: Work and Technology in a Postindustrial Age*. Cambridge, Mass.: MIT Press.

Hoffman, Lily(1989). *The Politics of Knowledge: Activist Movements in Medicine and Planning*. Albany: SUNY Press.

Honneth, Axel(1991). *The Critique of Power: Reflective Stages in a Critical Social Theory*. K. Baynes trans. Cambridge, Mass.: MIT Press.

Hottois, Giles(1993). *Simondon et la Philosophie de la 'Culture Technique.'* Brussels: de Boeck.

Hughes, Thomas(1987). "The Evolution of Large Technological Systems," W. Bijker, T. Hughes, and T. Pinch eds. *The Social Construction of Technological Systems*. Cambridge, Mass.: MIT Press. (「거대 기술 시스템의 진화: 전등 및 전력 시스템을 중심으로」, 『과학기술은 사회적으로 어떻게 구성되는가』, 송성수 옮김, 새물결, 1999)

Hunnicutt, Benjamin(1988). *Work without End: Abandoning Shorter Hours for the Right to Work*. Philadelphia: Temple University Press.

Ihde, Don(1990). *Technology and the Lifeworld*. Bloomington and Indianapolis: Indiana University Press.

Ingram, David(1987). *Habermas and the Dialectic of Reason*. New Haven: Yale University Press.

_____ (1995). *Reason, History, and Politics: The Communitarian Grounds of Legitimation in the Modern Age*. Albany: State University of New York Press.

Kellner, Douglas(1977). *Karl Korsch: Revolutionary Theory*. Austin: University of Texas Press.

_____ (1984). *Herbert Marcuse and the Crisis of Marxism*. Berkeley: University of Californai Press.

_____ (1995). *Media Culture: Cultural Studies, Identity and Politics between the Modern and the Postmodern*. New York: Routledge. (『미디어 문화』, 김수정 옮김, 새물결, 2003)

Kerr, Clark(1963). *The Uses of University*. Boston: Harvard. (『대학의 효용』, 이형행 옮김, 학지사, 2000)

Kolb, David(1986). *The Critique of Pure Modernity: Hegel, Heidegger, and After*. Chicago: University of Chicago Press.

Krogh, Thomas(1998). *Technology and Rationality*. Aldershot: Ashgate Publishing.

Kuhn, Thomas(1962). *The Structure of Scientific Revolutions*. Chicago: University of Chicago Press. (『과학혁명의 구조』, 김명자·홍성욱 옮김, 까치글방, 2013)

Laclau, Ernesto, and Mouffe, Chantal(1985). *Hegemony and Socialist Strategy: Towards a Radical Democratic Politics*. London and New York: Verso. (『헤게모니와 사회주의 전략』, 이승원 옮김, 후마니타스, 2012)

Latour, Bruno(1992). "Where Are the Missing Masses? The Sociology of a Few Mundane Artifacts," W. Bijker, and J. Law eds. *Shaping Technology/Building Society: Studies in Sociotechnical Change*. Cambridge, Mass.: MIT Press.

_____ (1993). *We Have Never Been Modern*. C. Porter trans. Cambridge, Mass.: Harvard University Press. (『우리는 결코 근대인이었던 적은 없다』, 홍철기 옮김, 갈무리, 2009)

Law, John(1987). "Technology and Heterogeneous Engineering: The Case of Portuguese Expansion," W. Bijker, T. Hughes, and T. Pinch eds. *The Social Construction of Technological Systems*. Cambridge, Mass.: MIT Press.

Leiss, William(1976). *The Limits to Satisfaction*. Toronto: University of Toronto.

Levathes, Louise(1994). *When China Ruled the Seas: The Treasure Fleet of the Dragon Throne, 1405~33*. New York: Simon & Schuster.

Lie, Merete and Sorensen, Knut(1996). *Making Technology Our Own? Domesticating Technology into Everyday Life*. Oslo: Scandinavian University Press.

Light, Andrew(1996). *Nature, Class, and the Built World: Philosophical Essays between Political Ecology and Critical Technology*. Dissertation, University of California, Riverside.

Lukács, George(1971). *History and Class Consciousness*. R. Livingstone trans. Cambridge, Mass.: MIT Press. (『역사와 계급의식』, 박정호 옮김, 거름, 1999)

Luxemburg, Rosa(1971). "The Mass Strike, the Political Party and the Trade Unions,"
　　　　Mary-Alice Waters ed. *Rosa Luxemburg Speaks*. New York: Pathfinder.
　　　　(『대중파업론』, 최규진 옮김, 풀무질, 1995)

Lyotard, Jean François(1979). *La Condition Postmoderne*. Paris: Editions de Minuit.
　　　　(『포스트모던의 조건』, 유정완·이삼출·민승기 옮김, 민음사, 1993)

Mallet, Serge(1963). *La Nouvelle Classe Ouvrière*. Paris: Seuil.

_____ (1971). *Le Pouvoir Ouvrier*. Paris: Anthropos.

Mansholt, Sico(1972). *La Lettre Mansholt*. Paris: Pauvert.

Marcuse, Herbert(1964). *One-Dimensional Man*. Boston: Beacon Press. (『일차원적
　　　　인간/부정』, 차인석 옮김, 삼성출판사, 1997)

_____ (1968). "Industrialization and Capitalism in the Work of Max Weber,"
　　　　Negations. J. Shapiro trans. Boston: Beacon Press. (「막스 베버의 저서에 있어서
　　　　산업화와 자본주의」, 『일차원적 인간/부정』, 차인석 옮김, 삼성출판사, 1997)

_____ (1969). *An Essay on Liberation*. Boston: Beacon Press. (『해방론』, 김택 옮김, 울력,
　　　　2004)

_____ (1972). "Nature and Revolution," *Counter-Revolution and Revolt*. Boston:
　　　　Beacon Press. (『반혁명과 반역』, 박종렬 옮김, 풀빛, 1984)

_____ (1973). "The Foundation of Historical Materialism," *Studies in Critical
　　　　Philosophy*. J. de Bres trans. Boston: Beacon Press.

_____ (1992). "Ecology and the Critique of Modern Society," *Capitalism, Nature,
　　　　Socialism* vol. 3/no. 11. (「생태학과 현대사회 비판」, 『생태학의 담론』, 문순홍 옮김,
　　　　솔, 1999)

Marglin, Steven(1996). "Farmers, Seedsmen, and Scientists: Systems of Agriculture and
　　　　Systems of Knowledge," F. Appefel-Marglin and S. Margin eds. *Decolonizing
　　　　Knowledge: From Development to Dialogue*. Oxford: Clarendon Press.

Maruo, Kanehira(1993). "The Uncompleted Catalysis: A History of Competitions and
　　　　a Rhetorical Closure around Automobile Emission Control Technology," L.
　　　　Hickman and E. Porter eds. *Technology and Ecology*. Carbondale, Illinois:
　　　　Society for Philosophy and Technology.

Marvin, Carolyn(1988). *When Old Technologies Were New: Thinking about Electric
　　　　Communication in the Late Nineteenth Century*. New York: Oxford University
　　　　Press.

Marx, Karl(1906 reprint). *Capital*. E. Aveling trans. New York: Modern Library. (『자본론 I, II, III』, 김수행 옮김, 비봉출판사, 2001/2004; 『자본 I, II, III』, 강신준 옮김, 길, 2008/2010)

McCarthy, Thomas(1981). *The Critical Theory of Jürgen Habermas*. Cambridge, Mass.: MIT Press.

_____ (1991). "Complexity and Democracy: Or the Seducements of Systems Theory," A. Honneth and H. Joas eds. *Communicative Action*. J. Gaines and D. Jones trans. Cambridge, Mass.: MIT Press.

McLuhan, Marshall(1964). *Understanding Media*. New York: McGraw Hill. (『미디어의 이해』, 김성기·이한우 옮김, 민음사, 2002)

Meadow, D., Randers, D. J., and Behrens III, W. W.(1972). *The Limits to Growth*. New York: Universe Books. (『성장의 한계』, 김병순 옮김, 갈라파고스, 2012. 번역원본은 Meadow, Donella, Jorgen Randers and Dennis Meadows(2004), *Limits to Growth: The 30-Year Update*. White River Junction, VT: Chelsea Green Publishing Company)

Merchant, Carolyn(1980). *The Death of Nature: Women, Ecology, and the Scientific Revolution*. New York: Harper and Row. (『자연의 죽음: 여성과 생태학, 그리고 과학혁명』, 전규찬·이윤숙·전우용 옮김, 미토, 2005)

Miss Ann Thropy(1987). "Population and AIDS," *The Earth First! Journal* Jan. 5.

Mitcham, Carl(1994). *Thinking through Technology: The Path between Engineering and Philosophy*. Chicago: University of Chicago Press.

Morone, Joseph and Woodhouse, Edward(1989). *The Demise of Nuclear Energy?* New Haven: Yale University Press.

Nelson, Richard and Winter, Sidney(1982). *An Evolutionary Theory of Economic Change*. Cambridge, Mass.: Harvard University Press.

Newhall, Beaumont(1964). *The History of Photography*. New York: Museum of Modern Art. (『사진의 역사』, 정진국 옮김, 열화당, 2003)

Noble, David(1984). *Forces of Production*. New York: Oxford University Press.

Oppenheimer, J. Robert(1955). *The Open Mind*. New York: Simon & Schuster.

Pacey, Arnold(1983). *The Culture of Technology*. Cambridge, Mass.: MIT Press.

Paddock, William and Paddock, Paul(1967). *Famine—1975!* Boston: Brown.

Penley, Constance and Ross, Andrew eds.(1991). *Technoculture*. Minneapolis: University of Minnesota Press.

Pinch, Trevor, and Bijker, Wiebe(1987). "The Social Construction of Facts and Artefacts," W. Bijker, T. Hughes, and T. Pinch eds. *The Social Construction of Technological Systems*. Cambridge, Mass.: MIT Press.

Pippin, Robert(1995). "On the Notion of Technology as Ideology: Prospects," A. Feenberg and A. Hannay eds. *Technology and the Politics of Knowledge*. Bloomington and Indianapolis: Indiana University Press.

Polanyi, Karl(1957). *The Great Transformation*. Boston: Beacon Press. (『거대한 전환: 우리 시대의 정치적, 경제적 기원』, 홍기빈 옮김, 길, 2009)

Prévost, Claude(1968). "Les Foundations de l'Idéologie Gauchiste," *La Nouvelle Critique* June.

Radder, Hans(1996). *In and About the World: Philosophical Studies of Science and Technology*. Albany: SUNY Press.

Rheingold, Howard(1993). *The Virtual Community: Homesteading on the Electronic Frontier*. Reading, Mass.: Addison-Wesley.

Richards, Paul(1985). *Indigenous Agricultural Revolution*. London and Boulder: Hutchinson Press and Westview Press.

Ricoeour, Paul(1979). "The Model of the Text: Meaningful Action Considered as a Text," P. Rabinow and W. Sullivan eds. *Interpretive Social Science: A Reader*. Berkeley: University of California Press.

Rip, Arie and Kemp, R.(1998). "Towards a Theory of Socio-Technical Change," S. Rayner and E. L. Malone eds. *Human Choice and Climate Change* vol. Ⅱ. Columbus, Ohio: Battelle Press.

Rockmore, Tom(1992). *On Heidegger's Nazism and Philosophy*. Berkeley: University of California Press.

Rogers, Everett(1995). *Diffusion of Innovations*. New York: The Free Press.

Rothenberg, David(1993). *Hand's End: Technology and the Limits of Nature*. Los Angeles: University of California Press.

Rybczynski, Witold(1991). *Paper Heroes: Appropriate Technology: Panacea or Pipe Dream?* New York: Penguin.

Saint-Just, Louis Antoine de(1963). *L'Esprit de la Révolution*. Paris: UGE.

Schivelbusch, Wolfgang(1988). *Disenchanted Light*. A. Davies trans. Berkeley: University of California Press.

Schnapp, P. and Vidal-Naquet, P.(1968). *La Commune Etudiante*. Paris: Seuil.

―――― (1971). *The French Student Uprising*. Boston: Beacon Press.

Schrader-Frechette, Kristin(1991). "Reductionist Approaches to Risk," D. Mayo and R. Hollander eds. *Acceptable Evidence: Science and Values in Risk Management*. New York: Oxford University Press.

Schürmann, Reiner(1990). *Heidegger on Being and Acting: From Principles to Anarchy*. Bloomington: Indiana University Press.

Schweickart, David(1993). *Against Capitalism*. Cambridge: Cambridge University Press.

Sclove, Richard(1995). *Democracy and Technology*. New York: Guilford Press.

Seeman, Melvin(1972). "The Signals of '68: Alienation in Pre-Crisis France," *American Sociological Review* vol. 37/no. 4.

Sejersted, Francis(1995). *After Technological Determinism*. Unpublished manuscript.

Silk, Leonard(1972). "Questions Must Be Raised about the Immanence of Disaster," *The New York Times* March 13, p. 35.

Silverstone, R. and Haddon, L.(1996). "Design and the Domestication of Information and Communication Technologies: Technical Change and Everyday Life," R. Mansel and R. Silversone eds. *Communication by Design: The Politics of Information and Communication Technologies*. New York: Oxford University Press.

Silverstone, R., Hirsch, E., and Morley, D.(1992). "Information and communication technologies and the moral economy of the household," R. Silverstone, and E. Hirsch eds. *Consuming Technologies: Media and Information in Domestic Spaces*. London: Routledge.

Simondon, Gilbert(1958). *Du Mode d'Existence des Objets Techniques*. Paris: Aubier. (『기술적 대상들의 존재양식에 대하여』, 김재희 옮김, 그린비, 2011)

Simpson, Lorenzo(1995). *Technology, Time, and the Conversations of Modernity*. New York: Routledge.

Singer, Daniel(1970). *Prelude to Revolution*. New York: Hill & Wang.

Slouka, Mark(1995). *War of the Worlds: Cyberspace and the High-Tech Assault on Reality*. New York: Basic Books.

Sluga, Hans(1993). *Heidegger's Crisis: Philosophy and Politics in Nazi Germany*. Cambridge, Mass.: Harvard University Press.

Smith, Alice K.(1965). *A Peril and a Hope*. Cambridge: MIT Press.

Smith, Merritt Roe and Marx, Leo(1994). *Does Technology Drive History? The Dilemma of Technological Determinism*. Cambridge, Mass.: MIT Press.

Star, Susan Leigh(1995). "The Politics of Formal Representations: Wizards, Gurus, and Organizational Complexity," S. Star ed. *Ecologies of Knowledge: Work and Politics in Science and Technology*. Albany: SUNY Press.

Stiegler, Bernard(1994). "La Maieutique de l'Objet Comme Organisation de l'Inorganique," *Gilbert Simondon: Une Pensée de l'Individuation et de la Technique*. Paris: Albin Michel.

Stiglitz, Joseph(1994). *Whither Socialism?* Cambridge, Mass.: MIT Press. (『시장으로 가는 길』, 강신욱 옮김, 한울, 2009)

Suchman, Lucy(1987). *Plans and Situated Actions: The Problem of Human-Machine Communication*. Cambridge: Cambridge University Press.

_____ (1994). "Do Categories Have Politics? The Language/Action Perspective Reconsidered," *Computer Supported Cooperative Work* no. 2.

Swantz, Marja-Liisa and Tripp, Aili Mari(1996). "'Big Fish' or 'Small Fish'? A Study of Contrasts in Tanzania's Fishing Sector," F. Appfel-Margin and S. Margin eds. *Decolonizing Knowledge: From Development to Dialogue*. Oxford: Clarendon Press.

Thomas, Paul(1994). *Alien Politics: Marxist State Theory Revisited*. New York: Routledge.

Thompson, John B. and Held, David eds.(1982). *Habermas: Critical Debates*. Cambridge, Mass.: MIT Press.

Touraine, Alain(1968). *Le Mouvement de Mai ou le Communisme Utopique*. Paris: Seuil.

Ullrich, Otto(1979), *Weltniveau: In der Sackgasse des Industriesystems*. Berlin: Rotbuch Verlag.

Visvanathan, Shiv(1996). "Footnotes to Vavilov: An Essay on Gene Diversity," F. Appfel-Marglin, and S. Marglin eds. *Decolonizing Knowledge: From Development to Dialogue*. Oxford: Clarendon Press.

Vogel, Steven(1996). *Against Nature: The Concept of Nature in Critical Theory*. Albany: SUNY Press.

Weber, Henri(1988). *Vingt Ans Après: Que Reste-t-il de 68?* Paris: Seuil.

Weber, Max(1958). *The Protestant Ethic and the Spirit of Capitalism*. T. Parsons trans.

New York: Scribners (『프로테스탄트 윤리와 자본주의 정신』, 박성수 옮김,
문예출판사. 1996; 『프로테스탄티즘의 윤리와 자본주의 정신』, 김덕영 옮김, 길,
2010)

Wells, H. G.(1967). *The Food of the Gods*. New York: Berkley Highlands Publishing Co.

White, Lynn(1972). "The Historical Roots of Our Ecological Crisis," C. Mitcham and R.
Mackey eds. *Philosophy and Technology: Readings in the Philosophical Problems
of Technology*. New York: The Free Press.

de Wilde, Rein(1997). "Sublime Futures: Reflections on the Modern Faith in the
Compatibility of Community, Democracy, and Technology," S. Myklebust ed.
*Technology and Democracy: Obstacles to Democratization—Productivism and
Technocracy*. Oslo: Center for Technology and Culture.

Winner, Langdon(1986). "Do Artifacts Have Politics," *The Whale and the Reactor*.
Chicago: University of Chicago. (「기술은 정치를 가지는가」, 『우리에게 기술이란
무엇인가』, 송성수 옮김, 녹두, 1995)

_____ (1995). "Citizen Virtues in a Technological Order," A. Feenberg and A. Hannay
eds. *Technology and the Politics of Knowledge*. Bloomington and Indianapolis:
Indiana University Press.

Winograd, Terry(1995). "Heidegger and the Design of Computer Systems," A. Feenberg
and A. Hannay eds. *Technology and the Politics of Knowledge*. Bloomington and
Indianapolis: Indiana University Press.

Winograd, Terry and Flores, Fernando(1987). *Understanding Computers and Cognition*.
Reading, Mass.: Addison-Wesley.

Zimmerman, Michael(1990). *Heidegger's Confrontation with Modernity: Technology,
Politics, Art*. Bloomington: Indiana University Press.

Zuboff, Shoshana(1988). *In the Age of the Smart Machine: The Future of Work and Power*.
New York: Basic Books.

과학기술에 대한 관심이 높아지고 있다. 비단 알파고로부터 비롯된 인공지능에 대한 기대와 두려움 때문이거나 세계경제포럼에서 규정한 새로운 시대인 4차 산업혁명에 대한 열광에서 기인한 일시적 현상은 아닌 듯하다. 과학으로 개인들의 행동과 생각뿐만 아니라 사회현상을 설명하려는 시도들에 대한 관심이 높아지고 있고 과학을 대중들에게 친숙하게 말할 수 있는 과학 커뮤니케이터들도 점점 늘어나고 있으며 과학자들이 텔레비전의 프로그램에도 자주 출연하고 있다. 이제 시민들이 교양으로 과학을 알아야 한다고 주장해도 생경하지만은 않은 상황이다.

이렇게 우리 사회가 과학기술에 대해서 친숙해지고 관심을 갖게 된 이유는 무엇일까. 이런 질문은 우리 정부가 자랑하는 세계 1위 수준의 연구개발비에 대한 공공투자, 육아·건강·아름다움에 대해서 쏟아질 듯 나오는 과학지식의 홍수, 우리 생활을 촘촘하게 엮고 있는 데이터의 흐름을 생각하면 너무나 당연하고 어리석은 이야기로 들린다. 차분히 생각해 보면 과학기술은 과거에도 개인들의 삶과 사회에 너무나 중요했다. 그렇다면 지금의 관심은 오히려 때늦은 것이라고 생각하는 편이 정당해 보인다.

현대사회에서 우리는 기술 없이는 물리적으로 생활할 수 없을 뿐만 아니라 과학기술지식을 떠나서는 사고할 수도 없다. 이런 현상은 점점 더 강화되고 있다. 예를 들어 자동변속기, 내비게이션, 주차 보조장치 등의 등장으로 운전이라는 행위는 점차 수동적으로 변화해 가고 있으며 운전이라는 행위가 필요 없는 자율주행 자동차는 머지않은 미래가 되고 있다. 미세먼지는 부옇게 변해 버린 거리풍경과 재채기로 체감하는 것이기도 하지만, 일상적으로는 미세먼지 농도와 건강보험관리공단이 발표하는 호흡기질환 환자의 숫자로 인지된다. 또한 다양한 지식을 기반으로 한 미래에 대한 예측들은 우리의 현재 행동을 변화시킨다.

이렇게 기술은 지식이기도 하고 구체적인 제품이기도 하다. 기술이 지칭하는 대상은 매우 다양하며 지금 우리 모두가 여러 구체적인 기술들을 연상하고 언급할 수도 있지만, 추상적인 의미에서 기술이 현대사회에서 어떤 역할을 하고 있는지를 설명하기란 만만치 않다.

『기술을 의심한다』에서 앤드류 핀버그는 기술철학의 입장에서 현대사회에서 기술의 역할에 대해 깊이 있게 생각할 것을 촉구한다. 핀버그는 캐나다의 사이먼프레이저 대학교 커뮤니케이션 학부에 재직중인 기술철학자이다. 기술철학자가 커뮤니케이션 학부에 있는 것이 낯설게 느껴질 수도 있지만 핀버그의 이력을 생각하면 그리 어색하지 않다. 그는 1980년대부터 원격교육에 참여한 선구자로 원격교육 실험을 직접 수행하면서 기술로 인해서 형성되는 온라인 커뮤니티의 속성을 관찰할 수 있었고 사용자들과 기술의 관계에 세심한 관심을 기울이게 되었다. 그리고 지금 재직하고 있는 사이먼프레이저 대학교에서도 응용커뮤니케이션과 기술연구소의 소장을 맡고 있기도 하다.

옮긴이의 말

『기술을 의심한다』는 앤드류 핀버그가 프랑크푸르트학파의 논의에 기초해서 자신의 이론적 입장을 정초한 『기술에 대한 비판이론』(*Critical Theory of Technology* 옥스퍼드대학교 출판부, 1991)과 『대안적 근대성』 (*Alternative Modernity* 캘리포니아대학교 출판부, 1995)의 연장선에 있는 책이다. 비판이론의 관점에서 과학기술학의 성과를 흡수하려는 핀버그의 구상은 이후에 출판된 『이성과 경험 사이에서』(*Between Reason and Experience* MIT대학교 출판부, 2003)와 최근에 나온 『테크노시스템』 (*Technosystem* 하버드대학교 출판부, 2017)으로 이어지고 있다.

『기술을 의심한다』는 구성주의 과학기술학에 대한 비판이론의 대답 또는 기술철학의 답변이다. 이 책이 출간될 당시인 1990년대 후반의 지적 맥락을 생각해 보면 내용을 이해하는 데 도움이 된다. 1990년대에 들어서면서 구성주의적 접근법이 과학기술학의 지배적인 접근법이 되었고, 대칭성(symmetry)이라는 용어로 대표되는 방법론적 상대주의에 대한 논쟁이 촉발되었다. 이런 논쟁들은 상대주의적 태도가 어느 정도까지 지속될 수 있는가라는 인식론적인 것에서부터 상대주의와 현실참여를 둘러싼 이른바 과학지식사회학의 정치학에 관한 것까지 격렬하게 전개되었다(1996년에 출판된 『과학의 사회적 연구』 *Social Studies of Science* 제26권/2호의 「과학지식사회학의 정치학」 특집호가 대표적이다).

구성주의적 기술사회학 연구들이 정치를 고려하고 정치적인 것에 대한 논쟁을 전개하고도 있지만 현대사회에 존재하는 지배 또는 구조의 문제를 간과하는 것이 아닌가라는 비판은 지금까지도 꾸준히 제기되고 있다. 이런 비판들을 적극적으로 수용해서 새로운 연구 프로그램을 제시하려는 시도 중에서 사회학적인 대답이 『과학의 새로운 정치사회학』(*Towards New Political Sociology of Science* 위스콘신대학교 출판부, 2005)이라면 이 책은 핀버그의 기술철학적 대답이라고 생각할 수 있다.

핀버그는 기존의 비판이론을 적용해서 현대사회의 기술을 충분히 설명할 수 없으며 비판이론의 수정이 필요하다고 생각한다. 그는 비판이론이 설명하고 비판하는 근대성의 핵심에 자본주의와 관료주의뿐만 아니라 기술이 있고, 기술에 대한 적절한 설명과 대안이 근대성의 극복을 위해 필수적이라고 본다. 핀버그는 마르쿠제와 하버마스를 거치면서 비판이론에서 기술에 대한 관심이 사라진 것을 안타깝게 생각하면서 하버마스의 매개이론을 연장해서 기술을 비판이론 내에 흡수하려 하고 있다. 핀버그의 이런 시도는 학계의 관심을 끌었고 『기술을 민주화한다: 앤드류 핀버그의 기술에 대한 비판이론』(*Democratizing Technology: Andrew Feenberg's Critical Theory of Technology* 뉴욕주립대학교 출판부, 2006)과 『비판이론과 앤드류 핀버그의 사상』(*Critical Theory and the Thought of Andrew Feenberg* 팔그레이브맥밀란, 2017)에서 다른 연구자들의 토론을 거치기도 했다.

핀버그는 자신의 철학적 논의가 현실의 정치와 연관을 맺기를 원하고 있다. 이 책은 프랑스 68혁명(2장)과 환경운동의 논쟁(3장)에서 논의를 시작하면서 저자의 의도를 분명히 하고 있다. 핀버그는 지배와 피지배라는 개념을 유지하면서, 기술에 의한 지배가 이뤄지는 방식 그리고 지배가 균열되는 상황에 관심을 갖는다. 그는 기술이 소비되고 활용되는 과정에서 사용자 또는 피해자들이 수동적이지 않고 기술의 의미를 변화시켜 나가고 설계의 변화까지 이끌 수 있다는 구성주의 기술사회학의 주장을 흡수하면서 이를 민주적 합리화라고 설명하고 있다. 핀버그는 기술을 통한 지배를 설명하기 위해 로렌스 레식의 『코드』에서의 논의와 유사한 기술 코드라는 용어를 활용하고 있다. 기술 코드는 대체로 가시적이지 않지만 문화처럼 사회의 상식을 반영하는 경향이 있고 일반적으로 설계에 영향을 끼칠 수 있는 집단의 이해관계와 가치를 반영하는 경향이 있기 때문에 지배의 형태가 될 수 있으며 기술을 변화시킨다는 것은 바로 기술 코드를 변화시키는 것이라는 의미에서 핀버그는 기술에 대한 문화적 이해를 수용하고 있다.

『기술을 의심한다』가 출간된 지 20여 년이 지났다. 그동안 기술에 대한 사회과학계의 논의는 빠르게 성장했고 다양한 경험연구가 국내외에서 축적되고 있다. 핀버그의 이 책이 여전히 의미가 있다면, 기술에 대한 논의를 근대성에 대한 보다 넓은 토론에 포함시키고 있다는 점이라고 생각된다. 자연과 사회의 구분을 문제시하는 "우리는 결코 근대인이었던 적이 없다"는 라투르의 근대에 대한 논의가 기존의 사고지평을 전면적으로 변화시켜야 한다는 문제제기라면, 핀버그의 작업은 비판이론이라는 거대한 지적 전통의 부분적인 수정을 통해서 근대를 이해해 보려는 시도라고 볼 수 있다. 라투르와 핀버그는 논의를 전개하는 방식은 사뭇 다르지만 기술에 대한 이해가 없이는 근대사회를 충분히 이해할 수 없고 기술에 대한 토론이 과학기술학의 경계를 넘어 전통적인 사회과학이나 철학에서 진지하게 수용되어야 한다는 주장에서는 의견을 같이하고 있다.

『기술을 의심한다』의 번역을 결심하고서도 긴 시간이 지났다. 아직도 이 책이 유의미할 것인가에 대해서 고민할 때, 가치가 있다고 생각해 주시고 긴 시간을 기다려주신 당대출판사 박미옥 대표와 심영관 실장께 감사드린다. 시간이 지나서 다시 읽어보면 표현이 어색하기도 하고 철학용어들에 자신이 없어서 확신을 갖지 못하고 진전하지 못할 때가 잦았다. 이 책을 마치게 될 때까지 믿어주셨던 당대출판사 덕분에 책을 내게 되었다. 그리고 『기술을 의심한다』를 내게 선물해 주신 상현이형에게도 감사드린다. 그때의 선물이 없었더라면 지금 이 책은 나오지 못했을 것이다.

올해는 이 책의 맥락을 구성하는 프랑스 68혁명이 50주년 되는 해다. 50년 전, 파리의 노동자와 학생들이 거리에서 일상을 침식해 들어오는 기술관료주의를 거부하면서 "상상력에게 권력을!"이라고 주장했지만 기술관료주의는 형태를 변화시키면서 여전히, 그것도 훨씬 일상적이고 은 밀하게 지속되고 있다. 데이터와 알고리즘에 의한 통치에서처럼 효율성 향상은 훨씬 촘촘하고 정교한 통제와 차별과 함께 전개되고 있다. 수치화 된 '객관적' 평가지표가 편향적이라는 지적은 과거에도 있었지만 알고리 즘에 의한 판단은 의도를 은폐하고 편향을 극대화시킬 수 있음을 고발하 는 사례들이 나타나고 있다. 핀버그의 『기술을 의심한다』는 지금 우리 사 회에서 일어나고 있는 기술과 관련된 다양한 갈등을 근대성이라는 개념 으로 포괄적으로 이해하는 데 도움을 주면서 1968년의 의미를 다시 생 각하는 또 하나의 방법을 제기한다.